Isabelle Engelhardt

Die Strafbarkeit des räuberischen Kleinaktionärs

Isabelle Engelhardt

Die Strafbarkeit des räuberischen Kleinaktionärs

Tectum Verlag

Isabelle Engelhardt
Die Strafbarkeit des räuberischen Kleinaktionärs.
– Eine Untersuchung anhand von Fallbeispielen unter
Berücksichtigung der Regelungen durch das Gesetz zur Umsetzung der
Aktionärsrechterichtlinie (ARUG) vom 1. September 2009 –

Zugl. Diss., Johann Wolfgang Goethe-Universität Frankfurt a.M., 2013
ISBN: 978-3-8288-3349-4

Umschlaggestaltung: Heike Amthor | Tectum Verlag
Satz und Layout: Heike Amthor | Tectum Verlag
Druck und Bindung: CPI buchbücher.de, Birkach
Printed in Germany

Besuchen Sie uns im Internet
www.tectum-verlag.de

FSC www.fsc.org MIX Papier aus verantwortungsvollen Quellen FSC® C003147

Bibliografische Informationen der Deutschen Nationalbibliothek
Die Deutsche Nationalbibliothek verzeichnet diese Publikation in der Deutschen Nationalbibliografie; detaillierte bibliografische Angaben sind im Internet über http://dnb.ddb.de abrufbar.

Dem Gedenken an meinen Vater
In tiefer Dankbarkeit

Danksagung

Diese Dissertation lag im Sommersemester 2013 dem Promotionsausschuss der juristischen Fakultät der Johann Wolfgang Goethe-Universität vor.

Mein Dank gilt zunächst meinem Doktorvater Prof. Dr. Cornelius Prittwitz; Herrn Prof. em. Dr. Klaus Lüderssen schulde ich besonderen Dank für dessen Bereitschaft, das Zweitvotum zu erstellen. Den Vorsitz der Prüfungskommission der Disputation am 19. September 2013 übernahm dankenswerterweise Frau Prof. Dr. Katja Langenbucher.

Für die persönliche Unterstützung danke ich zudem meiner Mutter und nicht zuletzt gilt noch ganz besonderen Dank meinem Ehemann, Herrn Dr. Clemens Engelhardt, der mich stets darin bestärkte, an die Erfüllbarkeit meiner Träume zu glauben.

München, im November 2013

Vorwort

Die in der vorliegenden Untersuchung verwendeten Literatur- und Rechtsprechungsnachweise sowie Internetfundstellen befinden sich auf dem Stand Frühjahr 2010. Seit dem Zeitpunkt der Fertigstellung der Arbeit hat es keine wesentlichen Änderungen in der Gesetzgebung mehr gegeben, gleichwohl soll an dieser Stelle auf ausgewählte aktuelle Entwicklungen in Lehre und Rechtsprechung eingegangen werden.

Angemerkt sei, dass diese Entwicklungen der Aktualität des Themas kein Abbruch getan haben, sondern vielmehr die Beständigkeit im Umgang mit dem Phänomen der „räuberischen Kleinaktionäre" verdeutlichen. Insbesondere zeigt sich, dass auch das zum 1. September 2009 in Kraft getretene Gesetz zur Umsetzung der Aktionärsrechterichtlinie (ARUG) nicht nachhaltig zur Eindämmung des Klagegewerbes der Berufskläger geführt hat. So hat eine erneut unter der Leitung von Prof. Dr. Dres. h.c. Theodor Baums durchgeführte empirische Studie zum Thema Anfechtungsklagen und Freigabeverfahren[1] in 2011 mittels Auswertung der im Untersuchungszeitraum erhobenen Anzahl von Beschlussmängelklagen die Auswirkungen der durch das ARUG umgesetz-

---

1 *Baums/Drinhausen/Keinath* in: ZIP 2011, 2329 ff.; die Langfassung der Studie „Anfechtungsklagen und Freigabeverfahren. Eine empirische Studie" ist unter http://www.ilf-frankfurt.de/uploads/media/ILF_WP_130.pdf abrufbar.

ten Änderungen untersucht. Dabei konnte im Wesentlichen Folgendes festgestellt werden:

- Durch das ARUG ist die Anzahl der Beschlussmängel- und damit insbesondere der Anfechtungsklagen absolut zurückgegangen – was vornehmlich mit dem Rückgang bestimmter wirtschaftlicher Vorgänge, wie Kapitalerhöhungen oder Squeeze Outs zumindest für den betrachteten Zeitraum der „Finanzmarktkrise" begründet wird.
- In Hinblick auf das Klageverhalten der bekannten „Berufskläger" hat die Studie jedoch nicht nur eine Zunahme bei der Anzahl der Berufskläger selbst aufgezeigt, sondern auch, dass die Anzahl der durch diese Gruppe erhobenen Beschlussmängelklagen gleich geblieben ist.
- Die Studie bestätigt den bereits mit der Vorgängerstudie (2007) aufgezeigten Trend, wonach die Gerichte nur noch selten auf das Postulat des indviduellen Rechtsmissbrauchs abstellen, sondern Einigungen zunehmend per außergerichtlichen oder gerichtlichen Vergleich getroffen werden. In 80% der Fälle sieht der Vergleich dabei eine Kostenregelung vor, bei der sämtliche Kosten durch die Beklagte (Aktiengesellschaft) getragen werden.
- Die Anzahl der durch gerichtlichen Beschluss beendeten Freigabeverfahren, welches mittels Abschaffung der Beschwerdeinstanz durch das ARUG den Anschein eines Eilverfahrens erlangt hat, hat sich nahezu halbiert.

Was die Entwicklungen in der Rechtsprechung betrifft, wird vorliegend vornehmlich eine Entscheidung des OLG Frankfurt am Main hervorgehoben, bei der das in zweiter Instanz über die Berufung der Klägerin entscheidende Gericht den Rechtsmissbrauch verneinte und damit die Entscheidung der ersten Instanz, des Landgerichts Frankfurt am Main, aufgehoben hat.[2] In der Sache geht

2 *Baums/Drinhausen/Keinath* in: ZIP 2011, 2329 (2341) mit Verweis auf die Entscheidung des OLG Frankfurt am Main (Az: 5 U 82/08).

es um die ebenfalls in der Untersuchung vorgestellten Klage von zwei Klägerinnen, die an der ordentlichen Hauptversammlung der Peaches AG am 13. Dezember 2007 teilgenommen, gegen die Beschlussfassungen Widerspruch eingelegt und Klage erhoben haben. Das Landgericht hatte die Klage wegen individuellen Rechtsmissbrauchs als unbegründet abgewiesen, weil der von der Klägerin zu 1) im Vorfeld unterbreitete Vergleichsvorschlag infolge des sachlich nicht gerechtfertigten hohen Vergleichsmehrwerts zu einer überhöhte Kostenbelastung bei der Peaches AG durch Übernahme der Rechtsanwaltskosten der Klägerin geführt hätte. Diese Entscheidung hat das Oberlandesgericht aufgehoben und führte aus, selbst wenn die Klägerin ursprünglich nur den Abschluss des Vergleichs bezweckt habe, sei nicht erkennbar, dass diese nach dem Scheitern der Vergleichs noch andere Zwecke verfolge als den der Beseitigung rechtswidriger Beschlüsse. Wie bereits dargestellt, haben Beobachtungen aufgezeigt, dass Vergleiche zunehmend Kostenregelungen vorsehen, die auf individuell festgesetzten hohen Streitwerten bzw. Vergleichsmehrwerten basieren, für die die Streitwertdeckelung des § 247 I AktG nicht gilt und damit eine hohe Kostenbelastung typischerweise der Beklagten zufolge haben – demgemäß wäre eine Bestätigung der ersten Instanz durch das Oberlandesgericht im Sinne einer Signalsetzung an die Berufskläger sicherlich wünschenswert gewesen. Andererseits darf nicht außer Acht gelassen werden, dass eine vorschnelle Annahme eines individuellen Rechtsmissbrauchs stets auch die Gefahr der Eindämmung der Minderheitenrechte von Aktionären mit sich bringen kann – so wird dieser Punkt zur Klärung wohl auf den Gesetzgeber verlagert.

Insgesamt kann jedoch festgehalten werden, dass das Phänomen der eigennützigen Anfechtungsklagen auch weiterhin bestehen bleibt, nur das Vorgehen der Berufskläger ist subtiler geworden.

München, im November 2013

Inhalt

Kapitel 1: Einführung

§ 1 Einleitung

„Das Recht eines Jeden zur Anfechtung ist ein zweischneidiges Mittel, welches Schikanen und Erpressungen Thür und Thor öffnet.“[1]

Ein System, das einen größtmöglichen Minderheitenschutz zum Prinzip erhebt, sieht sich stets der Gefahr des Missbrauchs ausgesetzt. „Räuberische Kleinaktionäre“[2] sind dabei im aktienrechtlichen Anfechtungsrecht ein seit langer Zeit bekanntes Phänomen; sie haben sich die demokratischen Systemschwächen zu eigen gemacht und instrumentalisieren unter Ausnutzung der gesellschaftsrechtlichen Zwangslage ihr aktienrechtliches Klagerecht zur Erreichung systemfremder Ziele.

Eine solche Vorgehensweise kann neben aktienrechtlichen auch strafrechtliche Folgen mit sich bringen. Bereits im Gesetzge-

---

1 *Schubert/Hommelhoff* in: ZGR Sonderheft 4 1985, Entwurf eines Gesetzes betreffend die KGaA und AG, S. 467.

2 Formulierung in Anlehnung an *Lutter* in: WP 1988, 292 (292); weitere Bezeichnungen sind unter anderem auch *„räuberische Erpresser“*, *„egoistische Querulanten“*, *„Berufsoppositionäre“*, *„Aktienrecht-Guerilleros“* oder gar *„Epidemieerreger“* zu finden bei *Gehlert* in: Rechtsmissbräuchliche Anfechtungsklagen im Aktienrecht, S. 3 m.w.N; auch *„Anfechtungstrojaner“*, zu finden bei *Assmann* in: AG 2008, 208 (209).

bungsverfahren zum Aktiengesetz von 1965 wurde die Möglichkeit der Aufnahme einer Strafvorschrift zur Sanktionierung des Abkaufs von Anfechtungs- und Antragsrechten diskutiert.[3] Nicht zuletzt dies dient als Beleg für die strafrechtliche Relevanz des Verhaltens der räuberischen Kleinaktionäre.

Fußend auf der bislang einzigen maßgeblichen strafrechtlichen Untersuchung zu diesem Thema aus dem Jahr 1991,[4] will die vorliegende Arbeit – insbesondere unter Berücksichtigung der seither ergangenen Veränderungen in Gesetzgebung und Rechtsprechung – die Frage der Anwendbarkeit des Strafrechts als Ultima Ratio auf räuberische Kleinaktionäre[5] beantworten.

I. Chronologie der Jahre 1980–2009: Ausgewählte Beispiele

Auf Aktionärshauptversammlungen kann man vornehmlich seit Mitte der 80er Jahre Zeuge eines mittlerweile bekannten Szenarios[6] werden. Insbesondere, wenn Namen wie Peter Eck, Christa Götz, Karl-Walter Freitag oder Klaus H. Zapf auf (Versammlungs-)

3 BT-Drs. IV/171 RegE eines Aktiengesetzes, zu finden in: Materialien zum Aktiengesetz 1965.

4 *Lüderssen* in: FS Heinsius, S. 457 ff.; unter Aufrechterhaltung der Ergebnisse, *ders.* in: Entkriminalisierung des Wirtschaftsrechts, S. 101 ff.

5 Innerhalb der folgenden Untersuchung wird zunächst der wertfreiere Begriff des „Berufsklägers“ verwendet. Dabei geht der Terminus „Berufskläger“ vornehmlich auf die in diesem Zusammenhang relevanten und unter der Leitung von Prof. Dr. Dres. h.c. Theodor Baums erstellten Studien zurück: *Baums/Vogel/Tacheva* in: ZIP 2000, 1649 ff. und *Baums/Keinath/Gajek* in: ZIP 2007, 1629 ff.

6 Entsprechend der im Jahr 2000 unter der Leitung von *Baums* veröffentlichten Studie zu Anzahl und Umfang erhobener Nichtigkeits- und Anfechtungsklagen während des Untersuchungszeitraums 1980 bis 1999, ist ab Mitte der 80er Jahre eine Zunahme von Anfechtungs- und Nichtigkeitsklagen zu verzeichnen. Während 1982 nur zwei Klagen erhoben worden sind, waren es 1985 schon 20 Klagen. Vgl. hierzu *Baums/Vogel/Tacheva* in: ZIP 2000, 1649 (1650).

Aktionärsanmeldelisten erscheinen, besteht Anlass zur Aufmerksamkeit. Diese Namen werden häufig in Zusammenhang mit der Erscheinung von Berufsklägern gebracht – der Grund hierfür wird in ihrer besonderen Vorgehensweise liegen:

1. Die 80er Jahre: Erste medienwirksame Fälle

1987: AMB/BfG

Es handelt sich hierbei wohl um einen der spektakulärsten Fälle von Berufsklägern: Die Aachener Münchner Beteiligungsgesellschaft (AMB) hatte zu Beginn des Jahres 1987 von der gewerkschaftlichen BGAG die Mehrheit der Anteile an der Bank für Gemeinwirtschaft zum Preis von DM 1,9 Milliarden erworben (BfG). Zwecks Umsetzung der zustimmungsbedürftigen Kapitalbeschaffungsmaßnahmen beraumte die AMB zum 9. März 1987 eine außerordentliche Hauptversammlung an und veröffentlichte dies im Bundesanzeiger vom 9. Februar 1987. Es wurde in der Presse ausführlich berichtet, so auch darüber, dass der Kaufpreis zum 1. Juni 1987 fällig werden würde. Die Aktionäre Karl-Walter Freitag und Karin Deger (in Vertretung für ihre Mutter) legten sodann – nachdem sie kurz zuvor erst Aktien der AMB erworben hatten – auf der Hauptversammlung Widersprüche gegen die gefassten Beschlüsse zur Niederschrift ein. Noch am selben Tage – unmittelbar nach Beendigung der Hauptversammlung – ging beim zuständigen Handelsregister eine Eingabe Karl-Walter Freitags mit Ankündigung einer fristgemäß noch zu erhebenden Anfechtungsklage ein. Zudem beantragte er, gemäß § 127 FGG a.F.[7] die Eintragung der Beschlüsse in das Handelsregister vor Ablauf der Anfechtungsfrist

7 Die Regelung des § 127 FGG ist mit dem FamFG („Gesetz über das Verfahren in Familiensachen und in den Angelegenheiten der freiwilligen Gerichtsbarkeit") durch die entsprechende Regelung, §§ 381 i.V.m. 21 FamFG ersetzt worden. Das FamFG wurde am 17. Dezember 2008 vom Bundestag beschlossen, BGBl. I S. 2586, geändert durch Gesetz

zurückzustellen. Die AMB war hierdurch nunmehr vorerst nicht mehr in der Lage, den Kapitalerhöhungsbeschluss umzusetzen. Die Zeit, den Ausgang des Verfahrens abzuwarten, blieb ihr jedoch nicht. So einigten sich die AMB mit Karl-Walter Freitag und Karin Deger am 11. März 1987 außergerichtlich darauf, dass diese gegen die Zahlung von DM 1,5 Millionen ihre Widersprüche zurückziehen und auf ihr Anfechtungsrecht verzichten würden. Die AMB beantragte erfolgreich einen Arrest auf Grundlage von § 826 BGB über das Vermögen der Aktionäre, erhielt letztendlich jedoch nicht die ganze Summe zurück.[8] Parallel beantragte die Staatsanwaltschaft Köln gegen die beiden Aktionäre sowie ihren beratenden Rechtsanwalt die Beschlagnahme von Kontounterlagen wegen des Verdachts der Untreue und der Erpressung; der Antrag wurde allerdings durch das Amtsgericht Köln per Beschluss abgelehnt, wohingegen die Staatsanwaltschaft Beschwerde erhob.[9] Das Ermittlungsverfahren, das letztlich wegen des Verdachts der Erpressung gegen Karl-Walter Freitag geführt wurde, wurde gegen Zahlung einer Geldauflage gemäß § 153a StPO eingestellt.[10] Den die Aktionäre in der Sache beratenden Rechtsanwalt erkannte der BGH in

vom 30. Juli 2009, BGBl. I S. 2449 und ist am 1. September 2009 in Kraft getreten.

8 *LG Köln* in: ZIP 1988, 649 mit Anm. von *Lutter* in: WuB II A § 62 AktG 1988, 1131 (1135) (1136); *OLG Köln* in: ZIP 1988, 967 mit Anm. von *Meyer-Landrut* in: EWiR 1988, 741f.; vgl. zu Presseberichten: *Diekgräf* in: Sonderzahlungen an opponierende Kleinaktionäre, S. 11 m.w.N.

9 *LG Köln* in: wistra 1988, 279 (279 f.): Die Wirtschaftsstrafkammer des Landgerichts Köln verwies auf Vorlage der allgemeinen Beschwerdekammer die Sache infolge Unzuständigkeit an die allgemeine Strafkammer des Landgerichts Köln. Den Verdacht der Untreue hatte die Wirtschaftsstrafkammer mangels Vorliegens einer zu verletzenden Vermögensbetreuungspflicht der Beschuldigten im Sinne des § 266 StGB und damit einhergehend die Möglichkeit einer Wirtschaftsstrafsache gemäß § 74c I Nr. 6 GVG abgelehnt und allenfalls den Verdacht der Erpressung in Betracht bezogen.

10 *Jahn* in: BB 2005, 5 (6).

einem gesonderten Verfahren als schadensersatzpflichtig gemäß den §§ 826; 823 II BGB i.V.m. §§ 253, 266, 25, 27 StGB an.[11]

1987: Kochs Adler AG/Dürkoppwerke GmbH

Zur Verschmelzung der Konkurrenten Kochs Adler und Dürkoppwerke GmbH lud die Kochs Adler AG für den 22. Juni 1987 zur Hauptversammlung. Gegen den Verschmelzungsbeschluss, der mit 99,5% der Stimmen beschlossen war, legten drei Aktionäre - darunter auch Karl-Walter Freitag und Christa Götz - Widerspruch zu Protokoll ein. Die Aktionäre erhoben Anfechtungsklage und behaupteten unter anderem, der Verschmelzungsbericht sei unzulänglich. Die eintragungspflichtige Verschmelzung konnte als Folge nicht ins Handelsregister eingetragen werden; ein Vergleichsversuch scheiterte. Der Vorstand der Kochs Adler AG schwieg sich in diesem Falle nicht aus; erstmals traten Betroffene an die Öffentlichkeit und berichteten ausführlich über das Verhalten opponierender Aktionärskläger: gegen einen „*wirtschaftlichen Interessensausgleich*" habe man ihnen die Klagerücknahme angeboten.[12] Die Auseinandersetzung nahm fünf Jahre in Anspruch, wobei der BGH sich mit Urteil vom 22. Mai 1989 (sog. „*Kochs Adler*" Entscheidung) erstmals darauf festlegte, unter welchen Voraussetzungen eine rechtsmissbräuchliche Anfechtungsklage anzunehmen und daher wegen Unbegründetheit abzulehnen sei.[13] Letzten Endes wurde das Verfahren per Vergleich beendet.[14]

---

11 *BGH* in: NJW 1992, 2821; Besprechung von *Kort* in: DB 1992, 1765.

12 *Diekgräf* in: Sonderzahlungen an opponierende Kleinaktionäre, S. 10.

13 BGHZ 107, 296.

14 *OLG Hamm* in: ZIP 1988, 1051 (lehnt die Rechtsmissbräuchlichkeit der Aktionärsanfechtungsklage ab); mit Anm. von *Teichmann* in: WuB II A § 245 AktG 1988, 1357 (1359); BGHZ 107, 296 = WM 1989, 1128, mit Anm. von *Werner* WuB II A § 340 a AktG 1989, 1299 (1306); Anm. *Hirte* in: EWiR 1989, 843 (844); Anm. *Teichmann* in: JuS 1990, 269; vgl.

2. Die 90er Jahre: Entwicklung hin zu subtileren Methoden

Nachdem der BGH anhand der „*Kochs Adler*“ Entscheidung die Voraussetzungen für die Annahme rechtsmissbräuchlicher Anfechtungsklagen festgelegt hatte, entwickelten die Opponenten ihre Strategien fort. Zur Umgehung des Einwands des individuellen Rechtsmissbrauchs und der Klageabweisung wegen offensichtlicher Unbegründetheit, wählten sie künftig subtilere Methoden, um an ihr Ziel zu gelangen. Die Fälle, in denen der Verdacht der rechtsmissbräuchlichen Ausübung der Anfechtungsklage erfolgreich vor Gericht nachgewiesen werden konnte, waren deutlich zurückgegangen; den Richtern reichten in aller Regel die Indizien für den Nachweis des rechtsmissbräuchlichen Handelns nicht aus.[15]

---

zum Registerverfahren und Presseberichten: *Bison* in: Missbrauch der Anfechtungsklage durch den Aktionär, S. 347.

15 *Baums/Vogel/Tacheva* in: ZIP 2000, 1649 (1655): Während des Zeitraumes 1980 bis 1999 haben von 207 beklagten Gesellschaften 54 den Einwand des Rechtsmissbrauchs erhoben; in 50 dieser Fälle hat sich das Gericht in den Entscheidungsgründen mit dem geltend gemachten Einwand des Rechtsmissbrauchs auseinander gesetzt. In 32 Fällen wurde der Einwand der beklagten Gesellschaft zurückgewiesen, in 18 Fällen wurde die Abweisung der Klage antragsgemäß auf rechtsmissbräuchliches Verhalten des Klägers gestützt.
Fälle, in denen ein Rechtsmissbrauch abgelehnt worden ist: *LG Braunschweig* in: AG 1993, 194 f.: Nach Ansicht des Gerichts habe die Beklagte zur Begründung eines Rechtsmissbrauchs nicht hinreichend subjketive Bezugspunkte vorgebracht; *LG Hof* in: WM 1992, 2057: Vorprozessuales Verhalten, insbesondere solches aus vorherigen aktienrechtlichen Anfechtungsverfahren reiche für sich allein nicht als Beweis für den Einwand des Rechtsmissbrauchs; *LG Frankfurt/Main* in: AG 1993, 287: Hier sah der Sachverhalt nicht ausreichende Anhaltspunkte für ein etwaiges rechtmissbräuchliches Verhalten vor; *LG Essen* in: AG 1995, 189: Auch hier gelang es der beklagten Gesellschaft nicht, hinreichend Indizien für einen Rechtsmissbrauch zum Zwecke einer substantiierten Gesamtbewertung vorzutragen; eben auch in diesem Falle betont das Gericht, dass ein missbräuchliches Verhalten aus vorhergehenden Verfahren nicht ausreiche; *OLG Frankfurt/Main* in: AG 1992, 271:

Doch sollte es auch Ausnahmen geben:

1991: Bayerische Vereinsbank/Simon Bank

Obschon die Anzahl an Klageabweisungen wegen individuellen Rechtsmissbrauchs in den 90er Jahren grundsätzlich zurückgegangen ist, gelang in einigen Fällen dennoch die gerichtliche Nachweisbarkeit;[16] so auch in dem Verfahren Karl-Walter Freitag

Ein Aktienerwerb erst kurz vor der Hauptversammlung macht allein eine Anfechtungsklage noch nicht missbräuchlich; *OLG Stuttgart* in: AG 1993, 94 f.: In diesem Fall hatte die Klägerin jegliche Kontaktaufnahme mit der Beklagten vermieden und sogar von sich aus abgeleht, daher mangelte es an hinreichenden Anhaltspunkten für einen eventuellen Rechtsmissbrauch; *LG Frankfur/Main* in: AG 1999, 473: Nach Auffassung des Gerichts stellt eine Vielzahl erfolgsloser Rechtsbehelfe gegen Maßnahmen der Gesellschaft nicht zwingend ein Indiz für einen Rechtsmissbrauch im Sinne einer Anspruchsbegründung aus Schadensersatz nach § 826 BGB dar.

16 Fälle, in denen ein Rechtsmissbrauch nachgewiesen worden ist: *BGH* in: AG 1992, 86 f.: Die auf Verletzung des Auskunftsrechts (Fragen zur Höhe der Abschreibungen und zum Erwerb von Aktien) gestützte Anfechtungsklage gegen die Deutsche Bank AG basierte ursprünglich auf Beschlüsse gefasst auf der Hauptversammlung vom 18. Mai1983. Einer der Kläger, der lediglich eine Aktie hielt, forderte DM 10 Millionen für den Abschluss eines entgeltlichen Rechtsberatungsvertrages zum Problem des Erwerbs eigener Aktien; das Verfahren zog sich neun Jahre, wobei der BGH mit Urteil vom 14. Oktober 1991 endgültig die Klageabweisung wegen nachgewiesener Rechtsmissbräuchlichkeit höchstrichterlich bestätigte. Vgl. zum Sachverhalt und zum Verfahrensgang auch *Bison* in: Missbrauch der Anfechtungsklage durch den Aktionär, S. 344, *BGH* in: AG 1991, 102: Der BGH bestätigt nochmals die Voraussetzungen für die Annahme des Einwands des Rechtsmissbrauchs und nimmt anhand der gegebenen Indizien eine umfassende Gesmtabwägung vor, wobei auch die Rolle des beratenden Anwalts beleuchtet wird. Vgl. zu weiteren Fällen: *Gehlert* in: Rechtsmissbräuchliche Anfechtungsklagen im Aktienrecht, S. 24.

gegen die Bayerische Vereinsbank: Die Simon AG lud für den 29. April 1991 zur Hauptversammlung, um die Änderung des Unternehmensgegenstandes sowie die Übertragung der Bankgeschäfte auf ihre Mehrheitsaktionärin, die Bayerische Vereinsbank (BV) zu beschließen. Die Einladung zur Hauptversammlung war zuvor am 13. März 1991 im Bundesanzeiger veröffentlicht worden. Karl-Walter Freitag nahm sodann als Minderheitsaktionär der Simon AG mit einer Aktie zum Nennwert von DM 100 sowie als Geschäftsführer der Metropol Vermögensverwaltungs- und Grundstücks GmbH, die ebenfalls Inhaberin genau einer Aktie zum Nennwert von DM 100 war, an der Hauptversammlung teil. Gegen die Beschlüsse legte er Widerspruch zur Niederschrift ein, nachdem er zuvor der Gesellschaftsverwaltung noch einige Fragen stellte, deren Beantwortung teilweise verweigert wurde.[17] Karl-Walter Freitag erhob fristgemäß Anfechtungsklage; die Beklagte machte den Einwand des individuellen Rechtsmissbrauchs geltend. Während das Landgericht Düsseldorf die Klage noch aus anderen Gründen als dem des individuellen Rechtsmissbrauchs ablehnte; begründete sich die Entscheidung des seitens des Klägers angerufenen Berufungsgerichts hierauf.[18] In der entsprechenden Entscheidung des Oberlandesgerichts heißt es: „*wenn zudem berücksichtigt wird, dass der Aktienerwerb kurze Zeit vor Veröffentlichung der Einladung zur Hauptversammlung der Beklagten nebst Tagesordnung im Bundesanzeiger vom 14. März 1991 stattfand und der Kläger in der Vergangenheit mehrfach ... als Kläger von rechtsmissbräuchlichen Anfechtungsklagen ... in Erscheinung getreten ist, sprechen alle Indizien dafür, dass der Kläger die Anfechtungsklage in der Erwartungshaltung erhoben hat, die Beklagte werde ihm den Lästigkeitswert der Klage durch eine unangemessene hohe Abfindung abkaufen.*“[19] Der

17 Vgl. zur Sachverhaltsdarstellung *OLG Düsseldorf* in: AG 1994, 228 (229).

18 *Gehlert* in: Rechtsmissbräuchliche Anfechtungsklagen im Aktienrecht, S. 25 unter Verweis auf *LG Düsseldorf* (Az.: 33 O 101/91).

19 *OLG Düsseldorf* in: AG 1994, 974 (975).

BGH hat die Revision Freitags per Zurückweisungsbeschluss nicht angenommen.[20]

3. Die Jahre 2000–2009: Zunehmende Anzahl von Fällen

Die sich bereits in den 90er Jahren abzeichnende Entwicklung, wonach die Berufskläger zum Zwecke der Effektivitätsmaximierung ihres Handelns ihre Methodik sorgsamer ausgestalteten, setze sich in den Jahren 2000 bis 2009 fort. Konsequenterweise konnte wieder eine Zunahme an Verfahrensbeendigungen per außergerichtlichen bzw. Prozessvergleich beobachtet werden. Laut einer Studie von *Baums* aus dem Jahr 2007 zu der Entwicklung von Aktionärsklagen gegen Hauptversammlungsbeschlüsse,[21] handelte es sich bei den insgesamt 113 Beendigungstatbeständen in erster und zweiter Instanz auf der Grundlage von 97 untersuchten Verfahren, in 64 Fällen um gerichtliche und in 12 Fällen um außergerichtliche Ver-

20 Vgl. *Gehlert* in: Rechtsmissbräuchliche Anfechtungsklagen im Aktienrecht, S. 25 unter Verweis auf *BGH* (Az.: II ZR 14/94).

21 Die Studie von *Baums* (*Baums/Keinath/Gajek* in: ZIP 2007, 1629 ff.) stellt, neben der von *Fischer/Herold* im Going Public Magazin (2007, 50 ff.) veröffentlichten Untersuchung, die für die Rechtspraxis wichtigste und relevanteste rechtstatsächliche Untersuchung zum Klageverhalten gegen Hauptversammlungsbeschlüsse seit Inkrafttreten des UMAG („Gesetz zur Unternehmensintegrität und Modernisierung des Anfechtungsrechts", beschlossen am 19. Juni 2005, BGBl. I 2005, 2802; in Kraft getreten am 22. September 2005) dar. Die *Baums*-Studie bietet seit ihrer Veröffentlichung Anlass bzw. Grundlage für diverse Aufsätze und Gesetzesvorhaben im Zusammenhang mit der Thematik rechtsmissbräuchlicher Anfechtungsklagen; vgl. zum Beispiel: *Ehrmann* in: ZIP 2008, 584; *Goll/Schwörer* in: ZRP 2008, 77; Begründung des Gesetzesentwurfes zur Initiative: „Entwurf eines Gesetzes zur Einführung erstinstanzlicher Zuständigkeiten des Oberlandesgerichts in aktienrechtlichen Streitigkeiten", BR-Drs. 16/9020 vom 30. April 2008, S. 20.

gleiche die in aller Regel Klagerücknahmen vorsahen.[22] Zu einer gerichtlichen Begutachtung einer etwaigen individuellen Rechtsmissbräuchlichkeit der erhobenen Anfechtungs- und Nichtigkeitsklagen kam es in diesen Fällen daher nicht mehr.

Drei Beispiele der vergangenen Jahre, die insbesondere auch die Presse immer wieder beschäftigten:

2003: Utimaco Safeware AG/Investcorp

Am 20. Juni 2003 veröffentlichte die Utimaco Safeware AG zwecks Beschlussfassung über diverse Kapitalerhöhungsmaßnahmen eine Einladung zur außerordentlichen Hauptversammlung für den 1. August 2003. Dem Bundesanzeiger war zu entnehmen, dass die Finanzierungsmaßname im Wesentlichen von der Mitwirkung des Finanzinvestors Investcorp abhängig war. Peter Eck, der wenige Aktien an der Utimaco Safeware hielt, legte auf der Hauptversammlung gegen den Kapitalerhöhungsbeschluss Widerspruch ein. Hierdurch verschaffte er sich grundsätzlich die Möglichkeit, Anfechtungsklage, vertreten durch seinen Rechtsanwalt Axel Sartingen[23] zu erheben. Die Utimaco Safeware AG sah sich jedoch durch die drohenden Anfechtungsklagen zeitlicher Bedrängnis ausgesetzt, da der Finanzinvestor Investcorp abzuspringen drohte. In dieser Situation trat Axel Sartingen an die Unternehmensleitung der Utimaco mit dem Vorschlag heran, über einen außergerichtlichen Vergleich nachzudenken und gegen Zahlung von EUR 50 000 – wobei es sich hierbei um entsprechende Beraterkosten

22 *Baums/Keinath/Gajek* in: ZIP 2007, 1629 (1643).

23 Entsprechend der von *Baums/Keinath/Gajek* veröffentlichten Studie, zählt neben Peter Eck auch Axel Sartingen zu den ermittelten TOP 20 Klägern – er wird an vierter Stelle geführt, vgl. *Baums/Keinath/Gajek* in: ZIP 2007, 1629 (1644); dass Peter Eck und Axel Sartingen zu den bekanntesten Berufsklägern gehören, entspricht ebenso den Ergebnissen der rechtstatsächlichen Untersuchung von *Fischer/Herold* in: Going Public 2007, 50 (53).

im Sinne von Rechtsanwaltskosten handeln würde – von dem Erheben einer Anfechtungsklage abzusehen und die Widersprüche zurückzunehmen. Am 7. August 2003 trafen sich Axel Sartingen sowie der Finanzvorstand der Utimaco Safeware AG am Frankfurter Flughafen, um den „außergerichtlichen Vergleich“ abzuwickeln. Gegen entsprechende Scheckübergabe in Höhe von EUR 50 903,12 garantierte Axel Sartingen, den abgesprochenen Vereinbarungen nachzukommen. Die Utimaco Safeware AG „empfand“ dieses Verhalten als kriminell und erstattete wegen des Verdachts der Erpressung und Nötigung bei der Frankfurter Staatsanwaltschaft im Herbst 2003 Strafanzeige.[24]

2004: Höchst/Sanofi-Aventis

Mitte 2004 fusionierte Aventis mit dem französischen Pharmakonzern Sanofi-Synthelabo zu Sanofi-Aventis. Diese beschloss im Oktober 2004 die verbliebenen Restaktionäre ihres Tochterunternehmens Höchst AG abzufinden und sie von der Börse zu nehmen. Zu diesem Zwecke beraumte die Höchst AG für den 21. Dezember 2004 in Wiesbaden ihre letzte Hauptversammlung an; auf dieser sollte die Zwangsabfindung (Squeeze Out) beschlossen werden. Gegen den Abfindungsbeschluss legten jedoch diverse Aktionäre, zu denen auch die Eck-Gruppe gehörte, Widerspruch zu Protokoll ein und erhoben Klage beim Landgericht Frankfurt am Main (Az: 3/5 O 9/05). Am 12. Juli 2005 beendeten die Parteien das Verfahren per Prozessvergleich, wobei die Barabfindung von ursprünglich angedachten EUR 56,60 auf EUR 63,80 pro Aktie erhöht wurde. Dieses Ergebnis bescherte insbesondere der Eck-Gruppe „volle Kassen“, die mehrere hunderttausend Höchst Aktien hielt.[25]

24 Vgl. zum Sachverhalt: *DER SPIEGEL* „In der Hand der Piraten“, Ausgabe 29/2006, S. 75.

25 Vgl. zum Sachverhalt: *DER SPIEGEL* „In der Hand der Piraten“, Ausgabe 29/2006, S. 76.

2005: Leica Camera AG/Hermès International SCA; ACM Projektentwicklung GmbH

Die angeschlagene Leica Camera AG lud für den 31. Mai 2005 ihre Aktionäre zur Hauptversammlung – zum Zwecke der finanziellen Sanierung sollte eine Kapitalerhöhung beschlossen werden. Das Gros der insgesamt benötigten EUR 23 Millionen sollte durch ihre Mehrheitsaktionäre, den französischen Großkonzern Hermès International SCA sowie den österreichischen Unternehmen ACM Projektentwicklung aufgebracht werden. 90% der Aktionäre stimmten den auf der Hauptversammlung gefassten Beschlüssen zu. Doch einige Aktionäre opponierten; hierzu gehörten unter anderem Peter Eck sowie die EO Investors GmbH, beides Aktionäre die zu den TOP 20 Berufsklägern[26] der vergangen Jahre zählen. Es wurde gegen die Beschlüsse Widerspruch zu Protokoll eingelegt und Klage beim Landgericht Limburg erhoben. Die Umsetzung der gefassten Beschlüsse war hierdurch blockiert – da jedoch für Leica die Sanierung auf dem Spiel stand, konnte es sich die Unternehmensleitung nicht leisten, den Ausgang des gerichtlichen Verfahrens abzuwarten, und man verglich sich mit den Opponenten. Dabei ging es um einen Vergleichswert von EUR 2,1 Millionen, wobei sich die hohe Summe insbesondere aus den zu zahlenden Anwaltshonoraren zusammensetzte.[27]

Die Gründe für die Zunahme der Anzahl von Vergleichen mögen auf der Hand liegen: die hohen Anforderungen an die Nachweisbarkeit des individuellen Rechtsmissbrauchs stärkten wiederum die Position der Berufskläger, da die Aktiengesellschaften mit dem Einwand des Rechtsmissbrauchs ein nicht zu vernachlässigendes Risiko eingehen, am Ende mit katastrophalen Folgen

26 *Baums/Keinath/Gajek* in: ZIP 2007, 1629 (1644).

27 Vgl. zum Sachverhalt: *DER SPIEGEL* „In der Hand von Piraten", Ausgabe: 29/2006, S. 75; *HANDELSBLATT*: „Leica scheint unter die Räuber gefallen" vom 25. Juli 2005, abrufbar unter: http://www.handelsblatt.com/unternehmen/industrie/leica-scheint-unter-die-raeuber-gefallen;933163.

zu unterliegen. Auch das Inkrafttreten des UMAG zum 22. September 2005,[28] durch das der Gesetzgeber unter anderem das Freigabeverfahren gemäß § 246a AktG a.F. kodifizierte und nicht zuletzt das Inkrafttreten des ARUG zum 1. September 2009, das vornehmlich das mit dem UMAG eingeführte Freigabeverfahren noch effizienter gestalten möchte, scheinen hieran wenig geändert zu haben.[29]

Wenngleich es für die beklagten Unternehmen in den Jahren 2000 bis 2009 zunehmend schwieriger wurde, den Einwand des individuellen Rechtsmissbrauchs darlegen zu können,[30] sind innerhalb dieses Zeitraums vorwiegend durch das Landgericht Frankfurt am Main maßgebliche Entscheidungen ergangen:

2007: Nanoinvests AG (nunmehr: Real Estate International Investment AG)

Die Nanoinvests AG lud am 29. Mai 2007 zur Hauptversammlung, um über die Entlastung des Aufsichtsrats sowie über eine Kapitalerhöhung zu entscheiden. An der Hauptversammlung nahm auch der Minderheitsaktionär Klaus Zapf[31] teil, der gegen die dort

28 Gesetz zur Unternehmensintegrität und Modernisierung des Anfechtungsrechts, BGBl. I 2005, 2802.

29 Gesetz zur Umsetzung der Aktionärsrechterichtlinie (2007/36/EG) Richtlinie des Europäischen Parlaments und des Rates, die am 3. August 2007 in Kraft getreten ist), BGBl. I 2009, 2479.

30 *OLG Stuttgart* in: AG 2003, 456; *OLG Köln* in: BB 2003, 2307: Die unstreitige Tatsache, dass der Kläger Inhaber lediglich einer Aktie war, die er erst am 14. Februar 2003 nach Ankündigung der Hauptversammlung am 16. Januar 2003 erwarb, war aus Sicht des Gerichts nicht ausreichend, um den Nachweis der Rechtsmissbräuchlichkeit führen zu können – das OLG Köln stellte sich mit seiner Entscheidung gegen die Sichtweise der Vorinstanz, die aus diesem Grunde Rechtsmissbräuchlichkeit angenommen hatte; *LG Bonn,* Beschluss vom 10. Juni 2003 (Az: 11 O 35/03 und Nichtabhilfebeschluss vom 29. Juli 2003, jeweils nicht veröffentlicht, vgl. hierzu Anm. von *Aha* in: BB 2003, 2310).

31 Der Millionär Klaus Zapf ist Inhaber der Fa. Zapf Umzüge, die zu den größten Speditionsunternehmen Europas zählt. Nebenbei gehört er

gefassten Beschlüsse Widerspruch zu Protokoll einlegte. Dieser soll bereits in der Hauptversammlung behauptet haben, Klage zu erheben, falls nicht er und andere von ihm vertretene Aktionäre jeweils 2000 Aktien(bezugsrechte) von der Mehrheitsaktionärin zugesichert bekämen. Fristgemäß erhob K. Zapf sodann beim Landgericht Frankfurt am Main Anfechtungsklage. Im weiteren Verlauf unterbreitete er der Nanoinvests AG, die heute unter Real Estate International Investment AG firmiert, einen Vergleichsentwurf, wonach mit Zustimmung der Mehrheitsaktionärin den Aktionären, die in der Hauptversammlung gegen den Beschluss gestimmt hatten, je 3 500 Bezugsrechte hinsichtlich der Aktien aus der Kapitalerhöhung eingeräumt werden sollten. Die Nanoinvests lehnte den Vergleichsvorschlag ab.

Das Landgericht Frankfurt am Main wies mit Urteil vom 2. Oktober 2007 (Az: 3–5 O 177/07) die Klage ab und verurteilte K. Zapf auf die Eventualwiderklage der Nanoinvests AG hin dem Grunde nach zur Leistung von Schadensersatz wegen vorsätzlichen sittenwidrigen Handelns gemäß § 826 BGB.[32] Mit Beschluss vom selben Tage hat es dem Freigabeantrag (Az: 3–5 O 194/07) der Nanoinvests AG nach § 246a AktG hinsichtlich des Hauptversammlungsbeschlusses zu TOP 5 (Kapitalerhöhungsbeschluss)

---

ebenso zu den bekanntesten Berufsklägern Deutschlands, unter den durch *Baums/Keinath/Gajak* ermittelten TOP 20 Klägern steht dieser an zehnter Stelle, vgl. *Baums/Keinath/Gajek* in: ZIP 2007, 1629 (1644).

32 *LG Frankfurt/Main* in: BB 2007, 2362; = AG 2007, 824; = Der Konzern 2007, 760; = WM 2007, 2385; = ZIP 2007, 2034; mit Anm. von *v. Falkenhausen/Baus* in: ZIP 2007, 2037; *Peters* in: NZG 2007, 935; Reaktionen aus der Presse: *Börsen-Zeitung* vom 20. Oktober 2007, Gastbeitrag von Florian Drinhausen: „Erhöhtes Risiko für Berufskläger"; *manager magazin:* „Kampfansage an die AG Blockierer" vom 18. Oktober 2007, abrufbar unter: http://www.manager-magazin.de/unternehmen/artikel/0,2828,512105,00.html; *SPIEGEL ONLINE:* „Bittere Entscheidung für Prozesshansl Zapf" vom 17. Oktober 2007, abrufbar unter: http://www.spiegel.de/wirtschaft/0,1518,512032,00.html; *Der Tagesspiegel:* „Klaus Zapf soll zahlen" vom 18. Oktober 2007, abrufbar unter: http://www.tagesspiegel.de/wirtschaft/;art271,2401953.

stattgegeben; das Landgericht zitiert hierzu im Wesentlichen die dargestellten zusammengefassten Entscheidungsgründe.[33] Zapf legte gegen das Urteil Berufung ein, allerdings ohne Erfolg. Mit Urteil vom 13. Januar 2009 bestätigte das OLG Frankfurt am Main die Entscheidung der Vorinstanz vollumfänglich.[34] Das Urteil war zum Zeitpunkt der Veröffentlichung nicht rechtskräftig; zwar hat das Oberlandesgericht die Zulassung der Revision zum BGH abgelehnt, doch kann noch Nichtzulassungsbeschwerde erhoben werden.

Die Urteile der Frankfurter Gerichte sind im Zusammenhang mit einer jüngst ergangenen Entscheidung des Landgerichts Hamburg vom 15. Juni 2009 zu lesen:

2009: FORTKNOX-VENTURE AG/equitrust AG

Mit Urteil vom 15. Juni 2009 entschied das Landgericht Hamburg erstmals im Zusammenhang mit einer rechtsmissbräuchlichen Anfechtungsklage, einem Mitaktionär Schadensersatz gemäß § 826 BGB zuzusprechen. Es klagte ein Aktionär der FORTKNOX-VENTURE AG (im Folgenden: F-V AG) gegen die ehemaligen Kleinaktionäre der equitrust AG, Frank Scheunert und Peter Eck[35]. Auf der Hauptversammlung der equitrust AG vom 28. November 2003 sollte über eine Sachkapitalerhöhung, bei der sämtliche Aktionäre der F-V AG ihre Aktien an der Gesellschaft in die equitrust AG einbringen sollten, abgestimmt werden. Die Hauptversammlung der F-V AG hatte der Einbringung bereits zuvor zugestimmt. Lediglich der Beklagte zu 1), der sich im Ausland aufhaltende Frank Scheunert, der sich mit 10 Aktien zur Hauptversammlung meldete, legte vertreten durch den Beklagten zu 2) Peter Eck, der ebenfalls

33 Vgl. Anm. der Red. zu *LG Frankfurt/Main* in: ZIP 2007, 2034 (2037).

34 *OLG Frankfurt/Main* in: NZG 2009, 222; mit Anm. von *Martens/Martens* in: AG 2009, 173.

35 Die Namen der beteiligten natürlichen Personen sind unter www.dr-nenninger.de zu finden.

mit 10 Aktien gemeldet gewesen ist, Widerspruch gegen den Beschluss ein. Am 13. Januar 2004 erhob der Beklagte zu 1) Anfechtungsklage beim Landgericht Hamburg. In der Folgezeit kam es zu Gesprächen zwischen einem Aktionär der F-V AG und dem Beklagten zu 2), bei denen dieser für Frank Scheunert erklärt haben soll, gegen Zahlung von EUR 50 000 bis 60 000 die Klage zurückzunehmen. Zwischenzeitlich machte die equitrust AG allerdings von ihrem vertraglich garantierten Rücktrittsrecht Gebrauch. Letztlich scheiterte damit die Einbringung, wodurch der Kläger einen erheblichen Schaden erlitt. Das Landgericht Hamburg verurteilte die Beklagten auf gesamtschuldnerischen Schadensersatz in Höhe von EUR 50 000. Der Kläger sei als Mitaktionär hinreichend aktivlegitimiert und sei infolge des vorsätzlich sittenwidrigen Handelns der Beklagten geschädigt. Der Verstoß gegen die guten Sitten ergebe sich dabei aus der hinreichend nachgewiesenen Rechtsmissbräuchlichkeit der erhobenen Anfechtungsklage.[36] Die Entscheidung ist noch nicht rechtskräftig, die Berufung ist beim OLG Hamburg unter dem Az.: 11 U 127/09 anhängig.

Ebenfalls von Interesse sind folgende Entscheidungen:

2008: Peaches AG

Am 13. Dezember 2007 fand die ordentliche Hauptversammlung der Peaches AG mit Sitz in Freigericht statt. Zu dieser Hauptversammlung hatte der Vorstand durch Bekanntmachung im elektronischen Bundesanzeiger vom 9. Juli 2007 geladen. Beide Klägerinnen nahmen an dieser Hauptversammlung, auf der über alle 15 streitgegenständlichen Tagesordnungspunkte Beschluss gefasst worden ist, teil. Sie legten gegen die Beschlussfassungen Widerspruch zur Niederschrift ein und erhoben Anfechtungsklage. Noch bevor der Prozessbevollmächtigte der Beklagten Klageerwiderung

36 *LG Hamburg* in: WM 2009, 1330.

einreichen konnte, unterbreitete der Prozessbevollmächtigte der Klägerin zu 1) der Unternehmensleitung der Peaches AG einen Vergleichsvorschlag. Aus diesem ging hervor, dass die Klägerinnen ihre Klagen zurücknehmen würden, sofern die Beklagte gewisse Informationen auf ihrer Internetseite veröffentlichen und die Kosten des Rechtsstreits übernehmen würde. Bei den Kosten waren als Streitwert EUR 500 000 und für den Vergleich EUR 4 000 000 bzw. EUR 4 500 000 angesetzt worden.

Das Landgericht Frankfurt am Main hat die Nichtigkeitsklagen mit Urteil vom 6. Juni 2008 (Az: 3–5 O 11/08) aufgrund Rechtsmissbräuchlichkeit als unbegründet abgewiesen. Nach Ansicht des Gerichts ergebe sich der Rechtsmissbrauch allerdings nicht bereits aus dem bloßen angebotenen Abkauf des Klagerechts, „*da in den aktienrechtlichen Verfahren nach §§ 243 ff. AktG die vergleichsweise Beendigung des Verfahrens notwendigerweise oft in dieser Weise geschehen muss.*" Für die Annahme des Rechtsmissbrauchs sei vielmehr der nach Klageerhebung angestrebte Vergleich maßgeblich, der wegen eines sachlich nicht gerechtfertigten hohen Vergleichsmehrwerts zu überhöhten Kostenbelastungen bei der Peaches AG durch Übernahme der Rechtsanwaltskosten der Klägerin führe. Hierzu führt das Gericht aus: „*Wenn nun die Klägerin zu 1) durch ihren Prozessbevollmächtigten für eine vergleichsweise Beendigung des Rechtsstreits demgegenüber erheblich übersteigende Werte für die anwaltliche Gebührenrechnung als erstattungsfähige Kosten ansetzt, ist ein zum Rechtsverlust führender Rechtsmissbrauch gegeben, da sie hiermit die Beklagte zu Leistungen veranlassen wollte, auf die die Klägerin keinen Anspruch hat.*" Das Urteil ist nicht rechtskräftig, die Berufung ist beim OLG Frankfurt am Main unter dem Az. 5 U 82/08 anhängig.[37]

Entschied das Landgericht Frankfurt am Main in den vorgenannten Fällen im Interesse der beklagten Unternehmensverwaltung, hat es mit Urteil vom 26. August 2008 in der Sache Leica Camera AG nachhaltig deutlich gemacht, dass eine bloße

37 *LG Frankfurt/Main* in: ZIP 2008, 1591 (1591 ff.).

Verfahrensbeteiligung von Berufsopponenten nicht per se zu einer Auseinandersetzung um Fragen der Rechtsmissbräuchlichkeit zu führen hat, sondern dass eine Klageerhebung immer noch maßgeblich dem Postulat des Anfechtungsrechts dient, mitunter der Geltendmachung eines Individualrechtsschutzes.

2007/2008: Leica Camera AG (Squeeze Out)

Während die Leica AG im Jahre 2005 zwecks finanzieller Sanierung ihre Aktionäre zur Abstimmung über eine Kapitalerhöhung lud, sollte auf der Hauptversammlung vom 20. November 2007, zu der per Bekanntmachung im elektronischen Bundesanzeiger am 11. Oktober 2007 geladen worden ist, der endgültige Rückzug von der Börse beschlossen werden. Ziel war die vollständige Übernahme der Leica AG durch ihre Mehrheitsaktionärin, die ACM Projektentwicklung GmbH, die 96,5% der Anteile hielt. Zu diesem Zwecke wurde auf der Hauptversammlung u.a. zu TOP 5 ein Übertragungsbeschluss gegen Gewährung einer Barabfindung in Höhe von EUR 12,15 je Stückaktie (Squeeze Out) mit 99,48% der Stimmen gefasst.

15 Minderheitsaktionäre erhoben indes Anfechtungs- bzw. Nichtigkeitsklage gegen den Übertragungsbeschluss. Mittels Antragsschrift vom 14. Februar 2008 hat Leica beim Landgericht Frankfurt am Main das Freigabeverfahren eingeleitet. Am 4. April 2008 wurde der Antrag zurückgewiesen, das OLG Frankfurt am Main hat auf die sofortige Beschwerde der Antragsstellerin hin die Entscheidung der Vorinstanz bestätigt.[38] Die Entscheidung im parallel anhängigen Hauptsacheverfahren erging zum 26. August 2008 und schloss sich inhaltlich im Wesentlichen den Ausführungen des Freigabebeschlusses an. Der Beschluss über die Zwangsabfindung der Minderheitsaktionäre ist demnach nichtig bzw. zumindest an-

38 *OLG Frankfurt/Main*, Beschluss vom 15. Juli 2008 (Az: 5 W 15/08) in: AG 2008, 745.

fechtbar und von daher nicht in das Handelsregister einzutragen. Die Beklagte konnte vorerst nicht von der Börse genommen werden. Nach Ansicht des Gerichts führe das in der Einberufung zur Hauptversammlung postulierte generelle Schriftformerfordernis für Vollmachten, das insbesondere übergreifend Kreditinstitute und Aktionärsvereinigungen miterfasse und die an die Gesellschaft zu deren Verbleib übergeben werden sollten, mangels gesetzlicher oder satzungsmäßiger Grundlage zur Nichtigkeit des Beschlusses.[39]

Auch wenn die Entscheidung auf erhebliche Kritik gestoßen ist,[40] ist bis zu einer gegenteiligen Auffassung der Rechtsmittelinstanzen von einer Nichtigkeit des Übertragungsbeschlusses

---

39 *LG Frankfurt/Main*, Urteil vom 26. August 2008 (Az: 3–5 O 339/07) in: DB 2008, 2243.

40 *OLG München*, Beschluss vom 3. September 2008 (Az: 7 W 1432/08 – „HVB-Freigabeverfahren") in: ZIP 2008, 2117; Das OLG stellt in seinen Gründen ausdrücklich fest, dass ein in der Einberufung zum Ausdruck kommendes für alle Vollmachten geltendendes generelles Schriftformerfordernis weder zur Nichtigkeit noch zur Anfechtbarkeit der Hauptversammlungsbeschlüsse führe. in Hinblick auf die Parallelentscheidung des *OLG Frankfurt am Main* in der Sache Leica vom 15. Juli 2008, konstatiert das Gericht: „*Der Entscheidung lagen mit dem vorliegenden Sachverhalt nicht vergleichbare Angaben zur Stimmrechtsausübung von Vertretern zu Grunde. Dort sah die Ladung zur Hauptversammlung die Bedingung für die Stimmrechtsausübung vor, die im Gesetz oder in der Satzung keinerlei Grundlage hatte, nämlich die Vorlage einer schriftlichen Vollmacht bei der Gesellschaft...*" Das *Landgericht München I* teilt diese Ansicht im Hauptsacheverfahren (Urteil vom 28. August 2008, Az: 5 HK O 12861/07), wo es über Nichtigkeits- und Anfechtungsklagen mehrerer Kleinaktionäre (u.a. auch Karl-Walter Freitag) zu entscheiden hatte, die sich gegen den auf der Hauptversammlung der HVB vom 26. bis 27. Juni 2007 abgestimmten Squeeze-Out Beschluss wandten. Das Urteil ist noch nicht rechtskräftig. Siehe hierzu Pressemitteilung des Landgerichts München, abrufbar unter: http://www.justiz.bayern.de/gericht/lg/m1/presse/archiv/2008/01593/. Vgl. insgesamt zu den Auswirkungen des Leica-Urteils und dessen Nachfolgeentscheidungen auf die Praxis unter Berücksichtigung der entsprechenden Neuregelungen des ARUG: *Göhmann/v. Oppen* in: BB 2009, 513.

auszugehen. Dass gegen diesen infolge der Bestimmung des § 242 II AktG, wonach eintragungspflichtige Hauptversammlungsbeschlüsse, die noch keine drei Jahre im Handelsregister eingetragen und auf Grundlage eines entsprechenden Einberufungsmangels ergangen sind, als nichtig angegriffen werden können, vorgegangen werden kann, ist notwendige Folge des Urteils. Dass zudem erste Nichtigkeitsklagen von Berufsklägern mit Bezugnahme auf das Urteil des Landgerichts Frankfurt vorliegen;[41] ist aus ihrer Sicht naheliegend, basiert aber zunächst auf einem formal-juristischen Fehlverhalten der Unternehmensleitungen, welches gerichtlich überprüft worden ist.

II. Methodik der Berufskläger

Die aufgeworfene Methodik ist einfach und im Kern immer gleich. Die Opponenten erwerben – in der Regel unmittelbar vor Einberufung der Hauptversammlung – wenige Aktien einer Gesellschaft. Auf der sodann stattfindenden Hauptversammlung legen sie gegen die dort gefassten Beschlüsse Widerspruch zur Niederschrift ein – Anfechtungsgründe lassen sich hierbei immer formulieren; notfalls lässt sich ein Anfechtungsgrund auch durch gezielten Einsatz des Fragerechts schaffen, indem jeder erhaltenen Antwort Detailfragen nachgeschoben werden.[42] Sodann treten die Berufskläger, die sich selbst mitunter als Vorkämpfer der anderen Aktionäre betrachten, – hierbei ist häufig vom sogenannten *„Robin Hood Effekt“* die

---

41 *Stohlmeier/Mock* in: BB 2008, 2141 (2144).

42 Vgl. Beispiele nach *Baums* in: Gutachten für den 63. DJT, F 153 (Fn. 442): Die außerordentliche Hauptversammlung der Daimler-Benz AG, die über den Zusammenschluss mit der Chrysler Inc. zu beschließen hatte (1998), dauerte bis kurz vor Mitternacht; die Hauptversammlung der Hoechst AG zum Zusammenschluss mit der Rhone-Poulênc zog sich sogar über zwei Tage; weitere Beispiele bei: *Krieger* in: ZHR 163 (1999), 343 (358).

Rede[43] – an die Unternehmensleitung mit dem Vorschlag heran, sich die Klagerücknahme bzw. -verzicht „abkaufen“ zu lassen. Nachdem der BGH in seinem Grundsatzurteil vom 22. Mai 1989 die Voraussetzungen für den zivilrechtlichen Rechtsmissbrauch entsprechenden Handelns mit der Folge der Unbegründetheit der Klage festgestellt hat, wählten die Opponenten subtilere Methoden.[44] Völlig überzogene Abfindungen oder Schadensersatzzahlungen, die jeder realen Grundlage entbehren, werden nur noch in Ausnahmefällen gefordert. In der Literatur wird gemutmaßt, dass das Minus in der Abfindungshöhe mittels breiterer Fächerung von Widersprüchen und Klagen kompensiert wird.[45]

Häufig wartet nun der Aktionär die Zwangslage der Gesellschaft ab, bis diese selbst an ihn herantritt und von sich aus ein Abfindungsangebot gegen Klagerücknahme tätigt; in aller Regel wird in dieser Erwartung auch die rechtsmissbräuchliche Anfechtungs-

43 *Radu* in: ZIP 1992, 303 (303) m.w.N.; *Financial Times Deutschland* vom 30. Juli 2007: Der Artikel verweist auf ein Zitat des Würzburger BWL-Professors Ekkehard Wenger: „*Die wahren Räuber sind die Großaktionäre.*“ Die Kleinanleger müssten sich immer besser organisieren, um gegen ein „*Kartell aus Wirtschaftsprüfern*“ anzukommen, das korrupte Bewertungen erstellt. In einem weiteren Beitrag wird auf den „*Eckstyle*“ Bezug genommen – der anglo-amerikanischen Beschreibung für das Verhalten des Berufklägers Peter Ecks. Siehe ebenfalls ein Interview mit Karl-Walter Freitag, erschienen im Juni 2005 im Wirtschaftsmagazin *Brand Eins*, S. 102: Auf die Frage hin, ob ihm ein Vorstand schon einmal Leid getan hätte, führt dieser aus „*Wenn der Vorstand nicht gerade goldene Löffel gestohlen hat, wird er vom Mehrheitsaktionär entlastet, und wenn es denn gar nicht mehr geht, ist der Tritt in den Hintern für den Vorstand oft ein Sprung ins Glück. Ein großzügig bemessener Abfindungsfallschirm sorgt für eine weiche Landung. Oft merkt der Vorstand nicht einmal, dass er zum personifizierten Werteverfall geworden ist.*“

44 Vgl. hierzu insgesamt: *Baums* in: Gutachten für den 63. DJT, F 154; *Kiethe* in: NZG 2004, 489 (490) „*nicht mehr in derart plumper Weise*“.

45 *Baums* in: Gutachten für den 63. DJT, F 154.

klage erhoben.[46] In Reaktion hierauf fließen von der Gesellschaft oder ihren Mehrheitsaktionären entsprechende Zahlungen an die Aktionäre, wobei man sich in aller Regel per Prozess- oder außergerichtlichen Vergleich einigt. Mitunter werden beim Aushandeln der Vergleichsmodalitäten keine expliziten Zahlungen in Form von Abfindungszahlungen vereinbart, die Leistungen erfolgen entweder verdeckt als „Beratungshonorare“; „Aufwandsentschädigungen“ oder „Gutachtenhonorare“. Eine in diesem Zusammenhang häufig vorkommende Variante ist auch diejenige, bei der die Parteien sich auf hohe Vergleichswerte einigen, für die die aktienrechtliche Streitwertdeckelung des § 247 I AktG nicht gilt, wodurch überzogene Vergleichsmehrwerte entstehen können, hierbei wird sodann vereinbart, dass die gesamten Kosten des Rechtsstreits inklusive der Rechtsanwaltsgebühren von der Beklagten zu tragen sind.[47] Unter Bezugnahme auf die empirischen Untersuchungen, die auch die Beteiligung von Rechtsanwälten auf der Klägerseite bedacht haben, wird vermutet, dass die dem Prozessbevollmächtigten im Vergleich zugesagte Kostenerstattung in aller Regel zwischen Anwalt und Mandant aufgeteilt wird.[48] Um den Schein zu wahren, wird häufig eine Klaglosstellung durch die Gesellschaft verlangt – hierbei sollen unerhebliche Informationen, deren Fehlen als Anfechtungsgrund geltend gemacht worden ist, von der Gesellschaft erteilt werden.[49] Lukrativ ist sodann die notwendige Kostenregelung des Vergleichs.

Um dem Einwand verdeckter Abfindungszahlungen entgegenzutreten, werden zunehmend aber auch andere Vorgehensweisen erprobt.[50] So werden zum Beispiel ausländische Emissäre zwischengeschaltet; dabei treten außerhalb Deutschlands ansässige

46 *Kiethe* in: NZG 2004, 489 (491).

47 *von Dalwigk* in: FS Beuthien, S. 116 f.

48 *Baums/Keinath/Gajek* in: ZIP 2007, 1629 (1646); *Vetter* in: AG 2008, 177 (178) m.w.N.

49 *Baums* in: Gutachten für den 63. DJT, F. 154; *Jahn* in: BB 2005, 5 (7); *LG Frankfurt/Main* in: ZIP 2008, 1519 – Peaches AG.

50 Vgl. im Einzelnen: *Kiehte* in: NZG 2004, 489 (491) m.w.N.

Personen an die Gesellschaft heran, die gegen Zusage von Zahlungen versprechen, für eine Klagerücknahme zu sorgen. An wen letzten Endes das Geld fließt, lässt sich oft nicht belegen.[51] In jedem Fall wird die zeitlich-kritische und wirtschaftliche Situation der Gesellschaft ausgenutzt. Denn Aktionärsanfechtungsklagen können gesetzliche oder faktische Registersperren auslösen, die eine Umsetzung der Hauptversammlungsbeschlüsse infolge mangelnder Handelsregistereintragung verzögern. Die betroffene Gesellschaft kann eintragungspflichtige Beschlüsse aufgrund der durch Registersperre verursachten Verzögerung nur noch zu deutlich teureren Bedingungen oder gar nicht mehr umsetzen. [52]

Beobachtet werden hierbei neue Entwicklungen, die vorwiegend darauf abzielen, den Druck auf die Unternehmen zu erhöhen, um somit hinreichende Effizienz für das eigene Handeln zu garantieren. So besteht eine Tendenz zur Lahmlegung der Justiz mittels Erhebung einer übergroßen Zahl an Anfechtungsklagen, dabei sind mehr als zehn Kläger und entsprechenden Nebenintervenienten keine Seltenheit. Es werden, sobald ein Vergleich über die Anfechtungsklage geschlossen worden ist, Nichtigkeitsgründe im Wege der Nichtigkeitsklage nachgeschoben, die außerhalb des Umwandlungsrechts nicht an die einmonatige Klagefrist gebunden

51 *Baums* in: Gutachten für den 63. DJT, F 153 m.w.N.; vgl. ebenso hierzu die dargestellten Verfahren *Utimaco Safeware AG/Investcorp* bei dem Zahlungen wegen entsprechender „Beratungshonorare" erfolgten; *Leica/Hermès International SCA,* hier setzte sich die Vergleichssumme ebenso aus Anwaltshonoraren zusammen; *BGH* in: AG 1992, 86 f: hier sollten die Zahlungen von DM 10 Millionen für den Abschluss eines *„entgeltlichen Rechtsberatungsvertrages"* erfolgen. Vgl. zur Vorgehensweise insgesamt auch: *FINANCE:* „Die Albtraum-Aktionäre: Wie Berufsaktionäre Hauptversammlungen missbrauchen", Ausgabe April 2005, S. 88 ff. Die Methodik wird zusammengefasst wie folgt beschrieben: 1. Opfer aussuchen, 2. Anfechtungsgründe finden oder provozieren, 3. Anfechtungsklage einreichen und Unternehmen erpressen; ähnlich: *Waclawik* in: DStR 2006, 2177 (2179).

52 *Baums/Keinath/Gajek* in: ZIP 2007, 1629 (1648); *Poelzig/Meixner* in: AG 2008, 196 (197).

sind. Anfechtungskläger treten seit geraumer Zeit auch als juristische Personen – vornehmlich GmbHs – auf, um somit aufgrund der Haftungsbeschränkung das Risiko der Schadensersatzansprüche wegen rechtsmissbräuchlichen Verhaltens zu begrenzen.[53] Das Drohpotential erschöpft sich dabei in der Ausnutzung der durch die erhobene Anfechtungsklage ausgelösten (zumeist) faktischen Registersperre und der damit einhergehenden Nichteintragung des Hauptversammlungsbeschlusses in das Handelsregister. Die Gesellschaft sieht sich ob der Nichteintragung des Beschlusses im Einzelfall enormen wirtschaftlichen Schäden ausgesetzt, dabei sind nicht nur die Schäden einer potentiellen Nichteintragung und (verspäteten) Nichtumsetzung des Hauptversammlungsbeschlusses zu beachten, sondern insbesondere Kollateralschäden, etwa in Form umfassender Kosten für Berater, die umfangreiche Bindung von Managementkräften, sowie „weiche Schäden" durch die Beschädigung des Ansehens und der Anziehungskraft des Unternehmens im deutschen Kapitalmarkt.[54]

Auch die Einführung des § 246a AktG a.F. mit Inkrafttreten des UMAG scheint hieran unmittelbar nichts geändert zu haben. Die Möglichkeit des Eilverfahrens, das gemäß § 246a III AktG a.F. inklusive der Rechtsmittelinstanz mehrere Monate in Anspruch nehmen konnte, schien für viele Gesellschaften noch zu langwierig zu sein. Entsprechend der 2007er *Baums*-Studie, die unter anderem auch Ausführungen zu den Auswirkungen des § 246a AktG a.F. auf das Anfechtungsverhalten enthält, hat die Anzahl von Anfechtungs- oder Nichtigkeitsklagen nicht abgenommen, sondern in Gegenteil stetig zugenommen; signifikanterweise endeten nahezu alle Klagen der ermittelten Berufskläger, durch Vergleich. Von den 97 im Untersuchungszeitraum ermittelten Verfahren, die vollständig beendet wurden, hat tatsächlich in 46 Fällen ein Freigabeverfahren stattgefunden. Hervorzuheben ist jedoch, dass in weniger als der Hälfte – in nur 22 Fällen – das Freigabeverfahren auch durch

53 Vgl. hierzu insgesamt: *Vetter* in: AG 2008, 177 (179) m.w.N.

54 *von Dalwigk* in: FS Beuthien, S. 118.

Beschluss beendet worden ist. In den übrigen Fällen einigten sich die Parteien wiederum per Vergleich.[55]

Inwiefern das am 1. September 2009 in Kraft getretene ARUG, das erstmals die Hauptversammlungssaison 2010 betrifft, hieran etwas ändern wird, bleibt vorerst abzuwarten. Die Zweckmäßigkeit der neuen Bestimmungen, die vornehmlich die Eindämmung des opponierenden Klagegewerbes zu erreichen versuchen und sich entsprechend mit einer Umstrukturierung und Präzisierung des § 246a AktG n.F. befassen, wird in der Literatur bislang jedoch überwiegend noch als zu ineffizient kritisiert.[56]

Das Phänomen der Berufskläger bleibt daher bestehen, insbesondere auch die Frage, ob das dargestellte Verhalten strafrechtlich relevant ist. Denn geht die Gesellschaft auf die Forderungen der Opponenten ein, erscheint sie erpressbar. Zu diskutieren ist daher, ob der Kleinaktionär, der seine gesetzlich garantierten Aktionärsrechte in Anspruch nimmt, sich durch den Abkauf des Lästigkeitswerts einer Anfechtungsklage strafbar macht.

§ 2 Gang der Darstellung

In der Einleitung wurde aufgezeigt, dass der Missbrauch des Anfechtungsrechts an Aktualität nicht verloren hat. Im Rahmen der Arbeit soll sich nunmehr die Frage behandelt werden, welche strafrechtlichen Auswirkungen das Vorgehen der Berufskläger hat. Zwar sind in der Vergangenheit diverse Ermittlungsverfahren gegen Berufsopponenten eingeleitet worden, aber zu einer Anklage hat sich der Tatverdacht in keinem dieser Fälle hinreichend konkretisiert. Entsprechend mangelt es bislang an höchstrichterlicher Rechtsprechung der Strafsenate des BGH. Auch in der Literatur

55 *Baums/Keinath/Gajek* in: ZIP 2007, 1629 (1648).

56 *Koch/Wackerbeck* in: ZIP 2009, 1602; *Grunewald* in: NZG 2009, 967 m.w.N. (Fn. 5); *Florstedt* in: AG 2009, 465; *Verse* in: NZG 2009, 1127 (1131 f.); *Helm/Manthey* in: NZG 2010, 415 (418).

haben sich wenige damit befasst, die Problematik der Berufskläger und ihres Handelns aus strafrechtlicher Perspektive zu beleuchten.

Um den Rechtsmissbrauch des Anfechtungsrechts hinreichend problematisieren zu können, werden zu Beginn des zweiten Kapitals zunächst die gesellschaftsrechtlichen Grundlagen und Voraussetzungen des Anfechtungsrechts dargestellt. Im Anschluss hieran beschäftigt sich die Arbeit mir der Rechtsmissbräuchlichkeit von Anfechtungsklagen, hierbei werden auch gesetzgeberische Historie, Rechtsnatur und Bedeutung – auch unter dem Blickwinkel der Nachweisbarkeit – dargestellt. In diesem Zusammenhang wird sowohl die Gesetzeslage unter Berücksichtigung der Auswirkungen des UMAG auf die Methodik der Opponenten beleuchtet als auch die Bemühungen des Gesetzgebers, den Missbrauch des Anfechtungsrechts mittels des kürzlich in Kraft getretenen ARUG einzudämmen, berücksichtigt.

Auf Grundlage der gefundenen Ergebnisse kann sodann im dritten Kapitel, dem Hauptteil der Arbeit, anhand verschiedener Sachverhaltsvarianten umfassend die strafrechtliche Relevanz des Verhaltens von Berufsklägern geprüft werden. Neben weiteren in diesem Zusammenhang anzuprüfenden Delikten wird der Prüfungskomplex um die Frage einer möglichen Erpressung bzw. Nötigung gemäß den §§ 240, 253 StGB den Schwerpunkt bilden. Dabei wird ein praxisrelevanter Blickwinkel zugrundegelegt.

Im vierten Kapitel folgt sodann die zusammenfassende Schlussbetrachtung der ermittelten Ergebnisse aus den vorangestellten Kapiteln.

Kapitel 2: Grundlagen und Missbrauch des Anfechtungsrechts

§ 1 Grundlagen des Anfechtungsrechts

Das Anfechtungsrecht des Aktionärs ist Bestandteil seiner Mitgliedschaft an der Gesellschaft und „*hat nach der Intention des Gesetzgebers die Aufgabe, die Rechtmäßigkeitskontrolle des Handelns der sich selbst verwaltenden Kooperation zu gewährleisten und damit neben individuellen Interessen allgemeine öffentliche Interessen der Aktionärsgemeinschaft zu wahren.*"[57]

I. Die Anfechtungsklage – Ein Überblick

Die Anfechtungsklage ist im Konglomerat der Beschlussmängelklagen, zu denen auch die Beschlussnichtigkeitsklage, die Beschlussunkwirksamkeitsfeststellungsklage und die im Aktienrecht mit der Anfechtungsklage kombinierbare positive Beschlussfeststellungsklage zählen, nur eine Teilfigur.[58] Doch faktisch ist die Anfechtungsklage die wichtigste aller Klagen, denn sie stellt das Gros der erhobenen Beschlussmängelklagen dar.[59]

---

57 *OLG Stuttgart* in: AG 2003, 456; *Kiehte* in: NZG 2004, 489 (491).

58 *Zöllner* in: AG 2000, 145 (145); *Obst* in: Der Schutz des Aktionärs im börsennotierten Aktienkonzern, S. 87.

59 *Baums/Vogel/Tacheva* in: ZIP 2000, 1649 (1650); *Baums/Keinath/Gajek* in: ZIP 2007, 1629 (1633).

1. Funktion: Gestaltungsklagerecht, Verwaltungsrecht und Kontrollrecht

a) Gestaltungsklagerecht

Nach seiner zivilrechtlichen Ausgestaltung ist das Anfechtungsrecht Gestaltungsklagerecht. Ziel einer erhobenen Anfechtungsklage ist die Nichtigerklärung des angefochtenen Hauptversammlungsbeschlusses gemäß § 248 AktG und damit Umsetzung der Begehr, dem Hauptversammlungsbeschluss rückwirkend durch ein unmittelbar die Rechtlage veränderndes Urteil die rechtliche Verbindlichkeit zu entziehen.[60] Unstreitig ist die in § 246 AktG normierte Anfechtungsklage daher eine Gestaltungsklage und dient ihrem Zweck nach der Aufrechterhaltung bzw. Wiederherstellung der Rechtssicherheit bzw. des Rechtsfriedens. Denn erst mit der Rechtskraft eines der Klage stattgebenden Urteils verliert der angefochtene Beschluss – sofern nicht ein weiterer Mangel mit dem Anfechtungsgrund konkurriert – seine Wirksamkeit gemäß § 241 Nr. 5 AktG. Ist der Beschluss daher nicht bereits ipso iure nichtig, ist der bloß anfechtbare Hauptversammlungsbeschluss zwar fehlerhaft, an sich aber grundsätzlich wirksam.[61]

b) Verwaltungsrecht

Für den einzelnen Aktionär stellt das Anfechtungsrecht hingegen ein aus der Mitgliedschaft folgendes Verwaltungsrecht dar, dessen Ausübung keiner gesteigerten Treuebindung zur Aktiengesellschaft unterliegt. Es handelt sich um ein eigennütziges Verwaltungsrecht, das dem Aktionär die Möglichkeit eröffnet, auf die Willensbildung

60 *Hüffer* in: MüKo-AktG, § 243 Rn. 8; § 245 Rn. 9; *ders.* in: AktG, § 245 Rn. 6.

61 *Schmidt* in: Gesellschaftsrecht, § 28 IV 5 e); *ders.* in: Großkommentar AktG, § 241 Rn. 24 f; *Hüffer* in: MüKo-AktG, § 245 Rn. 9.

der Aktiengesellschaft Einfluss zu nehmen. Zwar hat sich der Aktionär durch den Erwerb der Mitgliedschaft der Regelungskompetenz der Hauptversammlung, die grundsätzlich durch Mehrheit beschließt, unterstellt; er ist aber aufgrund seiner Mitgliedschaft berechtigt, aus der „Mehrheitsbeschlusswirkung" der Hauptversammlung hervorzutreten und in Ausübung seines subjektiven Anfechtungsrechts die Entscheidungen des Publikumorgans zu rügen und somit dem Beschluss die gewollte Wirkung zu nehmen.[62]

c) Kontrollrecht

Zusammengefasst ist das Klagerecht damit ein essentielles Instrument zur Kontrolle der Mehrheitsmacht.[63] Dabei dient die Anfechtungsklage indes nicht allein dem Individualinteresse des klagenden Aktionärs, sondern bezweckt als Rechtseinrichtung auch und besonders die Kontrolle von Hauptversammlungsbeschlüssen auf ihre Übereinstimmung mit Gesetz und Satzung.[64] Die Anfechtungsklage verschafft zwar jedem Aktionär die Möglichkeit, die Rechtmäßigkeit von Hauptversammlungsentscheidungen gerichtlich überprüfen zu lassen. Das Interesse des klagenden Aktionärs wird jedoch zugleich genutzt, um eine Kontrolle der Unternehmensführung zu erreichen, die im Interesse aller Aktionäre, aber ebensosehr in dem des Staates liegt.[65]

Nach *Hommelhoff/Timm* weise das Aktiengesetz dem Aktionär die Rolle des Mitgaranten für die Legalitätskontrolle innerhalb des Unternehmens mit der Folge zu, dass man darauf verzichten könne, diese einer staatlichen Institution, etwa einem Aktienamt, zu übertragen. In dem bis heute bestehenden System fungiere der

62 *Hüffer* in: MüKo-AktG, § 245 Rn. 6.

63 *Hirte* in: BB 1988, 1469 (1470); *Hüffer* in: MüKo-AktG, § 243 Rn.6.

64 *Hüffer* in: AktG, § 243 Rn. 3; *ders.* in: FS Fleck. S. 154.

65 *Hirte* in: BB 1988, 1469 (1470); *Lutter* in: ZGR 1987, 347 (348); *ders.* in: FS 40 Jahre Der Betrieb, S. 208.

Anfechtungskläger als Initiator und Betreiber einer Legalitätskontrolle mit Hilfe der Gerichte.[66]

2. Resümee

Es kann festgehalten werden, dass die Anfechtungsklage eine ambivalente Position einnimmt:

Zum Einen ist ihr in Hinblick auf ihre Funktion als Ausgestaltung eines Kontrollinstrumentariums eine institutionelle Bedeutung für das Gesamtsystem des Aktienrechts zuzuerkennen.[67] Das Anfechtungsverfahren ist hierbei adäquates Mittel zur Kontrolle von Verbandshandeln und Verbandsmacht, es gewährleistet umfassend die Legalität der sich selbst verwaltenden Kooperation und stellt damit ein allgemeines öffentliches Interesse an der Wahrung der Rechtmäßigkeit entsprechenden Handelns sicher. Die Einhaltung der gesetzlich fixierten Paradigmen erfolgt effizient anhand der Verteilung der Befugnisse und der damit einhergehenden gegenseitigen Überwachung der Gesellschaftsorgane Vorstand, Aufsichtsrat und Hauptversammlung untereinander. Das Interesse an objektiv rechtmäßig zustandegekommenen Hauptversammlungsbeschlüssen konkretisiert sich insbesondere darin, dass gemäß § 245 I Nr. 4 AktG auch der Vorstand einer Aktiengesellschaft anfechtungsbefugt ist; *Lutter* führt hierzu zutreffend aus, bei dem Vorstand handele es sich gerade um ein Organ, das gerade keine subjektiven Interessen der Gesellschaft vertritt, sondern vielmehr deren ordnungsgemäße, insbesondere legale Verwaltung sicherzustellen hat.[68]

---

66 *Hommelhoff/Timm* in: AG 1989, 168 (168); vgl. ebenso: *Lutter* in: ZGR 1987, 347 (348).

67 *Hommelhoff/Timm* in: AG 1989, 168 (168).

68 Vgl. hierzu insgesamt: *Lutter* in: ZGR 1987, 347 (349); *Hommelhoff/Timm* in: AG 1989, 168 (168).

Zum Anderen bleibt das Anfechtungsrecht dennoch in erster Linie Privatrecht, welches notwendigerweise vom Aktionär persönlich auszuüben ist. Neben dem eher objektiven Interesse des Vorstandes an der Wahrung rechtmäßiger Beschlüsse bleibt auf Seiten des Aktionärs das ausgeprägte subjektive Eigeninteresse der „Motor" für die von ihm initiierte Kontrolle.[69] Dementsprechend dient die Anfechtungsklage nicht primär einer allgemeinen Rechtskontrolle in der Aktiengesellschaft, die bei jeglichem Rechtsverstoß durch Hauptversammlungsbeschlüsse von jedem Aktionär ausgelöst werden kann – dass sie hierbei reflexartig zur Aufrechterhaltung der Rechtsordnung beiträgt, ist jeder individuellen Rechtsschutzmöglichkeit immanent – sondern sie dient vielmehr dem Schutz der individuellen Interessen des Aktionärs[70] – sofern die Voraussetzungen zur Inanspruchnahme des gesetzlich garantierten Anfechtungsrechts gegeben sind.

II. Voraussetzungen der Anfechtungsklage

1. Anfechtungsgründe: § 243 I – IV AktG

§ 243 AktG regelt die Anfechtungsgründe, dementsprechend die sachlichen Voraussetzungen für die begehrte Vernichtung des Hauptversammlungsbeschlusses durch Gestaltungsklage und -urteil.

69 *Lutter* in: ZGR 1987, 347 (350); *Hüffer* in: MüKo-AktG, § 245 Rn. 8 m.w.N.; vgl. ebenso im Ergebnis: *Diekgräf* in: Sonderzahlungen an opponierende Kleinaktionäre, S. 28.

70 *Zöllner* in: AG 2000, 145 (146); *Schwab* in: Schmidt/Lutter, § 245 Rn. 37 m.w.N.

a) § 243 I AktG: Verletzung von Gesetz oder Satzung

Gemäß § 243 I AktG kann ein Beschluss der Hauptversammlung wegen Verletzung des Gesetzes oder der Satzung durch Klage angefochten werden. Anders als bei der in § 249 AktG normierten Nichtigkeitsklage schreibt das Gesetz bei der Anfechtungsklage keinen festen Katalog von Gründen vor, auf die die Klage ausschließlich gestützt werden kann. Eine Unterscheidung zwischen Nichtigkeits- und Anfechtungsgründen ist zumindest in einem Anfechtungsprozess – soweit bei der Geltendmachung von Anfechtungsgründen die besonderen Voraussetzungen der Anfechtungsklage gemmäß den §§ 245 I Nr. 1 und 246 AktG eingehalten werden – überflüssig. Denn beide Klagen verfolgen dasselbe Ziel: die Nichtigerklärung des Hauptversammlungsbeschlusses gemäß § 248 AktG.[71] Im Umkehrschluss handelt es sich bei § 243 I AktG um eine Generalklausel, die stets dann anzuwenden ist, wenn die Rechtsverletzung nicht zur Nichtigkeit des Beschlusses führt.

aa) Anfechtungsgegenstand: Hauptversammlungsbeschluss

Ausschließlich Beschlüsse der Hauptversammlung können im Sinne des § 243 I AktG einen tauglichen Anfechtungsgegenstand darstellen. Der Hauptversammlungsbeschluss ist die durch Abstimmung der Aktionäre über einen Antrag erzielte Willensbildung und-äußerung der Versammlung; der von ihr geäußerte Wille wird der Aktiengesellschaft als eigener zugerechnet.[72] Dabei stellt er ein mehrseitiges, aber nicht vertragliches Rechtsgeschäft eigener Art dar. Maßnahmen des Vorstands oder des Aufsichtsrats sind hierunter nicht zu subsumieren. Ebenfalls anfechtbar sind nach h.M. auch negative Beschlüsse der Hauptversammlung – hierbei handelt es sich um die nicht in § 133 AktG normierten Fälle, in denen der

71 *Grunewald* in: Gesellschaftsrecht, 2 C Rn. 129.

72 *Hüffer* in: MüKo-AktG, § 243 Rn. 9; *ders.* in: AktG, § 241 Rn. 2 m.w.N.

Antrag anders zum positiven Beschluss abgelehnt wird.[73] Weiterhin anfechtbar sind gemäß § 138, 2 AktG Sonderbeschlüsse bestimmter Aktionärsgruppen die den für Hauptversammlungsbeschlüsse geltenden Regeln unterliegen.[74]

Exkurs: Die Hauptversammlung – Ein Überblick

1. Zuständigkeit

Die Hauptversammlung ist das Organ, in dem die verschiedenen Aktionärsinteressen zur verbandsrechtlichen Willensbildung zusammengeführt werden.[75] Die Zuständigkeit der Hauptversammlung umfasst gemäß § 119 AktG nur die im Gesetz oder in der Satzung genannten Punkte. Zu den laufenden Angelegenheiten der Hauptversammlung gehören insbesondere die Wahl und Abberufung der Aktionärsvertreter im Aufsichtsrat; die Verwendung des Bilanzgewinns; die Entlastung von Vorstand und Aufsichtsrat. Hinzu kommen eine Anzahl weiterer, verstreut im Gesetz genannter Fälle: so beschließt die Hauptversammlung gemäß § 113 I, II AktG auch über die Festsetzung einer Vergütung für Aufsichtsratsmitglieder, gemäß § 142 AktG über die Beteiligung von Sonderprüfern oder gemäß § 84 III AktG über den Ausspruch eines Vertrauens- oder Misstrauensvotums gegenüber Vorstandsmitgliedern. Ebenso hat die Hauptversammlung über Sachverhalte zu entscheiden, bei denen die Grundlagen des Geschäfts betroffen sind und verändert werden; im Speziellen über Satzungsänderungen, Maßnahmen der Kapitalbeschaffung oder -herabsetzung sowie über die Auflösung der Gesellschaft, vgl. § 119 I Nr. 5, 6, 8 AktG.

73 *Hüffer* in: AktG, § 133 Rn. 5.

74 Zur Problematik und zum Meinungsstand der sog. Nicht- oder Scheinbeschlüsse vgl. *Hüffer* in: AktG, § 241 Rn. 3 sowie *ders.* in: MüKo-AktG, § 241 Rn. 11.

75 *Windbichler* in: Gesellschaftsrecht, § 29 Rn. 1.

Das Aktiengesetz deckt jedoch nicht umfassend alle Sachverhalte ab, die das Grundlagengeschäft der Gesellschaft betreffen und einer entsprechende Zustimmung der Hauptversammlung bedürfen. Seit der „*Holzmüller*"-Entscheidung[76] des BGH aus dem Jahr 1982, der darauf aufbauenden sog. Holzmüller-Doktrin sowie der zuletzt im Jahre 2004 hierzu ergangenen „*Gelantine*"-Entscheidung des BGH[77] erfordern nunmehr auch Grundlagenbeschlüsse, die im weiteren Sinne als Satzungsänderungen betrachtet werden können, aber nicht zu den gesetzlich geprägten Kategorien zählen, die Zustimmung der Hauptversammlung. Hiernach ist die Hauptversammlung immer dann in Sachverhalte einzubeziehen, wenn von einem schwerwiegenden Eingriff in die Rechte der Aktionäre ausgegangen werden muss.[78] Der Eingriff hat dabei das Resultat des strukturverändernden Charakters der vom Vorstand durchgeführten Maßnahme zu sein.[79]

2. Einberufung

Die Hauptversammlung wird in aller Regel durch den Vorstand einberufen. Dabei ist die Einberufung in den Gesellschaftsblättern bekanntzugeben und muss wenigstens in den elektronischen Bun-

76 BGHZ 83, 122 = NJW 1982, 1703. Vgl. zum Verfahrensgang und Sachverhalt: *Schmidt* in: Gesellschaftsrecht, § 28 V 2 b).

77 BGHZ 159, 30 = NJW 2004, 1860.

78 *Windbichler* in: Gesellschaftsrecht, § 29 Rn. 4 f.

79 *Raiser/Veil* in: Recht der Kapitalgesellschaften, § 16 Rn. 11 f. Vgl. insbesondere zum Meinungsstreit bzgl. der geeigneten Rechtsgrundlage, entweder gemäß § 119 II AktG oder im Wege einer Analogie zu § 179 a AktG bzw. zu den Vorschriften des UmwG; die Rechtsprechung hingegen geht den Weg einer offenen Rechtsfortbidung und fordert im Innenverhältnis einen Hauptversammlungsbeschluss mit satzungsändernder Mehrheit (Dreiviertelmehrheit): *dies.* in: Recht der Kapitalgesellschaften, § 16 Rn. 13 f.; *Schmidt* in: Gesellschaftsrecht, § 28 IV 1 b.

desanzeiger eingerückt werden, vgl. § 25 AktG. Gemäß § 123 I, II 2 AktG n.F. hat die Einberufung mindestens dreißig Tage vor der Hauptversammlung (wobei der Tag der Einberufung nicht mitzurechnen ist) bzw. vor dem Ablauf der Anmeldefrist für die Aktionäre zu erfolgen. Sie muss Firma, Sitz der Gesellschaft, Zeit und Ort der Hauptversammlung und die Bedingungen angeben, von denen nach § 123 II AktG die Teilnahme und die Ausübung des Stimmrechts abhängen. Gemäß § 121 III 2 AktG n.F. ist die Tagesordnung zwingend als integraler Bestandteil der Einberufung selbst bekannt zu machen.[80] Über Gegenstände der Tagesordnung, die nicht ordnungsgemäß bekannt gemacht worden sind, dürfen keine Beschlüsse gefasst werden, geschieht dies doch, so sind sie anfechtbar.[81] Hauptversammlungen können entweder als ordentliche oder als außerordentliche Versammlungen abgehalten werden. Ordentliche Hauptversammlungen finden regelmäßig jährlich statt und beschließen zumindest über die Verwendung des Bilanzgewinns sowie über die Entlastung von Vorstand und Aufsichtsrat.[82] Außerordentliche Hauptversammlungen sind hingegen im Bedarfsfall anzuberaumen, wenn gemäß § 121 I AktG das Wohl der Gesellschaft diese erforderlich zu machen scheint, ferner gemäß § 92 I AktG bei Verlust der Hälfte des Grundkapitals.

3. Teilnahmeberechtigung und Auskunftsrecht

Teilnahmeberechtigt ist grundsätzlich jeder Aktionär einer Aktiengesellschaft, gleichgültig ob ihm das Stimmrecht zusteht oder nicht, vgl. § 140 I AktG. Das Teilnahmerecht ist in seinem Kern unentziehbar, es ist jedoch kein höchstpersönliches Recht, so dass

80 Bis zum Inkrafttreten des ARUG reichte es nach § 124 I AktG a.F. aus, wenn die Tagesordnung *„bei der Einberufung“* bekannt gemacht wurde.

81 *Windbichler* in: Gesellschaftsrecht, § 29 Rn. 11; *Grunewald* in: Gesellschaftsrecht, 2 C, Rn. 106.

82 *Windbichler* in: Gesellschaftsrecht, § 29 Rn. 15.

es auch durch Vertreter des Aktionärs, dh. durch besonders Bevollmächtigte für diesen ausgeübt werden kann.[83]

Innerhalb der Voraussetzungen des § 131 AktG steht jedem Aktionär das Recht zu, in der Hauptversammlung Auskunft über alle Angelegenheiten der Gesellschaft zu fordern. Das Auskunftsrecht dient dabei dem zweckmäßigen Gebrauch des Stimmrechts sowie der Steuerung und Kontrolle durch Information. Dem Aktionär soll somit die Möglichkeit eröffnet werden, sich die Informationen und Einblicke in die Angelegenheiten der Gesellschaft zu verschaffen, die erforderlich sind, um effizient, mit fundierter Meinungsbildung an der Hauptversammlung teilnehmen zu können.[84] Das Informationsrecht des Aktionärs gemäß § 131 AktG ist Teil seines auch durch Art. 14 GG geschützten Mitgliedschaftsrechts, das nach *Schmidt* die Bezeichnung eines *„mitgliedschaftlichen Grundrechts"* trägt und Voraussetzung für dessen sinnvolle Ausübung in der Hauptversammlung gemäß § 118 AktG ist.[85] Als Maßstab für die Reichweite des Auskunftsrechts hat der BGH den *„Standpunkt eines objektiv urteilenden Aktionärs, der die Gesellschaftsverhältnisse nur aufgrund allgemein bekannter Tatsachen kennt und daher die begehrte Auskunft als nicht nur unwesentliches Beurteilungselement benötigt,"* festgelegt.[86]

4. Beschlüsse – Mehrheitserfordernis

Die Teilnahme einer bestimmten Zahl von Aktionären ist für die Beschlussfähigkeit gesetzlich nicht erforderlich – wobei die Satzung durchaus ein bestimmtes Quorum festsetzen kann – die Beschlüsse sind mehrheitlich zu fassen. Im Allgemeinen erfordern

83 *Hüffer* in: AktG, § 118 Rn. 13 f.

84 *Eisenhardt* in: Gesellschaftsrecht, § 39 Rn. 587.

85 *BVerfG*, Beschluss vom 20. September 1999 in: ZIP 1999, 1798; *Schmidt* in: Gesellschaftsrecht, § 21 III 1 a).

86 BGHZ 160, 385 (389) in Fortführung zu BGHZ 149, 156.

sie eine einfache Mehrheit der abgegebenen Stimmen, vgl. § 133 AktG; in Fällen sog. Grundlagenbeschlüsse[87] sieht das Gesetz jedoch teils dispositiv, teils zwingend eine qualifizierte Dreiviertelmehrheit vor.[88]

5. Stimmrechtsausübung

a) Grundsatz

Das Stimmrecht in der Hauptversammlung steht gemäß § 12 I AktG grundsätzlich jedem Aktionär entsprechend seiner Beteiligung zu – *„one share – one vote"*.[89] Es kann dem Aktionär weder entzogen, noch von einer bestimmten Mindestzahl an Aktien abhängig gemacht werden.[90] Das heißt insbesondere, dass auch der Kleinaktionär, der nur eine Aktie an der Gesellschaft hält, stimmrechtsbefugt ist.

Für die Stimmrechtsausübung gilt im deutschen Aktienrecht das Prinzip der Präsenzversammlung. Danach haben alle Aktionäre zur Stimmrechsausübung entweder anwesend oder vertreten sein. Die Möglichkeit der schriftlichen oder elektronischen Abstimmung war bislang nicht zulässig.[91]

87 Zu den Grundlagenbeschlüssen zählen vornehmlich die Satzungsänderung nach § 179 AktG, die Kapitalerhöhung nach § 182 AktG sowie die Kapitalherabsetzung nach § 222 AktG.

88 *Windbichler* in: Gesellschaftsrecht, § 29 Rn. 24.

89 *Windbichler* in: Gesellschaftsrecht, § 29 Rn. 26.

90 *Windbichler* in: Gesellschaftsrecht, § 29 Rn. 26.

91 *Windbichler* in: Gesellschaftsrecht, § 29 Rn. 8.

b) Rechtspolitische Reformbestrebungen: ARUG

Mit Inkrafttreten des ARUG versucht sich das Hauptversammlungsrecht an das Internetzeitalter anzupassen und gestaltet dementsprechend unter anderem die Bedingungen der Teilnahme und Stimmrechtsausübungen unter dem Blickwinkel der Globalisierungsfolgen flexibler.[92] So wurde mit § 118 I, II AktG n.F. die Möglichkeit der elektronischen und postalischen (Briefwahl) Stimmrechtsausübung geschaffen. Weiterhin kann künftig die Aktiengesellschaft ihren Aktionären in der Satzung das Recht einräumen, sich zur Hauptversammlung online zuzuschalten, der Aktionär kann somit sein Stimm- und Fragerecht je nach Ausgestaltung der Satzung wie ein physisch anwesender Teilnehmer in Echtzeit ausüben.[93]

Soweit der Exkurs über die Hauptversammlung im Überblick.

bb) Verfahrens- oder Inhaltsfehler

Anfechtungsgründe gibt es viele. Grundsätzlich wird hierbei zwischen Verfahrens- und Inhaltsfehlern differenziert.

aaa) Verfahrensfehler

Ein Verfahrensfehler liegt vor, wenn Gesetz oder Satzung beim Zustandekommen des Hauptversammlungsbeschlusses verletzt werden. Hierbei wird das ganze Verfahren von der Einberufung

92 Vgl. hierzu: *FAZ*: „Aktionäre dürfen mit einem Doppelklick abstimmen" vom 19. November 2008, S. 23; *Börsen-Zeitung*: „Aktienrecht stößt ins Internet-Zeitalter vor" vom 24. April 2008, S.6; *DIE WELT*: „Regierung will „räuberische Aktionäre" stoppen" vom 23. April 2008, S. 19.

93 *Pressemitteilung des BMJ vom 29. Mai 2009*: „Bundestag verabschiedet ARUG: Gute Zeiten für Online-Aktionäre – schlechte Zeiten für Berufskläger"; abrufbar unter www.bmj.de.

der Hauptversammlung bis zur Feststellung des Beschlusses durch den Vorsitzenden erfasst.[94] Beispiele von Verfahrensfehlern sind die Nichteinhaltung der Einberufungsfrist,[95] der unberechtigte Ausschluss einzelner Aktionäre von der Teilnahme an der Hauptversammlung,[96] die Verletzung des Auskunftsanspruchs gemäß § 131 AktG[97] oder das Fehlen des gemäß § 312 AktG erforderlichen Abhängigkeitsberichts bzgl. der Beschlussfassung über die Entlastung.[98]

Den Beispielen ist zu entnehmen, dass nicht jeder Verfahrensfehler – trotz des Wortlauts des § 243 I AktG – zugleich zur wirksamen Anfechtbarkeit des Hauptversammlungsbeschlusses führt, da andernfalls auch vollkommen unbedeutende Fehler die Anfechtbarkeit begründen würde und so auch dem Missbrauch Tür und Tor geöffnet wäre. Einigkeit besteht darüber, dass der anfechtungsbegründende Mangel von einer gewissen Bedeutung für die Beschlussfassung zu sein hat; dass mithin die Beschlussfassung auf dem Mangel zu beruhen hat. Während der BGH in seiner älteren Rechtsprechung den Begriff des „*Beruhens*" in Zusammenhang mit einem Kausalitätserfordernis gebracht hat, wonach das Beschlussergebnis im Sinne einer potenziellen, von der Gesellschaft zu widerlegenden Kausalität auf dem Verstoß zu beruhen hatte,[99] hat er sich in den letzten Jahren der ursprünglich von *Zöllner* entwickelten Relevanztheorie angenähert.[100]

94 *Hüffer* in: MüKo-AktG, § 243 Rn. 26.

95 BGHZ 100, 264.

96 BGHZ 44, 245.

97 BGHZ 160, 385.

98 BGHZ 62, 193; Vgl. zu weiteren Einzelfällen und Fallgruppen: *Hüffer* in: MüKo-AktG, § 243 Rn. 26, 32 ff.; *ders.* in: AktG, § 243 Rn. 14 ff.; *Würthwein* in: Spindler/Stilz, § 243 Rn. 90 ff.

99 Umfassender Überblick über Rechtsprechung und Meinungsstand: *Schmidt* in: Großkommentar AktG, § 243 Rn. 22; *Hüffer* in: MüKo-AktG, § 243 Rn. 27 ff.; *Würthwein* in: Spindler/Stilz, § 243 Rn. 79 ff.

100 Grundlegend hierzu: *Zöllner* in: Kölner Kommentar, § 243 Rn. 81 ff.

In seiner Entscheidung vom 18. Oktober 2004 führt der BGH aus: „*Maßgebend ist danach die Relevanz des Verfahrensverstoßes für das Mitgliedschafts- bzw. Mitwirkungsrecht des Aktionärs im Sinne eines dem Beschluss anhaftenden Legitimationsdefizits, das bei einer wertenden, am Schutzzweck der verletzten Norm orientierten Betrachtung die Anfechtbarkeit gem. § 243 I AktG rechtfertigt.*“[101]

Die zugrundegelegte normative Betrachtung läuft folglich darauf hinaus, dass die Anfechtung immer dann begründet ist, wenn irgendwelchen Aktionären Informationen vorenthalten werden, die sie als Grundlage für ihre Willenbildung vernünftigerweise erwarten dürfen. Die Behauptung, die Mehrheit hätte – namentlich infolge des Kenntnisstandes und der Durchsetzungsfähigkeit eines Mehrheitsaktionärs – ohnehin nicht anders entschieden, ist damit zumindest in Fällen der Informationspflichtverletzung ohne Belang.[102]

Dass sich nunmehr der BGH endgültig der Relevanztheorie angenähert hat, ist begrüßenswert. Denn im Kern entspricht es dem Anfechtungsrecht, als einem auf Rechtskontrolle gerichteten Individualschutzrecht bzw. dem Recht der Aktionäre auf sachgemäße Teilhabe an der Willensbildung der Gesellschaft, nunmehr auch über die Fälle der Auskunftsverweigerung hinaus auf die Sichtweise eines objektiv urteilenden Aktionärs abzustellen.[103]

bbb) Inhaltsfehler

Ein Inhaltsfehler liegt vor, wenn das Ergebnis der Beschlussfassung – mithin die von der Hauptversammlung getroffene Rege-

---

101 BGHZ 160, 385 (392) = ZIP 2004, 2428; mit Anm. von *Wagner* in: EWiR 2005, 241; Entscheidung steht in Fortführung zu BGHZ 149, 158 (Az.: II ZR 225/99) = ZIP 2002, 172.

102 *Hüffer* in: MüKo-AktG, § 243 Rn. 28.

103 *Hüffer* in: AktG, § 243 Rn. 13.

lung – dem jeweiligen normativen Standard nicht entspricht und nicht bereits nach § 241 AktG von vorneherein nichtig ist.[104]

Zu den Inhaltsfehlern zählen vornehmlich Verstöße gegen die gesellschafsrechtlichen Generalklauseln; solche Generalklauseln sind die gesellschaftsrechtliche Treupflicht sowie das in § 53a AktG normierte Gleichbehandlungsgebot.

Mittlerweile besteht Einigkeit darüber, dass über den allgemeinen Grundsatz von Treu und Glauben hinaus Treuepflichten anzuerkennen sind, und dass von daher den Aktionären eine Treuepflicht sowohl gegenüber der Aktiengesellschaft als auch gegenüber ihren Mitaktionären obliegt.[105] Die Treuepflicht gegenüber der Gesellschaft resultiert aus der Rechtsbeziehung jedes einzelnen Aktionärs zu ihr. Dieses Selbstverständnis war lange Zeit in Hinblick auf das Verhältnis der Aktionäre gegenüber ihren Mitaktionären umstritten. Überzeugt haben letztendlich nicht die ursprünglichen Bedenken, wonach die Aktionäre miteinander rechtsgeschäftlich nicht verbunden seien, so dass sie von daher auch keine gesellschaftsrechtliche Treuepflicht treffen könne. Anerkannt ist, dass Element eines jeden Gesellschaftsverhältnisses nunmehr auch die Pflicht zur Rücksichtnahme ist; unabhängig davon, ob sich diese aus der Satzung zu ergeben hat, unmittelbar aus § 242 BGB, oder aber im Wege einer Gesamtanalogie zu den übrigen Gesellschaftsformern.[106]

Der BGH hat spätestens mit der Entscheidung in der Rechtssache „*Girmes*“[107] sich der Treuepflicht der Aktionäre unterei-

---

104 *Hüffer* in: MüKo-AktG, § 243 Rn. 42.

105 Vgl. grundlegend zur Rechtsentwicklung: *Hüffer* in: MüKo-AktG, § 243 Rn. 50ff. sowie *Raiser/Veil* in: Recht der Kapitalgesellschaften, § 11 Rn. 59f.

106 *Grunewald* in: Gesellschaftsrecht, 2. C Rn. 37, 39.

107 BGHZ 129, 136 – zum Sachverhalt: In der Hauptversammlung stand ein Sanierungskonzept (hier: Beschluss über eine Kapitalherabsetzung) zur Debatte, ohne das der Zusammenbruch der Gesellschaft unvermeidbar gewesen wäre. Die Kapitalherabsetzung scheiterte letzten Endes an der gesetzlich erforderlichen Stimmenmehrheit

nander angenommen. Die Entscheidung, die ergänzend zu der „*Linotype*[108]"-Entscheidung aus dem Jahr 1988 zu lesen ist, führt aus „*auch dem Minderheitsaktionär obliegt eine Treuepflicht gegenüber seinen Mitaktionären. Sie verpflichtet ihn, seine Mitgliedsrechte, insbesondere seine Mitverwaltungs- und Kontrollrechte, unter angemessener Berücksichtigung der gesellschaftsbezogenen Interessen der anderen Aktionäre auszuüben.*"[109] Während in der Rechtssache *Linotype* der BGH erstmals konkretisierte, dass den Mehrheitsaktionär einer Gesellschaft gegenüber den Minderheitsgesellschaftern eine Treupflicht treffe, hat er anhand der *Girmes* Entscheidung das aufgestellte Postulat auch für den umgekehrten Fall, wonach auch den Minderheitsaktionär gegenüber den Mehrheitsaktionär eine Treuepflicht treffe, konkretisiert und sich damit der bereits im Schrifttum vorherrschenden Ansicht[110] angeschlossen.

Das seit 1979 in § 53a AktG normierte gesellschaftsrechtliche Gleichbehandlungsgebot umfasst im Wesentlichen das Verständnis, dass eine willkürliche, sachlich nicht gerechtfertigte Ungleichbehandlung nicht erlaubt ist.[111] Dabei steht das Gleichbehandlungsgebot in weitem Umfang zur Disposition der Aktionäre; so kann zum einen in der Satzung die Rechtstellung der Aktionäre unterschiedlich ausgestaltet werden, zum anderen kann der Aktio-

---

(vgl. § 222 AktG). Grund hierfür war, dass im Vorfeld der beklagte Stimmrechtsvertreter der Ansicht war, das Sanierungskonzept benachteilige die Minderheitsaktionäre der Gesellschaft, und so warb er unter ihnen dafür, sie vertretend, gegen die Kapitalherabsetzung zu stimmen. Der Kläger, ebenfalls Aktionär, klagte darauf hin auf Schadensersatz, da seine Aktien infolge der Insolvenz der Gesellschaft vollständig an Wert verloren hatten. Der BGH erachtete das Verhalten der Minderheitsaktionäre als eigennützig, welches im Ergebnis eine Treuepflichtverletzung begründe.

108 BGHZ 103, 184.

109 BGHZ 129, 136.

110 Siehe hierzu insbesondere BGHZ 129, 143 m.w.N.

111 *Lutter/Zöllner* in: Kölner Kommentar, § 53a Rn. 13.

när aber auch eine ihn benachteiligende Ungleichbehandlung ohne weiteres billigen.[112] Beide Alternativen sind zulässig.

Die dargestellten Generalklauseln ergeben die Grundlage für die materielle Beschlusskontrolle.[113] Dabei gilt der Grundsatz, dass ein Beschluss, der in die Mitgliedschaft, insbesondere die der Minderheitsaktionäre, eingreift, anfechtbar ist.[114] Für die materielle Beschlusskontrolle gelten demnach die Maßstäbe der Erforderlichkeit und Verhältnismäßigkeit. Sie sind mitunter Gegenstände der durch die Anfechtungsklage veranlassten gerichtlichen Prüfung.[115]

Beispielhaft sind dabei die Fälle des Ausschlusses von Aktienbezugsrechten im Rahmen einer regulären Kapitalerhöhung; der über § 186 III, 4 AktG hinausgehende Ausschluss des Bezugsrechts muss durch das Interesse des Gesellschaftsganzen gerechtfertigt sein. Dies ist wiederum nur der Fall, wenn die Maßnahme zur Verfolgung des Gesellschaftsinteresses geeignet und erforderlich ist.

Eine etwaige Diskussion der Kausalitäts- oder Relevanzfrage stellt sich bei inhaltlichen Verstößen schon aus logischen Gründen nicht. Ein Beschluss, der wegen seines Inhalts gegen Gesetz oder Satzung verstößt, unterliegt stets der Anfechtung und ist gemäß § 241 Nr. 5 AktG für nichtig zu erklären.[116]

cc) Resümee im Lichte weiterer phänomenologischer Informationen

§ 243 I AktG stellt die gesetzliche Grundlage dar, um auf gerichtlichen Weg, Verfahrens- und Inhaltsfehler von Hauptversammlungsbeschlüssen geltend machen zu können. Für das Zusammenspiel

---

112 *Grunewald* in: Gesellschaftsrecht, 2. C Rn. 42.

113 Die materielle Beschlusskontrolle ist zumindest gegenüber der Mehrheitsmacht ein etabliertes und notwendiges Rechtsinstitut, vgl. zur Rechtsentwicklung: *Hüffer* in: MüKo-AktG, § 243 Rn. 50ff.

114 *Grunewald* in: Gesellschaftsrecht, 2. C Rn. 131.

115 *Hüffer* in: MüKo-AktG, § 243 Rn. 57.

116 *Würthwein* in: Spindler/Stilz, § 243 Rn. 148.

der Geltendmachung von Verfahrens- und Inhaltsfehlern ist hervorzuheben, dass Berufskläger besonders häufig Verfahrensfehler im Zusammenhang mit der Vorbereitung und Durchführung der Hauptversammlung bemängeln. Bereits im Jahr 1987 legte Karl-Walter Freitag auf der Hauptversammlung der Kochs Adler AG zur Verschmelzung mit der Dürkoppwerke GmbH Widerspruch mit der Begründung ein, der Verschmelzungsbericht entspreche nicht den formell gesetzlichen Voraussetzungen des § 340a AktG a.F. (= § 8 UmwG n.F.).[117] Vier Jahre später bemängelte er auf der Hauptversammlung der Simon Bank AG, die Gesellschaftsverwaltung habe ihm die Beantwortung seiner Fragen verweigert, und legte wegen angeblicher Beschränkung seines in § 131 AktG garantierten Auskunftsrechts Widerspruch gegen die gefassten Beschlüsse ein.[118]

Anhand der hierfür maßgeblichen empirischen Studie zum Klageverhalten gegen Hauptversammlungsbeschlüsse[119] lässt sich zu der Frage, welche, die am häufigsten vorgebrachten Anfechtungsgründe seien, ein bestätigendes Ergebnis der aufgeworfenen These ableiten. In 51 der näher untersuchten Verfahren wurden 256 Rechtsverstöße geltend gemacht. Waren die Anfechtungsgründe hierbei breit gestreut, so wurden besonders häufig Verstöße gegen Informationspflichten gerügt. In 27 Fällen wurde die Verletzung des § 131 AktG bemängelt,[120] so dass bei insgesamt 51 untersuchten Verfahren entsprechend knapp über die Hälfte aller untersuchten Verfahren zumindest der Verfahrensfehler der unzureichenden Gewährung des Auskunftsrechts bemängelt worden ist. Ferner konnte festgestellt werden, dass Kläger besonders häufig Informationspflichtverletzungen im Zusammenhang mit der Vorbereitung der Hauptversammlung bemängelten (z.B. unterlassene Auslegung und Übersendung von Unterlagen, unzulängliche

117 BGHZ 107, 296 (298) (310); vgl. oben Kapitel 1, S. 17.

118 *OLG Düsseldorf* in: AG 1994, 228 (229); vgl. oben Kapitel 1, S. 18.

119 *Baums/Keinath/Gajek* in: ZIP 2007, 1629.

120 *Baums/Keinath/Gajek* in: ZIP 2007, 1629 (1640).

Bekanntmachung der Tagesordnung, weil diese gemäß § 124 III 3 AktG über unzureichende Informationen zur Wahl von Aufsichtsratsmitgliedern oder Prüfern verfügte). In 38 Fällen wurden die Klagen mit Verstößen gegen die Einberufungsvorschriften gemäß den §§ 121 ff. AktG begründet, bemängelt wurden hierbei zB. die verspätete Einberufung, fehlerhafte Ladung oder eine unzulässige Verkürzung der Hinterlegungsfrist. Allgemeine Gesetzesverstöße wurden hingegen weniger häufig vorgetragen; in 51 der untersuchten Verfahren wurden lediglich in 20 Fällen inhaltliche Mängel geltend gemacht. Besonders häufig wurde dabei das unzulässige Gewähren von Sondervorteilen gemäß § 243 II AktG vorgetragen, in sieben Fällen die Verletzung des Gleichbehandlungsgebotes gemäß § 53a AktG gerügt.[121]

Zusammengefasst kann festgehalten werden, dass klagende Aktionäre, zu denen zwangsläufig auch Berufskläger zählen, besonders häufig Verfahrensfehler rügen. Man kommt nicht umhin, dies im unmittelbaren Zusammenhang damit zu betrachten, dass in aller Regel die als Berufskläger bekannten Kläger auch diejenigen sind, die auf Hauptversammlungen den Anschein erwecken, Verfahrensfehler geradezu provozieren zu wollen. Zwar stellt das Auskunfts- und Rederecht ein immanent fundamentales mitgliedschaftliches Grundrecht des Aktionärs zur Ausübung seiner Aktionärsrechte dar, doch bietet es auch Gelegenheit, „überstrapaziert" werden zu können. Durch übertriebene Inanspruchnahme individueller Aktionärsrechte können Verfahrensfehler taktisch herausgefordert werden. Hierzu zählt z.B. die exzessive Nutzung des Rede- und Fragerechts, wobei der Redner versucht, entweder mittels Fragenstakkato das Risiko des versehentlichen Übergehens von Fragen zu schüren, oder aber möglichst lange Redebeiträge liefert, die dennoch nahe am Gegenstand der Aussprache sind, so dass es für den Versammlungsleiter schwierig ist, dem Aktionär das Rederecht zu entziehen.[122]

121 *Baums/Keinath/Gajek* in: ZIP 2007, 1629 (1641).

122 *Waclawik* in: DStR 2006, 2177 (2180); BGHZ 44, 425.

Das exzessive „Aus"nutzen des Auskunftsrechts sprengt mitunter den zeitlichen Rahmen einer normalen für einen Tag angesetzten Hauptversammlung;[123] in seinem *Leitfaden für die Leitung einer Hauptversammlung einer Aktiengesellschaft* aus dem Jahr 2003 führt *Martens* auf, dass zuweilen mit mehrfachen Wortmeldungen bis zu 30 Diskussionsbeiträge abgegeben werden können; 100 bis 150 Fragemeldungen seien die Regel. Berechnet man hiernach die Gesamtzeit aller Diskussionen unter Einschluss der gestellten Fragen, so ergibt sich ungefähr ein Zeitraum, der der hälftigen Dauer der Hauptversammlung entspricht.[124] Das führte in der Praxis nicht zuletzt dazu, dass Aktiengesellschaften ihre Rechtsanwälte beauftragten, im Rahmen der Vorbereitung von Hauptversammlungen prophylaktisch sog. Question & Answer-Listen mit bis zu 1000 möglichen Fragen und Antworten zu erstellen.

Zwar war es nicht zuletzt auch in Hinblick auf die Entscheidung des Bundesverfassungsgerichts vom 20. September 1999[125]

123 Für weitere Beispiele *Joussen* in: AG 2000, 243 (249).

124 *Martens* in: Leitfaden für die Leitung einer Hautversammlung, S. 15, 17.

125 *BVerfG* in: ZIP 1999, 1798: In dem zugrunde liegenden Sachverhalt hatte sich Prof. Wenger (ebenfalls TOP 20 Kläger, siehe *Baums/Keinath/Gajek* in: ZIP 2007, 1629 (1644)) gegen einen auf der Hauptversammlung der damals als Daimler-Benz AG firmierenden Gesellschaft gefassten Entlastungsbeschluss des Aufsichtsrats gewandt, wonach der Versammlungsleiter (damaliger Aufsichtsratsvorsitzender Hilmar Kopper) nach Ablauf eines gewissen Zeitraumes die Redezeit der Aktionäre zeitlich begrenzte. Prof. Wenger hielt sich nicht an die Redezeitbeschränkung, worauf ihm das Mikrofon abgestellt worden ist und er, nachdem er das Rednerpult nicht verlassen wollte, vom Saaldiener aus dem Saal manövriert wurde. Zur Abstimmung war er allerdings wieder anwesend, so dass über eine Verletzung seiner Teilnahmerechte nicht zu entscheiden war. Prof. Wenger machte vielmehr im Klagewege eine rechtswidrige Beschränkung seines Auskunftsanspruchs nach § 131 I AktG geltend. Das *LG Stuttgart* in: NJW-RR 1994, 936 hatte die Anfechtungsklage abgewiesen und das *OLG Stuttgart* in: WM 1995, 617f. die Berufung zurückgewiesen. Hierauf legte Prof. Wenger Verfassungsbeschwerde ein, wobei das Bundesverfassungsgericht die Beschwerde gemäß § 93a II BVerfGG

für den Versammlungsleiter kraft eigener Befugnisse möglich, das Rede- und insbesondere auch – als Ultima-Ratio-Lösung – das Fragerecht des Aktionärs unter Wahrung des Verhältnismäßigkeitsgrundsatzes zu beschränken; denn die zeitliche und gegenständliche Beschränkung des mitgliedschaftlichen Informationsrechts gemäß § 131 I 1 AktG stelle eine zulässige Inhalts- und Schrankenbeschränkung des Eigentums (Art. 14 I 2 GG) dar. Mit Umsetzung des UMAG sollte diese Praxis aber erst ausdrücklich festgeschrieben werden. Der sodann eingefügte § 131 II 2 AktG – wonach die jeweilige Satzung eine Ermächtigung des Versammlungsleiters vorsehen kann, das Frage- und Rederecht des Aktionärs *„angemessen"* zu beschränken – sollte dessen inflationärem Missbrauch entgegenwirken und die ohnehin bestehenden autonomen Befugnisse des Versammlungsleiters derart kodifizieren, dass nunmehr dem Satzungsgeber ein Gestaltungsspielraum eröffnet wird, der dem Grundrechtsschutz der Versammlungsteilnehmer vorverlagert ist und derart eine behutsame generelle Beschränkung des Fragerechts erlaubt.[126] Die Neuregelung sollte daher insbesondere die inhaltliche Qualität der Aktionärszusammenkünfte verbessern und sie von Standardfragen (frequently asked questions, sog. FAQ) sowie dem langwierigen Vorlesen von Statistiken, Listen, Regularien und Aufstellungen entlasten.[127]

Doch war seit dem Inkrafttreten des UMAG umstritten, ob die Vorschrift des § 131 II 2 AktG tatsächlich eine hinreichende Ermächtigung des Versammlungsleiters zur Beschränkung des Rede- und Fragerechts des Aktionärs in der Satzung der Gesellschaft erlaubt. Insbesondere der unbestimmte Rechtsbegriff der in § 131 II 2 AktG vorgesehenen *„zeitlich angemessenen"* Beschränkung führte zu Auslegungsdifferenzen.[128] Denn zu pauschal erschien die

mangels verfassungsrechtlicher Relevanz nicht zur Entscheidung angenommen hat.

126 *Hüffer* in: AktG, § 131 Rn. 22 b.

127 *Jahn* in: BB 2005, 5 (8) m.w.N.

128 *Siems* in: Spindler/Stilz, § 131 Rn. 55.

Formulierung in der Begründung des Regierungsentwurfes zum UMAG, in der es heißt, dass eine normale Hauptversammlung, in der keine tiefgreifenden unternehmensstrukturellen Maßnahmen zu erörtern sind, in vier bis sechs Stunden abgewickelt werden sollte.[129]

Mit Urteil vom 8. Februar 2010 entschied der BGH endgültig, dass die Hauptversammlung den Versammlungsleiter per Satzung zur zeitlichen Beschränkung des Rede- und Fragerechts der Aktionäre auf Grundlage des § 131 II 2 AktG ermächtigen kann.[130] Während die Vorinstanz des OLG Frankfurt am Main der Klage des Klägers, einem Aktionär der Beklagten, stattgab und entschied, dass in der Satzung keine generelle Zeitgrenzen festgelegt werden dürften,[131] hob der BGH das Berufungsurteil auf und beschloß, dass die Bestimmung von angemessenen konkreten Zeitrahmen

129 RegE UMAG mit Stellungnahmen; BT-Drs. 15/5092 vom 14. März 2005, S. 17; *Siems* in: Spindler/Stilz, § 131 Rn. 55; *Hüffer* in: AktG, § 131 Rn 22 a, kritisiert die Regelung als *„nicht durchgängig gelungen"*; a.A.: *Jahn* in: BB 2007, 5, (9): Zwar konstatiert er, dass *„auch wenn man die von der Regierung anvisierten „vier bis sechs" Stunden zur „Abwicklung" einer Hauptversammlung, die in der Regel nur einmal jährlich stattfindet und den Miteigentümern die Möglichkeit zur Nutzung ihrer (nach dem AktG ohnehin knapp begrenzten) Rechte bietet, etwas knapp bemessen finden mag."* Wobei es *„der so genannten Aktionärsdemokratie (...) deshalb nur dienen [kann], wenn (...) die Äußerungen der einzelnen Redner zeitlich limitiert werden können, ohne dass dies neue Rechtsunsicherheiten schafft. Darin liegt keine Beschneidung des Eigentumsrechts aus Art. 14 GG (...)."*

130 BGH, Urteil vom 8. Februar 2010 (Az.: II ZR 94/08), Urteil abrufbar unter www.bgh.de; vgl. ebenso Pressemitteilung des BGH vom 8. Februar 2010 (Nr. 29/2010), ebenfalls abrufbar unter www.bgh.de.

131 *OLG Frankfurt/Main*, Urteil vom 12. Februar 2008 (Az: 5 U 8/07) in: ZIP 2008, 1333; das OLG erklärte den Hauptversammlungsbeschluss, der den Versammlungsleiter per Satzungsregelung zur Beschränkung des Rede- und Fragerechts ermächtigen sollte, insgesamt für nichtig. Nach dessen Ansicht, verlange das Tatbestandsmerkmal der Angemessenheit, dass Beschränkungen des Rede- und Fragerechts ausschließlich an der konkreten Hauptversammlung auszurichten sei. Vorinstanz: *LG Frankfurt/Main* in: ZIP 2007, 1861.

für die Gesamtdauer der Hauptversammlung und für die auf den einzelnen Aktionär entfallenden Rede- und Fragezeiten zulässig ist. Ebenfalls zulässig ist die satzungsmäßige Einräumung der Möglichkeit für den Versammlungsleiter, den Debattenschluss um 22:30 Uhr anzuordnen, um eine Beendigung der Hauptversammlung noch am selben Tag sicherzustellen. Bei der Ausübung des ihm eingeräumten Ermessens hat der Versammlungsleiter stets die konkreten Umstände der Hauptversammlung zu beachten und sich dabei an den Geboten der Sachdienlichkeit, der Verhältnismäßigkeit und der Gleichbehandlung zu orientieren.[132]

Abzuwarten bleibt, ob sich findige Opponenten hiervon beeindrucken lassen; denn es ist schon vorgekommen, dass ein an sich vielleicht zwei Stunden dauernder Vortrag geschickt in acht Abschnitte aufgeteilt wird, wobei acht Redner erscheinen, von denen jeder ein Teilstück vorträgt, ohne dass dies sofort erkennbar ist. Jeder spricht nur eine Viertelstunde; etwaige Redezeitbegrenzungen können so ins Leere laufen.[133] Maßgeblich hat ein geübter Versammlungsleiter zum Zwecke einer verhältnismäßigen Ausübung von Ordnungsmaßnahmen, die Interessen aller an der Hauptversammlung teilnehmenden Aktionäre zu beachten. Denn ein ordnungsgemäßer Ablauf einer Hauptversammlung ist nur dann gewährleistet, wenn zwar einerseits eine gewisse Toleranz gegenüber dem einzelnen, so auch dem geschulten Aktionär geübt, andererseits aber auch auf die Rechte der übrigen Aktionäre hinreichend Rücksicht genommen wird. Inwiefern jedoch ein Versammlungsleiter das Verhältnis von Toleranz und Strenge angemessen ausübt,

132 Folglich wird damit dem Versammlungsleiter auferlegt, im Einzelfall nach pflichtgemäßen Ermessen zu entscheiden. Nach *Kersting* bedeutet dies für die Praxis: *„dass zwar in Hinblick auf mögliche inhaltliche Beschränkungen des Rede- und Fragerechts [künftig] Rechtssicherheit besteht, sich dafür aber in Hinblick auf die fehlerfreie Ermessensentscheidung durch den Versammlungsleiter eine Einfallstor für Anfechtungsklagen eröffnet."* *Kersting* in: NZG 2010, 446 (449).

133 *Lehmann* in: Missbräuchliches Aktionärsverhalten, S. 56.

lässt sich dann doch *„nur unter Betracht der konkreten Situationsbedingungen einer Hauptversammlung beurteilen.“*[134]

Weiteres Mittel der Provokation kann die Herbeiführung eines Hausverbotes wegen Störung des Versammlungsablaufes darstellen. Denn wird ein Aktionär ungerechtfertigt des Saales verwiesen und ihm somit die Möglichkeit der Teilnahme an der Hauptversammlung bzw. der Stimmrechtsausübung genommen, folgt aus diesem Verstoß zumeist die Anfechtbarkeit aller nachfolgend gefassten Beschlüsse.[135]

Insbesondere die Mannigfaltigkeit an Möglichkeiten, Verfahrensfehler geltend zu machen und entsprechend anfechtungsbegründende Situationen provozieren zu können, ist Grund dafür, dass Klagen von Berufsklägern einen erheblichen Umfang an bemängelten Verfahrensfehlern vorsehen.

Eines muss indes klarstellend angemerkt werden, wie bereits *Lehmann* konstatierte: *„der „böse“ Mißbräuchler lässt sich vom „anständigen“ Kleinaktionär, der interessiert präzise Fragen stellt, nicht leicht unterscheiden. Wilde Haartracht und Nickelbrillen sind kein Indiz für unanständige oder anständige Aktionärsgesinnung.“*[136] Dass Verfahrensfehler provoziert werden können, hat keine Auswirkungen auf das Anfechtungsrecht als Status Quo und den Umfang der Anfechtungsgründe zu haben. Es obliegt der gerichtlichen Überprüfung, ob die vorgebrachten Mängel sich als begründet erweisen.

134 *Martens* in: Missbräuchliches Aktionärsverhalten, S. 67.

135 *Hüffer* in: AktG, § 243 Rn. 16; BGHZ 44, 245 (251) = NJW 1966, 43; *OLG Frankfurt/Main* in: AG 1984, 192.

136 *Lehmann* in: Missbräuchliches Aktionärsverhalten, S. 51.

b) § 243 II AktG: Unzulässige Verfolgung von Sondervorteilen

aa) Grundsatz

Gemäß § 243 II AktG kann die Anfechtung auch darauf gestützt werden, dass „*ein Aktionär mit der Ausübung des Stimmrechts für sich oder einen Dritten Sondervorteile zum Schaden der Gesellschaft oder der anderen Aktionäre zu erlangen suchte und der Beschluss geeignet ist, diesem Zweck zu dienen.*" Dies soll indes dann nicht gelten, „*wenn der Beschluss den anderen Aktionären einen angemessenen Ausgleich für ihren Schaden gewährt.*" § 243 II AktG enthält eine Generalklausel, Sonderregelungen gehen hierbei ihrer Anwendbarkeit vor. Dies gilt vornehmlich in Fällen, in denen es um den Abschluss eines Beherrschungs- oder Gewinnabführungsvertrages geht, denn diese benötigen zwingend einen Ausgleich mit einem besonderen Überprüfungsverfahren, vgl. §§ 304 III, 2; 305 V AktG.[137]

Die Vorschrift regelt einen Sonderfall der Verletzung der gesellschaftsrechtlichen Treuepflicht in concreto, den Fall dass ein Aktionär qua Hauptversammlungsbeschluss besondere – ihm nicht zustehende – Sondervorteile erstrebt. Die Vorschriften § 243 I AktG und § 243 II AktG sind unabhängig voneinander und stehen daher nebeneinander. Auf die Vorschrift braucht daher nur zurückgegriffen werden, wenn nicht bereits § 243 I AktG zur Anfechtbarkeit führt.[138] In der Praxis stellt die Anwendung des § 243 II AktG die Ausnahme dar. Da in aller Regel eine Verletzung der gesellschaftsrechtlichen Treuepflicht bzw. des Gleichbehandlungsgebotes bereits in Hinblick auf Inhaltsfehler nach § 243 I AktG gerügt

137 *Hüffer* in: AktG, § 243 Rn. 42; *Windbichler* in: Gesellschaftsrecht, § 29 Rn. 46.

138 *Würthwein* in: Spindler/Stilz, § 243 Rn. 180; *Hüffer* in: MüKo-AktG, § 243 Rn. 73.

und geprüft werden, ist die praktische Bedeutung der Vorschrift mithin gering geblieben.[139]

bb) Resümee

Das im Rahmen der Arbeit zu untersuchende Verhalten der Berufskläger kann aus Sicht der Mitaktionäre indes hierunter nicht subsumiert werden. Zwar erlangen diese – wie noch an anderer Stelle ausführlich dargestellt wird – zumindest anhand unmittelbarer durch die Gesellschaftsverwaltung getätigter Zahlungen zum Zwecke der Klagerücknahme Sonderzahlungen, auf die sie keinen Anspruch haben, allerdings nicht per Ausübung ihres Stimmrechts. Unabhängig von der Frage, ob es sich bei den angesprochenen Sonderzahlungen um Sonderleistungen im Sinne des § 243 II AktG handelt, ist hierbei bereits maßgeblich, dass Berufskläger ihre Stimmrechte gerade nicht ausüben, sondern in aller Regel versuchen, durch Einlegung von Widersprüchen die Beschlussfassung zu „torpedieren", um im Rahmen der (potentiell) zu erhebenden Klagen, entsprechende nach § 243 I AktG anfechtungsbegründende Verfahrens- oder Inhaltsfehler geltend machen zu können. Der Anwendung des § 243 II AktG ist jedoch die Stimmrechtsausübung zwecks Erreichung eines Sondervorteils[140] immanent. Denn ohne Stimmrechtsausübung sind die notwendigen Tatbestandsvoraussetzungen der Vorschrift nicht gegeben. *„In dieser Mitwirkung des Aktionärs an der Beschlussfassung liegt das notwendige Bindeglied zwischen dem von ihm verfolgten Zweck und der Rechtswidrigkeit*

139 *Hüffer* in: FS Kropff, 1997, S. 129.

140 Nach der gängigen Definition des BGH ist ein Sondervorteil jeder Vorteil, der bei einer Gesamtwürdigung als sachwidrige, mit den Interessen der Gesellschaft oder der anderen Aktionäre unvereinbare Bevorzugung erscheint. = BGHZ 138, 71 (80).

des Beschlussinhalts, die die Anfechtbarkeit nach § 243 II AktG rechtfertigt.“[141]

Während aus der Sicht der Mitaktionäre § 243 II AktG keine taugliche Vorschrift darstellt, um gegen das Verhalten der Berufskläger vorzugehen, bedienen sich diese ihrer besonders häufig zum Zwecke der Geltendmachung inhaltlicher Mängel von Hauptversammlungsbeschlüssen wegen unzulässiger Gewährung von Sondervorteilen.[142]

c) § 243 III n.F. und IV AktG

aa) § 243 III AktG n.F.

Nach den Maßgaben der § 243 III Nr. 1 – Nr. 3 AktG n.F.[143] ist die Anfechtung bereits tatbestandlich ausgeschlossen; eine dennoch erhobene Anfechtungsklage ist demnach nicht erst unbegründet, sondern bereits unzulässig.

Hierbei ist die mit dem Bilanzrechtsreformgesetz[144] zum 1. Januar 2005 neu eingeführte Vorschrift des § 243 III Nr. 3 AktG n.F. (= § 243 III Nr. 2 AktG a.F.), wonach die Anfechtung des Beschlusses bzgl. der Wahl des Abschlussprüfers in Fällen der Befangenheit seiner Person (§§ 319, 319a HGB) ausgeschlossen ist, besonders hervorzuheben, denn ihre Einführung sollte vornehmlich auch der missbräuchlichen Geltendmachung von Befangenheitsgründen im Anfechtungsverfahren entgegenwirken.[145] Eine Geltendmachung entsprechender Befangenheitsgründe hat nunmehr in einem ge-

141 *Hüffer* in: MüKo-AktG, § 243 Rn. 74.

142 *Baums/Keinath/Gajek* in: ZIP 2007, 1641; siehe auch Ausführungen hierzu unter § 2 Nr. 2 cc).

143 Mit Einfügung von § 243 II Nr. 1 und 2 AktG durch das ARUG wurde die Vorschrift neu gefasst.

144 BGBl. I 2004, 3166 vom 9. Dezember 2004.

145 RegE BilReG vom 24. Juni 2004 BT-Drs. 15/3419, S. 55.

sonderten Ersetzungsverfahren stattzufinden. Ähnliches gilt auch für die durch das ARUG neu eingeführten Vorschriften der § 243 III Nr. 1 und Nr. 2 AktG n.F. Um eine mutmaßliche Flut an Anfechtungsklagen beruhend auf Verfahrensfehlern wegen technischer Störungen zu vermeiden, wurde die Möglichkeit der Anfechtung im Falle der Nr. 1 außer in Fällen von grober Fahrlässigkeit bzw. Vorsatz auf Seiten der Gesellschaft tatbestandlich ausgeschlossen. Verstöße gegen §§ 121 IV a; 124a AktG n.F. sollen entsprechend gemäß § 243 III Nr. 2 AktG n.F. künftig anstatt mit einer Beschlussmängelklage als Ordnungswidrigkeit hinreichend bekämpft werden können; vgl. § 405 III a AktG n.F.[146]

bb) § 243 IV AktG

Die Vorschrift wurde durch das UMAG völlig neu gefasst; die Neufassung präzisiert nunmehr die Voraussetzungen der Begründetheit einer Anfechtungsklage, welche auf die Verletzung von Informationspflichten gestützt wird. § 243 IV AktG umfasst zwei Regelungen: während Satz 1 der Neufassung, eine allgemeine Regelung für Anfechtungsklagen wegen der Verletzung von Informationspflichten enthält, regelt Satz 2 speziell den Fall der Informationspflichtverletzung, die im Zusammenhang mit Bewertungsfragen über die Ermittlung, Höhe oder Angemessenheit von Ausgleich, Abfindung, Zuzahlung, oder für sonstigen Kompensationen steht. Demnach kann ein Anfechtungsverfahren auf entsprechende Mängel nicht gestützt werden sofern das Gesetz für Bewertungsfragen ein Spruchverfahren (vgl. § 1 Nr. 1 bis 5 SpruchG) vorsieht.

§ 243 IV 1 AktG konkretisiert demnach, wann anfechtungsbegründende Verletzungen von Informationspflichten angenommen werden können. Ein Verstoß wegen Verletzung des Gesetzes oder der Satzung gemäß § 243 I AktG wird hierbei vorausgesetzt. Nach dem neugefassten Absatz vier bleibt die Anfechtungsbefugnis

146 Vgl. RegE ARUG vom 5. November 2008 BT-Drs. 16/11642, S. 62 f.

bei Informationspflichtverletzungen allen Aktionären unabhängig von ihrer Beteiligungsquote erhalten. Damit folgte der Gesetzgeber der vom BGH eingeschlagenen Linie zur Annahme der Relevanztheorie.[147] Hierdurch sollte zum einen das Gewicht der geregelten Rechtsgrundsätze besonders betont und zum anderen die Rechtssicherheit und Rechtsklarheit erhöht werden.[148]

Für das Verhalten von Berufsklägern bleibt indes anzumerken, dass insbesondere die Geltendmachung von Verfahrensfehlern im Zusammenhang mit der Verletzung von Informationspflichten, – wie bereits herausgearbeitet – häufige Grundlage angestrebter Anfechtungsklagen darstellt. Hierbei ist aus Sicht der Kläger jedoch zunächst unerheblich, ob das Gericht im Sinne des § 243 IV AktG den Satzungs- oder Gesetzesverstoß als ausreichend relevant erachtet, denn zur Gewährleistung des Druck- und Drohpotentials einer lästigen Anfechtungsklage ist es ausreichend, die Klage zu erheben, bzw. gegenüber der Gesellschaftsverwaltung den Anschein zu erwecken, sie überhaupt erheben zu wollen.

2. Anfechtungsbefugnis: § 245 AktG

a) Regelungsgegenstand- und Zweck

Gemäß § 245 AktG ist bereits anfechtungsbefugt, wer nur eine einzige Aktie hält; eines individuellen Rechtsschutzbedürfnisses bedarf es nicht, um eine etwaige Anfechtungsbefugnis darzulegen.[149] Denn nach h.M. ist die Anfechtungsbefugnis ein subjektives Recht mit materiell-rechtlichem Charakter, sie ist also Begründetheitsvoraussetzung der Anfechtungsklage; fehlt diese, so ist die Klage

147 Siehe hierzu ausführlich, S. 20 unter II Nr. 2 aaa).

148 RegE UMAG mit Stellungnahmen vom 14. März 2005, BT-Drs. 15/5092, S. 26.

149 BGHZ 70, 117 (118).

als unbegründet abzuweisen.[150] § 245 AktG verfolgt insofern einen doppelten Zweck, einerseits die Gewährleistung einer Anfechtungsbefugnis, zugleich aber auch deren Begrenzung. Während die weitgehende Anfechtungsbefugnis nach *Hommelhoff/Timm* eine verhältnismäßig billige und unkomplizierte erwerbbare *„Popularklagebefugnis"* darstelle,[151] soll gerade durch die enumerative Aufzählung der anfechtungsberechtigten Personen (vgl. § 245 Nr. 1 bis 5 AktG) und die Konkretisierung der sachlichen Voraussetzungen eine Popularklage ausgeschlossen werden.[152]

Doch durch die Tatsache, dass das Klageverhalten der Berufskläger, einhergehend mit der gesetzlich garantierten breiten Anfechtungsbefugnis, in den letzten Jahren stetig zugenommen hat, scheint die Formulierung von *Hugo Horrwitz,* wonach die Anfechtungsklage *„eine auf den Kreis der Aktionäre beschränkte Popularklage"* sei, wieder an aktueller Bedeutung zu gewinnen. Auf das Verhalten der Berufsopponenten zugeschnitten, könnte man auch plakativ formulieren: für das Interesse, einen Hauptversammlungsbeschluss gerichtlich überprüfen zu lassen, *„reicht schon die Lust am Querulieren"*[153] aus.

150 *Hüffer* in: MüKo-AktG, § 245 Rn. 3; *BGH* in: AG 1992, 448 (449); *Dörr* in: Spindler/Stilz, § 245 Rn. 4 m.w.N.; a.A. *Schwab* in: Schmidt/Lutter, § 245 Rn. 2 m.w.N.

151 *Hommelhof/Timm* in: AG 1989, 168; vlg. ebenso *Krieger* in: ZHR 163 (1999), 341 (361).

152 *Dörr* in: Spindler/Stilz, § 245 Rn. 2; *Schmidt* in: Großkommentar AktG, § 245 Rn. 2.

153 Zitate zu finden bei: *Hirte* in: BB 1988, 1469 (1472) sowie *Zöllner* in: AG 2000, 145 (146). Anzumerken ist, dass nicht erst seit *Horrwitz* das Institut der Anfechtungsklage mit dem einer Popularklage verglichen wird, bereits im Rahmen der Verhandlungen der Aktienrechtskommission bzgl. des Entwurfes eines Gesetzes betreffend die KGaA und AG im Jahr 1884 formulierten *Koch* und *Goldschmidt, „dass sie in den Bestimmungen* [zur Anfechtungsbefugnis] *keine Sonder- oder Individualrechte der einzelnen Aktionäre erblickten, sondern Rechte der Gesellschaft, welche nur Namens derselben, wie eine Popularklage, von dem Einzelnen oder von*

Hierbei mag es sich zwar um eine treffende Formulierung für das Verhalten von Berufsopponenten handeln, doch dogmatisch dient die Anfechtungsklage gerade nicht nur einer allgemeinen Rechtskontrolle der Aktiengesellschaft, die bei jeglichem Rechtsverstoß durch Hauptversammlungsbeschlüsse von jedem Aktionär ausgelöst werden kann – sie dient ebenso dem Schutz eigener Interessen des einzelnen Aktionärs.[154] Dass sich auch Berufsopponenten der Anfechtungsklage zu missbräuchlichen Zwecken „bedienen" können, stellt eine zwangsläufige Notwendigkeit dar und hängt wohl damit zusammen, dass die Hürden der Voraussetzungen der Anfechtungsbefugnis eher niedrig gehalten sind, somit dem Postulat umfassenden Individualrechtschutzes gerecht werden, und von daher relativ problemlos überwunden werden können.[155]

b) Auswirkungen des UMAG auf die Regelungen zur Anfechtungsbefugnis

Auch die anhand des UMAG in § 245 Nr. 1 und Nr. 3 AktG neu eingeführte Voraussetzung, wonach anfechtungsbefugt nur derjenige ist, der die Aktien bereits vor Bekanntmachung der Tagesordnung erworben hat (sog. Vorbesitzzeit) und somit die tatbestandsbegründende Aktionärseigenschaft erlangt, scheint die erhoffte Wirkung einer Eindämmung des missbräuchlichen Klagegewerbes allenfalls begrenzt erzielt zu haben.[156]

---

einer gewissen Minderheit ausgeübt würden." in: ZGR Sonderheft 4 1985, 288 (346).

154 *Schmidt* in: Großkommentar AktG, § 245 Rn.5; *Zöllner* in: Kölner Kommentar, § 245 Rn. 6; *ders.* in: AG 2000, 145 (146); *Hüffer* in: AktG, § 245 Rn. 2; *Dörr* in: Spindler/Stilz, 245 Rn. 8.

155 *Obst* in: Der Schutz des Kleinaktionärs im börsennotierten Aktienkonzern, S. 89.

156 *Schwab* in: Schmidt/Lutter, § 245 Rn. 6.

Ursprünglich sollte anhand der neu gefassten Formulierung der gezielte (und zumeist äußerst geringe) Aktienerwerb nach Bekanntmachung der Tagesordnung zur Betreibung von Anfechtungsklagen getroffen werden. Maßgebliche Überlegung hiefür war der grundsätzlich begrüßenswerte Ansatz, dass gerade die Bekanntmachung der Tagesordnung geeignet ist, einen Anreiz zum zielgerichteten Aktienerwerb zu bieten; die Neuregelung knüpfte von daher an dieses Tatbestandsmerkmal und nicht in etwa an eine zeitlich bestimmte vorangegangene Besitzzeit an.[157]

Doch der *Baums*-Studie, die anlässlich des Erstellens einer Zwischenbilanz des klägerischen Verhaltens gegen Hauptversammlungsbeschlüsse seit Inkrafttreten des UMAG angefertigt worden ist, ist ein entgegengesetztes Ergebnis zu den ursprünglich durch den Gesetzgeber angedachten Folgen zu entnehmen.

So heißt es: *„es lässt sich nicht erkennen, dass das UMAG hier eine dämpfende Wirkung gehabt hätte. Im Gegenteil hat die Zahl der Anfechtungs- und Nichtigkeitsklagen in 2006, also nach Inkrafttreten des UMAG absolut und relativ, und zwar trotz eines leichten Rückgangs der Zahl der Gesellschaften, einen Höchsttand erreicht. (...) Da das UMAG das Erheben von Beschlussmängelklagen jedenfalls nicht erleichtert hat, und auch kein Grund für die Annahme ersichtlich ist, dass der AG bei der Fassung von HV-Beschlüssen systematisch zunehmend Gesetzes- oder Satzungsverstöße unterlaufen, bietet sich als Erklärung für die Zunahme der Beschlussmängelklagen an, dass das gewerbliche Erheben von Anfechtungsklagen ungeachtet der Vorkehrungen des UMAG stetig zugenommen hat.“*[158]

157 RegE UMAG mit Stellungnahmen vom 14. März 2005, BT-Drs. 15/5092, S. 26f.

158 *Baums/Keinath/Gajek* in: ZIP 2007, 1629 (1634).

c) Resümee

Der Grund für die stetige Zunahme von Anfechtungsklagen kann, trotz Verschärfung der sachlichen Voraussetzungen für die Anfechtungsbefugnis, durchaus darin gesehen werden, dass sich für die Methodik der Berufskläger weitestgehend nichts geändert hat - wohl lediglich der Umstand, dass sie nunmehr ihre Aktien nicht erst mit Bekanntmachung der Tagesordnung zu erwerben haben, sondern bereits im Vorfeld. Doch die Tatsache, dass Aktiengesellschaften zumindest einmal im Jahr eine ordentliche Hauptversammlung einberufen, und dass versierte Berufskläger - viele der TOP 20 Kläger sind seit mehr als 20 Jahren in dieser „Branche" tätig - anhand der wirtschaftlichen Entwicklung eines Unternehmens abschätzen können, ob etwa eine außerordentliche Hauptversammlung einberufen werden muß, führt dazu, dass diese entsprechend reagieren und sich rechtzeitig im Vorfeld durch Aktienerwerb absichern. Da es dem Bild des Berufsklägers ohnehin immanent ist, zum Zwecke der Erfüllung der sachlichen Voraussetzungen des § 245 Nr. 1 AktG bloß wenige Aktien zu erwerben, können diese selbst für den Fall, dass man sich verspekuliert haben sollte, in aller Regel ohne erhebliche Verluste kurzfristig wieder abgestoßen werden. Im Übrigen ist ohnehin davon auszugehen, dass zumindest notorische Berufsopponenten Aktien an sämtlichen größeren Gesellschaften halten.[159]

So hat bereits *Jahn* unmittelbar nach Verabschiedung des Regierungsentwurfes des UMAG durch das Bundeskabinett am 17. November 2004 zum neu eingeführten Erfordernis der Vorbesitzzeit konstatiert, diese „*entzieht aber bloß neu hinzutretenden Berufsklägern das Missbrauchspotential, die eine Aktie nur mit dem Ziel erwerben, anschließend den Rechtsweg beschreiten zu können, was nicht schutzwürdig ist. Der maßgebliche Kreis von (durchaus*

159 *Schwab* in: Schmidt/Lutter, § 245 Rn. 6.

wohlhabend gewordenen) Berufsklägern verfügt hingegen längst über einen breit gestreuten Anteilsbesitz.“[160]

Aus Sicht der Opponenten, sind daher die Vorschriften der § 245 Nr.1 bis 3 AktG zwar relevant. Beachten sie aber insoweit die tatbestandlichen Voraussetzungen, ist ihre Anfechtungsbefugnis legitimiert.

d) „Schauplatz“: Nebenintervention

Der Vollständigkeit halber bleibt anzumerken, dass auch in Fällen, in denen Berufsopponenten sich entscheiden sollten, nicht als Kläger in einem Verfahren aufzutreten, Alternativen bestehen, sich zum Zwecke der Durchsetzung eigener Interessen am Rechtsstreit beteiligen zu können. Hierbei ist vornehmlich das Institut der Nebenintervention hervorzuheben, das in den letzten Jahren im Zusammenhang mit dem Missbrauch aktienrechtlicher Anfechtungsklagen stärker in den Fokus allgemeiner Aufmerksamkeit gerückt ist. Die Nebenintervention durch Aktionäre in aktienrechtlichen Anfechtungsprozessen ist keine Seltenheit, sondern fast ebenso zahlreich wie die Erhebung von Anfechtungsklagen selbst, wobei die Nebenintervenienten des professionellen Klageunwesens dem Rechtsstreit fast ausnahmslos auf Seite des Anfechtungsklägers beitreten.[161] Dem Nebenintervenienten stehen dabei die Möglich-

160 *Jahn* in: BB 2005, 5 (10); siehe zur Möglichkeit des Umgehens der postulierten Vorbesitzzeit durch Treuhänder: *Meilicke/Heidel* in: DB 2004, 1479 (1484).

161 *Baums/Keinath/Gakek* in: ZIP 2007, 1629 (1639): Die Autoren ermittelten, dass ungefähr jeder dritter Berufskläger schon mindestens einmal bzw. mehrfach als Nebenintervenient im Zusammenhang auch rechtmissbräuchlich motivierter Klagen in Erscheinung getreten ist; *Gärtner/Thiel* in: BB 2008, 2089 (2089); *Waclawik* in: DStR 2006, 1257 (1257). Hervorzuheben ist, dass trotzdessen ein Beitritt auf Klägerseite im aktienrechtlichen Anfechtungsprozessen eher die Ausnahme ist, praktische Bedeutung hat vornehmlich die Nebenintervention eines Aktionärs auf

keiten zu, entweder nach vorausgegangener Streitverkündung dem Verfahren beizutreten („reaktive Nebenintervention") oder sich diesem proaktiv infolge aktiven eigenmächtigen Handelns anzuschließen („aktive Nebenintervention").[162]

Für die Nebenintervention auf Klägerseite werden zahlreiche Beschränkungen diskutiert, namentlich soll die Interventionsfähigkeit davon abhängen, dass der Aktionär selbst nach § 245 AktG klagebefugt wäre und demnach seine Aktien schon vor Bekanntmachung der Tagesordnung erworben hat.[163] Der BGH hat jeweils für den Zeitraum vor und nach Inkrafttreten des UMAG klargestellt, dass eine aus § 245 Nr. 1 AktG analog abgeleitete Interventionsbefugnis rechtswidrig ist. Aus Gründen der Wahrung des verfassungsrechtlich garantieren Anspruchs auf rechtliches Gehör (Art. 103 I GG) hat ein Nebenintervenient nicht (weder alternativ noch kumulativ) die in § 245 Nr. 1 AktG postulierten Erfordernisse der Vorbesitzzeit bzw. des in der Hauptversammlung zur Niederschrift erklärten Widerspruchs zu erfüllen. Durch eine Interventionsbefugnis würde anderweitig das Rechtsinstitut der Nebenintervention für die Beteiligung an einer aktienrechtlichen Anfechtungsklage faktisch abgeschafft werden; dies stehe jedoch nicht im Einklang mit der Rechtskraft- und Gestaltungswirkung des § 248 I AktG und der daraus abzuleitenden Gewährleistung des rechtlichen Gehörs im fremden Anfechtungsprozess.[164] Auch

Seiten der beklagten Gesellschaft. Indem die Nichtigkeit des Beschlusses alle Aktionäre unmittelbar betrifft, besteht ein Bedürfnis, dem Interesse der anderen Aktionäre an der Aufrechterhaltung des Beschlusses durch die Möglichkeit der Einflussnahme auf den Rechtsstreit Rechnung zu tragen, siehe hierzu *Dörr* in: Spindler/Stilz, § 246 Rn. 33.

162 *Gärtner/Thiel* in: BB 2008, 2089 (2089).

163 *Schwab* in: Schmidt/Lutter, § 246 Rn. 26.

164 *BGH* (Beschluss vom 26. Mai 2008; Az.: II ZB 23/07) in: BeckRS 2008, 14003; (siehe zustimmend auch Anmerkung von *Ziemons* abrufbar unter: www.beck.de FD-HGR 2008, 263970); in Fortführung zu *BGH* in: NZG 2007, 675; a.A.: *OLG Frankfurt/Main* (Urteil vom 2. Juli 2007; Az.: 5 W 17/07) abrufbar unter: www.beck.de BeckRS 2007, 18990; *Waclawik*

die Neuregelungen durch das UMAG zu § 245 AktG vermögen hier keine Änderung des rechtlichen Standpunkts des BGH begründen. Einzig die novellierte Vorschrift des § 246 IV 2 AktG, wonach eine Interventionsfrist von einem Monat nach Bekanntmachung der Klage gewahrt werden muss, stellt eine wirksame Beitrittsbeschränkung dar. Wobei anzumerken ist, dass auch dessen Verfassungsmäßigkeit unter dem Blickwinkel der Verletzung des rechtlichen Gehörs bereits in der Literatur mitunter kritisiert wird.[165]

Aus den genannten Gründen bleibt das Rechtsinstitut der Nebenintervention vornehmlich für die Fälle, in denen Berufskläger es versäumt haben, zeitig Aktien zu erwerben, oder nicht an der Hauptversammlung teilgenommen haben und somit nicht die Voraussetzungen des § 245 Nr. 1 AktG erfüllen, eine überlegenswerte Alternative, um doch am Prozess teilnehmen zu können. Insbesondere speist sich die Attraktivität der Nebenintervention vornehmlich aus der Asymmetrie von Prozessaufwand und Gewinnchance. Der Streitbeitritt ist für den Nebenintervenienten eine Marginalie; die gemäß § 70 I, 2 ZPO postulierten Anforderungen an die Nebeninterventionsschrift sind in zwei Seiten abgehandelt.[166] Ist der Nebenintervenient erst einmal wirksam beigetreten, darf er im Prozess nicht umgangen werden. So sind Nebenintervenienten bei der erforderlichen Zahl von Abschriften der vorbereitenden Schriftstücke und deren Anlagen zu berücksichtigen. Ebenso hat das Gericht die Nebenintervenienten hinsichtlich der Mitteilung bzw. Zustellung von Terminsbekanntmachungen, Ladungen und anderen prozessleitenden Verfügungen zu beachten. Hier kann es

in: WM 2004, 1361 (1366); *Wassmann/Kallweit* in: Der Konzern 2008, 135 (140 f.); nicht ganz eindeutig: *Hüffer* in: AktG, § 246 Rn. 6; *Dörr* in: Spindler/Stilz, § 246 Rn. 35.

165 *Schwab* in: Schmidt/Lutter, § 246 Rn. 26 m.w.N; zumindest einmal hat der BGH kürzlich entschieden, dass die Ausschlussfrist des § 246 IV, 2 AktG bei strikter Wortlautanwendung nicht für den auf Seiten der beklagten Gesellschaft beitretenden Aktionär gelte; BGH vom 15. Juni 2009, Az.: II ZB 8/08 (abrufbar unter: www.bgh.de)

166 *Waclawik* in: DStR 2007, 1257 (1257).

insgesamt zu Verfahrensverzögerungen kommen, denn obwohl häufig die „räuberischen" Nebenintervenienten den Prozess in keiner Weise fördern, sind diese doch bei Abschriften, Zustellungen etc. entsprechend zu bedenken. So kann die typische Unscheinbarkeit des Vortrags eines Nebenintervenienten die Gefahr heraufbeschwören, einfach vergessen zu werden, so dass lange anberaumte Verfahrenstermine letzten Endes „platzen".[167] Der Zeitverlust kann wiederum die Bereitschaft der beklagten Gesellschaft erhöhen, in Vergleichsverhandlungen zu treten, an deren Vergleichsgesprächen auch die Nebenintervenienten häufig beteiligt sind, so dass diese, falls die Gespräche zum Erfolg führen, auf Grundlage einer entsprechenden Regelung ebenfalls abgefunden werden.[168]

Doch wird das Institut der Nebenintervention sicherlich mit der Grundsatzentscheidung des BGH vom 18. Juni 2007[169] per se ein wenig an Lukrativität verloren haben. Bis zu diesem Zeitpunkt galt auch für den Vergleich der in § 101 I ZPO niedergelegte Grundsatz der Kostenparallelität der Hauptpartei, so dass die Gerichte den Nebenintervenienten regelmäßig den im Vergleich zugunsten des Anfechtungsklägers vorgesehenen Kostenersatz zugestanden. Nunmehr sind im Sinne der BGH-Rechtsprechung die (außergerichtlichen) Kosten des streitgenössischen Nebenintervenienten gemäß den §§ 101 II, 100 ZPO zu regeln. Wird das Verfahren durch einen Vergleich beendet, verpflichten sich die

167 *Waclawik* in: WM 2004, 1361 (1362); *Wilsing/Siebmann* in: DB 2007, 1517 (1518).

168 *Waclawik* in: WM 2004, 1361 (1363).

169 *BGH*, Beschluss vom 18. Juni 2007 (Az.: II ZB 23/06) in: DB 2007, 1516 f. m. Anm. v. *Wilsing/Siebmann;* sowie ausführlich *Waclawik* in: DStR 2007, 1257; bis zu diesem Zeitpunkt galt die Rechtsprechung der Oberlandesgerichte, wonach die zwischen den Parteien vereinbarte Kostenübernahme ohne ausdrücklichen Regelung im Vergleich auch für den Nebenintervenienten gelte, vgl. *OLG Köln*, Beschluss vom 27. April 2006 (Az.: 18 U 139/05) in: Der Konzern 2006, 463 ff.; sowie *OLG Frankfurt/Main,* Beschluss vom 18. September 2006 (Az.: 21 W 44/05) in: NJOZ 2007, 4639 (Vorinstanz zum BGH Beschluss).

Kläger in aller Regel zur Klagerücknahme, wobei die Rechtsfolge des § 269 III, 2 ZPO abbedungen wird, wonach sie die Kosten des Rechtsstreits zu tragen hätten. Dies gilt jedoch nicht für den Nebenintervenienten, soweit er nicht am Vergleich beteiligt ist oder der Vergleich ausdrücklich auch seine Kosten miterfasst.[170] Die Entscheidung ist sicherlich geeignet, infolge des Risikos der individuellen Kostentragung den Trittbrettfahrern, die in aller Regel nicht an den Vergleichsverhandlungen beteiligt und von daher nicht mit in die individuelle Kostenregelung aufgenommen werden, hinreichend Einalt zu gebieten, doch kann anderweitig, wie *Poelzig/Meixner* nachvollziehbar folgern, „*der Anreiz zur eigenen Klageerhebung vice versa durch die Unsicherheit bei der Kostenerstattung für Nebenintervenienten aber sogar steigen.*“[171]

3. Anfechtungsfrist

Gemäß § 246 I AktG ist die Anfechtungsklage innerhalb eines Monats nach der Beschlussfassung zu erheben. Die Klagefrist ist eine materiell-rechtliche Ausschlussfrist, sie ist eine Präklusionsfrist, so dass bei deren Missachtung die Klage als unbegründet abgewiesen wird.[172] Für den Nebenintervenienten gilt die Monatsfrist gemäß § 246 IV 2 AktG.

III. Faktische und rechtliche Folgen einer erhobenen Anfechtungsklage – Lästigkeitswert?

Gesellschaften, die Zahlungen an Berufsopponenten tätigen, erscheinen erpressbar. Schikanös erhobene Anfechtungsklagen stel-

170 *Vetter* in: AG 2008, 177 (194).

171 *Poelzig/Meixner* in: AG 2008, 196 (196); im Ergebnis zustimmend: *Assmann* in: AG 2008, 208 (209).

172 *Dörr* in: Spindler/Stilz, § 246 Rn. 12.

len für die betroffenen Gesellschaftsverwaltungen einen hohen Lästigkeitswert dar, dessen Ursache in den Folgen liegen.

Ist die Anfechtungsklage begründet, so ist entsprechend § 248 AktG der angefochtene Hauptversammlungsbeschluss rückwirkend nichtig. Der Lästigkeitswert einer Anfechtungsklage orientiert sich aber nicht erst an deren Folgen qua Urteil, sondern setzt bereits zeitlich zuvor an ihrer unmittelbaren Wirkung infolge Erhebung ein. Das Bedrohungspotential der Anfechtungsklage besteht in dem Umstand, dass Anfechtungsprozesse aufgrund der komplizierten Sach- und Rechtslage mitunter Jahre dauern können[173] – die Erfolgsaussichten der Klage sind hierbei unerheblich. Denn grundsätzlich können langwierige Prozesse die Umsetzung wichtiger unternehmerischer Entscheidungen dauerhaft behindern. Besonders kritisch ist die Lage daher, wenn der Vollzug der beschlossenen Maßnahmen Eintragungen in das Handelsregister erfordert (z.B.: in Fällen der Verschmelzung, der Eingliederung oder bei Kapitalerhöhungsbeschlüssen).

173 Vgl. *Baums/Vogel/Tacheva in:* ZIP 2000, 1649 (1651) (1655) zur Verfahrensdauer: Von den insgesamt 453 im Untersuchungszeitraum (1980 –1999) im Bundesanzeiger mitgeteilten Klagen auf Grundlage der §§ 243 ff. AktG, konnten 207 Verfahren untersucht werden. Es wurden insgesamt 296 gerichtliche Entscheidungen und Vergleiche (prozess- und außergerichtliche Vergleiche) ausgewertet. In 54 der ermittelten Fälle erhoben die Gesellschaften den Einwand des Rechtsmissbrauchs – überwiegend auf den Versuch des Klägers gestützt, sich den Lästigkeitswert der Klage abkaufen zu lassen. Es ließen sich zusammengefasst folgende Ergebnisse ermitteln: Die Landgerichte als Eingangsinstanz benötigten durchschnittlich 7,15 Monate bis zur Entscheidung; die Oberlandesgerichte durchschnittlich 12,77 Monate und die durchschnittliche Gesamtverfahrensdauer betrug in den Fällen, in denen die Sache vom BGH an die Tatsacheninstanz zurückverwiesen worden war 79,3 Monate.

1. Blockade- bzw. Hebelwirkung einer Anfechtungsklage: Maßstab Registersperre?

Wird gegen einen Hauptversammlungsbeschluss Widerspruch eingelegt und Klage erhoben, kann dessen Durchführung blockiert werden; maßgeblich handelt es sich hierbei um registerrechtliche Notwendigkeiten. Während in den Fällen des § 241 AktG, der Fehler des Beschlusses automatisch zu dessen Nichtigkeit führt und somit ein Eintragungshindernis begründet, welches der Registerrichter von Amts wegen zu berücksichtigen hat,[174] ist in Fällen, in denen der fehlerhafte Beschluss nur anfechtbar ist, eine differenziert registerrechtliche Betrachtungsweise zugrundezulegen.

Ausgangspunkt der Überlegungen ist folgender Konflikt: Während einerseits der fehlerhafte Beschluss – soweit nicht unwirksam oder nichtig – infolge der rechtssichernden Funktion der Anfechtungsklage wirksam ist, muss andererseits verhindert werden, dass durch die Eintragung eines rechtswidrigen Beschlusses irreversible Folgen geschaffen werden.[175] Daher obliegt es dem Registerrichter – in bestimmten Fällen zwingend – bis zum Ablauf der Anfechtungsfrist das Verfahren auf Grundlage der §§ 381 i.V.m. 21 FamFG, welche dem bis zum 1. September 2009 geltenenden § 127 FGG entsprechen, auszusetzen. Ob dies geschieht, ist eine Einzelfallentscheidung und hängt vom pflichtgemäßen Ermessen des Registerrichters ab, der in seinen Erwägungen die Aussichten des Anfechtungsprozesses, aber auch den durch Nichteintragung bzw. Eintragung drohenden Schaden abzuschätzen hat.[176] Dies führt in Verbindung mit dem Umstand, dass den meisten eintragungsbe-

174 Ganz h.M. vgl. *Hüffer* in: AktG, § 241 Rn. 35 m.w.N.

175 *Schmidt* in: Gesellschaftsrecht, § 28 IV 5 g).

176 *Schmidt* in: Großkommentar AktG, § 245 Rn. 77; § 243 Rn. 72; *OLG Hamm* in: WM 1988, 934 (944); *Winkler* in: Keidel/Kuntze/Winkler, § 127 Rn. 36; *Hüffer* in: AktG, § 243 Rn. 52 ff.; *Baums* in: Gutachten für den 63. DJT, F 161 – umfassende Darstellung auszuübenden Ermessens, m.w.N. – wobei den Ausführungen den zum damaligen Zeiptunkt geltenden § 127 FGG zugrundegelegt werden.

dürftigen Beschlüssen für die Registereintragung konstitutive Wirkung zukommt, zu einer Blockade- oder auch Hebelwirkung[177] der Anfechtungsklage zum Nachteil der betroffenen Gesellschaft, die naturgemäß Interesse an einer schnellstmöglichen Umsetzung der gefassten Beschlüsse hat. Für den Registerrichter zunächst maßgeblich ist daher die Überlegung, ob es sich bei dem fraglichen Beschluss um einen eintragungsbedürftigen Beschluss handelt, der unter bestimmten Voraussetzungen de lege lata zu einer Registersperre und damit zur Verfahrensaussetzung zu führen hat.

a) Eintragungsbedürftige Beschlüsse: Verschmelzung, Spaltung, Eingliederung

aa) Grundsätzliches

Zustimmungsbeschlüsse zu einer Verschmelzung, Spaltung, Vermögensübertragung, einem Formwechsel oder einer Eingliederung erfordern bei deren Anmeldung zur Eintragung in das Handelsregister die Erklärung des Vorstands, dass eine Klage gegen die Wirksamkeit des betreffenden Beschlusses nicht oder nicht fristgemäß erhoben worden oder eine solche Klage rechtskräftig abgewiesen oder zurückgenommen worden ist (vgl. §§ 16 II, 2; 125; 176 I; 198 III UmwG; § 319 V AktG). Kann der Vorstand infolge anhängiger Klage die formale Eintragungsvoraussetzung der notwendigen Negativerklärung (auch sog. „Negativtest“) nicht abgeben, so darf der Registerrichter die Eintragung der Beschlüsse nicht vornehmen – die erhobene Anfechtungsklage löst mithin eine gesetzliche Registersperre aus.[178]

177 Begriff der „Hebelwirkung“ der Anfechtungsklage vorwiegend von *Baums* geprägt, vgl. u.a.: *Baums* in: Gutachten für den 63. DJT, F 155; *Baums/Keinath/Gajek* in: ZIP 2007, 1620 (1630).

178 *Bork* in: Lutter, UmwG, § 16 Rn. 9.

Sinn dieser Regelung ist, dass die Eintragung des entsprechenden Beschlusses verhindert werden soll, solange eine Anfechtung möglich ist oder eine Anfechtungsklage noch schwebt, um gerade den angesprochenen Effekt irreversibler Beschlusswirkungen verhindern zu können.[179] Die besonderen gestaltenden Wirkungen der angeführten Eintragungen führen dazu, dass hierbei dem Schutz des Anfechtungsrechts einen höheren Stellenwert als den Interessen der Gesellschaft eingeräumt wird.[180]

bb) Das Freigabeverfahren im Besonderen

Grundsätzlich kann die Registersperre im Einzelfall durch ein Freigabeverfahren überwunden werden. Hiermit hatte sich der Gesetzgeber der ursprünglich - vor Bestand eines Freigabeverfahrens - aufgeworfenen Frage angenommen, welche Handlungsbefugnisse dem Registerrichter zwecks Überwindung der Registersperre bei offenkundig missbräuchlichen Sachverhalten zustehen. Denn noch vor Inkrafttretens des Umwandlungsgesetzes zum 28. Oktober 1994[181] waren folgende Handlungsalternativen für den (sachfremden) Registerrichter denkbar; die Eintragungen gänzlich abzulehnen, das Eintragungsverfahren nach § 127 FGG a.F. auszusetzen oder womöglich die Eintragungen ins Handelsregister sogar trotz des laufenden Verfahrens vorzunehmen.[182] Die auch nach altem Recht bestehende Registersperre infolge positiv abgegebener „Negativerklärung" (vgl. §§ 319 III 2; 345 II 1 AktG a.F.) führte demnach dazu, dass betroffene Gesellschaften sich in einer klassischen *hold out* Situation wiederfanden. Sie hatten infolge Eintragungshindernis zwingend den Ausgang des Anfechtungsverfahrens abzuwarten - wichtige unternehmerische Entschei-

179 *Baums* in: Missbräuchliches Aktionärsverhalten, S. 85.

180 *Schmidt* in: Großkommentar AktG, § 245 Rn. 78 m.w.M.

181 BGBl. I S. 3210, ber. BGBl. I 1995, 428.

182 *Schmidt* in: Gesellschaftsrecht, § 28 IV 5 g).

dungen waren somit häufig nicht mehr umzusetzen.[183] Vor diesem Hintergrund entschied sodann der BGH im Jahre 1990 zum Umgang mit eintragungsbedürftigen Verschmelzungsbeschlüssen und der damit einhergehenden Frage nach dem Umfang der Prüfungskompetenz des Registerrichters: *„Gelangt das Registergericht lediglich zu dem Ergebnis, dass der Erfolg der Anfechtungsklage nicht als sicher angesehen werden kann, so hat es grundsätzlich in entsprechender Anwendung des § 127 FGG das Eintragungsverfahren auszusetzen.“*[184] Im Übrigen ist in Fällen, in denen *„die gegen einen Verschmelzungsbeschluss erhobene Anfechtungsklage eines Aktionärs zweifelsfrei ohne Erfolgsaussicht* [ist], *das Registergericht durch § 345 Abs. 2 Satz 1 AktG* [entspricht dem § 16 II UmwG] *nicht gehindert, die Verschmelzung bereits vor der rechtskräftigen Beendigung des Anfechtungsverfahrens in das Handelsregister einzutragen.“*[185]

Mit dem Umwandlungsgesetz löste der Gesetzgeber endgültig in Anlehnung an die BGH-Rechtsprechung offene Fragen und schuf (mit dem Freigabeverfahren per Kompetenzverlagerung der Prüfung von Missbräuchlichkeit und Aussichtslosigkeit vom Register- auf das für die Klage zuständige Prozessgericht) die Möglichkeit, gesetzliche Registersperren per Beschlussverfahren vor Ausgang des Anfechtungsverfahrens aufheben zu können. Durch die Kompetenzverlagerung auf das Prozessgericht wurden zum einen von einander abweichende Entscheidungen vermieden, zum

183 *Baums* in: Gutachen für den 63. DJT, F 156. In etwa auch *Boujong* in: Festschrift Kellermann, S. 3 f.; Vgl. zum Streitstand insgesamt *Timm/Schick* in: DB 1990, 1221 ff. m.w.N. – Die Autoren diskutieren die nach altem Recht umstrittene Frage, ob bei Anhängigkeit eines Anfechtungsverfahrens eine Registersperre die zwingende Folge des § 345 Abs 2 S 1 AktG a.F. ist. Hierbei zeigen sie Lösungsmodelle auf, die die Frage der Eintragung flexibler handhaben. Dabei erörtern die Autoren, ob es sinnvoll ist, eine Eintragung in Ausnahmefällen völlig aussichtsloser oder rechtsmissbräuchlicher Anfechtungsklagen zuzulassen, wenn dem Unternehmen ansonsten schwere Nachteile drohen.

184 BGHZ 112, 9 – „Hypothekenbank-Schwestern“.

185 BGHZ 112, 9.

anderen war davon auszugehen, dass das Prozessgericht besser in der Lage sein dürfte, die Erfolgsaussichten der Klage zu beurteilen, als das sachfremde Registergericht.[186]

Danach war bis zum Inkrafttreten des ARUG anstatt des Registerrichters das Prozessgericht befugt, auf Antrag der Gesellschaft durch Beschluss festzustellen, dass die Erhebung der Klage der Eintragung nicht entgegensteht. Die rechtskräftige Entscheidung des Prozessgerichts bindet sodann das Registergericht, welches die Eintragung nicht mehr unter Hinweis auf die schwebende Klage ablehnen darf.[187] Die Voraussetzungen für einen derartigen Beschluss waren gemäß § 16 III UmwG a.F. gegeben, wenn *„die Klage gegen die Wirksamkeit des angefochtenen Verschmelzungsbeschlusses unzulässig oder offensichtlich unbegründet ist oder wenn das alsbaldige Wirksamwerden der Verschmelzung nach freier Überzeugung des Gerichts unter Berücksichtigung der Schwere der mit der Klage geltend gemachten Rechtsverletzungen zur Abwendung der vom Antragsteller dargelegten wesentlichen Nachteile für die an der Verschmelzung beteiligten Rechtsträger und ihre Anteilsinhaber vorrangig erscheint.“* Dies galt entsprechend § 319 VI AktG a.F. auch für die Eintragung bzw. per Verweisung gemäß den §§ 125, 176, 178, 198 UmwG für die Spaltung, den Formwechsel sowie für die Vermögensübertragung. Inwieweit nach Inkrafttreten des Umwandlungsgesetzes Berufsopponenten gegenüber Gesellschaften mittels Anfechtung bzw. dem Androhen potentieller Anfechtung weiterhin Erfolg haben konnten, hing maßgeblich davon, ob und wie schnell die betroffene Gesellschaft einen Freigabebeschluss erwirken konnte. *Baums* folgerte hierzu: *„Gelingt es der Gesellschaft nicht, einen solchen Freigabeschluss zu erwirken, weil das Prozessgericht die Klage nicht für „offensichtlich unbegründet“ hält und auch ein vorrangiges Eintragungsinteresse der Gesellschaft verneint, dann tritt wegen der konstitutiven Wirkung der Eintragung ein Schwebe-*

186 *Boujong* in: FS Kellermann, S. 13.

187 *Baums* in: Gutachten für den 63. DJT, F 157; *Vollmann* in: Minderheitenschutz im aktienrechtlichen Beschlussmängelrecht, S. 38.

zustand ein, der sich über die Dauer des gesamten Anfechtungsprozesses hinziehen und fatale wirtschaftliche Folgen für die beteiligten Rechtsträger und die hinter den Beschlüssen stehenden Aktionäre haben kann"[188] – der Lästigkeitswert entsprechend opponierend motivierter Anfechtungsklagen liegt dabei auf der Hand. Anders ist die Lage der Gesellschaftsverwaltung seit Einführung des Freigabeverfahrens gemäß § 16 III 3 UmwG n.F. indes zu beurteilen, soweit es ihr gelingt, einen Freigabebeschluss erwirken zu können. Der Beschluss wird in das Handelsregister eingetragen; die erhobene Anfechtungsklage wird zwar nicht unbegründet, doch selbst bei Erfolg bleiben die Wirkungen des eingetragenen Beschlusses bestehen; die Kläger können allenfalls Schadensersatz verlangen (vgl. §§ 16 III 6 a.F.; 20 II; 125, 131 II, 176, 198 III, 202 III UmwG).[189]

b) Sonstige eintragungsbedürftige Beschlüsse

aa) Grundsätzliches

In Fällen, in denen der Hauptversammlungsbeschluss zwar eintragungsbedürftig ist, der Vorstand jedoch bei dessen Anmeldung keine Negativerklärung abzugeben hat, kann der betroffenen Gesellschaft vor Ablauf der Anfechtungsfrist oder bei einem laufenden Anfechtungsverfahren trotzdessen die Aussetzung der Eintragung gemäß §§ 381 i.V.m. 21 FamFG (§ 127 FGG a.F.) drohen. Eintragungsbedürftige Beschlüsse, denen konstitutive Wirkung in Hinblick auf die Registereintragung zukommen, sind vornehmlich Satzungsänderungen, Maßnahmen zur Kapitalerhöhung- oder herabsetzung oder dem Abschluss, Änderung und Aufhebung von Unternehmensverträgen (§§ 181 I; 189; 224; 294 II; 295 I; 298 AktG). Wegen des mangelnden Erfordernisses einer Negativerklä-

188 *Baums* in: Gutachten für den 63. DJT, F 156.

189 *Baums* in: Gutachten für den 63. DJT, F 157.

rung greift hier keine gesetzliche Registersperre.[190] Da die Rechtmäßigkeit des Hauptversammlungsbeschlusses nach ganz h.M. ein präjudizielles Rechtsverhältnis für die Eintragung des Beschlusses im Handelsregister darstellt, findet §§ 381 i.V.m. 21 FamFG (§ 127 FGG a.F.) mit der Folge Anwendung, dass der Registerrichter nach pflichtgemäßem Ermessen über die Aussetzung des Verfahrens bestimmen kann bis über dessen Verhältnis im Wege des Rechtsstreits entschieden ist.[191]

Hervorzuheben ist, dass es sich in diesen Fällen nicht um ein gesetzlich angeordnetes Postulat für den Registerrichter handelt, wonach er bei (potentiell) schwebenden Anfechtungsverfahren das Eintragungsverfahren vorerst zwingend auszusetzen habe. Vielmehr steht es ihm frei, bei Vorliegen der Eintragungsvoraussetzungen trotz anhängiger oder potentiell anhängiger – dh. eine Anmeldung soll innerhalb der Klagefrist erfolgen, aber eine Klage wurde bislang noch nicht erhoben[192] – Klagen, die Eintragungen der Beschlüsse ins Handelsregister zu veranlassen.[193] Die Praxis hat jedoch Gegenteiliges demonstriert. In der Literatur wird eine faktische Registersperre beobachtet; wonach der Registerrichter bei anhängigen Anfechtungs- oder Nichtigkeitsklagen in aller Regel das Verfahren nach § 127 FGG a.F. aussetzt[194], so dass die Gesellschaft sich in einer ähnlichen hold out Situation wiederfindet, die, wie bereits festgestellt, infolge gesetzlicher Registersperre eine lästige

190 *Vollmann* in: Minderheitenschutz im aktienrechtlichen Beschlussmängelrecht, S. 39 m.w.N.

191 BGHZ 112, 9 (13); *Hüffer* in: AktG, § 243 Rn. 53; *Winkler* in: Keidel/Kuntze/Winkler, § 127 Rn. 39; a.A. *Baums* in: Gutachten für den 63. DJT, F 159.

192 Auch in dieser Situation kann nach h.M. der Registerrichter gemäß § 127 FGG a.F. das Verfahren aussetzen; denn ein Zuwarten bis zum Ablauf der Monatsfrist wird in aller Regel keine wesentliche Benachteiligung der Gesellschaft bedeuten; vgl. *Hüffer* in: AktG, § 243 Rn. 52.

193 *Baums* in: Gutachten für den 63. DJT, F 159 f.

194 *Hüffer* in: AktG, § 243 Rn. 53; § 246a Rn. 3; *Baums* in: ZIP 2007, 1629 (1648) m.w.N.; *ders.* in: Gutachten des 63. DJT, F 159 f.

Blockadewirkung verursachen kann. Empirisch scheint sich die Annahme einer entsprechenden faktischen Registersperre belegen zu lassen. Die *Baums*-Studie aus dem Jahr 2007, die deren Prüfung die zu dem Zeitpunkt ihrer Erstellung geltenden Vorschrfit des § 127 FGG zugrundelegte, gelangt zu dem Ergebnis, dass Registerrichter in aller Regel in Fällen, in denen Anfechtungs- bzw. Nichtigkeitsklagen erhoben worden sind, die Eintragungsverfahren ausgesetzt haben.[195]

bb) Das Freigabeverfahren im Besonderen

Mit Inkrafttreten des UMAG wurde ebenfalls für Kapitalmaßnahmen sowie Unternehmensverträge nach dem Vorbild der § 319 VI AktG a.F. und § 16 III UmwG a.F. ein allgemeines aktienrechtliches Freigabeverfahren (vgl. § 246a AktG a.F.) eingeführt, hiernach hatte die Gesellschaft die Möglichkeit, bei dem für die Entscheidung in der Hauptsache zuständigen Prozessgericht die Feststellung zu beantragen, dass die Klage der Eintragung des Beschlusses nicht entgegensteht. Das UMAG und insbesondere die Einführung des in § 246a AktG kodifizierten Freigabeverfahrens sollte im Schwerpunkt dazu dienen, rechtsmissbräuchliche Anfechtungsklagen einzuschränken.[196]

Anders als in § 16 III UmwG a.F. war und bleibt für die in Frage stehenden eintragungsbedürftige Hauptversammlungsbeschlüsse keine notwendige Registersperre gegeben. Gesellschaften haben die Wahl, ob sie ein Freigabeverfahren durchführen, um auf diese Weise von Anfang an Bestandskraft für die betreffenden Beschlüsse zu erlangen, oder ob sie zunächst versuchen, eine freiwillige Eintragung durch das Registergericht herbeizuführen.[197]

195 *Baums* in: ZIP 2007, 1629 (1648).

196 RegE UMAG mit Stellungnahmen vom 14. März 2005, BT-Drs. 15/5092, S. 2.

197 *Dörr* in: Spindler/Stilz, § 246a Rn. 4 f.

Stellte demnach das Prozessgericht anhand der Feigabekriterien – die im wesentlichen denen des § 16 III UmwG a.F. entsprachen – fest, dass die Erhebung der Anfechtungsklage der Eintragung des Beschlusses nicht entgegensteht und Mängel des Hauptversammlungsbeschlusses die Wirkung der Eintragung unberührt lassen, sind wiederum zweierlei Folgen gegeben: Zum einen muss der Registerrichter den Beschluss gemäß § 246a III 4 AktG a.F. eintragen – die faktische Registersperre wird durchbrochen; und zum anderen gilt selbst dann Bestandsschutz, wenn die Klage später gleichwohl durchdringt.[198] Infolge Bestandskraft der Eintragung erfolgt keine Rückabwicklung. Erweist sich die Klage als begründet, kann der Anfechtungskläger wie im Falle der unwirksamen Verschmelzung, Spaltung oder Eingliederung allenfalls Schadensersatz für den Schaden verlangen, der ihm durch die Eintragung entstanden ist – hierbei handelt es sich in der Regel um die Prozesskosten.[199]

Bis zu dem Zeitpunkt eines eingeleiteten Freigabeverfahrens lösen die genannten Beschlüsse trotz erhobener Anfechtungsklagen demnach de lege lata keine Registersperre aus. In diesem Stadium darf der Registerrichter die Maßnahmen nach pflichtgemäßen Ermessen ohne Freigabeverfahren auch vor Abschluss des Anfechtungsverfahrens eintragen. Wie bereits dargestellt, ist er hierzu gesetzlich per se nicht angehalten, sondern kann auch statt dessen das Eintragungsverfahren bis zum rechtskräftigen Abschluss des Anfechtungsprozesses aussetzen. Diese Auffassung war bereits vor Einführung des § 246a AktG herrschend und wurde mit Einführung des Freigabeverfahrens letztlich bestätigt. Im Sinne des Gesetzgebers hat demnach eine auf § 127 FGG a.F. gestützte Eintragungsverweigerung durch Gerichtsbescheid per Freigabeverfahren überwunden zu werden.[200]

198 *Schwab* in: Schmidt/Lutter, § 246a Rn. 9, 25.

199 *Hüffer* in: AktG, § 246a Rn. 5; *Schwab* in: Schmidt/Lutter, § 246a Rn. 9.

200 *Schwab* in: Schmidt/Lutter, § 246a Rn. 21 m.w.N.

c) Nicht eintragungsbedürftige Beschlüsse

Auch die Anfechtung nicht eintragungsbedürftiger Beschlüsse – hierzu zählen insbesondere die Wahl von Aufsichtsratsmitgliedern oder die Feststellung des Jahresabschlusses (vgl. §§ 257, 243 AktG) – kann durchaus einen erheblichen Druck auf die Gesellschaft ausüben.[201] Die Anfechtung einer Aufsichtsratswahl (vgl. § 252 AktG) kann wegen der Rückwirkung des stattgebenden Aufhebungsurteils Schwierigkeiten mit sich bringen.[202] Die erfolgreiche Anfechtung der Feststellung des Jahresabschlusses kann mitunter die nachfolgenden Jahresabschlüsse in Frage stellen.[203] Auch solche Anfechtungsklagen können einen Lästigkeitswert für die Gesellschaftsverwaltung entfalten. So ist bereits die bloße Rechtshängigkeit einer Anfechtungs- und/oder Nichtigkeitsklage ausreichend, um die Gesellschaft unter Druck zu setzen. Denn auch bei nichteintragungsbedürftigen Beschlüssen bleibt stets zu befürchten, dass sie mit Rechtskraft des Urteils ex tunc für nichtig erklärt werden und die Gesellschaft entsprechenden Schadensersatzansprüchen Dritter ausgesetzt ist.[204] Gleichwohl stellen sie nicht das Gros der missbräuchlich motivierten Anfechtungsklagen dar; hier bietet sich bloß eine weitere Sachverhaltsvariante. Anfechtungsklagen von Berufsklägern konzentrieren sich wie dargestellt vordergründig auf die Nichtigkeitserklärung eintragungsbedürftiger Beschlüsse, die infolge faktischer oder gesetzlicher Registersperre nicht zur Eintragung gelangen und damit letzten Endes das größere Drohpotential verkörpern. Diese Einschätzung kann sich mit

201 Vgl. hierzu insgesamt *Baums* in: Gutachten für den 63. DJT, F 161.

202 *Baums* in: Gutachten für den 63 DJT, F 161; *Hüffer* in: § 101 Rn. 17.

203 *Rölike* in: Spindler/Stilz, § 256 Rn. 95; *Hüffer* in: AktG, § 256 Rn. 34 m.w.N – Nach h.M. tritt Nichtigkeit nachfolgender Jahresabschlüsse nicht ohne weiteres ein, sie kann sich aber wegen Verstoßes gegen § 252 I Nr. 1 HGB (formeller Bilanzkontinuität) ergeben.

204 *Feltkamp* in: Anfechtungsklage und Vergleich im Aktienrecht, S. 103; *von Dalwigk* in: FS Beuthien, S. 122.

Inkrafttreten des ARUG im Sinne einer möglichen Schwerpunktsverschiebung des Klagegewerbes ändern.[205]

2. Resümee unter Berücksichtigung rechtspolitischer Reformbestrebungen

Hebel- und Blockadewirkung von Anfechtungsklagen sind mithin entsprechend effektiv, um Gesellschaftsverwaltungen unter Druck zu setzen. Das UMAG sollte durch Einführung des Freigabeverfahrens für Beschlüsse über Kapitalmaßnahmen und Unternehmensverträge das übermäßige Klagegewerbe eindämmen. Dies scheint nicht gelungen.[206] Eine erhebliche Rolle spielt die bereits dargestellte Sollvorschrift des § 246a III 6 AktG a.F.[207] mit dessen Auswirkungen auf das Verhalten der Gesellschaftsverwaltungen.[208] Die Vorschrift galt bis zum Inkrafttreten des ARUG für jede Ins-

205 *Verse* in: NZG 2009, 1127 (1131).

206 Vgl. *Waclawik* in: FAZ vom 10. Januar 2007 (Recht und Steuern: „Nach der Reform ist vor der Reform - Die neuen Hürden für Anfechtungsklagen haben die gewünschte Wirkung verfehlt"); *Baums/Keinath/Gajak* in: ZIP 2007, 1629. Einige Stimmen in der Literatur plädieren für ein UMAG II, siehe hierzu: *Vetter* in: AG 2008, 177; *Poelzig/Meixner* in: AG 2008, 196; *Assmann* in: AG 2008, 208.

207 § 246a III AktG a.F. wurde mittels Einfügung von Satz 3 durch das Gesetz zur Änderung des UmwG vom 19. April 2007 (BGBl. I 2007, 542) der seitdem die Rechtsbeschwerde gegen Entscheidungen des OLG im Freigabeverfahren ausschließt, neu geregelt.

208 Vgl. Ausführungen bereits auf S. 12. Ebenso *Rößler-Tolger* in: Der räuberische Aktionär - eine schwindende Bedrohung?, Autorin weist darauf hin, dass trotz der Einführung eines Freigabeverfahrens, eine Verzögerung der Umsetzung der beschlossenen Maßnahme um einige Monate möglich sein kann, weil nach der Vorschrift des § 246a AktG a.F., auch im Eilverfahren dem Gegner nochmals ausreichendes rechtliches Gehör zu verschaffen ist. *„Eine Verzögerung kann aber für die Gesellschaft die Gefahr erheblicher Nachteile mit sch bringen, so wenn für ein lukratives Geschäft kurzfristig beschafft werden soll..."*, S. 185.

tanz gesondert. Obwohl sie nicht zwingend einzuhalten war, wurde sie von den Gerichten wohl vollständig ausgeschöpft; so hatte die *Baums*-Studie herausgearbeitet, dass die Dreimonatsfrist in allen überprüften *„Freigabeverfahren nach § 246a AktG, die mit einem Beschluss geendet haben, sowohl von den Landgerichten als auch von den Oberlandesgerichten eingehalten"* worden sind.[209] Eine Überwindung der faktischen Registersperre schien – trotz der Möglichkeit des Freigabeverfahrens – vor dem Hintergrund zeitlicher und wirtschaftlicher Notwendigkeiten des zügigen Handelns entsprechend aussichtslos, so dass die Unternehmensleitungen es weiterhin bevorzugten und als ökonomisch effizienter erachteten, den Forderungen der Berufsopponenten nachzugeben. Denn den Gesellschaftsverwaltungen ist ein Zuwarten auf den Ausgang des Freigabeverfahrens weiterhin zu langwierig und steht diametral zu dem zeitlichen Druck, dem sie zwecks Umsetzung der gefassten Hauptversammlungsbeschlüsse ausgesetzt sind. Hat aus Sicht des Unternehmens ein potentielles Freigabeverfahren keinen Erfolg, blieb de lege lata nur die Verteidigung gegen die Anfechtungsklage im gesetzlich vorgesehenen Instanzenweg ohne jede Möglichkeit der Verfahrensbeschleunigung. Da eine mehrjährige Unsicherheit über das Wirksamwerden der Maßnahme regelmäßig für die Gesellschaft untragbar ist, bleibt den Unternehmensleitungen von daher häufig nur die Möglichkeit, den Rechtsstreit per Vergleich zu beenden.[210]

Die stetige Zunahme rechtsmissbräuchlicher Anfechtungsverfahren sowie die anhaltende Diskussion um Reformvorschläge belegt die nach wie vor bestehende Relevanz der Thematik um die Berufskläger. Dieses Themas hat sich unter anderem auch das am 1. September 2009 in Kraft getretene ARUG angenommen; eines seiner wesentlichen Ziele ist dabei auch der Versuch der Eindäm-

209 *Baums/Keinath/Gajek* in: ZIP 1629 (1648).

210 *Vetter* in: AG 2008, 177 (178).

mung des missbräuchlichen Klagegewerbes.[211] Am 29. Mai 2009 verabschiedete der Bundestag den Regierungsentwurf zum ARUG in Form der Beschlussempfehlungen des Rechtsausschusses.[212] Vor dem Hintergrund mannigfaltiger Kritikpunkte aus Literatur und Praxis[213] zu dem ursprünglich beschlossenen Regierungsentwurf vom 5. November 2008[214] bzw. 21. Januar 2009[215] sah das letztlich verkündete Gesetz noch einige Änderungen vor, die sich hauptsächlich auf eine Überarbeitung des in § 246a AktG kodifizierten Freigabeverfahrens konzentrieren, dessen Inhalt im wesentlichen auf die im Umwandlungsgesetz geltende Parallelbestimmung des § 16 III UmwG zu übertragen ist. Das Inkrafttreten des ARUG zeigt auf, dass sich der Gesetzgeber des stets bestehenden Problems von Berufsklägern bewusst ist und auch in der Umsetzung des UMAG keine hinreichende Effizienz sah.

Um die Reformbestrebungen des ARUG (und auch seine Änderungen) im Freigabeverfahren im Gesamtkontext einordnen zu können, bedarf es zunächst einer kurzen inhaltlichen Auseinandersetzung mit dem Terminus des „Rechtsmissbrauchs" im Zusammenhang mit Aktionärsanfechtungsklagen.

Vor dem Hintergrund einer späteren strafrechtlichen Aufarbeitung der Problematik sind dabei von wesentlicher Bedeutung die Fragen, weshalb Anfechtungsklagen mitunter rechtsmissbräuchlich sind – obwohl doch das Anfechtungsrecht jedem Aktionär nach § 245 I Nr. 1. AktG zusteht. Unter welchen Voraussetzungen ist überhaupt ein Missbrauch zivilrechtlich anzunehmen

211 *Pressemitteilung des BMJ vom 29. Mai 2009:* „Bundestag verabschiedet ARUG: Gute Zeiten für Online-Aktionäre – schlechte Zeiten für Berufskläger"; abrufbar unter www.bmj.de.

212 Beschlussempfehlungen des Rechtsausschusses zum RegE, BT-DRs. 16/13098.

213 Vgl. umfassend hierzu Stellungnahme des DAI vom 23. Februar 2009; S. 5 ff.; abrufbar unter www.dai.de; *Paschos/Goslar* in: AG 2009, 14 ff.

214 RegE, BR-Drs. 847/08.

215 RegE, BT-Drs. 16/11642.

und welche Probleme können sich im Rahmen der Nachweisbarkeit ergeben?

§ 2 Missbrauch des Anfechtungsrechts

„In einem Rechtssystem, das seine großen und machtvollen wirtschaftlichen Einheiten sich selbst verwalten lässt, wird das subjektive Interesse des einzelnen von der Rechtsordnung mit eingesetzt, um die Legalität eben dieser Verwaltung zu kontrollieren und zu sichern. Aber jedes System ist gefährdet."[216]

I. Rechtshistorischer Überblick

1. Die Legislativentwicklung der Jahre 1884 bis 1937

Der rechtsmissbräuchliche Umgang mit Aktionärsanfechtungsklagen ist kein Phänomen, das etwa erst innerhalb der letzten zwanzig Jahre in den Fokus allgemeiner Betachtung gerückt wäre. Im Gegenteil, bereits der Gesetzgeber der Aktienrechtsreform 1884 war sich ihres rechtswidrigen Potentials bewusst. Zu diesem Zeitpunkt war das Anfechtungsrecht gesicherter Bestand der Rechtsprechung des Reichsoberhandelsgerichts, so dass mit Hilfe der Reform, anstatt Wirksamkeitsvoraussetzungen zu schaffen, sinnvolle Begrenzungen vorgenommen werden konnten.[217] Entsprechend wurde, um der Furcht vor *„erpresserischen und chikanösen Anfechtungsklagen"* entgegen treten zu können, das Anfechtungsrecht im wesentlichen auf Aktionäre beschränkt, die in der Hauptversammlung erschienen waren, es wurden sowohl das Widerspruchserfordernis als auch die kurze Anfechtungsfrist als Voraussetzungen der Anfechtungsklage eingeführt (Art. 190a; 222

216 *Lutter* in: FS 40 Jahre Der Betrieb, S. 193.

217 *Baums* in: Gutachten für den 63. DJT, F144.

ADHGB)[218] – Bestimmungen, die bis heute von Bestand sind. Als zusätzliche Sicherungsmaßnahmen verpflichtete das Aktiengesetz von 1884 anhand der Art. 190 III; 190b und 222 ADHGB die Kläger zur Leistung von Sicherheiten für die der Gesellschaft durch die Klage drohenden Nachteile bzw. zum Ersatz des durch eine unbegründete Anfechtung entstandenen Schadens, sofern den Klägern bei Klageerhebung eine „*bösliche Handlungsweise*" zur Last fiel.[219] Die Regelungen wurden bei der Neuverabschiedung des HGB im Jahre 1897 nur unwesentlich verändert.[220] Trotz entsprechend getroffener gesetzlich kodifizierter Vorkehrungen blieb der Missbrauch des Anfechtungsrechts als bekannte Problemquelle immanent. Auf dem 31. Deutschen Juristentag (1912) folgerte der damalige Berichterstatter *Simon* hierzu:

„(...) *wird das Recht der Anfechtung* (...) *in einer sehr großen Zahl der Fälle dazu benutzt, um erpresserisch oder sonst wie in unlauterer Weise gegen Aktiengesellschaften* (...) *vorzugehen. Wenn Sie die Zahl derjenigen* (...) *Generalversammlungen vergleichen, in denen ein Aktionär Protest erhoben hat, und derjenigen, in denen der Protest durch Klage weiterverfolgt wurde, so ist die Differenz eine außerordentlich große. Sie können annehmen, dass in der überwiegenden Zahl derartiger Fälle die Zwischenzeit von dem betreffendem Aktionär mit oder ohne Erfolg dazu benutzt worden ist, um sich die Klage abkaufen zu lassen. Aber auch im Laufe der Prozesse geht dieser Schacher mit Individualrechten weiter. Mir sind Fälle bekannt, wo sich selbst Juristen für einige Tausend Mark eine Anfechtungsklage haben abkaufen lassen.*"[221]

218 *Schubert/Hommelhoff* in: ZGR Sonderheft 4 1985, S. 467, *Krieger* in: ZHR 163 (1999), 343 (359).

219 *Schubert/Hommelhoff* in: ZGR Sonderheft 4 1985, S. 468; *Krieger* in: ZHR 163 (1999), 343 (359).

220 Siehe hierzu ausführlich *Baums* in: Gutachten für den 63. DJT, F 144.

221 Zitat zu finden bei *Diekgräf* in: Sonderzahlungen an opponierende Kleinaktionäre, S. 3; ähnlich *Flechtheim*, der in: FS Zitelmann resümiert: „*Erst recht nicht sympathisch ist der Aktionär, der einen Beschluss anficht,*

Vor diesem Hintergrund formulierte mitunter erstmalig der Aktienrechtlicher *Geiler* auf dem 34. Deutschen Juristentag (1926) restriktivere Voraussetzungen für eine wirksame Inanspruchnahme des Anfechtungsrechts. Damit „(...) *Eintagsaktionäre nicht aus egoistischen Pressionszwecken Anfechtungs- oder Nichtigkeitsklagen erheben dürfen, um daraus ein Geschäft für sich zu machen*" schlug er vor, die Anfechtungsbefugnis von einer Mindestbesitzzeit und einem Mindestanteilsbesitz abhängig zu machen.[222] Eine Umsetzung der Reformvorschläge erfolgte indes auch im Rahmen des Aktiengesetzes von 1937 nicht. Wenngleich das Aktiengesetz von 1937 die Aktionärsanfechtungsrechte vor dem Hintergrund der Erfahrungen der Weimarer Republik - in der es zu erheblichen Missständen und Missbräuchen im deutschen Aktienwesen kam - empfindlich einschränkte, konnten sich die Vorschläge zur Mindestbesitzzeit und Mindestquote letztlich nicht durchsetzen.[223]

2. Aktiengesetz 1965: Der Entwurf einer Strafvorschrift

Während das Anfechtungsrecht mit den Aktienrechtsreformen von 1884 und 1937 weitestgehend mit Restriktionen belegt worden ist, sah der Gesetzgeber bei seinen Reformbestrebungen im Jahre 1965 bewusst von weiteren Erschwernissen ab. In der Begründung zum Regierungsentwurf wird indes hervorgehoben, dass das Anfechtungsrecht die *wirksamste Waffe des Aktionärs*" sei.[224] Wirkliche missbräuchliche Anfechtungsklagen seien in den letzen Jahren ohnehin nicht bekannt geworden. Um demnach den klagenden Aktionär gegenüber der Gesellschaft vor ungerechtfertigten Benach-

---

nicht so sehr um die Anfechtungsklage durchzuführen, als um sich sein Widerspruchsrecht durch persönliche Vorteile abkaufen zu lassen.", S. 5.

222 *Geiler* in: Die wirtschaftlichen Strukturwandlungen und die Reform des Aktienrechts, S. 31.

223 Siehe hierzu ausführlich *Baums* in: Gutachten für den 63. DJT, F 146.

224 BegrRegE abgedruckt bei *Kropff* in: AktG 1965, S. 332.

teiligungen zu schützen, wurden folgerichtig die im Aktiengesetz von 1884 erstmals kodifizierten Verpflichtungen zur Leistung von Schadensersatz sowie Sicherheit ersatzlos gestrichen.[225]

Doch auch wenn letzten Endes das Anfechtungsrecht des Aktionärs mit dem Aktiengesetz von 1965 sich keiner weiteren Einschränkungen ausgesetzt sah, zeigt doch eine im Gesetzgebungsverfahren angedachte, dort für erhebliche Kontroversen sorgende Strafvorschrift, dass dem Gesetzgeber durchaus die Problematik um den Abkauf von Anfechtungsrechten bekannt war, und dass er insbesondere bewusst den Ultima-Ratio-Lösungsweg des Einsatzes strafrechtlicher Vorschriften in Betracht bezogen hat.

Die im Regierungsentwurf noch unter der Überschrift „*Stimmkauf. Abkauf von Anfechtungs- und Antragsrechten*" vorgesehene Strafvorschrift des § 389 AktG RegE lautete:

> „Mit Gefängnis von einem Jahr und mit Geldstrafe oder mit einer dieser Strafen wird bestraft, wer
> *1. besondere Vorteile dafür fordert, sich versprechen lässt oder annimmt, (...) daß er eine Anfechtungsklage nicht erhebe oder einen Antrag nach § 249 II, § 250 II, § 293 III, § 294 V, § 309 VI, § 363 II nicht stelle oder eines dieser Verfahren nicht fortführe.*
> *2. besondere Vorteile dafür anbietet, verspricht oder gewährt, (...) daß jemand eine Anfechtungsklage nicht erhebe oder einen in der Nummer 1 bezeichneten Anträge nicht stelle oder eines dieser Verfahren nicht fortführe.*"[226]

In den Ausschussberatungen wurde mit Mehrheit beschlossen, die Strafvorschrift des Abkaufs von Anfechtungs- und Antragsrechten ersatzlos zu streichen. Während noch in der Begründung des Regierungsentwurfes zur Einführung des Straftatbestandes auf die Interessen derjenigen Aktionäre abgestellt worden ist, welche im

225 BegrRegE abgedruckt bei *Kropff* in: AktG 1965, S. 333.

226 BT-Drs. IV/171, RegE eines Aktiengesetzes, S. 89 zu finden in: Materialien zum Aktiengesetz 1965.

Vertrauen auf schon angekündigte Verfahren auf die Geltendmachung ihrer eigenen Anfechtungsrechte verzichtet haben,[227] wurde bei dessen Streichung explizit auf das mangelnde kriminelle Unrecht des Tatbestandes hingewiesen.[228] Vielmehr könnten die strafwürdigen Fälle des Abkaufs von Anfechtungs- und Antragsrechten hinreichend mit den allgemeinen Bestimmungen der Nötigung und Erpressung erfasst werden. Von daher bestehe für einen aktienrechtlichen Sonderstraftatbestand kein Bedürfnis. Nach den Ausführungen der Begründungsformulierungen der Ausschussberatungen zum Regierungsentwurf hätte eine Strafvorschrift vielmehr den Nachteil, dass sie auch Vergleiche der Gesellschaft mit dem Aktionär ausschließe. Der Gegenargumentation hierzu, diesen Einwand mittels einer Formulierung *„als Gegenleistung dafür"* zu entkräften, wurde nicht entsprochen. Ebenfalls konnten die Mindermeinungen nicht mit der Argumentation durchdringen, dass für eine solche Vorschrift deshalb ein besonderes Bedürfnis bestehe, weil Anfechtungsklagen oft nur erhoben werden würden, um die Gesellschaft zu erpressen und in einem Vergleich unrechtmäßige Vorteile erlangen.[229]

3. Aktiengesetz 2005: Änderungen durch das UMAG

Die noch in der Begründung des Regierungsentwurfes zum Aktiengesetz von 1965 formulierte Annahme, in den vergangenen Jahren seien missbräuchliche Anfechtungsklagen nicht wirklich bekanntgeworden, konnte im Vorfeld der Verhandlungen zum

---

227 BT-Drs. IV/171, RegE eines Aktiengesetzes, S. 262 zu finden in: Materialien zum Aktiengesetz 1965.

228 BegrRegE abgedruckt bei *Kropff* in: AktG 1965, S. 508.

229 BegrRegE abgedruckt bei *Kropff* in: AktG 1965, S. 508; siehe ebenfalls ausführlich *Diekgräf* in: Sonderzahlungen an opponierende Kleinaktionäre, S. 7.

UMAG infolge der tatsächlichen Gegebenheiten[230] nicht aufrecht erhalten werden. Vor dem Hintergrund des zunehmenden Klagegewerbes postulierte der Gesetzgeber das Ziel, anhand des UMAG „*die missbräuchliche Ausnutzung des Anfechtungsrechts* [zu] *unterbinden und Schaden von den betreffenden Gesellschaften ab*[zu] *wenden.*“[231]

Zu diesem Zwecke führte das UMAG mit Inkrafttreten zum 22. September 2005 (neben anderen für das Aktienrecht relevanten jedoch für diese Arbeit unerhebliche Regelungen) Vorschriften zur Begrenzung des Rede- und Fragerechts in der Hauptversammlung durch die Satzung, das Freigabeverfahren für Beschlüsse über Unternehmensverträge und Kapitalerhöhungen, die Publizitätspflicht in den Gesellschaftsblättern (die in der Regel dem elektronischen Bundesanzeiger entsprechen) für geleistete Sonderzahlungen an einzelne Aktionäre sowie das Erfordernis der „Vorbesitzzeit“ als Voraussetzung der Anfechtungsbefugnis ein.[232]

Das UMAG stellt letztlich einen Versuch der Legislative dar, den Spagat zwischen den Schutzmechanismen des Anfechtungsrechts für den einzelnen Minderheitsaktionär und dem einhergehenden Missbrauch, gerecht zu werden. Aus diesem Grunde erfasst es Neuerungen, die das Anfechtungsrecht - wobei die Anfechtungsbefugnis den wesentlichen Anknüpfungspunkt darstellt - nicht in dessen Kern, sondern bloß in dessen Reflexwirkungen berühren. Mithin hat es die sich bereits im Gesetzgebungsverfahren zum Aktiengesetz 1965 abzeichnende Linie, das Anfechtungsrecht nicht mit Restriktion zu übersähen, sondern als Instrumentarium des Individualrechtsschutzes zu stärken, fortgeführt - und sich nicht der über die letzten 80 Jahren stetig erhobenen Forderung zur Ein-

230 Siehe empirische Nachweise bei *Baums/Vogel/Tacheva* in: ZIP 2000, 1649.

231 RegE UMAG mit Stellungnahmen vom 14. März 2005, BT-Drs. 15/5092, S. 2.

232 Vgl. ausführlich zu den durch das UMAG neu eingeführten Regelungen, *Rößler-Tolger* in: Der räuberische Aktionär - eine schwindende Bedrohung?, S. 125 ff.

führung einer kalendarischen Mindestbesitzzeit[233] und/oder -quote, namentlich in Form eines Quorums,[234] angenommen. In der Begründung des Regierungsentwurfs heißt es hierzu: „*Diesen Vorschlägen folgt der Gesetzentwurf bewusst nicht. Ein Ausschluss oder eine spürbare Einschränkung des Anfechtungsrechts der Aktionäre, insbesondere der Kleinaktionäre ist nicht Ziel des Gesetzentwurfs. Die Anfechtungsklage stellt nach Überzeugung des Gesetzgebers weiterhin ein wichtiges Kontrollinstrument jedes einzelnen Aktionärs dar, welches diesem unabhängig von seiner Beteiligungsquote oder der Dauer seiner Beteiligung an der Gesellschaft zustehen soll. Die positiven Präventivwirkungen der Anfechtungsklage sind trotz einer Akzentverschiebung hin zur Haftungsklage bedeutende Bestandteile unseres Corporate Governance Systems und überwiegen eventuelle*

233 Siehe zur Mindestbesitzzeit – ein Überblick: *Geiler* in: Die wirtschaftlichen Strukturwandlungen und die Reform des Aktienrechts, S. 31; *Krieger* in: ZHR 163 (1999), 343 (361); *Wallenhorst* in: Schranken der Anfechtungsbefugnis von Aktionären, S. 153 f.; kritisch hierzu *Baums* in: Gutachten für den 63. DJT, F 115 m.w.N (Fn. 263).

234 Siehe zum Mindestanteilsbesitz – ein Überblick: *Geiler* in: Die wirtschaftlichen Strukturwandlungen und die Reform des Aktienrechts, S. 31; *Oppenoff* in: Beiträge zur Aktienrechtsreform, S. 147, 151; *Wallenhorst* in: Schranken der Anfechtungsbefugnis von Aktionären, S. 123 ff.; *Boujong* in: FS Kellermann, S. 14; *Vollmann* in: Minderheitenschutz im aktienrechtlichen Beschlussmängelrecht, S. 81 ff.; *Krieger* in: ZHR 163 (1999), 343 (361); *Waclawik* in: FAZ vom 10. Januar 2007 (Recht und Steuern: „Nach der Reform ist vor der Reform – Die neuen Hürden für Anfechtungsklagen haben die gewünschte Wirkung verfehlt"); kritisch hierzu *Baums* in: Gutachten für den 63. DJT, F 122 m.w.N. (Fn. 246); zum Meinungsstand insgesamt siehe ebenso *Saenger* in: AG 2002, 536 (541) m.w.N.; *Hirschberger/Weiler* in: DB 2004, 1137 (1139), die noch vor Inkrafttreten des UMAG vorschlagen, die Implementierung eines Anfechtungsquorums zudem mit einer Modifizierung des § 246a AktG-E zu verbinden. Hierzu heißt es: *„Ist dort die fehlende, zumindest summarische Prüfung der rechtlichen Erfolgschancen einer Klage problematisch, könnte eine solche Rechtsprüfung als abwägungserheblicher Belang dann Berücksichtigung finden, wenn ein Mindestquorum bei bspw. 5 % angesetzt würde."*

Nachteile, sofern jedenfalls überhand nehmender Missbrauch dieses Instruments durch spezifisch wirkende Maßnahmen eingedämmt werden kann. Generelle Beschränkungen der Anfechtungsbefugnis sind allenfalls dann angezeigt, wenn das Gesetz als Ausgleich andere Instrumente zur Verfügung stellt, die gleichwertige, aber effizientere Rechtsschutzmöglichkeiten bieten (wie z. B. das Spruchverfahren)."[235] Weiterhin wird deutlich darauf hingewiesen, dass es Aufgabe der Rechtsprechung sei, Problemen um den „*Rechtsmissbrauch*" etwa mittels Aufstellung von Fallkatalogen entgegenzutreten. Die gesetzliche Einführung des Begriffs „*Missbrauch*" hat daher nicht zu erfolgen.[236]

4. Aktiengesetz 2009: Änderungen durch das ARUG

In den Beschlussempfehlungen des Rechtsausschusses, auf deren Grundlagen der Gesetzesentwurf zum ARUG verabschiedet wurde, heißt es:

> „*Ein weiteres Ziel des Entwurfs ist die Eindämmung missbräuchlicher Aktionärsklagen. Zu diesem Zweck wurde bereits im Rahmen des (...) UMAG unter anderem ein Freigabeverfahren bei der Anfechtungsklage eingeführt, das dem konzern- und umwandlungsrechtlichen Freigabeverfahren entspricht. Diese Regelungen haben bereits Wirkungen gezeigt, dennoch hat sich das Klägerfeld ausgeweitet. Die Regelungen sollen daher präzisiert und ergänzt werden.*"[237]

235 RegE UMAG mit Stellungnahmen vom 14. März 2005, BT-Drs. 15/5092, S. 29.

236 RegE UMAG mit Stellungnahmen vom 14. März 2005, BT-Drs. 15/5092, S. 30.

237 RegE ARUG in Form der Beschlussempfehlungen des Rechtsausschusses vom 20. Mai 2009, BT-Drs. 16/13098, S. 1.

Um dem Postulat einer weiteren Eindämmung des Klagegewerbes gerecht zu werden, versucht das ARUG mittels der Neuregulierung des Freigabeverfahrens insbesondere auch den langen Verfahrensdauern entgegenzutreten, um zumindest in dieser Hinsicht den Klagen einen entsprechenden Lästigkeitswert zu nehmen. So nahm das ARUG Vorschläge auf, die unter anderem ursprünglich auf eine Gesetzesinitiative der Länder Sachsen und Baden-Württemberg zurückgingen[238] und verkürzte den Instanzenzug des Freigabeverfahrens durch Übertragung der Eingangszuständigkeit vom Landgericht auf das Oberlandesgerichts. Damit ist der Freigabebeschluss künftig unanfechtbar, vgl. § 246a I, 3; III, 3 AktG n.F. Darüber hinaus präzisiert es die in § 246a II AktG a.F. niedergelegte Interessenabwägungsklausel, um den Gerichten somit eine klarere Entscheidungslinie zur Trennung von legitimen zu rechtsmissbräuchlichen Anfechtungsklagen an die Hand zu geben.

Bestrebungen zu einem Mindestquorum, das bereits im Zusammenhang mit dem UMAG diskutiert worden ist, wurden hingegen nicht übernommen, sondern mittelbar in § 246a II Nr. 2 AktG n.F. eingeführt. Hiernach hat ein Freigabebeschluss zwingend zu ergehen, wenn der „*Kläger nicht binnen einer Woche nach Zustellung des Antrags durch Urkunden nachgewiesen hat, dass er seit Bekanntmachung der Einberufung einen anteiligen Betrag von mindestens 1 000 Euro hält.*" Der ursprüngliche Regierungsentwurf sah in diesem Passus noch ein Quorum in Höhe von EUR 100 vor. Das Quorum soll insbesondere potentiellen Trittbrettfahren die Lukrativität des Anfechtungsgewerbes nehmen.[239]

Um eine Verfahrensverschleppung infolge langwieriger Zustellungsläufe vornehmlich im Ausland zu vermeiden, formuliert

---

238 Gesetzesantrag der Länder Sachsen und Badem-Württemberg vom 12. Dezember 2007 zum „*Gesetz zur Einführung erstinstanzlicher Zuständigkeiten des Oberlandesgerichts in aktienrechtlichen Streitigkeiten*"; BT-DRs 901/07; Gesetzesentwurf des Bundesrats vom 30. April 2008; BR-Drs. 16/9020; *Goll/Schwörer* in: ZRP 2008, 77.

239 RegE ARUG in Form der Beschlussempfehlungen des Rechtsausschusses vom 20. Mai 2009, BT-Drs. 16/13098, S. 60.

das ARUG innerhalb des Freigabeverfahrens zudem prozessuale Begleitregeln, es gelten demnach künftig die Vorschriften der §§ 82, 83 I, 84 ZPO, wonach sich die Vollmacht des Vertreters nun sowohl auf den Anfechtungsprozess als auch auf das Freigabeverfahren erstreckt. So sollen beispielsweise zeitaufwendige Zustellungen an den Kläger selbst, der mitunter ausländische Wohnsitze etwa in China angibt, entbehrlich werden.[240]

Inwieweit diese wesentlichen Regelungen sich als hinreichend effizient erweisen werden, bleibt unter Beobachtung der kommenden Hauptversammlungsperioden und entsprechender rechtstatsächlicher Erhebungen abzuwarten. Von besonderem Interesse wird dabei der Fokus auf die erhoffte Kürzung der Verfahrensdauern zu richten sein.[241] Denn weiterhin besteht die Gefahr, dass einigen Gesellschaften auch eine maximale dreimonatige Verfahrensdauer zu lang erscheinen wird.

Insgesamt ist nicht davon auszugehen, dass mit dem ARUG das Klagegewerbe vollends versiegen wird. Lücken bleiben bestehen, derer sich zumindest professionelle Berufskläger noch weiterhin bedienen werden. Es bleibt zu befürchten, dass die Kläger ihre Methoden an die neue Gesetzeslage anpassen werden. In aktienrechtlicher Hinsicht wird es auch weiterhin auf eine selbstbewusste Rechtsprechung der Gerichte ankommen. Denn bereits unmittelbar nach Inkrafttreten sah sich das ARUG der Kritik ausgesetzt, nicht genügend Regelungen zur Eindämmung des Klagegewerbes zu enthalten. Die Nebenintervention wurde gar nicht geregelt, § 247

240 *Pressemitteilung des BMJ vom 29. Mai 2009:* „Bundestag verabschiedet ARUG: Gute Zeiten für Online-Aktionäre – schlechte Zeiten für Berufskläger"; abrufbar unter www.bmj.de.

241 Der Rechtsausschuss empfiehlt dem Bundesjustizministerium bis Ende 2011 eine rechtstatsächliche Untersuchung darüber durchzuführen, inwiefern die Verlagerung der Eingangszuständigkeit auf das OLG und der damit einhergehende Wegfall einer Beschwerdeinstanz zu einer Verbesserung der Verfahrensdauern geführt hat. Vgl. RegE ARUG in Form der Beschlussempfehlungen des Rechtsausschusses vom 20. Mai 2009, BT-Drs. 16/13098, S. 60.

AktG kann weiterhin nicht auf Vergleichswerte übertragen werden, das Quorum in Höhe von EUR 1 000 wird nicht als „abschreckend" erachtet, und darüber hinaus gelten die Freigabeverfahren ausschließlich für eintragungsbedürftige Beschlüsse, obwohl sich Anfechtungsklagen grundsätzlich auch gegen sonstige Beschlüsse richten können – um nur eine Kritikpunkte zu nennen.[242]

Nach all dem ist davon auszugehen, dass rechtsmissbräuchliche Anfechtungsklagen weiterhin eine Problem bleiben.

II. Missbrauch des Anfechtungsrechts

1. Dogmatische Grundlagen: institutioneller versus individueller Rechtsmissbrauch

Obwohl die Anfechtungsklage auch ein Kontrollinstrument zur Überprüfung der Vereinbarkeit von Hauptversammlungsbeschlüssen mit Gesetz und Satzung ist und obwohl von daher die Anfechtungsbefugnis des Aktionärs infolge mangelnder Notwendigkeit eines Rechtschutzbedürfnisses auch dann besteht, wenn er kein eigenes materielles Interesse an der Vernichtung des Beschlusses hat, sondern im allgemeinen Interesse an der Rechtmäßigkeit des Beschlusses handelt, ist der Verlust der Anfechtungsbefugnis wegen Missbrauchs des Anfechtungsrechts nicht per se – etwa aus dogmatischen Gesichtspunkten – ausgeschlossen.[243]

242 Vgl. hierzu: *Grunwald* in: NZG 2009, 967 (967); *Florstedt* in: AG 2009, 465 (472); *Koch/Wackerbeck* in: ZIP 2009, 1603 (1606); *Helm/Manthey* in: NZG 2010, 415 (418); Die Autoren weisen insbesondere in Hinblick auf das neu regulierte Quorum hin, dass Berufskläger ihre Anteile künftig poolen werden, um gemeinsam auf einen entsprechend hohen Anteilsbesitz zu kommen, ohne sich dabei wirtschaftlich zu sehr engagieren zu müssen.

243 *Dörr* in: Spindler/Stilz, § 245 Rn. 54.; zur Lehre des Rechtsmissbrauchs im Allgemeinen, vgl. *Wallenhorst* in: Schranken der Anfechtungsbefugnis, S.85 f.

Dass es einen individuellen Rechtsmissbrauch des Anfechtungsrechts überhaupt geben könne, war in der Literatur zeitweilig bestritten worden.[244]

Eine Auseinandersetzung mit jenen Argumenten erübrigt sich jedoch, seit die herrschende Meinung durch die „*Kochs Adler*" Entscheidung des BGH und die in der Folge ergangenen Instanzentscheidungen geprägt ist.[245] Indem das Anfechtungsrecht ungeachtet seiner objektiven, fremdnützigen Kontrollfunktion auch ein subjektives Recht des Aktionärs mit der Folge der dauerhaft präsenten Dispositionsbefugnis über die Erhebung und Aufrechterhaltung der Klage verkörpert, besteht immanent die Möglichkeit des individuellen rechtsmissbräuchlichen Einsatzes eben dieser Befugnis.[246] So kann – obwohl es für die Erhebung einer Anfechtungs-

244 Stimmen in der Literatur vertreten die Ansicht, dass aufgrund des angeblich fremdnützigen Kontrollcharakters des Anfechtungsrechts ein individueller Missbrauch des Anfechtungsrechts nicht möglich, sondern ausschließlich ein institutioneller Rechtsmissbrauch zu diskutieren sei. Das Gesetz hebe insoweit nicht auf das Eigeninteresse ab, weil die Anfechtungsklage die Beseitigung eines rechtswidrigen Zustandes diene, von dem auch andere Aktionäre, die Aktionärsgläubiger und die Allgemeinheit betroffen seien; vgl.: *Bockelmann* in: BB 1972, 733 (736 f.); *OLG Hamm* in: AG 1989, 31 (34), (Vorinstanz zu BGHZ 107, 296 ff.); siehe ebenfalls vertiefend zur Problematik m.w.N: *Schwab* in: Schmidt/Lutter, § 245 Rn. 37 (Fn. 135).
Einigkeit besteht jedoch dahingehend, dass die Annahme eines institutionellen Rechtsmissbrauchs nicht greift, da Ziel und Aufgabe des Anfechtungsrechts bereits mit der Überprüfung des angefochtenen Beschlusses erreicht sind; vgl.: BGHZ 107, 296 (310); *Schwab* in: Schmidt/Lutter, § 245 Rn. 37 m.w.N.

245 BGHZ 107, 296 (310f); OLG Düsseldorf, Urteil vom 30. April 2004 (Az.: I-6 U 150/01) abrufbar unter www.juris.de; OLG Stuttgart, Beschluss vom 22. März 2002 (Az: 20 W 32/01) abrufbar unter www.juris.de; *LG Frankfurt/Main* in: ZIP 2007, 2034ff.; *Hüffer* in: AktG, § 245 Rn. 22 m.w.N; *Schwab* in: Schmidt/Lutter, § 245 Rn. 37; *Zöllner* in: Kölner Kommentar, § 245 Rn. 78 ff.; *Lutter* in: FS 40 Jahre Der Betrieb, S. 209; *Hirte* in: BB 1988, 1469 (1472).

246 Sinngemäß: BGHZ 107, 296 (310).

klage grundsätzlich keines berechtigten Eigeninteresses bedarf – in Ausnahmefällen eine eigensüchtige Interessenverfolgung den Vorwurf des Rechtsmissbrauchs begründen.[247]

2. Missbrauchstatbestand und Missbrauchsnachweis

a) Missbrauchstatbestand: Definition des BGH im Wandel der Zeit

Schon die höchstrichterliche Rechtsprechung des Reichsgerichts erkannte, dass einer Anfechtungsklage erfolgreich der Einwand des Rechtsmissbrauchs entgegengehalten werden könne. Jedoch hatte es einen solchen Einwand nur in Fällen gröblicher Verletzung der Grundsätze von Treu und Glauben zugelassen und darauf abgestellt, ob der Kläger die Anfechtungsklage zwecks Vorteilserlangung dazu benutze, ohne jedes sachliche Interesse der Gesellschaft selbstsüchtig und erpresserisch seinen Willen aufzuzwingen.[248] Diesen Grundsätzen hatte sich noch das OLG Hamm als Vorinstanz zum BGH in der Sache „*Kochs Adler*" angenommen und gesteigerte Rechtsmissbrauchsvoraussetzungen in Form eines strafrechtlich relevanten Verhaltens (Nötigung, Erpressung) verlangt.[249]

In dessen Revisionsbegründung lockerte der gesellschaftsrechtliche Senat des BGH die restriktiven Anforderungen an den aus §§ 226, 242 und 826 BGB entwickelten Einwand des individuellen Rechtsmissbrauchs; er enthob ihn insbesondere der Strafbarkeitsschwelle und definierte den Rechtsmissbrauch wie folgt:

Einer Anfechtungsklage kann mit dem Einwand des individuellen Rechtsmissbrauchs begegnet werden, wenn der Kläger sie mit dem Ziel erhebt, „*die verklagte Gesellschaft in grob eigennütziger Weise zu einer Leistung zu veranlassen, auf die er keinen Anspruch hat und billigerweise nicht erheben kann.*" Weiter heißt

247 BGHZ 107, 296 (310).

248 RGZ 146, 385 (397).

249 *OLG Hamm* in: AG 1989, 31 (35).

es: *„der Anfechtungskläger wird sich dabei im allgemeinen von der Vorstellung leiten lassen, die verklagte Gesellschaft werde die Leistungen erbringen, weil sie hoffe, dass der Eintritt anfechtungsbedingter Nachteile und Schäden dadurch vermieden oder zumindest gering gehalten werden könne. Die Geltendmachung einer ungerechtfertigten Forderung in „strafrechtlich erheblicher Weise", also im Wege der Nötigung oder Erpressung wie das Berufungsgericht in Anlehnung an eine Entscheidung des Reichsgerichts meint (...) ist nicht zwingende Voraussetzung der Erhebung des Rechtsmissbrauchs."*[250]

Der Rechtsmissbrauch der Anfechtungsklage ist dabei von einer subjektiven Zweck-Mittel-Relation gekennzeichnet, wobei die Anfechtungsklage durch den Aktionär dazu benutzt wird, sich ungerechtfertigte finanzielle Vorteile zu verschaffen.[251] Der BGH hat sodann in weiteren Entscheidungen seine Anforderungen an den Rechtsmissbrauch konkretisiert und Indizien formuliert, die für einen Rechtsmissbrauch sprechen könnten und von denen auch auf die subjektive Absicht des Klägers, durch den Einsatz des „Druckmittels" Anfechtungsklage, ungerechtfertigte Vorteile erlangen zu wollen, geschlossen werden kann.[252]

So hat er zum Beispiel entscheiden, dass für dessen Annahme eine Leistungsaufforderung des Anfechtungsklägers an die Gesellschaft nicht von Nöten ist, sondern bereits eine Klageerhebung in der Erwartung ausreiche, die Gesellschaft unterbreite vor dem Hintergrund des empfundenen oder bevorstehenden Drucks der befürchteten Nachteile entsprechende Zahlungsangebote.[253] Eben-

250 BGHZ 107, 296 (311).

251 *Wardenbach* in: ZGR 1992, 563 (565); *Schmidt* in: Großkommentar AktG, § 245 Rn. 53.

252 Für eine ausführliche Zusammenfassung sämtlicher Indizien, vgl. *Rößler-Tolger* in: Der räuberische Aktionär – eine schwindende Bedrohung?, S. 78 ff.

253 *BGH* in: AG 1990, 259 sowie NJW 1992, 2821 (2823); anders wäre der Fall zu beurteilen, wenn eine Klage nicht aus rechtsmissbräuchlichen Motiven heraus erhoben werden würde, sondern die Gesellschaft von sich aus einen redlichen Kläger zu Vergleichsgesprächen verleitet, in-

so hat die Missbrauchsabsicht nicht schon bei Klageerhebung vorzuliegen, ausreichend ist auch, wenn sie vom Kläger erst während des Anfechtungsprozesses gebildet wird.[254] Ausnahmefälle, in denen ein Rechtsmissbrauch angenommen werden kann, sind zusammengefasst von daher dann in Betracht zu ziehen, wenn der Kläger in Wahrheit weder berechtigte Interessen als Teilhabe des Unternehmens noch allgemeine Aktionärsinteressen verfolgt, sondern wenn er sein Klagerecht in zweckentfremdender Weise dazu benutzt, sachfremde eigennützige Interessen zu verfolgen.[255] Dabei ist nach Ansicht des OLG Frankfurt am Main, das in der Sache Nanoinvests in der Berufungsinstanz entschied, für die Annahme des Rechtmissbrauchs unerheblich, ob das Verhalten des Aktionärs sich wirtschaftlich gegen die Gesellschaft oder gegen einen Mitaktionär richtet.[256]

b) Missbrauchsnachweis: Darlegungs- und Beweislast

Beruft sich die beklagte Gesellschaft auf den Missbrauch des Anfechtungsrechts durch den Kläger, erhebt sie einen Einwand gegen dessen grundsätzlich bestehende Befugnis, die Vernichtung des Beschlusses qua Urteil herbeizuführen, so dass die Gesellschaft hierfür die Darlegungs- und Beweislast trifft.[257]

dem sie ihm ihre Vergleichsbereitschaft bloß vortäuschen würde. In diesem Fall könne die Gesellschaft sich nicht auf den Einwand des Rechtsmissbrauchs berufen, vgl. *OLG Frankfurt/Main* in: WM 1990, 2116 (2120).

254 *BGH* in: NJW 1992, 569 (570) – „Deutsche Bank"; *Diekgräf* in: WM 1991, 613 (620).

255 OLG Stuttgart, Beschluss vom 22. März 2002 (Az: 20 W 32/01) abrufbar unter www.juris.de.

256 *OLG Frankfurt/Main* in: NZG 2009, 222.

257 *Hüffer* in: MüKo-AktG, § 245 Rn. 57.

Weil die Vorgehensweisen von Berufsklägern und die daraus resultierenden Sachverhaltsvarianten mannigfaltig sind, ist eine pauschalisierte tatbestandliche Verfestigung der missbräuchlichen Anfechtungsklage nicht möglich. Daher sind allenfalls Typenbildungen in Betracht zu ziehen;[258] missbräuchlich ist zum Beispiel, wenn eine Klage mit dem Ziel erhoben wird, sie gegen Geldzahlung, gegebenenfalls aus einem erdachten Rechtsgrund (z.B. Beraterhonorar[259]) zurückzunehmen.[260] Problemlos nachweisbar ist dabei der Missbrauch in Fällen, in denen der Kläger von sich aus aktiv wird und die Forderungen in Form von Sondervorteilen für Klagerücknahme bzw. -verzicht stellt. Hierbei handelt es sich um die „klassische Variante" des individuellen Rechtsmissbrauchs – den Abkauf von Anfechtungsrechten, bei der dessen Annahme unwiderleglich indiziert ist.[261] Komplizierter ist aber gerade die Überzahl der Fälle, in denen der Kläger nicht derart offenkundig motiviert an die Gesellschaftsverwaltung herantritt.

Die Berufskläger sind in ihrem Verhalten subtiler geworden, so dass der Nachweis der Erwartung, die beklagte Gesellschaft werde von sich aus ein Angebot unterbreiten, erheblich schwieriger zu führen ist. Die Grundsätze des prima-facie-Beweises können hierbei nicht herangezogen werden, da es sich gerade nicht um typische Geschehensabläufe, sondern um individuelle Willensentschlüsse handelt.[262] Indem die Kläger ihre Motive in aller Regel nicht offenlegen, sind daher objektive Indizien maßgebend, von

258 *Boujong* in: FS Kellermann, S. 7; *Schwab* in: Schmidt/Lutter, § 245 Rn. 40.

259 *BGH* in: NJW 1992, 569 (571) – „Deutsche Bank".

260 BGHZ 107, 296 (312 f.).

261 *Schmidt* in: Großkommentar AktG, § 245 Rn. 70, 66; Der Autor hält neben subjektiven Missbrauchsfällen auch rein objektive Fälle für möglich, wobei etwaige praktische Unterschiede infolge der indizierenden Bedeutung der objektiven Umstände gering sind, vgl. hierzu auch *Hüffer* in: AktG, § 245 Rn. 23.

262 *Boujong* in: FS Kellermann, S. 8; *OLG Frankfurt/Main* in: NZG 2009, 222 (224 f.).

denen aus auf die subjektive Komponente geschlossen werden muß.[263] Entscheidend ist eine Gesamtbetrachtung der Umstände, die durch den Tatrichter einer umfassenden Würdigung unterzogen werden müssen.[264] Als indizierende Hilfstatsache kann hierbei in aller Regel das Verhalten des Klägers in anderen Verfahren herangezogen werden. Ist er dort bereits durch die Verfolgung gesellschaftsfremder Sondervorteile aufgefallen, spricht dies dafür, dass er auch in dem aktuellen Fall mit einer entsprechenden Motivation handelt.[265]

Es darf aber keinen Raum für pauschalisierte Annahmen geben; einen Rechtssatz *„einmal Räuber – immer Räuber"* gibt es nicht.[266] Für einen Missbrauch spricht sicherlich auch, wenn der Kläger sich ohne Umschweife auf Verhandlungen über etwaige „Abkaufsummen" eingelassen hat.[267] Indizielle Wirkung hat ebenso der Zeitpunkt des Aktienerwerbs und die Zahl der erworbenen Aktien,[268] wobei eine kurze Vorbesitzzeit für sich genommen für eine rechtmissbräuchliche Motivation nicht ausreichend ist, für deren Annahme haben weitere Indizien hinzuzutreten.[269]

---

263 *Hüffer* in: MüKo-AktG, § 245 Rn. 57; siehe hierzu insbesondere *Wardenbach* in: ZGR 1992, 563 (565 ff.), der umfassend die in Rechtsprechung und Literatur aufgestellten Indizien für einen Rechtsmissbrauch erfasst und auf ihre Aussagekraft hin untersucht; ebenso: *Wallenhorst* in: Schranken der Anfechtungsbefugnis, S. 94 ff.

264 *Kiehte* in: NZG 2004, 489 (493); *Boujong* in: FS Kellermann, S. 8 f.

265 BGHZ 107, 296 (312); *BGH* in: ZIP 1990, 168 (171ff.) – „DAT/Altana II"; *Diekgräf* in: Sonderzahlungen an opponierende Kleinaktionäre, S. 66.

266 Zutreffend: *Wardenbach* in: ZGR 1992, 563 (569).

267 *BGH* in: AG 1990, 259 (262).

268 *OLG Frankfurt/Main* in: NZG 2009, 222 (225).

269 *Schwab* in: Schmidt/Lutter, § 245 Rn. 42 m.w.N; *Schmidt* in: Großkommentar AktG, § 245 Rn. 71.

3. Unzulässige Sonderleistungen und ihre Rechtsfolgen

Das angestrebte Ziel der Berufskläger liegt also, wie nun näher zu untersuchen ist, im Erwerb sachfremder Forderungen bzw. (finanzieller) Leistungen für ihren Verzicht auf die Durchführung eines Anfechtungsverfahrens. Das Begehren von Sonderleistungen macht schlechterdings den Großteil der Sachverhalte im Zusammenhang mit opponierenden Aktionären aus. Missbräuchlich sind dabei Anfechtungsklagen, wenn die klagenden oder potentiell klagenden Aktionäre einen unzulässigen Sondervorteil für sich erstreben. Die hierbei gängigsten Szenarien zur Erlangung der begehrten Zuwendungen sind das unmittelbare Herantreten des Aktionärs an die Unternehmensverwaltung im Vorfeld der Klageerhebung nach Einlegung des Widerspruchs oder aber im Laufe des Anfechtungsprozesses, getragen von dem Signal, sich die entweder erhobene oder noch zu erhebende Anfechtungsklage bzw. die Rücknahme oder den Verzicht abkaufen zu lassen, – wobei die Kosten häufig als „Beraterverträge", „Gutachtenkosten" getarnt werden oder gar von der Mehrheitsaktionärin[270] getragen werden sollen. Auch treten die Aktionäre beispielsweise an die Gesellschaft mit dem Vorschlag heran, sich ihre Aktien gegen einen überhöhten Preis abkaufen zu lassen. Häufig wird auf Initiativverhandlungen der Gesellschaft spekuliert, wobei hier die Klage in der Erwartung erhoben wird, die Gesellschaft werde sich alsbald dem Druck beugen oder schnellstmöglich in Vergleichsverhandlungen treten. Dabei ist der Abschluss eines außergerichtlichen Vergleichs die „übliche" Vorgehensweise. Prozessvergleiche sind meist derart angelegt, dass hier mit der Beendigung des Rechtsstreits die Beklagte vollständig die Kosten – und damit einhergehend auch die Rechtsanwaltsgebühren – übernimmt, die infolge eines von der gerichtlichen

270 Für die Annahme eines aktienrechtlichen Rechtsmissbrauchs hat nicht zwingend eine Verletzung der Kapitalerhaltungsvorschriften und damit das Erlangen eines unzulässigen Sondervorteils Voraussetzung zu sein. Siehe, insbesondere unter Bezugnahme des hierzu maßgeblichen Urteils des OLG Frankfurt am Main vom 13. Januar 2009, unten S. 73.

Streitwertfestsetzung (vgl. § 247 AktG) abgekoppelten Streitwerts erheblich sein können.

a) Verstöße gegen aktienrechtliche Bestimmungen

Notwendigerweise liegen den Zuwendungen der Gesellschaft an die Aktionäre mündliche bzw. schriftliche Verträge bzw. Vergleichsvereinbarungen zugrunde. Zwar herrscht im Aktienrecht im Verhältnis Gesellschaft/Aktionäre das Prinzip der Privatautonomie und der daraus resultierenden Kontrahierungsfreiheit, jedoch gibt es Einschränkungen durch die Kapitalerhaltungsvorschriften der §§ 57 I, 58 V AktG, die vertraglich fundierten Zahlungen - obgleich welcher Ausgestaltung - wertend voranzustellen sind.[271] Entsprechendes gilt für den Anwendungsbereich des in § 53a AktG kodifizierten Gleichbehandlungsgrundsatzes, der seinen Schutzbereich neben dem Anspruch auf Gleichbehandlung (status positivus) auch auf die Beschneidung von Rechtspositionen bei gleichzeitiger Bevorzugung anderer Aktionäre (status negativus) erstreckt[272] und daher individuellen Regelungen wertend gegenüberzustellen ist. Folglich sind auch Vergleichsvereinbarungen über Anfechtungsklagen, die nach überwiegender Auffassung - zumindest in prozessualer Hinsicht - grundsätzlich vergleichsfähig sind, unter materiell-rechtlichen Gesichtspunkten ihrem Inhalt nach an Satzung und Gesetz - wobei die §§ 57, 53a AktG vorliegend vornehmlich von Interesse sind - zu messen.[273] Die Wirksamkeit über die

---

271 *Diekgräf* in: Sonderzahlungen an opponierende Kleinaktionäre, S. 84.

272 *Bison* in: Missbrauch der Anfechtungsklage durch den Aktionär, S. 214.

273 Siehe ausführlich zur Problematik, ob Anfechtungsklagen vergleichsfähig sind, *Bison* in: Missbrauch der Anfechtungsklage durch den Aktionär, S. 205 ff; 210 m.w.N (Fn. 77). Nach ganz h.M. hingegen nicht regelungsfähig ist die Geltung des Hauptversammlungsbeschlusses, denn dessen Aufhebung ist allein Sache der Hauptversammlung und fällt damit nicht in den Zuständigkeitsbereich des Vorstands; vgl. *Hüffer* in: MüKo-AktG, § 246 Rn. 27.

außergerichtliche Vereinbarung einer grundsätzlich disponiblen Klagerücknahme wird dabei ob ihrer Wertung als Prozesshandlung nicht betroffen. Mit ihr entfällt gemäß § 269 ZPO rückwirkend die Rechtshängigkeit der Klage.

Strukturell ist zwischen Leistungen unmittelbar an den Aktionär sowie Leistungen an bzw. durch Dritte zu differenzieren.

aa) Leistungen an den Aktionär

aaa) Verbot der Einlagenrückgewähr

§ 57 I 1 AktG bestimmt, dass den Aktionären keine Einlagen zurückgewährt werden dürfen. Hierbei kommt es nicht auf den ursprünglichen Gegenstand der Einlagenleistung an, sondern auf eine wertmäßige Beeinträchtigung des Gesellschaftsvermögens.[274] Dabei haben die Aktionäre allenfalls einen Anspruch auf den ausschüttungsfähigen Bilanzgewinn (§ 58 IV AktG) bzw. auf einzelne im Gesetz genannter Sondervorteile. Es entspricht allgemeiner Ansicht, dass die Gesellschaft dem Aktionär keine auf seiner Gesellschafterstellung beruhende Leistung erbringen darf, auf die er nach dem Aktiengesetz keinen Anspruch hat.[275] Mit anderen Worten sind, sofern die gesetzlich geregelten Ausnahmen nicht greifen, solche Zuwendungen rechtswidrig, die ihren Grund im gesellschaftsrechtlichen Verhältnis zwischen Aktionär und Aktiengesellschaft haben („causa societas“[276]). Dieses Prinzip des Aktienrechts gilt sowohl für offene Leistungen an den Aktionär als auch infolge dessen Eigenschaft eines absoluten Rechts für verdeckte Leistungen

---

Siehe ebenfalls ausführlich zur Rechtswidrigkeit von Vergleichsverträgen, die Regelungen über Abfindungszahlungen enthalten, *Feltkamp* in: Anfechtungsklage und Vergleich im Aktienrecht, S. 136 ff.

274 *Bison* in: Missbrauch der Anfechtungsklage durch den Aktionär, S. 210.

275 *BGH* in: NJW 1992, 2821 (2821).

276 Siehe hierzu grundlegend, *Flume* in: Die juristische Person, S. 286 f.

an den Aktionär unabhängig ihrer Einkleidung (Beraterhonorar, Erwerb von Aktien,[277] Vergleich, der Regelungen über Sondervorteile enthält[278]), namentlich in Form von Umgehungsgeschäften als verdeckte Einlagenrückgewähr.[279]

Deshalb stellt der Abkauf von Anfechtungsklagen und damit einhergehende Abfindungszahlungen einen Verstoß gegen die Bestimmungen der §§ 57 I, 58 V AktG und damit eine verbotene (verdeckte) Einlagenrückgewähr dar.[280] Denn vor dem Hintergrund des im Aktienrecht verankerten Postulats der Kapitalerhaltung ist die Aktiengesellschaft nur berechtigt, mit einem Aktionär zu kontrahieren, wenn sie diesen wie einen beliebigen Dritten ohne Beachtung seine Aktionärsstatus behandeln kann. Abfindungszahlungen erfolgen in den genannten Fällen jedoch – unabhängig ihrer konkreten Ausgestaltung – aufgrund der Aktionärsmitgliedschaft, denn nur der Aktionär ist in der Lage, zum einen überhaupt Anfechtungsklage zu erheben und zum anderen diese oder den Widerspruch wieder zurückzunehmen; es würden Abfindungszahlungen in dieser Art und Weise nicht an einen Dritten getätigt werden können, denn diesem fehlt schon die notwendige Berechtigung.[281]

Folglich ist nach *Schmidt* der Missbrauchstatbestand erfüllt, wenn die Sonderleistungen *„in keinem angemessenen Verhältnis zu*

277 In der Sache *Nanoinvests* forderte beispielsweise der Aktionär Zapf für sich und fünf weitere Aktionäre Bezugsrechte für je 3 500 Aktien zum Ausgabebetrag von EUR 1, der Börsenkurs lag bei EUR 12,61.

278 Vgl. Nachweise zur Unwirksamkeit eines sog. „Abfindungsvergleichs" bei dem die Abfindungen als Beratungshonorare oä. verdeckt werden: *Baums* in: Gutachten für den 63. DJT, F 180 (Fn. 522).

279 *Lutter* in: FS 40 Jahre Der Betrieb, S. 198; *Schmidt* in: Gesellschaftsrecht, § 29 II 2a); *Bison* in: Missbrauch der Anfechtungsklage durch den Aktionär, S. 211.

280 *Fleischer* in: Schmidt/Lutter, § 57 Rn. 33; *Cahn/Senger* in: Spindler/Stilz, § 57 Rn. 43; *Bayer* in: MüKo-AktG, § 57 Rn. 88; *Ehmann* in: ZIP 2008, 584 (586); siehe ausführlich zur Thematik, *Diekgräf* in: Sonderzahlungen an opponierende Kleinaktionäre, S. 84 ff.

281 *BGH* in: NJW 1992, 2821 (2821).

den durch den angefochtenen Beschluss erlittenen wirtschaftlichen oder rechtlichen Nachteilen sowie zu den durch die Rechtsverfolgung notwendig gewordenen Aufwendungen und damit nicht zur Befriedung im Hinblick auf die mit der Klage gerügten Rechtsverletzung steht."[282] Da die Kapitalerhaltungsvorschriften Geschäfte mit einem Aktionär oder Dritten nicht schlechthin untersagen wollen, haben Leistung und Gegenleistung daher in einem objektiven Verhältnis zueinander zu stehen. Sie sollen zum Zwecke des Schutzes von Gesellschaftsvermögen sicherstellen, dass jede Leistung aus dem Gesellschaftsvermögen mittels eines angemessenen Surrogats kompensiert wird.[283]

In aller Regel stehen Leistung und Gegenleistung dabei in einem objektiven Missverhältnis zueinander, denn der Lästigkeitswert einer Anfechtungsklage im Sinne eines Schadensverhinderungspotentials kann mangels gleichwertiger Positionen nicht dem Vergleich zu den Abfindungszahlungen Stand halten.[284]

An den Darstellungen ändert die Neuformulierung der Vorschrift des § 57 I AktG durch Neuaufnahme der Sätze 2 und 3 mit Inkrafttreten des MoMiG[285] (Gesetz zur Modernisierung des GmbH-Rechts und zur Bekämpfung von Missbräuchen) zum 1. November 2008 nichts. Entsprechend den Ausführungen der Begründung zum Regierungsentwurf erfolgte die Änderung des § 57 AktG – der insoweit im unmittelbaren Zusammenhang zu der im GmbHG verankerten äquivalenten Vorschrift des § 30 GmbHG a.F. zu sehen ist – vor dem Hintergrund der Unsicherheit über die Zulässigkeit von Darlehen und anderen Leistungen mit Kreditcharakter durch die Gesellschaft an die Gesellschafter im Allgemeinen und der in Konzernen verbreiteten Praxis des sog. cash-poolings

282 *Schmidt* in: Großkommentar AktG, § 245 Rn. 57.

283 *Bison* in: Missbrauch der Anfechtungsklage durch den Aktionär, S. 211.

284 *Diekgräf* in: Sonderzahlungen an opponierende Kleinaktionäre, S. 95.

285 BGBl. I 2008, 2026 vom 28. Oktober 2008.

im Besonderen.[286] Mit einer Rückkehr zur bilanziellen Betrachtungsweise soll künftig das Auszahlungsverbot bei Bestehen eines vollwertigen Gegenleistungs- oder Rückerstattungsanspruchs gegen den Aktionär nicht gelten.[287] Dies berührt jedoch nicht die vorliegend angesprochene Problematik, bei der Sonderzahlungen an die Aktionäre ausgeschüttet werden, die gerade mangels Gleichwertigkeit von Leistung und Gegenleistung keinen vollwertigen Rückgewähranspruch begründen.

bbb) Erwerb bzw. Rückerwerb eigener Aktien

Unter ähnlichen Gesichtspunkten ist ebenso die häufig anzutreffende Sachverhaltsvariante des entgeltlichen Erwerbs bzw. Rückerwerbs eigener Aktien durch die Aktiengesellschaft vom opponierenden Kläger zu behandeln. Wenngleich der Rückerwerb eigener Aktien die einfachste und eleganteste Lösung zur Verteilung von Gesellschaftsvermögen an einzelne oder gar alle Gesellschafter darstellt, ist er doch eine spezielle Form der Einlagenrückgewähr und unterliegt damit den Regeln der Kapitalerhaltung.[288] Die Vorschrift des § 57 I 1 AktG ist im unmittelbaren teleologischen Kontext zu § 71 I AktG zu lesen. Was danach zulässiger Erwerb ist, gilt nicht als Einlagenrückgewähr; was unzulässiger Erwerb ist, unterfällt wiederum der Bestimmung des § 57 I 1 AktG.[289] Mit § 71 I AktG sieht das Aktiengesetz daher einen Ausnahmekatalog vom Verbot der Einlagenrückgewähr vor, wobei § 71 I Nr.1 AktG vorliegend

286 Begründung des RegE MoMiG, vom 25. Juli 2007, BT-Drs. 16/6140, S. 40 sowie BT-Drs. 16/9737, dem Gesetzesentwurf basierend auf den verabschiedeten Beschlussempfehlungen des Rechtsausschusses vom 24. Juni 2008, S. 98.

287 RegE MoMiG vom 14. März 2007, BT-Drs. 16/6140, S. 94 sowie BT-Drs. 16/9737 Gesetzesentwurf basierend auf den verabschiedeten Beschlussempfehlungen des Rechtsausschusses vom 24. Juni 2008, S. 98.

288 *Lutter/Drygala* in: Kölner Kommentar, 3. Aufl., § 71 Rn. 16.

289 *Lutter* in: Kölner Kommentar, § 57 Rn. 32.

den einzig in Frage kommenden Rechtfertigungsgrund für den entgeltlichen Rückerwerb darstellt. Demnach darf die Gesellschaft auch ohne einen Hauptversammlungsbeschluss eigene Aktien erweben, *„wenn der Erwerb notwendig ist, um einen schweren, unmittelbar bevorstehenden Schaden von der Gesellschaft abzuwenden."*

Inwieweit der Rückerwerb von Aktien mittels Zahlung eines überhöhtern Kaufpreises durch die Gesellschaftsverwaltung im Zusammenhang mit missbräuchlichen Klageerhebungen vom Anwendungsbereich des § 71 I Nr. 1 AktG erfasst wird, ist durchaus umstritten. So erachtet beispielsweise *Martens* bereits den Anwendungsbereich des § 71 I Nr. 1 AktG per se als nicht eröffnet an; würde man die Vorschrift in Konnex zu § 57 I AktG setzen, so sähe sich die Unternehmensleitung dem Problem ausgesetzt, dass hierdurch – wenn auch unbeabsichtigt – *„der Vermögenstransfer sowie das Verhalten des missbräuchlich handelnden Aktionärs gerechtfertigt werden."*[290] Dies hätte zur Folge, dass nicht nur die Zahlungen sodann zulässig werden würden, sondern gerade auch die Entgegennahme der Leistungen auf Seiten des Empfängers.[291] *Bison* knüpft wiederum an das Tatbestandsmerkmal der *„Notwendigkeit"* an, dieses sei nicht erfüllt, da der Unternehmensleitung neben dem Rückerwerb der Aktien noch andere Handlungsalternativen zur Verfügung stünden.[292] *Lutter* nimmt eine differenzierende Position ein und orientiert sich am Merkmal des Schadens und lehnt diesen für die Gesellschaft ab. In Fällen, in denen die Klage unbegründet ist, mag wohl nur in extremen Ausnahmefällen ein den Erwerb eigener Aktien rechtfertigender Schaden der Gesellschaft drohen.[293] Stets ist jedoch zu beachten, dass § 71 I Nr. 1 AktG dabei letzten Endes nur den Erwerb der Aktien, nicht aber die Zahlung des

290 *Martens* in: AG 1998, 118 (120).

291 *Diekgräf* in: Sonderzahlungen an opponierende Kleinaktionäre, S. 100.

292 *Bison* in: Missbrauch der Anfechtungsklage durch den Aktionär, S. 213.

293 *Lutter/Drygala* in: Kölner Kommentar, 3. Aufl., § 71 Rn. 59; ähnliche Begründung: *Hirte* in: BB 1988, 1469 (1473).

Kaufpreises und damit eine Umgehung des in § 57 AktG angelegten Postulats der Kapitalerhaltung rechtfertigt.[294]

ccc) Gleichbehandlungsgrundsatz

Indem die Kapitalerhaltungsvorschriften Spezialregelungen des in § 53a AktG kodifizierten allgemeinen Gleichheitsgrundsatzes darstellen, sind sie im Zusammenhang mit dem Verbot der Ungleichbehandlung zu sehen.[295] Das Gleichbehandlungsgebot des § 53a AktG verbietet die willkürliche Ungleichbehandlung von Aktionären, soweit nicht die Satzung einzelnen Aktionären Vorzugsrechte einräumt.[296] Folglich sind die Gesellschaftsorgane zu einer gleichmäßigen Behandlung aller Aktionäre verpflichtet. Verstößt demnach ein Verhalten der Gesellschaftsverwaltung gegen das Verbot der Einlagenrückgewähr, liegt stets auch ein Verstoß gegen das Gleichbehandlungsverbot vor.[297]

bb) Beteiligung Dritter

aaa) Verbot der Einlagenrückgewähr?

(1) Leistungen erfolgen an einen Dritten

Während sämtliche Entschädigungszahlungen (offene/verdeckte) der Gesellschaft an den Aktionär, die im Zusammenhang mit dem

294 *Oechsler* in: MüKo-AktG, § 71 Rn. 131. Der allerdings im Ergebnis doch in § 71 I Nr. 1 AktG eine rechtfertigende Ausname zu § 57 AktG sieht. Ähnlich *Rößler-Tolger* in: Der räuberische Aktionär – eine schwindende Bedrohung?, S. 110.

295 *Bison* in: Missbrauch der Anfechtungsklage durch den Aktionär, S. 215.

296 *Hüffer* in: AktG, § 53a Rn. 4.

297 *Lutter* in: FS 40 Jahre Der Berieb; S. 199, 210; *Lutter/Zöllner.* in: Kölner Kommentar, § 53a Rn. 69; *Hirte* in: BB 1988, 1469 (1473); a.A.: *Hommelhoff/Timm* in: AG 1989, 168 (169).

Abkauf des Anfechtungsrechts geleistet werden, gegen das Verbot der Einlagenrückgewähr verstoßen, ist fraglich, ob dieses Postulat auch bei Sachverhaltsvarianten im Zusammenhang mit der Beteiligung Dritter gilt.

Von Interesse sind hierbei vornehmlich Fälle, in denen etwaige Leistungen nicht von der Gesellschaft, sondern von ihrer Mehrheitsaktionären gezahlt werden, oder aber auch die häufig auftretende Sachverhaltsvariante, in der es zwischen den Parteien nach Erhebung der Anfechtungsklage zu einem Prozessvergleich kommt, bei dem infolge individueller Vergleichswertfestsetzungen nach RVG hohe Rechtsanwaltsgebühren anfallen, die laut Vergleichsvereinbarung von der Gesellschaft getragen werden sollen.[298] Motiv hierbei ist, dass keine unmittelbaren Abfindungszahlungen zwecks Abkaufs der Anfechtungsklage an den Aktionär geleistet werden, sondern nunmehr – um den Einwand des Rechtsmissbrauchs umgehen zu können – die Zahlungen unter dem Deckmantel eines seriösen Vergleichs mit entsprechenden Kostenregelungen über Rechtsanwaltsgebühren erfolgen. Eine Analyse gerichtlich protokollierter Vergleiche, an deren Abschluss auch namentlich bekannte Berufskläger beteiligt gewesen sind, hat ergeben, dass in 57% der untersuchten Fälle der Streitwert bzw. der dem zugrundegelegten Vergleichsmehrwert – an dem sich notwendigerweise auch die Höhe der zu erstattenden Rechtsanwaltsgebühren orientiert – z.T. ganz erheblich über dem im Anfechtungsprozess nach § 247 I AktG höchstens zulässigen Wert von EUR 500 000 liegt.[299]

Bemerkenswerterweise hat anscheinend die mit dem UMAG eingeführte Publizitätspflicht der §§ 248a I, 2; 149 AktG, gemäß der zur Schaffung von Transparenz, die Einzelheiten zur Verfahrensbeendigung (wozu notwendigerweise auch der Prozessvergleich

298 Dies geschieht häufig unter Verwendung einer Klausel, mittels der die festgesetzten Streitwerte ausdrücklich von der gerichtlichen Streitwertfestsetzung abgekoppelt werden, z.B: „*Die Beteiligten erkennen diese Werte als verbindlich an, unabhängig von einer etwaigen gerichtlichen Streitwertfestsetzung.*“; vgl.: *Ehmann* in: ZIP 2008, 584 (586).

299 *Baums/Keinath/Gajek* in: ZIP 2007, 1629 (1646).

zählt) in den Gesellschaftsblättern bekannt zu geben sind, an der Popularität dieser Vorgehensweise nichts geändert.[300] Letzten Endes werden hierbei, wie bei allen Sachverhaltsvarianten die mit einem Vergleich enden, vornehmlich Erwägungen der beklagten Gesellschaft eine Rolle spielen, für die der Prozessvergleich - insbesondere bei einer bereits erhobenen Klage - das einzige interessegerechte Mittel zur Beendigung des Rechtsstreits darstellt. Der Vergleich beendet dabei die Rechtshängigkeit der Klage und entbindet gleichzeitig von einer erneuten Erhebung einer Anfechtungsklage.[301]

Den Berufsklägern einen Mangel an plötzlich auftretenden Altruismus unterstellend, ist zumindest in einigen Fällen davon auszugehen - wobei in der Praxis in dieser Konstellation sicherlich die umfassendesten Probleme der Beweisbarkeit gelegen sein werden, - dass die empfangenen Gebühren zwischen Mandant und Anwalt aufgeteilt werden.[302] Aufgrund der rechtlichen Doppelfunktion des Vergleichs als privatrechtlicher Vertrag gemäß § 779 BGB und zugleich prozessrechtliches Vehikel gemäß § 794 ZPO[303] bleibt es zunächst den Parteien überlassen, privatautonom die Kosten des Rechtsstreits verteilen zu können.[304] Inwiefern nun die in aller Regel von der Beklagten vollständig übernommenen Rechtsanwaltsgebühren, die vor dem Hintergrund der Wertungsmaßstäbe der §§ 57, 247 AktG verbotene Sonderzahlungen darstellen könnten,

300 *Baums/Keinath/Gajek* in: ZIP 2007, 1629 (1646).

301 *Bison* in: Missbrauch der Anfechtungsklage durch den Aktionär, S. 204; wobei *Bison* in diesem Zusammenhang davon ausgeht, dass im Falle einer Klagerücknahme gemäß den Voraussetzungen des § 269 VI ZPO eine erneute Klageerhebung möglich wäre. Dies erscheint allerdings in Hinblick auf § 246 I AktG ausgeschlossen zu sein. Vgl. insoweit *Feltkamp* in: Anfechtungsklage und Vergleich im Aktienrecht, S. 133; *Diekgräf* in: Sonderzahlungen an opponierende Kleinaktionäre, S. 38.

302 Vgl. hierzu a.a.O (Fn. 19).

303 *Sprau* in: Palandt, § 779 Rn. 29; *Hüßtege* in: Thomas/Putzo, § 794 Rn. 3.

304 *Ehmann* in: ZIP 2008, 584 (587).

bedarf hier keiner abschließenden Klärung.[305] In der gerichtlichen Praxis wird das vorgestellte Modell bislang überwiegend umgesetzt.[306]

Freilich bleibt doch zu bedenken, ob sich die Gerichte mit den Wertungsmaßstäben[307] der in § 247 I AktG kodifizierten Streitwertdeckelung im Einklang befinden, wenn sie ohne nähere Prüfung die Parteivereinbarungen zum Vergleichswert übernehmen. Unabhängig von der Frage, ob die Regelung des § 247 AktG auch für den Prozessvergleich gilt,[308] ist doch nicht ersichtlich, weshalb der Prozessbevollmächtigte des Klägers im Gegensatz zu einem streitigen Urteil bei identischer Sachlage plötzlich infolge Prozessvergleichs über die Vergleichsgebühr hinaus - sachlich nicht gerechtfertigte - höhere Gebühren vereinnahmen sollte.[309]

Lediglich in Hinblick auf einen ähnlich gelagerten Sachverhalt hat das Landgericht Frankfurt am Main in der bereits erwähnten Sache Peaches sogar den Einwand des Rechtsmissbrauchs für erheblich gehalten und entschieden, wenn die Klägerin durch ihren Prozessbevollmächtigten *„für eine vergleichsweise Beendigung des Rechtsstreits demgegenüber erheblich übersteigende Werte für die*

305 Umfassender Überblick an Literatur zu der Frage der Wirksamkeit von Abfindungsvergleichen - je nach inhaltlicher Regelung - findet sich bei *Baums* in: Gutachten für den 63. DJT, F 180 (Fn. 522); siehe ebenfalls *Diekgräf* in: Sonderzahlungen an opponierende Kleinaktionäre, S. 215 ff.; im Speziellen zu der Frage, inwieweit individuell vereinbarten Vergleichswerten zugrundeliegende überhöhte Rechtsanwaltsgebühren gegen die Bestimmungen der §§ 57, 247 AktG verstoßen könnten, siehe *Ehrmann* in: ZIP 2008, 584.

306 *Ehmann* in: ZIP 2008, 584 (585); *von Dalwigk* in: FS Beuthien, S. 118.

307 Die Vorschrift bezweckt zum einen die Festlegung angemessener Regelstreitwerte sowie zum anderen den Schutz der wirtschaftlich schwächeren Partei, vgl. hierzu *Hüffer* in: AktG, § 247 Rn. 1.

308 Zustimmend: *Ehmann* in: ZIP 2008, 584 (586); a.A.: *Baums* in: Gutachten für den 63. DJT, F 155.

309 i.E. übereinstimmend: *Ehmann* in: ZIP 2008, 584, 586; *Baums/Keinath/Gajek* in: ZIP 2007, 1629 (1646); *Baums* in: Gutachten für den 63. DJT, F 155.

anwaltliche Gebührenrechnung als erstattungsfähige Kosten ansetzt, ist ein zum Rechtsverlust führender Rechtsmissbrauch gegeben, da sie hiermit die Beklagte zu Leistungen veranlassen wollte, auf die die Klägerin keinen Anspruch hat." Folglich seien die Grundsätze der verbotenen Einlagenrückgewähr anzuwenden.[310] Hier sah das Landgericht den Einwand des Rechtsmissbrauchs in dem erhöhten Vergleichsmehrwert zum gerichtlich festgesetzten Streitwert als begründet an. In dem Fall ergab sich für die Klägerin mittels eines individuell angesetzten Vergleichswerts ein 13facher Mehrwert zu dem für die gerichtlichen Gebühren angesetzten Werts.

Da bei der aufgeworfenen Sachverhaltsvariante die empfangenen Leistungen – je nach interner Absprache – wohl zwischen Mandant und Rechtsanwalt aufgeteilt werden, ist trotz des Wortlauts des § 57 AktG, der diese Variante der Zahlung an Dritte nicht erfasst, nicht ohne weiteres von deren Rechtmäßigkeit auszugehen. Zum einen handelt es sich bei der Übernahme der Rechtsanwaltskosten rechtlich um eine Zuwendung an den Aktionär, denn der Prozessbevollmächtigte kann ohnehin nur vertragliche Ansprüche gegenüber seinen Mandanten und nicht etwa gegenüber der Gesellschaft geltend machen.[311] Zum anderen gilt für die Fälle, in denen es doch zu einer Direktleistung an den Rechtsanwalt kommen sollte, der aktienrechtliche Grundsatz, wonach, um einer Aushöhlung des § 57 AktG effektiv entgegenwirken zu können, in Ausnahmefällen die Leistung der Aktiengesellschaft an einen Dritten der Leistung an einen Aktionär gleichzustellen ist. Dies gilt zusammengefasst immer dann, wenn die Leistung nur den Umweg über einen Dritten nimmt, letztlich aber doch dem Aktionär zufließt – oder aber, wenn bei wirtschaftlicher Betrachtungsweise die Leistung an den Dritten dem Aktionär zugerechnet werden kann.[312] Insoweit können unberechtigte Leistungen an Dritte dem Aktionär zugerechnet werden, wenn diese auf Veranlassung des

310 *LG Frankfurt/Main* in: ZIP 2008, 1591 (1592).

311 *Ehmann* in: ZIP 2008, 584, (587).

312 *Bayer* in: MüKo-AktG, § 57 Rn. 56.

Aktionärs erfolgen.[313] Der Prozessbevollmächtigte fungiert hierbei als faktischer Aktionär und damit als Adressat des § 57 I 1 AktG, da er zwar gegenüber der Gesellschaft im Namen seines Mandanten als dessen rechtsgeschäftlicher Vertreter auftritt, jedoch (auch) in Kenntnis der Umstände für eigene Rechnung Zuwendungen entgegennimmt.[314]

(2) Leistungen erfolgen durch einen Dritten

(2.1.) Grundsätzlich: Verstoß der Kapitalerhaltungsvorschriften

Ähnlich verhält es sich, wenn die Leistungen nicht durch die Gesellschaft, sondern durch die Mehrheitsaktionärin erfolgen. Auch diese Fälle werden nicht von dem Wortlaut des § 57 AktG erfasst. Insoweit greift wiederum der Kapitalerhaltungsgedanke, wonach die Einlagenrückgewähr zu Lasten des Vermögens der Gesellschaft verhindert werden soll. Folglich ist dem Zugriff auf das Gesellschaftsvermögen über den möglichen Umweg der mittelbaren Stellvertretung entgegenzutreten[315] – wobei es sich hierbei um eine Einzelfallentscheidung handeln wird; grundsätzlich ist es den Aktionären untereinander unbenommen, miteinander zu kontra-

313 *Lutter* in: FS 40 Jahre Der Betrieb, S. 197.

314 *Hüffer* in: AktG, § 57 Rn. 12, 14; *Lutter* in: Kölner Kommentar, § 57 Rn. 40; *Fleischer* in: Schmidt/Lutter, § 57 Rn. 33; *Diekgräf* in: Sonderzahlungen an opponierende Kleinaktionäre, S. 106; *Bayer* in: MüKo-AktG, § 57 Rn. 63; wohl a.A. *BGH* in: NJW 1992, 2821 (2821), Gericht lehnt eine Zurechenbarkeit der Handlungen des Aktionärs und damit eine Inanspruchnahme des beklagten Rechtsanwalts aus § 62 AktG aufgrund seiner mangelnden Aktionärseigenschaft ab.

315 *Bison* in: Missbrauch der Anfechtungsklage durch den Aktionär, S. 218; siehe hierzu ebenfalls, dass in Fällen, in denen Muttergesellschaften für ihre beklagten Töchter Zahlungen an den Aktionär tätigen, kein Verstoß gegen die Regeln der Kapitalerhaltung angenommen wird.

hieren. Ausnahmen sind nur in Fällen der Beeinträchtigung des Gesellschaftsvermögens zuzulassen.

(2.2.) Urteil des OLG Frankfurt am Main vom 13. Januar 2009: Rechtsmissbrauch auch bei Nichtvorliegen eines Verstoßes der Kapitalerhaltungsvorschriften

Von dem Erfordernis eines ungerechtfertigten Sondervorteils zur Begründung eines Rechtmissbrauchs auch bei Einschaltung eines Dritten hat das OLG Frankfurt am Main in seiner Entscheidung vom 13. Januar 2009 ausdrücklich Abstand genommen.

Das OLG Frankfurt am Main hat in der Sache Nanoinvests AG entschieden – hier begehrte der Berufungskläger Aktien bzw. Aktienbezugsrechte von der Mehrheitsaktionärin, auf die er keinen Anspruch hatte – dass die Voraussetzungen für die Annahme rechtsmissbräuchlich Handelns ebenso gelten, „*obwohl das Verlangen des Klägers wirtschaftlich nicht gegen die Gesellschaft, sondern gegen einen Mitaktionär gerichtet war, hier gegen die Mitaktionärin A, die Bezugsrechte nicht ausüben wollte.*" Den Rechtsmissbrauch begründet das Gericht vornehmlich unter Bezugnahme der „*Girmes*"-Entscheidung[316] über die bestehenden Treuebindungen der Aktionären untereinander, die ihre Grundlagen unter anderem in den Prinzipien des § 242 BGB finden. Demnach treffen auch den Kleinaktionär gegen den Großaktionär entsprechende Rücksichtnamepflichten, wenn es um den Bereich der Hauptversammlungsklagen geht, denn in diesen Fällen spiele der Umfang des Aktienbesitzes gerade keine Rolle, so dass es auf das Verhältnis Kleinaktionär – Großaktionär nicht ankomme.[317] Mithin komme es auch für die Annahme des Rechtsmissbrauchs, den das Gericht auch innerhalb des Schadensersatzanspruchs der Verletzten gemäß

316 Vgl. hierzu: a.a.O, S. 36.

317 *OLG Frankfurt/Main* in: NZG 2009, 222 (223 f.); *Martens/Martens* in: AG 2009, 173.

§ 826 BGB prüft, nicht auf das Vorliegen eines ungerechtfertigten Sondervorteils im Sinne eines Verstoßes der Kapitalerhaltungsvorschriften an. Hier ist das OLG Frankfurt am Main in der Annahme des Rechtsmissbrauchs von dem Erfordernis des Begehrens eines ungerechtfertigten Sondervorteils und damit auch von dem durch die „*Kochs-Adler*" Entscheidung aufgestellten Postulat abgewichen und hat damit eine neue Sachverhaltsvaraiten beleuchtet. Um jedoch vorliegend eine möglichst eineitliche Prüfung der mannigfaltigen Sachverhaltsvarianten gewährleisten zu können, wird dieser das postulierte Erfordernis des BGH zum rechtsmissbräuchlichen Erhalt von Sondervorteilen zugrundegelegt.

bbb) Gleichbehandlungsgrundsatz

Für einen Verstoß gegen § 53a AktG gilt Ähnliches. Indem durch das Verbot der Ungleichbehandlung die mitgliedschaftlichen Vermögens- und Mitverwaltungsinteressen geschützt werden sollen, erstreckt sich der Anwendungsbereich des Gleichbehandlungsgrundsatzes auf das Verhältnis Aktionär und Gesellschaft.[318] Werden Leistungen von der Gesellschaft an einen Dritten getätigt, erscheint es folgerichtig, auch hierfür den Anwendungsbereich des § 53a AktG als eröffnet anzusehen.[319] Denn erhält ein Dritter eine Zahlung, die wirtschaftlich betrachtet eigentlich dem Aktionär zufließen soll, ist faktisch wiederum eine willkürliche Benachteiligung anderer Aktionäre gegeben. Anders verhält es sich hingegen in Fällen, in denen Zuwendungen anstatt von der Gesellschaft durch Dritte erfolgen. Trotz des möglichen Verstoßes gegen das Verbot der Einlagenrückgewähr ist der Anwendungsbereich des § 53a AktG nicht eröffnet. Denn Normadressatin der Vorschrift ist einzig die Gesellschaft, das Verhalten des Dritten kann dieser

318 *Lutter/Zöllner* in: Kölner Kommentar, § 53a Rn. 17; 19.

319 *Bison* in: Missbrauch der Anfechtungsklage durch den Aktionär, S. 219.

nicht zugerechnet werden, da der Kapitalerhaltungsschutz nicht den primären Schutzzweck des § 53a AktG darstellt.[320]

cc) Resümee

Zusammengefasst kann festgehalten werden, dass Zahlungen oder Zuwendungen, die im Zusammenhang mit rechtsmissbräuchlich erhobenen Klagen im Verhältnis Gesellschaft – Kläger erfolgen, in aller Regel gegen die Grundsätze der Kapitalerhaltung im Sinne der verbotenen Einlagenrückgewähr und des Gleichheitsgrundsatzes verstoßen und von daher aktienrechtliche Bestimmungen verletzen.

Für die Annahme der Verbotsnormen der §§ 57 I, 58 V AktG ist dabei unerheblich, welches Konstrukt für die Zahlungen bzw. Zuwendungen herangezogen wird; dieses mag entweder offen als Abfindungszahlungen oder verdeckt in der Einkleidung als Beraterverträge, Gutachtenhonorare, als Prozessvergleiche bzw. je nach Inhalt auch außergerichtliche Vergleiche, oder in anderen Verschleierungsmodalitäten erscheinen. Sowohl der Außergerichtliche als auch Prozessvergleich beenden die Rechtshängigkeit der Klage, wobei diese im Falle der Klagerücknahme ex tunc wirkt; beim Prozessvergleich hingegen ex nunc.[321] Die Wirksamkeit der Klagerücknahme bleibt ungeachtet der materiellen Unwirksamkeit des Vergleichs als Prozesshandlung unberührt. Insbesondere hat der Vorstand infolge des Fristablaufs nach § 246 I AktG keine erneute Klage zu befürchten.[322]

Überdies wird auch der entgeltliche Rückerwerb von Aktien vom Verbot der Einlagenrückgewähr erfasst. Sind Dritte beteiligt, kommt es sicherlich auf den Einzelfall an, wobei die jüngsten Entscheidungen dargelegt haben, dass die Gerichte auch gegenüber

320 *Hüffer* in: AktG, § 53a Rn. 4.

321 *OLG Koblenz* in: MDR 1993, 687 (687).

322 *Feltkamp* in: Anfechtungsklage und Vergleich im Aktienrecht, S.155.

Umgehungssachverhalten kritisch eingestellt sind und sogar vereinzelt unabhängig von einer Verletzung der Kapitalerhaltungsvorschriften Rechtsmissbrauch angenommen haben.

b) Rechtsfolgen

Zunächst gilt es zu differenzieren. Ist Klage erhoben worden, können zwei Szenarien eintreten. Es kommt tatsächlich zu einer Verhandlung. Dies kann verschiedene Gründe haben – der naheliegenste wird wohl in gescheiterten Anfechtungsversuchen liegen, bei denen die Gesellschaftsverwaltung nicht entsprechend dem Begehren des opponierenden Aktionärs gehandelt hat. Erachtet das Gericht den Einwand des Rechtsmissbrauchs als erheblich, ist die Anfechtungsklage nach ganz h.M. als unbegründet abzuweisen.[323] Dies gilt auch in Fällen, in denen sie dem Grunde nach begründet gewesen wäre. Seit *„Kochs-Adler"* sowie der BGH-Entscheidung in der Sache *„DAT/Altana"* entspricht es gängiger Rechtsprechung, dass der Annahme individuellen Rechtsmissbrauchs die etwaige sachliche Begründetheit der Anfechtungsklage nicht entgegensteht.[324] Einen Verstoß gegen die Eigentumsgarantie des Art. 14 I GG hat der BGH ausdrücklich abgelehnt, wenn die Anfechtungsbefugnis wegen Rechtsmissbrauchs abgesprochen wird. Ein Verhalten, das gegen die Rechtsordnung verstößt, hat nicht dem Schutz des Art. 14 GG zu unterfallen.[325]

Sind dennoch Zahlungen oder Leistungen erfolgt, sind diese in der Regel als verbotene Einalgenrückgewähr sowie als Verstoß

323 BGHZ 107, 296 ff.; *Hüffer* in: AktG, § 245 Rn. 26; *ders.* in: MüKo-AktG, § 245 Rn. 58; *Hirte* in: BB 1988, 1469 (1474); *Boujong* in: FS Kellermann, S. 10; *Zöllner* in: Kölner Kommentar, § 245 Rn. 89; a.A: *Schwab* in: Schmidt/Lutter, § 245 Rn. 2, 48 m.w.N. – gehen von einer Unzulässigkeit der Klage als Rechtsfolge aus.

324 BGH 107, 296 (302); *BGH* in: ZIP 1989, 1388 f. = „DAT/Altana"; weitere Nachweise bei *Hüffer* in: AktG, § 245 Rn. 22.

325 *BGH* in: ZIP 1989, 1388 (1389).

gegen den aktienrechtlichen Gleichbehandlungsgrundsatz zu qualifizieren. Der Gesellschaft stehen Rückgewähr- und Schadensersatzansprüche bzw. -pflichten zu.[326] Entsprechendes gilt für die vorverlagerten Fälle, in denen es entweder bereits nach eingelegten Widerspruch oder nach Klageerhebung im Vorfeld bzw. parallel der Gerichtsverhandlung zu Vereinbarungen zwischen den Parteien kommt. Auch hier stellen die Zuwendungen je nach inhaltlicher Ausgestaltung der Vereinbarung Verstöße, gegen das Verbot der Einlagenrückgewähr bzw. des Gleichbehandlungsgrundsatzes, die wiederum Rückgewähr- und Schadensersatzansprüche bzw. -pflichten auslösen, dar.[327]

Maßgeblich hierbei ist, dass je nach Rechtsfolge für die Gesellschaft bzw. ihrer Leitung, Ansprüche und Pflichten ausgelöst werden. So ist gerade in Hinblick auf den abfindungszahlenden Vorstand fraglich, inwieweit neben aktienrechtliche Folgen auch etwaige strafrechtliche Konsequenzen auftreten können – dies wird vornehmlich bei einer zu prüfenden Teilnahmestrafbarkeit des Berufsklägers gemäß den §§ 266, 26 StGB von Interesse sein.

aa) Folgen für die Gesellschaft

aaa) Rückgewähransprüche

Grundsätzlich untersagt das Prinzip des Verbots der Rückgewähr von Einlagen (§§ 57 I, 58 V AktG) der Gesellschaft, an Aktionäre „Entschädigungszahlungen" zu tätigen. Sind diese bislang nicht erfolgt, so hat die Gesellschaft davon abzusehen.[328] Hat sich die Unternehmensleitung jedoch darüber hinweg gesetzt und Zuwendungen getätigt, müssen die Zahlungen von den Aktionären zu-

326 *Feltkamp* in: Anfechtungsklage und Vergleich im Aktienrecht, S. 135.

327 *Bison* in: Missbrauch der Anfechtungsklage durch den Aktionär, S.223 f.; *Feltkamp* in: Anfechtungsklage und Vergleich im Aktienrecht, S. 156 ff.

328 *Bison* in: Missbrauch der Anfechtungsklage durch den Aktionär, S. 221.

rückgefordert werden. Dies resultiert daraus, dass die §§ 57, 53a AktG nach h.M. Verbotsgesetze gemäß § 134 BGB mit der Folge darstellen, dass die Gesellschaft Vereinbarungen, die gegen dieses Verbot verstoßen, nicht erfüllen darf.[329] Je nach Rückgewährsituation und Empfänger der Leistungen sind hieraus nun verschiedene Rechtsfolgen abzuleiten:

Erfolgen offene Verstöße etwa in der Variante unmittelbarer Abfindungszahlungen an den Aktionär, der zuvor mit entsprechender Motivation an die Gesellschaft herangetreten ist,[330] so sind nach ganz überwiegender Ansicht gleichermaßen Verpflichtungs- und Verfügungsgeschäft mit der Folge nichtig, dass der Beklagten Ansprüche aus §§ 812 ff. BGB und §§ 985 ff. BGB zustünden.[331] In Hinblick auf die bereicherungsrechtliche Abwicklung ist jedoch anerkannt, der aktienrechtlichen Spezialnorm des § 62 AktG den Vorrang einzuräumen.[332] Vorteil hierbei ist, dass § 62 AktG in Tatbestand und Rechtsfolge unabhängig von den sonst in erster Linie zuständigen §§ 812 ff. BGB und bis auf die Ausnahme des Absatz 1 Satz 2, unabhängig von einem Verschulden des Empfängers besteht. Die Gesellschaft muss von daher nicht die Schwächen der bereicherungsrechtlichen Vorschriften aus §§ 814; 817 Satz 2 sowie § 818 III BGB fürchten und kann sich auf die zehnjährige aktienrechtliche Sonderverjährungsfrist des § 62 III AktG berufen.[333]

Handelt es sich hingegen um einen Fall der verdeckten Einlagenrückgewähr bei Umgehungsgeschäften, so ist zumindest nach ganz h.M. das Verpflichtungsgeschäft nichtig – und unterliegt da-

329 *Cahn/Senger* in: Spindler/Stilz, § 57 Rn. 83 m.w.N.

330 Vgl. hierzu den Sachverhalt in der Sache *Nanoinvests AG*, S. 8 f. – hier drohte der Berufskläger Klaus Zapf bereits in der Hauptversammlung mit einer Klageerhebung für den Fall, dass seinen Forderungen nicht entsprochen werde.

331 *Lutter* in: Kölner Kommentar, § 57 Rn. 62.

332 *Lutter* in: Kölner Kommentar, § 57 Rn. 62; *Bison* in: Missbrauch der Anfechtungsklage durch den Aktionär, S. 221.

333 *Cahn/Senger* in: Spindler/Stilz, § 57 Rn. 83.

mit gemäß § 62 AktG ebenso der Rückgewährpflicht.[334] In Hinblick auf das Erfüllungsgeschäft besteht keine Einigkeit, wobei die traditionellere Lehre dafür plädiert, auch hierfür Nichtigkeit anzunehmen.[335] Dagegen wird mitunter auf den Doppelcharakter des Geschäfts (Einlagenrückgewähr und Verkehrsgeschäft) hingewiesen.[336] Andere sprechen sich ganz für eine Abkehr von der traditionellen Nichtigkeitslehre aus und sehen § 62 AktG als abschließende Spezialregelung an.[337] Dabei kann zumindest festgehalten werden, dass die Frage, inwieweit verdeckte Geschäfte Vindikationsansprüche auslösen, ohnehin nur dann eine Rolle spielt, wenn der Aktionär in Insolvenz gefallen ist und daher nur bereicherungsrechtliche Ansprüche bzw. Ansprüche aus § 62 AktG zur Tabelle angemeldet werden können. Kern des Rückerstattungsanspruchs ist bis zu diesem Zeitpunkt jedenfalls der vorzugswürdigere rechnerische Vermögensausgleich im Gesellschaftsvermögen, nicht die Rückerstattung bestimmter Gegenstände.[338]

Anders verhält es sich wiederum in den Fällen der Drittbeteiligung. Handelt es sich um Leistungen an einen Dritten gilt zunächst die Nichtigkeitsfolge des § 134 BGB nicht ohne weiteres. Denn Dritte haften grundsätzlich nicht nach § 62 AktG; so dass ausschließlich die §§ 812, 985 ff. bzw. §§ 823 ff. BGB anzuwenden wären.[339] Entscheidend sind demnach subjektive Maßstäbe; hat der Dritte Kenntnis von der verbotenen Einlagenrückgewähr – wie es bei den selten vorkommenden Leistungen an einen gesetzlichen Vertreter des Aktionärs anzunehmen ist – können Ausnahmen

---

334 *Lutter* in: Kölner Kommentar, § 57 Rn. 67; *Hüffer* in: AktG, § 57 Rn. 23 m.w.N.

335 *Hüffer* in: AktG, § 57 Rn. 23 m.w.N.

336 *Lutter* in: Kölner Kommentar, § 57 Rn. 69ff. m.w.N.

337 *Fleischer* in: Schmidt/Lutter, § 57 Rn. 52 m.w.N.

338 *Raiser/Veil* in: Recht der Kapitalgesellschaften, § 19 Rn. 11.

339 *Hüffer* in: AktG, § 62 Rn. 5.

vom Prinzip der Nichtanwendbarkeit des § 62 AktG gemacht werden.[340]

Erfolgen wiederum Leistungen durch einen Dritten an den Aktionär etwa in Form eines mittelbaren Umgehungsgeschäfts, ist mangels Verbundenheit zwischen Gesellschaft und Drittem der Auftrags- oder Geschäftsbesorgungsvertrag unwirksam, so dass ein Aufwendungsersatzanspruch nach § 670 BGB nicht greift.[341] Handelt es sich beim Dritten hingegen um ein verbundenes Unternehmen, das an den Aktionär gezahlt hat, ist er in analoger Anwendung des § 57 AktG als Verbotsadressat anzusehen, so dass das Unternehmen gemäß § 62 AktG Rückerstattung an sich verlangen kann.[342]

Eine ausführliche Darstellung der Streitstände bedarf es vorliegend nicht. In Hinblick auf eine strafrechtlich relevante Prüfung gilt zunächst die Feststellung, dass die Gesellschaft in Fällen der Zuwendungen, die unter Verletzung des Grundsatzes des Verbots der Einlagenrückgewähr erfolgt sind, gemäß § 62 AktG die Pflicht der Rückgewähr trifft. Angesichts der mannigfaltigen Sachverhaltsvarianten berufsklägerischen Vorgehens ist dabei lediglich grundsätzlich von Interesse, ob und inwiefern diese Pflicht der Gesellschaft für das Vorstandsmitglied als strafrechtsrelevante natürliche Person maßgebliche Folgen hat.

340 *Hüffer* in: AktG, § 62 Rn. 5 m.w.N; § 57 Rn. 14; *Schmidt* in: Großkommentar AktG, § 245 Rn. 82; a.A. *BGH* in: NJW 1992, 2821 (2821).

341 *Lutter* in: Kölner Kommentar, § 57 Rn. 71.

342 *Lutter* in: Kölner Kommentar, § 57 Rn. 72.

bbb) Schadensersatzansprüche

Ebenso zu berücksichtigen sind insbesondere Schadenseratzansprüche, die auf Deliktstatbestände[343] gestützt werden (§ 823 II BGB i.V.m. §§ 240, 253 StGB; § 826 BGB).[344] Denn die Gesellschaft kann in aller Regel neben den ihr ohnehin zustehenden Rückabwicklungsansprüchen noch weitere Schadensposten aufgrund der rechtsmissbräuchlichen Vorgehensweise geltend machen. Auch in Fällen, in denen es nicht zu einer Auskehr von Leistungen kommt (z.B.: in der Sache Nanoinvests), erleidet sie dennoch Schäden durch die mangelnde Umsetzung der von der Hauptversammlung beschlossenen Maßnahme, die ihr während der Dauer des Rechtsstreits bis zum Abschluss des Vergleichs entstanden sind. Hier ist vornehmlich an Verzögerungs- und Verhinderungsschäden zu denken;[345] und schließlich kommt als Schaden der Vermögensverlust in Betracht, den der Opponent für sich oder einen Dritten verlangt.[346] Ist es indes zu einer Klageabweisung durch das Gericht gekommen, so sind diejenigen Schadenspositionen für die Gesellschaft beachtlich, die sich bis zum des Ausgang des Rechtsstreits ergeben haben.

In der Vergangenheit ist vereinzelt immer wieder über einen Schadensersatzanspruch der Gesellschaft aus § 826 BGB diskutiert

343 *Schmidt* in: Großkommentar AktG, § 245 Rn. 84; *Diekgräf* in: Sonderzahlungen an opponierende Kleinaktionäre, S. 123.

344 Ebenso ist stets ein Schadensersatzanspruch gemäß § 117 AktG anzudenken, wobei hier dem Aktionär nachgewiesen werden müsste, seinen Einfluss auf die Gesellschaft benutzt zu haben, um den Vorstand zu einer bestimmten Handlung veranlasst zu haben – ob die dazu erforderliche Intensität seines Einflusses ausreicht, damit der Aktionär das Handeln der Gesellschaft faktisch mitbestimmt, wird in aller Regel wohl kaum nachweisbar sein; vgl. insoweit: *Bison* in: Missbrauch der Anfechtungsklage durch den Aktionär, S. 226; *Feltkamp* in: Anfechtungsklage und Vergleich im Aktienrecht, S. 135.

345 *Feltkamp* in: Anfechtungsklage und Vergleich im Aktienrecht, S. 134.

346 *Martens/Martens* in: AG 2009, 173 (174).

worden. So hatte der BGH bereits 1992 in der Sache AMB/BfG den beratenden Rechtsanwalt des Kleinaktionärs Karl-Walter Freitag aufgrund seines Mitwirkens bei den Verhandlungen über die Zahlung der unzulässigen Abfindungsbeträge gegen Rücknahme einer Anfechtungsklage unter anderem aus § 826 BGB als schadensersatzpflichtig angesehen und die Sache an das Berufungsgericht zurückverwiesen.[347]

Aufsehen erregten jedoch die jüngst ergangenen Urteile der Landgerichte Frankfurt am Main und Hamburg.[348] In der bereits dargestellten Sache Nanoinvests AG sprach das Gericht der Gesellschaft einen Schadensersatzanspruch aus § 826 BGB zu; der Schaden begründe sich in der Vereitelung einer Erwerbsaussicht, die sich mit dem Beschluss der Kapitalerhöhung auf der Hauptversammlung ergeben hatte. Das Gericht sah den erhobenen Einwand des Rechtsmissbrauchs vonseiten der Nanoinvests AG als erwiesen an und wies die Anfechtungsklage folgerichtig als unbegründet ab; zugleich – und hierin liegt das Bemerkenswerte der Entscheidung – begründe das rechtmissbräuchliche Verhalten Zapfs eine vorsätzliche sittenwidrige Schädigung der Gesellschaft nach § 826 BGB.[349] Das OLG Frankfurt am Main bestätigte mit seinem Urteil vom

347 *BGH* in: NJW 1992, 2821.

348 Vgl. oben Kapitel 1, S. 22 f.; *LG Frankfurt/Main* in: ZIP 2007, 2034. mit Anm. von *v. Falkenhaus/Baus*, S. 2037; weitere Anm. von *Peters* in: NZG 2007, 935 ff.; noch im Jahre 1999 hatte das *Landgericht Frankfurt am Main* einen Schadensersatzanspruch der Gesellschaft aus § 826 BGB gegenüber einem ihrer Minderheitsaktionäre mit der Begründung abgelehnt, dass eine Vielzahl erfolgloser Rechtsbehelfe gegen Maßnahmen der Gesellschaft zwar ein Indiz für den Rechtsmissbrauch darstelle, aber für einen Schadensersatzanspruch noch nicht ausreichend sei, vgl. hierzu *LG Frankfurt/Main* in: AG 1999, 473.

349 *LG Frankfurt/Main* in: ZIP 2007, 2034; das Gericht argumentierte im Wesentlichen über die Relation des verwendeten Mittels (Anfechtungsklage) zu dem angestrebten Zweck (Sondervorteil, hier die Erlangung von Bezugsrechten im Rahmen der Kapitalerhöhung) unter gleichzeitigem Missbrauch einer den Aktionären vom Gesetz eingeräumten Position. Nach *Schmidt* ist die Sittenwidrigkeit iS von § 826

13. Januar 2009 die Vorinstanz.[350] In der Sache F-VAG/equitrust AG gewährte das Landgericht Hamburg erstmals einem Aktionär einen Schadensersatzanspruch aus § 826 BGB infolge rechtsmissbräuchlichen Handelns der beklagten Mitaktionäre.[351]

Inwieweit künftig Gerichte sich der Rechtsprechung des Oberlandesgerichts anschließen werden, ist derzeit noch offen; gegen das Urteil des Landgerichts Hamburg wurden zunächst Rechtsmittel eingelegt. Und nicht jeder Sachverhalt wird so eindeutig wie in der Sache Nanoinvests AG sein und des opponierenden Aktionärs Zapf sein. Eine erstrebenswerte Beweislage entsteht jedenfalls dann, wenn ein opponierender Aktionär seine Absichten bereits in der Hauptversammlung offen darlegt.

In diesem Zusammenhang stets anzudenken sind auch Schadensersatzansprüche aus § 823 II BGB i.V.m. strafrechtlichen Vorschriften, wobei diese bislang nicht Schwerpunkt in der Judikatur gewesen sind.[352] So hatte der BGH in dessen bereits angesprochenen Entscheidung aus dem Jahr 1992 den Rechtsanwalt nebst aus § 826 BGB ebenso aus § 823 II BGB i.V.m. §§ 253, 25, 27 StGB zur Zahlung von Schadensersatz angehalten, wobei dieser die Entscheidung weitestgehend mit dem Verweis auf die Erwägungen zur Anspruchsbegründung des § 826 BGB belegt hat. Nach Ansicht des BGH reiche es so für die Annahme des objektiven Tatbestandes der Erpressung (aus Täterschaft oder Teilnahme) aus, dass der Widerspruch bzw. die Anfechtungsklage in der Erwartung erhoben sind, die Aktiengesellschaft werde zahlen. Nicht entscheidend sei indes, dass die Aktionäre gerade nicht von sich aus mit der Geltendmachung der Ansprüche an die Aktiengesellschaft herangetreten sind.[353]

BGB bei der Erstrebung unerlaubter Sonderzahlungen ausnahmslos zu bejahen, vgl. *Schmidt* in: Großkommentar AktG, § 245 Rn. 84.

350 Vgl. oben Kapitel 1, S. 22; *OLG Frankfurt/Main* in: NZG 2009, 222.

351 Vgl. oben Kaptel 1, S. 23.; *LG Hamburg* in: WM 2009, 1330.

352 *BGH* in: NJW 1992, 2821.

353 *BGH* in: NJW 1992, 2821 (2823).

bb) Folgen für den Vorstand

Aufgrund der Nichtigkeit etwaiger Zahlungsvereinbarungen zwischen Gesellschaft und Aktionär ergibt sich für den Vorstand als Vertretungsorgan des beklagten Unternehmens ein striktes Zahlungsverbot. Sind dennoch Zahlungen erfolgt, so ist er verpflichtet, diese im Namen der Gesellschaft zurückzufordern.[354] Denn mit Auszahlung der Abfindung hat sich der Vorstand gemäß § 93 II, III Nr. 1, 2, 5 AktG schadensersatzpflichtig gemacht, für die vollständige Rückzahlung der Zuwendungen haftet er persönlich[355]. Dass im Innenverhältnis Vorstand/Gesellschaft, vor dem Hintergrund drohender Schadensersatzansprüche aus Pflichtverletzung, die missbräuchlichen Sonderzahlungen aus Notstandsgesichtspunkten gerechtfertigt sein könnten,[356] ändert zunächst nichts an ihrer Rechtswidrigkeit im Außenverhältnis zum Aktionär und ist entsprechend an anderer Stelle unter dem Aspekt der Strafbarkeit der Berufsopponenten etwa im Sinne einer Anstiftung zur Untreue (§§ 266, 26 StGB) zu diskutieren.

III. Resümee und Überleitung zum Strafrecht

Kann der Anfechtungsklage der Einwand des Rechtsmissbrauchs entgegengehalten werden, ist die Klage unbegründet und dementsprechend abzuweisen. Die ursprünglichen Kläger werden selber zu Beklagten und können sodann aus Rückgewähr- und Schadensersatzansprüchen in Leistung genommen werden. Die tour d'horizon im vorangestellten Kapitel zum Anfechtungsrecht hat dies hinreichend verdeutlicht. In diesem Zusammenhang bemer-

354 *Bison* in: Missbrauch der Anfechtungsklage durch den Aktionär, S. 224.

355 *Kiethe* in: NZG 2004, 489 (492); *Raiser/Veil* in: Recht der Kapitalgesellschaften, § 14 Rn. 78 f.

356 *Cahn/Senger* in: Spindler/Stilz, § 57 Rn. 43; *Lutter* in: FS 40 Jahre Der Betrieb, S. 207.

kenswert ist die fortwährend bestehende Relevanz der Thematik; die bereits schon erstmals den Gesetzgeber der Aktienrechtsreform 1884 beschäftigte.

Vor dem Hintergrund der Ergebnisse der besprochenen empirischen Studien genießt der „Missbrauch des Anfechtungsrechts" in den letzten Jahren Hochkonjunktur. Die Opponenten ließen sich dabei von etwaigen Reformbestrebungen allerdings wenig beeindrucken und reagierten mit dem einzig aus ihrer Sicht vernünftigen Wege und passten ihre Methoden den in der aktienrechtlichen Rechtsprechung entwickelten Grundsätzen an. Wegen der mannigfaltigen Sachverhaltsvarianten sind kategorisierte Maßstäbe, an denen der Rechtsmissbrauch gerichtlich „abgeprüft" werden könnte, kaum fassbar. Probleme der Nachweisbarkeit und die Notwendigkeit, sich auf Indizien stützen zu müssen, stellen immerfort Hürden dar. Für die betroffenen Gesellschaften ist von daher der Vergleich häufig die noch effizienteste und vor allen Dingen schnellstmögliche Handhabe, um sich von den lästigen Anfechtungsklagen freizukaufen. Zwar bleibt im Nachhinein der Trost, Anspruchsberechtigte von Rückgewähr- und Schadensersatzansprüchen zu sein, – wobei in Fällen der verbotenen Ausschüttung von Einlagen die Gesellschaft noch durch die Verpflichtung zur Rückgewähr nach § 62 AktG belastet wird, doch spielt diese Kenntnis eine sekundäre Rolle, denn die Umsetzung der gefassten Hauptversammlungsbeschlüsse unterliegt zeitlichen Parametern, die sich die Aktionäre zu Nutze machen.

Als Träger der Beweislast zur Geltendmachung des Einwands des Rechtsmissbrauchs sehen sich die Gesellschaften auch im Prozess regelmäßig dem Risiko ausgesetzt, den Nachweis nicht führen zu können; misslingt dieser, sind in aller Regel Rückgewähr- oder Schadensersatzansprüche unbegründet.

Das in Kraft getretene ARUG, das unter anderem zur weiteren Eindämmung des Klagegewerbes beiragen soll, ist ausreichender Beleg für die Bestrebungen des Gesetzgebers, effiziente Lösungen zu schaffen, wobei er sich dem immanentem Problem ausgesetzt sieht, das Postulat des Minderheitenschutzes des Aktienrechts nicht zu weitreichend zu Gunsten der Kapitalgesellschaften zu beschneiden.

Die aktienrechtliche Literatur beschäftigt sich immerfort mit Vorschlägen de lege feranda zur Bekämpfung des Missbrauchs des Anfechtungsrechts.[357] Die Lektüre der Ausführungen führt zu der Feststellung, dass zur semantischen Umschreibung der Methoden von Berufsopponenten gerne auf strafrechtliche Termini zurückgegriffen wird.

Schon den Gesetzesmaterialien der Aktienrechtsreform zu 1884 lässt sich der Passus der *„erpresserischen und chikanösen Anfechtungsklagen“*[358] entnehmen. *Lutter* prägte im Jahre 1988 erstmals den Begriff der „räuberischen Kleinaktionäre“[359], wobei der Terminus „Räuber“ sicherlich eher im strafrechtlichen – oder, um den Rückgriff auf das Strafrecht im semantisch-judiziellen Sinne zu vermeiden, im moralisch vorwerfbaren, als in einem sonstigen Sinne interpretiert werden kann. Signifikanterweise wird das Verhalten der räuberischen Kleinaktionäre vornehmlich in den strafrechtlichen Zusammenhang der Erpressung (§ 253 StGB) gebracht, so dass die Formulierung „Räuber“ vor diesem Hintergrund eher unverständlich wirkt, da zumindest aus strafrechtlicher Sicht der Raub ein Eigentumsdelikt darstellt, während die Erpressung ein Vermögensdelikt ist. Gleichwohl erscheint der Terminus „Räuber“ unabhängig von einer judiziellen Einordnung, sicherlich plakativ eindringlicher und von daher in jedem Fall vor einem moralischen Hintergrund einprägsamer.

Betrachtet man das nun häufig beschriebene Handeln der Berufskläger, scheint tatsächlich ein Rückgriff auf strafrechtlich relevantes Verhalten – so wohl die allgemeine Ansicht in der aktienrechtlichen Literatur – naheliegend.[360] Doch stellt sich sogleich

357 Vgl. a.a.O., S. 65; Fn. 231, 232.

358 Vgl. a.a.O., Fn. 216.

359 Vgl. oben Kapitel 1, Fn. 2.

360 Zumindest den Tatbestand der (versuchten) Erpressung sieht die aktienrechtliche Literatur beim Abkauf von Anfechtungsklagen als verwir-

die Frage, ob eine derartige Schlussfolgerung ohne weiteres getätigt werden kann. Einwandfrei sind bestimmte methodische Sachverhaltsvarianten hinreichend als aktienrechtlich rechtsmissbräuchlich bestimmt worden – doch sind daraus strafrechtliche Konsequenzen zu folgern?

Auch wenn das Postulat der Einheit der Rechtsordnung auf den ersten Blick hierfür sprechen mag, ist doch nicht außer Acht zu lassen, dass das Strafrecht in seiner Anwendung Ultima Ratio zu sein hat, und nur zum Einsatz kommen soll, wenn mildere Mittel nicht greifen. So wird doch zusammengefasst die Frage aufgeworfen, inwieweit zivilrechtlich rechtsmissbräuchliches Handeln strafrechtlich relevant ist? Um diese beantworten zu können, bedarf es einer präzisen Prüfung der Sachverhalte unter strafrechtlichten Gesichtspunkten.

Es besteht weiterhin ein Mangel an höchstrichterlicher und obergerichtlicher Judikatur der Strafsenate zu dieser Thematik. Zwar hat der gesellschaftsrechtliche Senat des BGH im Rahmen der AMB/BfG – Entscheidung zwecks Prüfung von Ansprüchen aus Delikt i.V.m. mit strafrechtlichen Schutzgesetzen inhaltlich zu den Tatbeständen der §§ 253, 266, 27, 25 StGB Stellung genommen. Doch handelte es sich hierbei um eine wenig detaillierte Würdigung, der Schwerpunkt der Entscheidung lag in der Prüfung eines Schadensersatzanspruches aus § 826 BGB.[361] Das Gesetzgebungsverfahren von 1965 sah im Regierungsentwurf bereits den Vorschlag einer Strafvorschrift zum Abkauf von Anfechtungsrechten vor, der jedoch verworfen wurde. Obwohl es in der Vergangenheit im Zusammenhang mit dem Abkauf von Anfechtungsklagen immer wieder zur Erstattung von Strafanzeigen gekommen ist, ist bislang eine Anklage ausgeblieben.

---

licht an; vgl. *Schmidt* in: Großkommentar AktG, § 245 Rn. 92; *Kiethe* in: NZG 2004, 489 (492); *Korte* in: Zur missbräuchlichen Wahrnehmung der aktienrechtlichen Anfechtungsbefugnis, S.109; *Bison* in: Missbrauch der Anfechtungsklage durch den Aktionär, S. 227 ff.

361 Vgl. a.a.O., S. 88.

Zusammengefasst stellt sich damit die Frage, inwiefern das beschriebene Verhalten der Berufskläger Straftatbestände des Kernstrafrechts verwirklichen könnte.

Kapitel 3: Strafrechtliche Würdigung des Sachverhalts

§ 1 Konkretisierung des Sachverhalts

Martens versuchte einst in einer Fußnote eines Aufsatzes den Tätertypus des Berufsklägers zu beschreiben:

> *„Freilich ist zu bedenken, dass der Tätertyp nicht dem herkömmlichen Typus eines Erpressers entspricht. Er tritt offen auf, weist alle Merkmale einer bürgerlichen Existenz auf, verfügt zumeist über ausreichendes Privatvermögen, einen festen, der Gesellschaft bekannten Wohnsitz und betrachtet seinen Zugriff auf das Gesellschaftsvermögen ohne strafrechtliches Unrechtbewusstsein.*"[362]

Aufgrund einer Tätertypisierung des Berufsklägers ist zumindest der empirisch auffällige Opponent stets dem Risiko eines Stigmatisierungsprozesses bei der Inanspruchnahme der durch das Aktiengesetz legitimierten Aktionärsrechte ausgesetzt. Die Brücke zum Strafrecht und zur vorschnellen Annahme von Deliktsverwirklichungen wird dabei schnell geschlagen. Im Folgenden soll daher anhand verschiedener Sachverhaltskonstellationen eine umfassen-

---

362 *Martens* in: AG 1988, 118 (121) (Fn. 19).

de Prüfung eines möglichen strafrechtlich relevanten Verhaltens von Berufsklägern erfolgen.

Zunächst wird davon ausgegangen, dass eine Einigung zwischen Berufsopponenten und Unternehmensleitung anderweitig als durch Prozessurteil erfolgt ist. Sodann wird der Blickwinkel einer möglichen Strafbarkeit auf die Annahme ausgerichtet, dass ein klageabweisendes Endurteil erfolgt ist. Zum Schluss werden die gefundenen Ergebnisse unter dem Gesichtspunkt der Einschaltung Dritter (Leistungen erfolgen an einen Dritten bzw. durch einen Dritten, vornehmlich die Mehrheitsaktionärin) beleuchtet.

§ 2 Strafrechtliche Würdigung der aufgeworfenen Sachverhaltsvarianten

A. Sachverhaltskonstellation: (aktienrechtliches) Endurteil bleibt aus/Einigung erfolgt anderweitig

I. §§ 240, 253 StGB (z. N. der Gesellschaft)

Zu prüfen ist, ob und unter welchen Umständen sich der (opponierende) Aktionär durch den Abkauf seiner Anfechtungsrechte gemäß den §§ 240 I, 253 I StGB wegen Nötigung und/oder Erpressung strafbar machen könnte.

1. Tatbestandsmäßigkeit

a) Objektiver Tatbestand

aa) Nötigungsmittel: Drohung mit einem empfindlichen Übel

Zunächst ist davon auszugehen, dass der Berufsopponent in der Hauptversammlung Widerspruch eingelegt sowie entweder fristgemäß Anfechtungsklage nach §§ 246 I, 243 AktG erhoben hat oder sich zumindest noch in dem Zeitraum der einmonatigen Klagefrist befindet.

Für die nachfolgende Prüfung der Nötigungshandlung ist einzig die Modalität der *Drohung mit einem empfindlichen Übel* von Interesse. Dabei hat die Formulierung des § 253 StGB denselben Inhalt wie in § 240 StGB und kann von daher in beiden Vorschriften nur einheitlich ausgelegt werden.[363]

aaa) Drohung

(1) Definition

Eine *Drohung* ist nach gängiger Definition das Inaussichtsstellen eines künftigen Übels, auf dessen Eintritt der Drohende Einfluss hat oder zu haben vorgibt.[364] Dem Bildnis einer Drohung ist immanent, dass der Drohende das Opfer durch die typische *Wenn* (erstrebte Opferreaktion) – *Dann* (angekündigtes Übel) – *Beziehung* in eine Zwangslage versetzt.[365] Dabei ist ein *Übel* jeder Nachteil, jede Einbuße an Werten.[366]

Eine engere Begriffsbestimmung des „Übels" kann nicht gelingen, da der durch § 240 StGB garantierte Schutz individueller Verhaltensfreiheit eine Generalisierung von Motivationskriterien verbietet.[367] Dabei kann das Übel – vorerst unabhängig von der Frage von dessen tatbestandlich notwendiger *Empfindlichkeit* – bereits vor dem Hintergrund der zu untersuchenden Problematik und der daraus resultierenden Mannigfaltigkeit an Handlungsalternativen nicht in pauschalisierten Formen kategorisiert werden.

363 *Herdegen* in: LK, § 253 Rn. 2; *Maurach/Schroeder/Maiwald* in: Strafrecht BT 1, § 13 Rn. 25.

364 *Fischer* in: StGB, § 240 Rn. 31.

365 *Gropp/Sinn* in: MüKo-StGB, § 240 Rn. 68.

366 *Wessels/Hettinger* in: Strafrecht BT 1, § 8 Rn. 404.

367 *Gropp/Sinn* in: MüKo-StGB, § 240 Rn. 2, 69.

Richtig erscheint es, dem Begriff des Übels alle nachteiligen Sachverhalte unterzuordnen. Vergangene Versuche, das Übel von einer bloßen Unannehmlichkeit zu differenzieren,[368] die jedoch letzten Endes an tauglichen Abgrenzungskriterien scheiterten, erscheinen wenig praktikabel und im Grunde nach nicht von Nöten.[369] Denn insoweit wird doch jeder nachteilige Sachverhalt für den Betroffenen ein Übel sein, der ihm immanent wiederum eine Unannehmlichkeit bereiten wird.[370]

Von mehr Gewicht ist, dass das angedrohte Übel in einem Tun, aber auch in einem Unterlassen bestehen kann; wobei letztere Variante vorliegend explizit nicht auf die Drohung *durch* Unterlassen anspielt (= Übel wird durch schlichte Untätigkeit in Aussicht gestellt[371]). Hiervon stets zu unterscheiden ist die Drohung *mit* einem Unterlassen, wobei der Täter das in aller Regel durch aktives Tun in Aussicht gestellte Übel im Wege des Unterlassens herbeiführen will. Soll das Übel auf diese Weise herbeigeführt werden, war und ist weiterhin umstritten,[372] ob eine Drohung mit einem Unterlassen überhaupt angenommen werden kann, wenn den Täter keine Rechtspflicht zur Beseitigung des Übels trifft bzw. ob Einschränkungen diesbzgl. bei der Prüfung der Verwerflichkeit nach § 240 II StGB vorzunehmen sind.

Folglich ist es zunächst unerlässlich, die Sachverhaltsvarianten des Handelns von Berufsklägern vor dem Aspekt des Übeleintritts durch Drohung entweder mit einem Tun oder einem Unter-

---

368 Zwar lässt sich bei Lektüre von Rechtsprechung und Literatur überwiegend die Anmerkung entnehmen, dass ein Übel jede über Unannehmlichkeiten hinausgehende Einbuße an Werten darstelle, aber wird nicht erläutert, anhand welcher Kriterien eine Abgrenzung effektiv zu erfolgen hat; vgl. hierzu: *Eser* in: Schönke/Schröder, § 240 Rn. 9; *BGH* in: NStZ 1982, 287.

369 *Gropp/Sinn* in: MüKo-StGB, § 240 Rn. 69.

370 *Sinn* in: Die Nötigung im System des heutigen Strafrechts, S. 225.

371 *Zopfs* in: JA 1998, 813 (813).

372 Vgl. zum Streitstand: *Eser* in: Schönke/Schröder, § 240 Rn. 20.

lassen aufzuzeigen. Denn anhand der unterschiedlichen Ergebnisse wird sich zeigen, weshalb die Thematik Drohung mit einem Unterlassen bis heute nicht zu einem einheitlichen Meinungsstand in Literatur und Rechtsprechung geführt hat.

(2) Tun oder (aktives) Unterlassen?

Zunächst kommen diverse Handlungsalternativen in Betracht:

Nr. 1: Der Aktionär wendet sich an die Gesellschaftsverwaltung mit der Maßgabe, dass, falls keine Leistung erfolge, Anfechtungsklage erhoben werde.

Nr. 2: Der Aktionär wendet sich an die Gesellschaftsverwaltung mit der Maßgabe, dass gegen Leistung keine Anfechtungsklage erhoben werde.

Nr. 3: Der Aktionär wendet sich an die Gesellschaftsverwaltung mit der Maßgabe, dass, falls keine Leistung erfolge, die Anfechtungsklage aufrecht erhalten bleibe.

Nr. 4: Der Aktionär wendet sich an die Gesellschaftsverwaltung mit der Maßgabe, dass, falls keine Leistung erfolge, der Widerspruch nicht zurückgezogen werde.

Nr. 5: Der Aktionär wendet sich an die Gesellschaftsverwaltung mit der Maßgabe, dass, falls keine Leistung erfolge, die Anfechtungsklage nicht zurückgenommen werde.

Nr. 6: Der Aktionär wendet sich an die Gesellschaftsverwaltung mit der Maßgabe, dass gegen Leistung die Anfechtungsklage zurückgenommen werde.

Der Vielzahl an Möglichkeiten ist zu entnehmen, dass für Pauschalisierungen kein Raum besteht. Letztlich wird es stets auf die Situation im Einzelfall ankommen, denn, wie bereits in den vorangegangenen Kapiteln ausführlich dargestellt, gibt es keinen einheitlichen Verhaltenskodex der Berufskläger. Insbesondere hat eine Drohung nicht zwingend ausdrücklich zu erfolgen; tatbestandsrelevant ist ebenso sehr eine sich aus dem Zusammenhang ergebende konkludente Drohung[373] – beispielsweise mittels Überreichung eines Vergleichsvorschlags, der entsprechende Abfindungsregelungen vorsieht.

Eine Kategorisierung der Drohungsalternativen ist daher zunächst einmal davon abhängig, ob der Täter zur Übelsherbeiführung noch tätig werden muss oder nicht.[374] Hieraus ergibt sich folgendes Bild:

Nr. 1: Übel hängt davon ab, ob infolge ausbleibender Leistung Anfechtungsklage erhoben wird (=**Tun**).

Nr. 2: Bei genauer Betrachtung hängt das Übel davon ab, ob der Aktionär bei ausbleibender Leistung Anfechtungsklage erhebt (= **Tun**); ein schlichtes Abwarten der Anfechtungsfrist wäre für den Aktionär wenig zuträglich, da die Klage insofern als unbegründet (= Präklusionsfrist) abgewiesen würde.

Nr. 3: Übel hängt davon ab, ob der Aktionär infolge ausbleibender Leistung die Klage aufrecht erhält (= **Tun**); es kann aber auch im Wege der Auslegung davon ausgegangen werden, dass stattdessen mit der Nichtrücknahme der Klage – einem **Unterlassen** – gedroht wird, insofern ist der Sachverhalt mehrdeutig.

Nr. 4: Übel hangt davon ab, ob der Aktionär bei ausbleibender Leistung den Widerspruch aufrechterhält, um im Rahmen der Anfechtungsfrist Klage zu erheben (= Anknüpfungspunkt kann sowohl die Nichtrücknahme des Widerspruchs – ein **Unterlassen**, als auch die Androhung der Erhebung der Klage – ein **Tun** sein).

Nr. 5: Übel hängt davon ab, ob der Aktionär bei ausbleibender Leistung die Klage aufrechterhält (= Anknüpfungspunkt kann dabei zunächst die Androhung der Nichtrücknahme der Klage – ein **Unterlassen** sein; wobei wiederum auch an

373 *Fischer* in: StGB § 240 Rn. 31.

374 *Zopfs* in: JA 1998, 813 (813).

ein Drohen mit dem Aufrechterhalten der Klage, ein **Tun**, gedacht werden könnte).

Nr. 6: Das Übel kann hier wiederum in zweierlei Alternativen bestehen, insoweit ist der Sachverhalt erneut mehrdeutig; entweder droht der Aktionär damit, die Klage aufrecht zu erhalten, also mit einem **Tun**, oder aber mit einem **Unterlassen**, indem er droht, bei Nichtleistung die Klage nicht zurückzunehmen.

Eine so deutliche Kategorisierung in ein ausschließlich mögliches „*Tun*" wie im ersten Fall gelingt offenkundig nicht immer. Häufig müssen Sachverhalte ausgelegt werden, um eine eindeutige Abgrenzung treffen zu können; im Zweifel können sich sogar mehrdeutige Ergebnisse ergeben (vgl. Nr. 3, 4, 5, 6). Die Nötigungsmacht des Täters beruht in diesen Fällen insbesondere darauf, dass er dem sich fügenden Opfer in Aussicht stellt, zu dessen Gunsten in einen laufenden nachteiligen Kausalprozess einzugreifen, er gibt somit vor, das Geschehen noch entscheidend beeinflussen zu können. So droht er mit seiner Passivität, weil sein Nichtstun den Eintritt eines empfindlichen Übels automatisch zur Folge hat.[375]

Dabei ist zunächst fraglich, auf welche Abgrenzungskriterien zurückgegriffen werden soll. Einige Vertreter in der Literatur orientieren sich an den Grundsätzen der Unterlassungsproblematik im Rahmen des § 13 StGB und stellen bei mehrdeutigen Sachverhalten auf den Schwerpunkt des strafrechtlich relevanten Verhaltens unter Berücksichtigung des sozialen Sinngehalts ab.[376] Ein Rückgriff auf die Abgrenzungskriterien des § 13 StGB erscheint jedoch vor dem Hintergrund, dass es sich bei einer Drohung mit einem Unterlassen im Kern um ein Begehungsdelikt und gerade nicht um ein unechtes Unterlassungsdelikt handelt, eher fraglich. Von daher halten einige Autoren eine effiziente Abgrenzung auch kaum für möglich

375 *Rengier* in: Strafrecht BT II, § 23 Rn. 46.

376 *Klein* in: Zum Nötigungstatbestand, S. 12; *Zopfs* in: JA 1998, 813 (814).

und stellen beispielsweise stattdessen darauf ab, ob überhaupt eine Drohung mit einem empfindlichen Übel vorliegt.[377]

Dagegen versucht *Schroeder* mittels Umkehrtechnik in jedem Drohen mit einem Unterlassen primär ein Angebot von Hilfe, das Inaussichtstellen eines Vorteils zu begründen.[378] *Schubarth* hingegen weist darauf hin, dass in Fällen, in denen der Drohende zuvor durch aktives Tun eine drohende Situation mit Dauerwirkung herbeigeführt hat – wovon sicherlich bei Erhebung einer Anfechtungsklage auszugehen ist, die bei mangelnder Gegenleistung nicht zurückgenommen wird (Nr. 5) – mittels Umdeutung an ihre Aufrechterhaltung, an das Tun angeknüpft werden kann.[379] Allerdings erscheint es schwierig, in allen Fällen eine Drohung mit einem aktiven Tun anzunehmen, in denen eine Leistung als Voraussetzung für die Vornahme einer Handlung verlangt wird, die bei ausbleibender Gegenleistung unterbliebe, denn auch hier – wie in den Fällen Nr. 3 und 6 angedeutet, kann wiederum auch auflösend bedingt mit der Nichtvornahme der Handlung und damit mit einem Unterlassen gedroht werden.[380] Dem zugrunde liegt der zunächst logische Schluß, dass in jedem Unterlassen spiegelbildlich ein Tun gegeben ist. Droht man damit, etwas zu tun, und verlangt nun gleichzeitig etwas für das Unterlassen, stellt man zwangsläufig das Angebot in Aussicht, das Angedrohte zu unterlassen, wenn der Bedrohte sich entsprechend verhält. In diesen Situationen ist jedoch zusätzlich zu bedenken, dass Inkonnexes (hier: Sondervor-

377 *Pelke* in: Die strafrechtliche Bedeutung der Merkmale „Übel" und „Vorteil", S. 43 ff.

378 *Schroeder* in: JZ 1983, 284 (287).

379 *Schubarth* in: NStZ 1983, 312 (313).

380 *Gössel/Dölling* in: Strafrecht BT 1, § 18 Rn. 69; a.A. *Schroeder* in: JZ 1983, 284 (286); *Maurach/Schroeder/Maiwald* in: Strafrecht BT 1, § 13 Rn. 27; Autoren sind der Annahme, dass in den genannten Fällen vielmehr ein Angebot von Vorteilen gegeben ist, mithin die Innaussichtstellung eines Vorteils, welches sodann unzulässigerweise in die Drohung mit einem Unterlassen der Gewährung des Vorteils umgedeutet wird.

teile) verlangt wird.[381] Insgesamt wird dadurch nicht das Schwierigkeitsmoment der Abgrenzung erleichtert; vielmehr besteht die Gefahr, sich im Formalismus zu verlieren.

Die Differenzierung spielt für die Prüfung des objektiven Tatbestandes eine erhebliche Rolle. Denn insoweit besteht Uneinigkeit, in welcher Art und welchem Umfang das Drohen mit einem Unterlassen überhaupt angenommen werden kann.

(3) Drohung mit einem Unterlassen:[382] Überblick zum Streitstand

(3.1.) Bis 1983: Rechtspflichttheorie

Bis zum Jahre 1983 war sowohl in Literatur als auch in der Rechtsprechung[383] die „Rechtspflichttheorie" vorherrschend, hiernach sollte eine Drohung mit einem Unterlassen lediglich tatbestandserfüllend angenommen werden, wenn den Täter eine Rechtspflicht[384] zur Abwendung des Übels treffe. Heißt wiederum, dass in Fällen einer mangelnden Rechtspflicht zum Handeln die Nichterfüllung des objektiven Tatbestands gegeben ist. Zusammengefasst, begründeten die Vertreter der Rechtspflichttheorie ihre Argumentation mittels einer Übertragung der Grundsätze für die Behandlung des

381 *Klein* im: Zum Nötigungstatbestand, S. 100.

382 Ein ausführlicher Überblick zum Streitstand findet sich bei: *Klein* in: Zum Nötigungstatbestand, S. 44–135; *Pelke* in: Die strafrechtliche Bedeutung der Merkmale „Übel" und „Vorteil", S. 10 bis 87 oder *Sinn* in: Die Nötigung im System des heutigen Strafrechts, S. 238 ff. m.w.N.

383 Umfassender Überblick an Verweisen findet sich bei *Pelke* in: Die strafrechtliche Bedeutung der Merkmale „Übel" und „Vorteil", S. 10 (Fn. 1 und 2).

384 Als Folge der Garantenpflicht und allgemeinen Rechtspflichttheorie erfasst die „Rechtspflicht" sowohl Garantenpflichten als auch allgemeine Rechtspflichten, die sich zum einen aus den Normen der Rechtsordnung und zum anderen aus einer vertraglichen Vereinbarung ergeben können; vgl. hierzu ausführlich *Klein* in: Zum Nötigungstatbestand, S. 54 ff.

unechten Unterlassens auch für die Drohung mit einem Unterlassen. So sollte ähnlich wie bei den unechten Unterlassungsdelikten, bei denen sich jemand nur strafbar macht, wer für die Erfolgsabwendung aufgrund Garantenstellung verantwortlich ist, im Falle des Drohens mit einem Unterlassen nur derjenige tatbestandserfüllend handeln, der infolge einer Garantenpflicht oder allgemeinen Rechtspflicht zum Handeln verpflichtet ist.[385] Ist dies nicht der Fall, werde kein von dem Täter zu verwirklichendes Übel angekündigt, sondern nur auf eine bestehende missliche Lage hingewiesen und ein Ausweg angeboten. In Aussicht gestellt werde dabei bloß das Unterlassen einer Hilfeleistung, mit einem zu verwirklichenden Übel werde hingegen nicht gedroht.

Trifft den Täter keine Rechtspflicht zum Handeln, sei er frei, etwas zu tun oder es zu unterlassen. Daher könne auch die Ankündigung, etwas nur unter bestimmten Bedingungen zu tun kein Unrecht darstellen, erweitert werde bloß in zulässiger Weise der Freiheitsbereich des Betroffenen.[386]

(3.2.) BGH: Beschluss vom 13. Januar 1983

Die allgemeine Rechtspflichttheorie stößt offenkundig an ihre Grenzen in Fällen, in denen jemand mit einem Unterlassen droht, jedoch ihn keine Rechtspflicht zur Abwehr des angedrohten Übels trifft. Als Schulbeispiel wird regelmäßig der Sachverhalt herangezogen, der im Jahre 1983 auf Initiative des OLG Stuttgart dem BGH zur Entscheidung vorgelegt worden ist.[387] Hier erbot sich

385 *Pelke* in: Die strafrechtliche Bedeutung der Merkmale „Übel“ und „Vorteil“, S. 12 f. m.w.N.

386 *Zopfs* in: JA 1998, 813 (814).

387 Vorlagebeschluss des *OLG Stuttgart* in: NStZ 1982, 161; BGHSt 31, 195 = NStZ 1983, 311; entsprechende Fallkonstellation zu § 253 StGB, *OLG Karlsruhe* in: NJW 2004, 3724: hier hatte ein Kaufhausdetektiv das Weiterleiten von Strafanzeigen wegen Ladendiebstahls von Zahlungen abhängig gemacht.

ein Kaufhausdetektiv gegenüber einer Minderjährigen, nachdem ein Kollege sie beim Ladendiebstahl ertappt hatte, gegen Beischlaf mit ihm die Strafanzeige zurückzunehmen. Eine Rechtspflicht zur Rücknahme einer Strafanzeige besteht nicht. Nach Ansicht der allgemeinen Rechtspflichttheorie wäre der objektive Tatbestand nicht erfüllt gewesen und folgerichtig eine Strafbarkeit aus § 240 StGB entfallen.

Der BGH schloss sich der bis dahin auch schon in der Literatur durchdringenden Ansicht[388] an und machte das Drohen mit einem Unterlassen nicht mehr von einer bestehenden Rechtspflicht abhängig. Entscheidend sei daher nicht, was der Täter tun oder unterlassen dürfe und ob das Opfer diese hinzunehmen hätte, sondern es komme ausschließlich darauf an, wie die Drohung zu bewerten ist.[389]

Hierfür entwickelte der BGH drei Kriterien, die als Auslegungshilfen heranzuziehen sind. Die Problemlösung sollte dabei auf den Ebenen der Tatbestandsmäßigkeit und der Rechtswidrigkeit vornehmlich im Rahmen der Verwerflichkeitsprüfung nach § 240 II StGB gefunden werden. Demnach sei maßgebend, dass die Drohung für den Bedrohten motivierende Kraft habe, und aus dessen Sicht der Täter derart Herr des Geschehens sei, so dass er das Gefühl vermitteln könne, Herbeiführung und Verhinderung des Nachteils stünden in seiner Macht.[390] Folglich sei die Ankündigung einer Drohung immer dann als solche anzusehen, wenn sie sozialwidrig als Druckmittel zu dem Zweck eingesetzt werde, den widerstrebenden Willen des Opfers in eine bestimmte Richtung zu lenken.[391] Damit verknüpfte der BGH den Schwerpunkt der Prüfung für beide Tätergruppen (Tun/Unterlassen) an die Korrelierung der tatbestandlichen Voraussetzungen mit dem Kriterium der Verwerf-

388 *Fischer* in: StGB, § 240 Rn. 34; *Eser* in: Schönke/Schröder, § 240 Rn. 20; *Volk* in: JR 1981, 274.

389 BGHSt 31, 195 (200).

390 BGHSt 31, 195 (201).

391 *Fischer* in: StGB, § 240 Rn. 34.

lichkeit. Denn, um eine Ausuferung der Verwerflichkeitsprüfung zu vermeiden, postulierte er erstmals höchstrichterlich das Selbstbehauptungsprinzip und forderte, dass die Drohung – unabhängig ihres Typus – bereits ein empfindliches Übel darzustellen hat, welches ein solches Ausmaß erreicht haben muss, bei dem von dem Bedrohten in seiner Lage nicht mehr erwartet werden könne, der Drohung in besonnener Selbstbehauptung standzuhalten.[392]

Kann das Opfer der Drohung in besonnener Selbstbehauptung nicht standhalten, müsse sodann die Verquickung von Mittel und Zweck nach allen bei der Wertung zu berücksichtigen Umständen verwerflich sein. Dieses Erfordernis führe im Ergebnis zu einer *„Ausscheidung der ‚Unterlassungsfälle', in denen nur der Handlungsspielraum des Bedrohten erweitert, die Autonomie seiner Entschlüsse jedoch nicht in strafwürdiger Weise angetastet wird."*[393]

(3.3.) Kritik und Stellungnahme

Die Literatur[394] teilt überwiegend die Ansicht des BGH, wonach die Rechtspflichttheorie den Begriff der Drohung mit einem Unterlassen zu restriktiv fasse. Insbesondere da sie vornehmlich bei mehrdeutig zu interpretierenden Fällen, wie sie oben anhand der Nr. 3, 4, 5 und 6 dargestellt worden sind, zu unübersichtlichen Ergebnissen führt. So ist unverständlich, weshalb das Rechtspflichtkriterium in den Unterlassungsfällen, nicht aber in den Fällen von Bedeutung sein soll, in denen das Übel mit einem aktiven Tun herbeigeführt werde (Erhebung der Anfechtungsklage, deren spätere Nichtrücknahme angedroht wird, s.o.).

392 BGHSt 31, 195 (201).

393 BGHSt 31, 195 (201).

394 *Gropp/Sinn* in: MüKo-StGB, § 240 Rn. 87; *Eser* in: Schönke/Schröder, § 240 Rn. 20; *Fischer* in: StGB, § 240 Rn. 34; im Ergebnis zustimmend: *Träger/Altvater* in: LK, § 240 Rn. 64; gilt auch für die Annahme einer Drohung nach § 253 StGB: *Sander* in: MüKo-StGB, § 253 Rn. 12; BGHSt 44, 251 (252).

Gegen den Vorstoß *Schubarths,* hierin stets die Anknüpfung an ein Tun, namentlich an das Aufrechterhalten des herbeigeführten Zustands zu sehen, wendet *Hillenkamp* den Vorwurf der *„schematisierende Rigorosität"* der Rechtspflichtlehren ein.[395] Dies erscheint nachvollziehbar, denn ist es nicht gerade der restriktive Umgang der Rechtspflichtlehren, der zu den Abgrenzungsschwierigkeiten und Umkehrversuchen führt?

Einige Stimmen befürchten indes eine unsachgemäße Ausuferung des Anwendungsbereiches der Verwerflichkeitsklausel, die ob ihres unbestimmten Charakters Anlass zur ineffektiven Erfassung des Problems bieten könnte. So wird weiterhin erörtert, das Problemfeld, über das Bestehen einer Rechtspflicht hinaus, im Tatbestand zu lösen. Währenddem *Horn* und andere Autoren weiterhin am Rechtspflichttheorienprinzip festhalten,[396] kritisiert beispielsweise *Klein* die Unbestimmtheit des vom BGH postulierten Selbstbehauptungsprinzips und versucht dieses - zwecks vollständiger Auflösung der Problematik auf Tatbestandsebene - zu konkretisieren, indem sie Fälle, in denen mit einem Unterlassen gedroht wird, bei Vorliegen einer *„Opfersituation mit Ausnahmecharakter"* annimmt.[397]

Der Rechtsprechung ist zu folgen, denn sie berücksichtigt die Motivationslage des Bedrohten und verliert sich letzen Endes nicht in zufälligen Formulierungsnuancen des Täters, die ausreichenden Anlass für Abgrenzungsschwierigkeiten bieten. Es ist nicht ersichtlich, weshalb Fälle, in denen keine Rechtspflicht zum Handeln besteht, vollständig der Tatbestandsebene zu entweichen haben - diese Verhaltensweisen aus dem Unrechtsbereich ausscheiden zu lassen, ist vielmehr eine Frage der Rechtfertigung. Für den Tatbestand maßgebend ist zunächst die Prüfung dessen, wer

395 *Hillenkamp* in: JuS 1994, 769 (770).

396 *Horn/Wolters* in: SK, § 240, Rn. 16; *Schubarth* in: NStZ 1983, 312 (313); siehe *Zopfs* in: JA 1998, 813 (815f.) und vornehmlich *Sinn* in: Die Nötigung im System des heutigen Strafrechts, S. 254 ff.

397 *Klein* in: Zum Nötigungstatbestand, S. 117 f; 136 ff.

Herr des Geschehens ist. Dass dem Opfer bei einem Drohen mit einem Unterlassen angeblich ein Vorteil bzw. ein Hilfsangebot in Aussicht gestellt wird, ist irrelevant – für den Bedrohten spielt dabei weniger der Verhaltenscharakter des angedrohten Übels (Tun oder Unterlassen), sondern vielmehr der Umstand eine Rolle, ob dieser einer Verschlechterung seiner Lage ausgesetzt werden oder bleiben soll. Es wird gerade nicht sein Entscheidungsspielraum in positiver Weise erweitert, sondern eine fremdbestimmte Zwangslage geschaffen, die aus Sicht des Opfers der einer durch positiven Tun geschaffenen Lage gleichsteht. Denn allein maßgebend ist die Wirkung der Bedrohung auf das Opfer und ob zwischen der Situationsverschlechterung bzw. Nichtabwendung einer drohenden Gefahr und dem abgenötigten Verhalten ein Zusammenhang besteht. Diesem Blickwinkel auf die Motivationslage des Opfers hatte sich die Rechtspflichttheorie vollständig entzogen und sich statt dessen auf etwaige Pflichten des Täters konzentriert. Der Rückgriff der Rechtspflichttheorie auf allgemeine Rechts- bzw. Garantenpflichten zur Begründung ihres Postulats erscheint hingegen dogmatisch nicht vorbehaltlos, da somit eine Einordnung der unechten Unterlassungsdelikte und damit zwangsläufig die Abgrenzung zur Drohung durch ein Unterlassen vermengt wird.[398]

Dass nunmehr die Prüfungsproblematik mitunter in die Verwerflichkeitsklausel verlagert wird, führt nicht zwingend zu einer Ausuferung ihres Anwendungsbereiches. Denn insoweit wird übersehen, dass bereits das Merkmal der „Empfindlichkeit“ (in concreto: Selbstbehauptungsprinzip) – auf das später noch ausführlicher eingegangen wird – ein zwingendes Regulativ der Drohungsalternativen im Bereich der Tatbestandsebene darstellt. Erst wenn hier die Drohung mit einem empfindlichen Übel angenommen werden kann, ist auf die Prüfung der Verwerflichkeit und damit auf die Unterlassungsproblematik einzugehen. Aber auch hier gilt, dass doch die Klausel des § 240 II StGB gerade deshalb geschaffen wurde, um als einschränkendes Korrektiv gegenüber der Tatbestandsebene zu

398 Siehe hierzu auch *Volk* in: JR 1981, 274 (274).

fungieren. So formuliert es auch der BGH in seiner Entscheidung aus dem Jahre 1983: „*In ihr kommt gerade zum Ausdruck, dass die Verwerflichkeitsprüfung, nicht aber eine dem Wortlaut zuwiderlaufende Einengung des Merkmals der, Drohung mit einem empfindlichen Übel' als Regulativ wirken soll.*“[399]

(4) Subsumtion

Der eigentlichen Subsumtion zunächst voranzustellen ist – wegen der sachverhaltlichen Einbindung einer juristischen Person in Form der jeweils betroffenen Aktiengesellschaft – die Besonderheit der in diesen Fällen gegebenen Nötigungskonstellationen: Die Aktiengesellschaft kann in keinem Fall Adressatin einer Nötigung sein. Nötigungsadressat ist dabei stets der Vorstand als entscheidungsbefugtes Vertretungsorgan der Gesellschaft im Sinne der §§ 76ff. AktG bzw. das individuelle Vorstandsmitglied in seiner Eigenschaft als natürliche Person. Die Gesellschaft hingegen, gegen die sich die Forderungen eigentlich richten, ist als Vermögensinhabern im Sinne des § 1 AktG das Nötigungsopfer.

Grundsätzlich ist anerkannt, dass im Falle einer Drohung, die Person gegen die sich diese richtet, nicht mit der Person, der das angekündigte Übel zugefügt werden soll, identisch sein muß.[400] Nach h.M. ist für die Annahme einer Dreiecksnötigung ausreichend, wenn der Nötigungsadressat das einem anderen zugedachte Übel auch für sich selbst als Übel anzusehen motiviert wird.[401]

---

399 BGHSt 31, 195 (200).

400 *Kindhäuser* in: LPK, § 240 Rn. 30.

401 *Gropp/Sinn* in: MüKO-StGB, § 240 Rn, 82 m.w.N.; *Eser* in: Schönke/Schröder, § 240 Rn. 11; ausführlich *Sinn* in: Die Nötigung im System des heutigen Strafrechts, S. 285 ff.; *Sinn* erörtert insbesondere auch die in der Literatur immer wieder vorkommenden Forderungen, nach denen zwischen Adressat und Opfer ein Näheverhältnis vorzuliegen habe. Aber auch eine solche Betrachtungsweise wäre in Fällen organschaftlichen Handelns unproblematisch anzunehmen.

Dies wird in Fällen der Organvertretung unproblematisch angenommen werden können, denn hier hat sich das Vorstandsmitglied ob seiner gesellschaftsrechtlichen Stellung mit der Drohung entsprechend seiner in § 93 AktG kodifizierten Sorgfaltspflichten, nach denen er stets zum Wohle der Gesellschaft zu handeln hat, auseinanderzusetzen.

(4.1.) Drohung mit Erhebung einer (rechtmissbräuchlichen) Anfechtungsklage

Die Drohung, im Falle einer ausbleibenden Leistung Anfechtungsklage zu erheben, stellt aus Sicht der Gesellschaftsverwaltung ein künftiges Übel dar. Dabei ist die Klage selbst noch nicht die Drohung, sondern ihre Verquickung mit der Forderung auf sachfremde Leistungen.[402] So kann bereits der Hinweis des Aktionärs, eine sachfremde Anfechtungsklage zu erheben, eine Drohung darstellen.[403] Grundsätzlich muß die für eine Drohung typische Wenn-Dann-Konstellation zum Ausdruck kommen. Die bloße Ankündigung einer Klageerhebung wird dem noch nicht gerecht. Maßgeblich ist, dass der Aktionär ein künftiges Übel in Aussicht stellt, auf dessen Eintritt er Einfluss hat; denn ausschließlich er ist nach Maßgabe des § 245 AktG befugt, Klage zu erheben. Dass per se an eine Anfechtungsklage erhebliche Folgen geknüpft sind, die aus Sicht der Unternehmensverwaltung – vor allem vor dem Hintergrund zeitlicher Beschränkungen der Umsetzung der gefassten Hauptversammlungsbeschlüsse infolge registerrechtlicher Notwendigkeiten – als nachteilig und damit über den Fokus bloßer Unannehmlichkeiten hinausgehend, als lästig empfunden werden können, ist für die Annahme einer Drohung noch unerheblich.

402 *Lüderssen* in: FS Heinsius, S. 465; *ders.* in: Entkriminalisierung des Wirtschaftsrechts, S. 109; *Schlaus* in: AG 1988, 113 (117); a.A. wohl: *Bison* in: Missbrauch der Anfechtungsklage durch den Aktionär, S. 229.

403 *Fischer* in: StGB, § 240 Rn. 36.

Auch, dass gesetzliche oder faktische Registersperren[404] weitere Handlungen zunächst einschränken; dass Freigabeverfahren anzustrengen sind bzw. der Ausgang der jeweiligen Hauptverfahren abzuwarten ist. So hat die *Baums*-Studie insoweit gezeigt, dass bei anhängigen Anfechtungs- und Nichtigkeitsklagen der Registerrichter in aller Regel das Eintragungsverfahren gemäß § 127 FGG a.F. aussetzt und damit die Umsetzung der Beschlüsse blockiert.[405] Doch hierbei handelt es sich um Folgen, die das Gesetz als solche vorsieht und die Grundzüge des aktienrechtlichen Beschlussmängelrechts darstellen.[406]

Die Drohung besteht indes darin, dass hier das Institut der Anfechtungsklage zu eigennützigen Zwecken instrumentalisiert und mit einem künftigen Übel gedroht wird, bei dem in rechtswidriger Weise Sondervorteile begehrt werden, die als solche nicht durch das Aktiengesetz gedeckt sind und infolge des durch Registersperren hervorgerufenen Lästigkeitswerts geeignet sind, die Gesellschaft in eine Zwangslage zu versetzen. Denn hier wird die Gesellschaft einer Situation ausgesetzt, die gerade als solche nicht durch den Gesetzgeber vorgesehen ist.

Vor diesem Hintergrund sind ebenfalls in der Vergangenheit immer wieder aufkommende Stimmen[407] unerheblich, nach denen eine Drohung per se aus der Anwendbarkeit des Tatbestands ausscheidet, wenn mit einem allgemeinen rechtmäßigen Verhalten gedroht wird. Spiegelbildlich zu der um die Diskussion bzgl. der Drohung mit einem Unterlassen und einer bestehenden Rechtspflicht zum Handeln, kann die Überlegung aufgeworfen werden, die Drohung mit einem erlaubten Übel in ein Angebot begünstigenden Verhaltens umzudeuten, das wiederum den Freiheitsbereich des

404 Siehe hierzu ausführlich oben Kapitel 2, S. 56 ff.

405 Vgl. oben Kapitel, S. 57.

406 *BGH* in: NJW 1992, 2821 (2822).

407 Vgl. zum Meinungsstand: *Gropp/Sinn* in: MüKo-StGB, § 240 Rn. 69 (Fn. 250); sowie ausführlich *Sinn* in: Die Nötigung im System des heutigen Strafrechts, S. 227; *Timpe* in: Die Nötigung, S. 148 ff.

Adressaten erweitere, anstatt ihn zu beschränken. So resümiert *Timpe: „An der Beeinträchtigung der Rechte des Nötigungsopfers fehlt es aber, wenn der Täter dem Opfer ein allgemein, also nicht nur in Rechtfertigungslagen, rechtmäßiges Verhalten in Aussicht stellt. Drohungen mit einem allgemein rechtmäßigen Verhalten sind nicht freiheitsbeschränkend, und deshalb tatbestandsfrei. Auch wenn der Täter den Bedrohten durch die Drohung in eine Zwangslage versetzt und die Drohung mit Inkonnexen verbindet, beschränkt er die Freiheit des Bedrohten nicht.“*[408] Vorliegend wird keine vertiefende Darstellung der diversen Ansichten hierzu vorgenommen. Die auch hier vertretende h.M. sieht von einer solchen Beschränkung des Tatbestandes auf rechtlich garantierter Güter ab.[409] Dies entspricht auch der gesetzlichen Wertung; so räumt § 154c StPO die Möglichkeit ein, von der Verfolgung einer Straftat abzusehen, falls jemand mit der Offenbarung dieser Straftat – also einem erlaubten Verhalten – nach den §§ 240, 253 StGB genötigt oder erpresst wird.[410]

Anzumerken ist, dass es sich bei der aufgeworfenen Problematik wiederum nicht um ein Problem der Tatbestandsmäßigkeit, sondern der Rechtswidrigkeit, vornehmlich im Rahmen der Verwerflichkeitsprüfung handelt. Einen Grundsatz: was man tun dürfe, könne man infolge seiner Rechtmäßigkeit nicht androhen, gibt es nicht.[411] Für die Erfüllung des Tatbestandes darf es keine Rolle spielen, ob die Zufügung des angedrohten Übels rechtswidrig wäre oder nicht. Auch die Androhung eines erlaubten Übels eignet sich, das Opfer in eine freiheitsbeschränkende Zwangslage zu versetzen,

---

408 *Timpe* in: Die Nötigung, S. 149; vgl. *Horn* in: NStZ 1993, 497 (499), der auch in der Ankündigung eines erlaubten Übels keine strafbare Nötigung sieht.

409 *Lackner/Kühl* in: StGB, § 240 Rn. 13; *Träger/Altvater* in: LK, § 240 Rn. 59; *Gropp/Sinn* in: MüKo-StGB, § 240 Rn. 69; *Eser* in: Schönke/Schröder, § 240 Rn. 20; *Sinn* in: Die Nötigung im System des heutigen Strafrechts, S. 227 f.; *Lüderssen* in: FS Heinsius, S. 466; *ders.* in: Entkriminalisierung des Wirtschaftsrechts, S. 109.

410 *Kindhäuser* in: Strafrecht BT I, § 13 Rn. 20.

411 *Gropp/Sinn* in: MüKo-StGB, § 240 Rn. 69.

indem ihm ein Verhalten aufgedrängt wird, das so von ihm nicht verlangt werden kann.[412] Von Interesse ist die Überlegung lediglich vor dem Hintergrund, dass die Anfechtungsklage, nebst ihrer institutionellen Bedeutung zur Beschlussmängelkontrolle, auch ein subjektives Recht des Aktionärs darstellt, sich gegen die Entscheidungen der Hauptversammlung wehren zu können. Dieses Recht wird dem Aktionär durch das Aktiengesetz garantiert und ist ein legitimes Mittel zur Umsetzung auch seiner Belange.[413] Dabei ist das Inaussichtstellen einer Klageerhebung objektiv unabhängig von ihrer rechtlichen Einkleidung unter gegebenen Umständen geeignet, auf das Opfer einen zwanghaften Druck auszuüben. Ein Ausscheiden „erlaubten Handelns“ würde zu einer unsachgemäßen Privilegierung von Fallgruppen führen, die von dem Bedrohten als beeinträchtigend empfunden werden. Effiziente Korrektive sind hierbei die Fragestellung nach der Empfindlichkeit des Übels sowie eine sämtliche Umstände des Einzelfalls berücksichtigende sorgfältige Prüfung des § 240 II StGB.[414]

In Hinblick auf die für die Arbeit relevanten Konstellationen darf jedoch ein wesentlicher Aspekt nicht außer Acht gelassen werden: der Umgang mit Anfechtungsklagen zum Zwecke eines Abkaufs aktienrechtlicher Anfechtungsrechte wurde durch die zivilrechtliche Judikatur des BGH als rechtsmissbräuchlich erachtet. Erfüllt also bereits die Drohung mit einer rechtmäßigen Klage

412 *Träger/Altvater* in: LK, § 240 Rn. 59.

413 Vgl. oben Kaptitel 2, S. 26 f.

414 So hat etwa das OLG Karlsruhe mit Urteil vom 18. April 1996 entschieden, dass eine Zahlungsaufforderung (infolge Inanspruchnahme von „Telefonsexgesprächen“) und die mit ihr in Aussicht gestellte Zivilklage eine Drohung – an dieser Stelle spielt die Frage nach deren Empfindlichkeit noch keine Rolle – i.S.d. § 240 I StGB darstellt. Insbesondere die Einschaltung eines Inkassobüros sowie die Beauftragung eines Rechtsanwalts mit bestimmten Kostenfolgen stellen dem Bedrohten ein Übel in Aussicht, dessen Eintritt davon abhängt, ob er sich dem Willen des Drohenden beugt. Vgl. *OLG Karlsruhe* in: NStZ-RR 1996, 296 (296).

das Tatbestandsmerkmals des Übels, kann für das Erheben einer rechtsmissbräuchlichen Klage erst Recht nichts anderes gelten, und dies unterfällt demnach nach allen Ansichten der Anwendbarkeit des § 240 I StGB.[415]

Grundsätzlich ist für jegliche Sachverhaltsvarianten entscheidend, dass der Strafrichter unabhängig von den Ergebnissen eines womöglich parallel zum Strafverfahren rechtshängigen Zivilverfahrens gemäß § 262 I StPO dazu angehalten ist, über aktienrechtliche Fragen, vornehmlich solche des Rechtsmissbrauchs, selbst zu entscheiden. Diese können sich wie dargestellt bereits im Zusammenhang mit dem Tatbestandsmerkmal einer *Drohung mit einem empfindlichen Übel* stellen. In Ermangelung eines parallel ergangenen aktienrechtlichen Endurteils in der Sache, welches der Strafrichter grundsätzlich anfordern dürfte, wird dieser sich in aller Regel selbst ein umfassendes Bild machen müssen. Dabei gilt – anders als im Zivilverfahren – der Amtsermittlungsgrundsatz, nach dem die Regelungen der Darlegungs- und Beweislast im Strafprozess nicht gelten und insbesondere der *in dubio pro reo* Grundsatz zum Tragen kommt.[416]

415 So im Ergebnis auch *Lüderssen* in: FS Heinsius, S. 467; *ders.* in: Entkriminalisierung des Wirtschaftsrechts, S. 110; *Korte* in: Zur missbräuchlichen Wahrnehmung der aktienrechtlichen Anfechtungsbefugnis, S. 109; der Autor geht allerdings nicht davon aus, dass mit einer missbräuchlichen Klage gedroht werden würde, sondern mit einer Klage gerade für den Fall des Nichtabkaufs ihres Lästigkeitswerts. Nicht nachvollziehbar ist, worin hier der Unterschied zu einer rechtmissbräuchlichen Klage gesehen wird.
Indem es sich bei den vorliegenden Sachverhaltsvarianten klassischerweise nicht um die Problematik der Drohung mit einem erlaubten Übel handelt – unabhängig von der hier vertretenen Ansicht wonach diese auch den Tatbestandsbereich der §§ 240, 253 StGB betreffen kann, – bedarf es keiner näheren Auseinandersetzung mit Diskussionen in der Literartur, wonach in diesen Fällen der Wucher anzuprüfen wäre. Vgl. *Heinrich* in: Arzt/Weber, Strafrecht BT, § 18 Rn. 11.

416 *Weber* in: Arzt/Weber, Srafrecht BT, § 22 Rn. 69 b.

(4.2.) Drohung mit Nichtrücknahme von (rechtsmissbräuchlichen) Widerspruch/Anfechtungsklage

Fraglich ist, wie es um die Tatbestandsverwirklichung steht, wenn im Falle von ausbleibenden Leistungen mit der Nichtrücknahme a) des Widerspruchs (Fall Nr. 4) bzw. b) der erhobenen Anfechtungsklage (Fall Nr. 5) gedroht wird.

Dabei gilt es zunächst nochmals zu betonen, dass bereits der Widerspruch vornehmlich bei eintragungsbedürftigen Beschlüssen, die für das Eintragungsverfahren keiner gesetzlich postulierten Negativerklärung bedürfen (vgl. Satzungsänderungen, Maßnahmen zur Kapitalerhöhung- herabsetzung) dem Grunde nach schon faktische Registersperren und damit einhergehend einen hohen Lästigkeitswert auslösen kann, da mit ihm die formellen Voraussetzungen für eine spätere Anfechtungsklage geschaffen werden. Ist demnach noch keine Anfechtungsklage erhoben, hat der Aktionär jedoch den Registerrichter – indem er in der Hauptversammlung Widerspruch gegen den dort gefassten Beschluss eingelegt hat – über seine beabsichtigte Klageerhebung informiert, wird dieser in aller Regel von einer Handelsregistereintragung bis zum Ablauf der Anfechtungsfrist absehen.[417] Dass bei bereits erhobenen Anfechtungs- und Nichtigkeitsklagen der Registerrichter in aller Regel nach pflichtgemäßen Ermessen die Aussetzung des Eintragungsverfahrens verfügt, ist bereits dargestellt worden.

Nach der hier vertretenen Ansicht zur Drohung mit einem Unterlassen kommt es für die Tatbestandsrelevanz der Sachverhaltsalternativen nicht darauf an, ob sie nun ein Tun oder Unterlassen darstellen, da beide Varianten unabhängig von einer möglichen Rechtspflicht zum Handeln erheblich sind. Maßgeblich ist, dass aus Sicht der Gesellschaftsverwaltung der Aktionär Herr des Geschehens im Umgang mit dem „Schicksal" von Widerspruch und Anfechtungsklage ist. Es obliegt ausschließlich seinem Machtbereich,

417 Vgl. oben Kapitel 2, Fn. 190; *Bison* in: Missbrauch der Anfechtungsklage durch den Aktionär, S. 199.

den Widerspruch zurückzuziehen oder aber Anfechtungsklage zu erheben bzw. sie im Bedarfsfall zurückzunehmen. Hier werden Widerspruch bzw. Anfechtungsklage ausschließlich zu dem Zweck eingesetzt, den widerstrebenden Willen der Unternehmensleitung in Vertretung der Gesellschaft zu brechen. Initiativ kann die Unternehmensleitung versuchen, Vergleichsverhandlungen anzustreben, sofern dies nicht bereits seitens des klagenden Aktionärs passiert ist; doch letzten Endes kann sie bloß noch reagieren anstatt zu agieren und ist insoweit dem Handeln des Aktionärs ausgesetzt.

Häufig wird die Diskussion um das Drohen mit einem Unterlassen ohne Rechtspflicht in Zusammenhang zur Abgrenzung zum Wucher nach § 291 StGB (§ 302a StGB a.F.) gesetzt.[418] Der Wucher hat insoweit Tatbestandsähnlichkeit zu den Nötigungstatbeständen, als er in § 291 I 1. Alt. StGB von dem Ausbeuten einer Zwangslage ausgeht. Für die vorliegenden Sachverhaltsvarianten bedarf es keiner näheren Auseinandersetzung mit der Problematik, da zum einen nach BGHSt 31, 195 ff. angenommen wird, dass eine Drohung mit einem Unterlassen auch ohne Rechtspflicht den Tatbestand der §§ 240, 253 StGB erfüllen kann, und da zum anderen auch in diesen Fällen die Zwangslage durch den Täter erst geschaffen wird. Anders beim Wucher, hier wird eine bereits bestehende Zwangslage ausgenutzt.[419] Mit Erheben von Widerspruch und Anfechtungsklage ist es aber der Aktionär selbst, der die für die Gesellschaft nachteilige Lage schafft und damit den Schutzbereich der §§ 240, 253 StGB – den Schutz der Willensfreiheit und -entschließung antastet.

Droht daher der Aktionär im Falle von ausbleibenden Leistungen mit der Nichtrücknahme von Widerspruch oder Anfechtungsklage, konfrontiert er die Gesellschaft mit einem erheblichen

418 *Pelke* in: Die strafrechtliche Bedeutung der Merkmale „Übel“ und „Vorteil“, S. 167 ff.; *Heinrich* in: Arzt/Weber, Strafrecht BT, § 18 Rn. 11; § 9 Rn. 51; Eingehend zum Grenzbereich von Nötigung (und Erpressung) und Wucher: *Arzt* in: FS Lackner, S. 650 ff.

419 *Heinrich* in: Arzt/Weber, Strafrecht BT, § 24 Rn. 3.

Übel, das geeignet ist, den gewünschten Einschüchterungseffekt herbeizuführen.

(4.3.) Drohung mit Aufrechterhaltung der (rechtsmissbräuchlichen) Anfechtungsklage

(4.3.1.) Unlautere Motive werden bereits bei Erheben der Klage verfolgt

Nichts anderes gilt für die Sachverhaltsvariante, bei der im Falle einer ausbleibenden Gegenleistung mit Aufrechterhaltung der Anfechtungsklage gedroht wird.

Durchaus könnte sich hier zunächst die Frage aufdrängen, ob eine Drohung mit Aufrechterhaltung des nachteiligen Zustands per se noch den Tatbestand in Hinblick auf das Definitionsmerkmal eines *„künftigen Übels"* verwirklicht. Denn sieht man bereits in der erhobenen Anfechtungsklage von vorneherein die Implizierung der Androhung ihrer Aufrechterhaltung im Falle von ausbleibenden Leistungen, ist das eigentliche Übel – das Erheben der eigennützigen Anfechtungsklage bereits geschehen. Insoweit stellt diese Variante die Kehrseite der Drohung mit einer Nichtrücknahme der Klage dar, bei der durch aktives Tun, der Erhebung der Anfechtungsklage eine Drohungssituation geschaffen wurde. Wobei hier das Nachteilsmoment erst mittels Androhung der Nichtrücknahme konkret ausgestaltet wird. Dabei maßgeblich war, dass in der bestehenden Situation mit dem Fortsetzen eines schon begonnenen Übels gedroht wird. Aus eben diesem Grunde scheidet ebenfalls die Ankündigung der Nichtrücknahme des Übels nicht von vornherein aus der Tatbestandsanwendbarkeit aus. In Literatur und Rechtsprechung herrscht Einigkeit, dass die Ankündigung des Fortbestehenlassens eines schon vorhandenen Übels durch jeden Moment der Tätigkeit des Drohenden neu zugefügt werden kann und von daher erheblich ist.[420] So kann folgerichtig auch die Ausnutzung eines bereits bestehenden Übels eine Drohung enthalten, wenn damit die Fortsetzung des Nötigungsverhaltens in Aussicht gestellt wird.[421]

Mit der Androhung, die Klage aufrecht zu erhalten, wird der Gesellschaft(-sverwaltung) ein künftiges Übel in Aussicht gestellt, dessen weiterer Verlauf in der Hand des Aktionärs liegt. Zwar begründet die Klage mit ihrer Zustellung an den Prozessgegner ein Prozessrechtsverhältnis, welches gerichtlicher Autorität unterliegt. Doch ob es im Zivilverfahren zu einer von der Gesellschaft begehrten Klagerücknahme kommt, obliegt allein der Dispositionsbefugnis des Klägers. Dass die Klagerücknahme gemäß § 269 I ZPO mit Beginn der mündlichen Verhandlung der Zustimmung der Beklagten bedarf, ändert an der geschaffenen Zwangslage wenig. Denn die Initiative zur Rücknahme hat ob ihrer Natur als klägerische Prozesshandlung allein vom Kläger auszugehen. Entsprechendes gilt auch für den Klageverzicht nach § 306 ZPO, der anders als die Klagerücknahme die Klage nicht hinfällig macht, sondern zur Abweisung führt.[422]

Indem die Anfechtungsklage nicht der Geltendmachung eines besonderen Rechtsschutzbedürfnisses bedarf, kann die Gesellschaft auch nicht auf die Abweisung der Klage wegen Unzulässigkeit hoffen, sondern ist angehalten, der ihr obliegenden Darlegungs- und Beweispflicht zum Nachweis des Rechtsmissbrauchs nachzukommen. Vielmehr sieht die Gesellschaft sich mit Erhebung und Aufrechterhaltung der Klage den für sie nachteiligen registerrechtlichen Folgen ausgesetzt, die sie im Einzelfall dazu anhalten, den Forderungen der Aktionäre nachzugeben. Auch die Möglichkeit der Inanspruchnahme von Freigabeverfahren (vgl. §§ 16 III UmwG n.F.; § 246a AktG n.F.) – die in aller Regel parallel zu den anhän-

420 *Eser* in: Schönke/Schröder, § 240 Rn. 10; *Fischer* in: StGB, § 240 Rn. 35 m.w.N.

421 *Lackner/Kühl* in: StGB, § 240 Rn. 12.

422 *Greger* in: Zöller, § 269 Rn. 2.

gigen Hauptsacheverfahren erfolgen – scheinen die Gesellschaften nicht aus ihrer Zwangslage befreit zu haben. Empirische Studien haben Gegenteiliges aufgezeigt;[423] die häufig knapp bemessenen Zeitrahmen im Verhältnis zur Umsetzung der Hauptversammlungsbeschlüsse zu der Dauer der instanziell durchgestandenen Freigabeverfahren hebeln bislang nicht die nachteilige Wirkung einer Anfechtungsklage aus. Ob das ARUG effiziente Regularien unter anderem mittels Abschaffung der Beschwerdemöglichkeit geschaffen hat, indem es gemäß § 246a I AktG n.F. das Oberlandesgericht als ausschließliche Beschwerdeinstanz bestimmt, bleibt abzuwarten. Die Sollvorschrift des § 246a III AktG a.F., nach der der Freigabebeschluss spätestens nach drei Monaten ergehen soll, ist erhalten geblieben. Allerdings kann das Freigabeverfahren dadurch künftig nicht mehr mittels Inanspruchnahme von Rechtsmitteln unnötig in die Länge gezogen werden. Aufgrund der Komplexität der Sachverhalte ist jedoch davon auszugehen, dass auch weiterhin die vollen drei Monate ausgenutzt werden.

Zukünftige empirische Studien werden zeigen, ob Gesellschaften das Freigabeverfahren nun öfter in Anspruch nehmen, bzw. davon Abstand nehmen, sich zu vergleichen. Insbesondere bei Hauptversammlungsbeschlüssen, die einer umgehenden Umsetzung bedürfen, beispielsweise weil potentielle Investoren sonst drohen abzuspringen, bleibt die Tauglichkeit der Neuregelung abzuwarten, und damit einhergehend das Drohpotential von Anfechtungsklagen auch in Hinblick auf ihren zeitlichen Aspekt erhalten.

Aus strafrechtlicher Sicht ist weiterhin unerheblich, ob der Aktionär die Anfechtungsklage mit dem Ziel erhoben hat, sein von Anfang an bestehendes Begehren erst während des Verfahrens an die Gesellschaftsverwaltung heranzutragen, oder aber Klage in der Erwartung erhebt, dass ihm die Gesellschaft vor dem Hintergrund des empfundenen oder bevorstehenden Drucks, Zahlungsangebote

423 Vgl. oben Kapitel 2, S. 64.

unterbreiten werde.[424] Das Zuwarten auf Initiativhandlungen befreit den Aktionär nicht von dem Vorwurf der Drohung mit einem Übel. Denn maßgeblich kommt es auf die Schaffung einer Zwangslage durch den Täter an, nicht, ob sich dieser mit seinem Begehren ausdrücklich an die Gesellschaftsverwaltung wendet. Eine Drohungslage kann auch konkludent geschaffen werden. So sind auch hierunter die Fälle zu subsumieren, in denen der Aktionär in einem laufenden Verfahren sich mit einem Vergleichsvorschlag, mit entsprechenden Abfindungsregelungen an die Gesellschaft wendet. Dem kann konkludent die Aussage entnommen werden, dass bei Nichtzahlung die Klage aufrecht erhalten (bzw. nicht zurückgenommen) werden würde. Entscheidend ist dabei die Instrumentalisierung des Anfechtungsrechts durch den Aktionär zum Ziel des Abkaufens.

Um tauglicher Nötigungsadressat zu sein, kommt es lediglich darauf an, dass die Gesellschaftsverwaltung als Vertretung der juristischen Person nicht schon aufgrund einer freien vorangegangenen Willensbildung zu der Leistung entschlossen war.[425] Denn das Vorliegen einer Drohung wird gerade nicht dadurch ausgeschlossen, dass das Opfer den ersten Schritt tätigt, um der Verwirklichung des Übels durch den Täter zu begegnen.[426] So hat der BGH in der Vergangenheit entschieden, dass es ähnlich, wie bei der Beurteilung der Voraussetzungen eines zivilrechtlichen Rechtsmissbrauchs, auch für die Erfüllung des objektiven Tatbestands der Erpressung nicht darauf anzukommen habe, dass Wi-

424 *BGH* in: NJW 1992, 2821 (2823); anders ist der Sachverhalt in den Fällen zu beurteilen, in denen der Aktionär die Klage in lauterer Absicht erhebt und die Gesellschaft sich aus eigener Initiative an den Aktionär mit dem Vorschlag des Abkaufs wendet.

425 *Herdegen* in: LK, § 253 Rn. 15.

426 *Herdegen* n: LK, § 253 Rn. 4; *BGH bei Dallinger* in: MDR 1952, 407 (408).

derspruch bzw. Anfechtung in der Erwartung erhoben worden sind, die Aktiengesellschaft werde eine Zahlung anbieten.[427]

(4.3.2.) Unlautere Motive werden erst im Laufe der rechtshängigen Klage verfolgt

Während bei der vorherigen Variante noch fraglich war, ob es Auswirkungen auf die Annahme der Drohung mit einem künftigen Übel habe, wenn mit Aufrechterhaltung der Klage gedroht wird, bei der von Anfang an (d.h. bereits mit ihrer Erhebung) rechtsmissbräuchliche Motive verfolgt worden sind, ist nun zu überlegen, ob das gefundene Ergebnis für die Fälle, in denen der Aktionär erst während eines Verfahrens unlautere Motive entwickelt, einer Korrektur bedarf.

Verfolgt der Aktionär von Anfang an rechtsmissbräuchliche Motive, droht allerdings erst nach rechtshängiger Klage mit ihrer Aufrechterhaltung, handelt es sich um die Androhung der Fortsetzung einer bereits durch ihn geschaffenen nachteiligen Zwangslage. Anders, wenn die Anfechtungsklage zunächst aus lauteren Motiven erhoben wird. Die Androhung eines Übels ist hierbei nicht gegeben. Trotzdessen werden durch die Klageerhebung Registersperren und die Notwendigkeit von Freigabeverfahren ausgelöst. Diese Rechtsfolgen sind jedoch vom Gesetz vorgesehen und der Gesellschaft bekannt. Kann diese Situation überhaupt noch dazu genutzt werden, ein künftiges Übel anzudrohen? Aktienrechtlich hat der BGH im Jahr 1991 entschieden, dass einer Anfechtungsklage auch dann mit dem Einwand des Rechtsmissbrauchs begegnet werden könne, wenn sich der Aktionär erst nach ihrer Erhebung mit dem

---

427 *BGH* in: NJW 1992, 2821 (2823); Besprechung von *Kort* in: DB 1992, 1765 (1767); kritisch zu dem Problemfeld, ob per se die Initiative zum Freikauf auch vom Opfer ausgehen kann: *Heinrich* in: Arzt/Weber, Strafrecht BT, § 18 Rn. 6.

Vorschlag des Klageabkaufs an die Gesellschaft wendet.[428] Der BGH führt hierzu aus, dass es für die Annahme rechtsmissbräuchlichen Handelns keinen Unterschied machen dürfe, ob der institutionelle Zweck der Rechtsmäßigkeitskontrolle mit der Erhebung der Anfechtungsklage erst gar nicht ins Auge gefasst oder nach Erhebung der Anfechtungsklage aufgegeben wird. Denn in jedem Fall werde ab dem Zeitpunkt der Aufgabe der Verfolgung einer objektiven Rechtmäßigkeitskontrolle mit der Anfechtungsklage ein funktionsfremder, rechtlich zu missbilligender Zweck angestrebt, dem mit dem Einwand des individuellen Rechtsmissbrauchs begegnet werden könne.[429] Aus strafrechtlicher Sicht gilt Entsprechendes.[430] Zwar wird hier nicht mit der Fortsetzung eines bereits vorliegenden Übels gedroht; doch instrumentalisiert hier der Aktionär nachträglich eine selbst geschaffene Situation zu seinen Gunsten, um sich unbegründete Sondervorteile zu verschaffen. Denn auch bei bestehender Registersperre wird mit plötzlicher Androhung der Aufrechterhaltung der Klage bei ausbleibender Sonderleistung die Gesellschaft einer Zwangslage ausgesetzt, deren Ausgang durchaus im Einwirkungsbereich des Aktionärs liegt. Prozesse können im Hauptverfahren, inklusive Rechtsmittelinstanzen, Jahre in Anspruch nehmen; dem Kläger obliegt während des gesamten Verfahrens – wie bereits dargestellt – die Möglichkeiten des Verzichts bzw. der Klagerücknahme. Er ist Herr des Geschehens und nutzt dieses in eigennütziger Weise aus. Die Instrumentalisierung der Klage zu eigennützigen Zwecken stellt das angedrohte künftige Übel dar; der Faktor Zeit spielt die ausschlaggebende Rolle, denn je länger der Prozess dauert, desto mehr verzögert sich die Wahrscheinlichkeit

---

428 *BGH* in: NJW 1992, 569 (571).

429 *BGH* in: NJW 1992, 569 (571).

430 a.A: *Korte* in: Zur missbräuchlichen Wahrnehmung der aktienrechtlichen Anfechtungsbefugnis, S. 110.

einer zügigen Eintragung der Hauptversammlungsbeschlüsse ins Handelsregister.[431]

Von daher ist es für die Androhung der Aufrechterhaltung der Anfechtungsklage unerheblich, ob ihre rechtmissbräuchliche Instrumentalisierung von Anfang an angedacht gewesen ist, oder ob sich diese Entwicklung erst nach ihrer Erhebung ergibt.

(4.4.) Resümee

Zusammenfassend kann festgehalten werden, dass die aufgeworfenen Sachverhaltsvarianten in Hinblick auf die Prüfung des Merkmals „*Drohung*" (mit dem Inaussichtstellen eines Übels) tatbestandserfüllend sind. Dabei macht es keinen Unterschied, ob die Drohung mit einem Tun oder mit einem Unterlassen, vor oder bei Erhebung der Anfechtungsklage oder erst während des Verfahrens formuliert wird. Um letztlich objektive Tatbestandsmäßigkeit annehmen zu können, bleibt die Frage nach der „*Empfindlichkeit*" des Übels das maßgeblich differenzierende Merkmal; denn der bloßen Drohung als solche kommt keine wesentlich einschränkende Bedeutung zu.

431 Hier wird insgesamt ein Szenario beschrieben, bei dem der Aktionär erst nach Klageerhebung rechtsmissbräuchliche Motive entwickelt und aus diesen heraus sich an die Gesellschaft wendet. Anders wäre der Fall zu beurteilen, wenn hingegen die Gesellschaft an den redlichen Kläger herantritt und ihm ihre Vergleichsbereitschaft vorspiegelt, um schnellstmöglich das Verfahren zu beenden. Dabei kann die Gesellschaft dem Kläger weder aus aktienrechtlicher Sicht den Einwand des Rechtsmissbrauchs entgegenhalten, noch aus strafrechtlicher Sicht sich auf ein nötigendes Verhalten berufen. Vielmehr schwingt sich die Gesellschaft in einem solchen Falle zum Agent Provocateur auf, dessen Rechtfertigung innerhalb eines Betrugdelikts zum Nachteil des Aktionärs zu prüfen wäre; vgl. *Lüderssen* in: FS Heinsius, S. 480f.; *ders.* in: Entkriminalisierung des Wirtschaftsrechts, S. 123 f.

bbb) Empfindliches Übel

(1) Entwicklungsparameter einer Definition: Ein Überblick

Bis zu der Entscheidung aus dem Jahre 1983, in der der BGH seine Rechtsprechung zur Empfindlichkeit des Übels grundlegend änderte, war die definitorische Ausgestaltung des Merkmals in Rechtsprechung und Schrifttum umstritten.

Während die höchstrichterliche Rechtsprechung noch bis Anfang der 80er Jahre für die Auslegung der Anforderungen an die *Empfindlichkeit* auf einen objektiven Maßstab abstellte,[432] stützte sich hingegen die Literatur vorwiegend auf rein individualistische Argumente.[433] Im Jahr 1983 formulierte sodann der BGH: „*Inhalt der Drohung muss ein empfindliches Übel, also ein Nachteil von solcher Erheblichkeit sein, dass seine Ankündigung geeignet erscheint, den Bedrohten im Sinne des Täterverlangens zu motivieren.*“ Diese normative Voraussetzung entfalle, wenn von dem „*Bedrohten in seiner Lage erwarten werden kann, dass er der Drohung in besonnener Selbstbehauptung standhält.*“[434]

Augenscheinlich musste der BGH (nachdem er den Grundsatz aufgegeben hatte, wonach die Drohung mit dem Unterlassen eines Verhaltens, zu dem man nicht verpflichtet ist, straflos sei) eine Definition finden, die einerseits der speziellen Motivationslage des Opfers gerecht wird, sich aber andererseits verallgemeinern lässt und damit auch auf die Fälle der Drohung mit einem Tun anwendbar ist.[435] Mit der Entscheidung konkretisierte er seinen

---

432 *BGH* in: NStZ 1982, 287; *ders.* in: NJW 1976, 760 (760); hier orientierte sich der BGH an einem objektiven Maßstab und entschied, dass die Ankündigung einer Dienstaufsichtsbeschwerde für sich genommen kein empfindliches Übel begründe, da sonst der Gebrauch eines zulässigen Rechtsbehelfs durch eine Strafdrohung behindert wäre.

433 *Maurach/Schroeder/Maiwald* in: Strafrecht BT 1, § 13 Rn. 25 (Fn. 60 m.w.N.).

434 BGHSt 31, 195 (201).

435 *Sinn* in: Die Nötigung im System des heutigen Strafrechts, S. 283.

bis dahin geltenden objektiven Maßstab, der bloß auf die Empfindsamkeiten eines besonnenen Durchschnittsmenschen abstellte,[436] und rückte wieder die Person des Bedrohten in den Mittelpunkt der Abwägung. Von einem rein individualistischen Maßstab zur Bestimmung des empfindlichen Übels hat der BGH indes weiterhin abgesehen. Denn hier ist stets zu befürchten – übertrieben ausgedrückt – dass genötigt ist, wer sich genötigt fühlt.[437] Reaktionen von Überängstlichen und Überempfindlichen können nicht effektiv ausgeschlossen werden; wobei besondere persönliche Verhältnisse des Betroffenen nicht vollkommen außer Acht zu bleiben haben.[438]

(2) Selbstbehauptungsprinzip

Mithin hängt die Empfindlichkeit eines Übels nicht von der Frage ab, ob mit einem Tun oder Unterlassen gedroht wird; dies ist ein von der Frage der Empfindlichkeit unabhängig zu behandelnder Themenkomplex. Der Beschluss vom 13. Januar 1983 brachte den Wandel nicht nur bzgl. der Strafbarkeitsproblematik des Drohens mit einem Unterlassen, sondern auch hinsichtlich der Bestimmung der Empfindlichkeit des angedrohten Übels mittels Anerkennung des Selbstbehauptungsprinzips im Tatbestandsbereich der Nötigungshandlung mit sich.[439]

---

436 Diese Rechtsprechung wurde in der Folgezeit bekräftigt und von dem Großteil der Literatur angenommen; siehe hierzu *Sinn* in: Die Nötigung im System des heutigen Strafrechts, S. 275, der einen umfassenden Überblick mit entsprechenden Nachweisen bietet.
Einzig das *OLG Karlsruhe* stellte in seiner Entscheidung vom 18. April 1996 innerhalb der Empfindlichkeitsprüfung – ohne nähere Erläuterung – auf den Maßstab eines besonnenen Durchschnittsmenschen ab; vgl. a.a.O., Fn. 412.

437 *Maurach/Schroeder/Maiwald* in: Strafrecht BT 1, § 13 Rn. 26.

438 *Eser* in: Schönke/Schröder, § 240 Rn. 9.

439 *Sinn* in: Die Nötigung im System des heutigen Strafrechts, S. 275.

Das höchstrichterlich postulierte Selbstbehauptungsprinzip stieß jedoch ob seiner Unbestimmtheit in Hinblick auf den durch Art. 103 Abs. 2 GG garantierten Bestimmtheitsgrundsatz (nullum crimen sine lege) auf Kritik.[440] So wurde dem BGH unter anderem vorgeworfen, keine ausreichende Konkretisierung der Anforderungen daran vorgenommen zu haben und *„somit in seinem Bestreben, eine Beschränkung der Strafbarkeit zu erreichen, auf halbem Wege stehen geblieben sei."*[441] *Klein*[442] und *Sinn*[443] haben insoweit die Argumente der Kritik übersichtlich zusammengetragen, eine Auseinandersetzung mit ihnen bedarf es für die Arbeit nicht, weil ob des mannigfaltigen Charakters das Selbstbehauptungsprinzip schwerlich in pauschalisierte Kategorien zu fassen ist,[444] vielmehr hat dessen Prüfung letzen Endes eine Frage des Einzelfalls unter normativer Betrachtung zu sein.[445] Für die Bestimmung des empfindlichen Übels ist mithin ein objektiv-subjektiver Maßstab entscheidend. Dabei fordert der Tatbestand nicht, dass das Opfer durch die Drohung in eine nach § 35 StGB zu beurteilende not-

440 *Roxin* in: JR 1983, 333 ff., der dem BGH im Ergebnis, aber nicht in der Begründung zustimmt; *Amelung* in: GA 1992, 182 (192), kritisiert die *„Vagheit der Formel"*; *Schubarth* in: NStZ 1983, 312f.; *Schroeder* in: JZ 1983, 284ff.; *Klein* in: Zum Nötigungstatbestand, S. 117 f.

441 *Klein* in: Zum Nötigungstatbestand, S. 118.

442 *Klein* in: Zum Nötigungstatbestand, S. 120 ff.

443 *Sinn* in: Die Nötigung im System des heutigen Strafrechts, S. 276 ff.

444 So zum Beispiel nachvollziehbar *Sinn*, der den Versuch *Kleins*, einen Maßstab für das Selbstbehauptungsprinzips anhand der Tatbestandsvoraussetzungen des § 302a StGB a. F. (= Wucher, heute: § 291 StGB n. F.) zu entwickeln, kritisiert. Demnach ist nicht ersichtlich, weshalb für die Annahme eines empfindlichen Übels bloß die vier Kriterien des Wuchers als menschliche Ausnahmesituation erachtet werden sollen. So geht doch das Spektrum einer Persönlichkeit weit über diese hinaus. Vgl. *Sinn* in: Die Nötigung im System des heutigen Strafrechts, S. 272.

445 *Träger/Altvater* in: LK, § 240 Rn. 57.

standsähnliche Lage versetzt wird,[446] gleichwohl muss ein nicht unerhebliches Maß an Druck erreicht werden, wobei sowohl die Persönlichkeit des Opfers und seine Lebensumstände sowie das Verhältnis zwischen angedrohtem und gefordertem Verhalten zu berücksichtigen sind.[447]

(3) Subsumtion und Resümee

Das Inaussichtstellen bzw. das Aufrechterhalten von an Gegenleistungen gekoppelten Anfechtungsklagen ist durchaus geeignet, die Gesellschaftsverwaltung im Sinne des Opponentenbegehrens dazu zu motivieren, entsprechende Entschädigungsleistungen zu tätigen. Der Lästigkeitswert einer (potentiell) rechtshängigen Anfechtungsklage hat in vielen der dargestellten Fälle dazu geführt, dass der Vorstand der Drohung nicht hat Stand halten können und Sonderleistungen trotz eines potentiellen Auszahlungsverstoßes gemäß den §§ 57, 62 AktG tätigte. Der wirtschaftliche und finanzielle Schaden durch die faktischen oder gesetzlich angeordneten Registersperren, ausgesetzter Registerverfahren und Verzögerungen aller Art – dies alles scheint Unternehmensleitungen regelmäßig in ihrer Entschließungsfreiheit einzuengen und hin zur Erfüllung täterschaftlicher Begehren zu bewegen. Hierfür spricht auch die hohe Anzahl der Berufskläger, sowie deren zahlreiche Teilnahme an jenen Hauptversammlungen auf denen für Berufskläger gute Angelegenheiten zu winken scheinen.

Grundsätzlich ist es für den Vorstand einer Aktiengesellschaft, der jährlich zu einer ordentlichen Hauptversammlung lädt, auf der eine Vielzahl von Aktionären erscheint, um über die auf der Tagesordnung aufgeführten Punkte zu beschließen, nichts Überra-

446 *Roxin* in: JR 1983, 333 (335); kritisch hierzu: *Sinn* in: Die Nötigung im System des heutigen Strafrechts, S. 282.

447 *Träger/Altvater* in: LK, § 240 Rn. 57; *Sinn* in: Die Nötigung im System des heutigen Strafrechts, S. 273.

schendes, dass es hier zu Unstimmigkeiten mit der Folge von Anfechtungs- und Nichtigkeitsklagen kommen kann. Anzumerken ist, dass dabei potentiell begründete, aus lauteren Motiven erhobene Klagen durchaus auch ein empfindliches Übel für die Aktiengesellschaft darstellen können – ähnlich wie in Fällen, in denen ein Gläubiger damit droht, seinen begründeten Anspruch gegenüber dem Schuldner zwangsweise auf dem Klagewege durchzusetzen.[448] Inwiefern eine solche Vorgehensweise tatsächlich als verwerflich im Sinne der § 240 II StGB zu bewerten ist, ist an dieser Stelle unerheblich. Auf Tatbestandesebene hat der Schuldner mittels der Androhung des erlaubten Übels einem massiven Druck ausgesetzt zu werden und ein Verhalten aufgenötigt zu bekommen, welchem er auch bei besonnener Selbstbehauptung nicht standhalten kann. Maßgeblich kommt es auf die Beeinträchtigung der geschützten Freiheit der individuellen Willensentschließung an. So beispielsweise die Androhung einer Klageerhebung bei gleichzeitig übertriebenen Angaben von möglichen Gesetzesübeln.[449]

Auch wenn die aktienrechtliche Anfechtungsklage auf die Überprüfung bzw. Wiederherstellung eines der Rechtsordnung entsprechenden Zustandes abzielt, ist der Aktionär innerhalb der Grenzen des § 245 Nr. 1 bis 3 AktG anfechtungsbefugt, so dass es grundsätzlich auch in seiner Hand liegt, seine Klagerechte zu instrumentalisieren. Wird dabei mit einer infolge Rechtsmissbrauchs unbegründeten Klage gedroht, drängt sich durchaus die Überlegung auf, ob ein empfindliches Übel überhaupt angenommen werden kann; einer unbegründeten Klage kann doch in besonnener Selbstbehauptung standgehalten werden, da für die Beklagte nichts zu befürchten ist. Dies ist aber gerade wegen der registerrechtlichen Folgen in Verbindung mit dem Verlangen nach Abfindungszahlungen abzulehnen. Denn rechtsmissbräuchlich erhobene Klagen erfolgen unter dem bloßen Vorwand der Beschlussmän-

448 *Träger/Altvater* in: LK, § 240 Rn. 59.

449 *Träger/Altvater* in: LK, § 240 Rn. 59; *Sinn* in: Die Nötigung im System des heutigen Strafrechts, S. 360.

gelkontrolle, dienen jedoch vorwiegend dem Abkauf der Anfechtungsrechte. Hier wird eine Leistung – in aller Regel die Tätigung von Sonderleistungen – die so nicht im Zusammenhang mit dem Sinngehalt des aktienrechtlichen Klagesystems steht, gefordert, und damit werden die durch § 240 StGB geschützten Rechtsgüter der Freiheit der Willensentschließung und Willensbetätigung hinreichend beeinträchtigt. Um letzten Endes die Frage klären zu können, inwieweit die Gesellschaftsverwaltung in Vertretung der Gesellschaft einer solchen Vorgehensweise in besonnener Selbstbehauptung standhalten kann, wird es stets auf eine Einzelfallprüfung ankommen. Wenngleich die konkrete Ausgestaltung der Drohung, die entweder ausdrücklich, konkludent bzw. per Androhung mit einem Tun oder mit einem Unterlassen erfolgen kann, an dieser Stelle unerheblich ist, so können dennoch keine pauschalen Erwägungen zur Annahme eines empfindlichen Übels getätigt werden. Die Gesellschaft wird sich nicht pauschal bei jedem Vorkommnis auf eine Zwangslage berufen können, der sie nicht habe entgegentreten können, nur um sich von einer sicherlich lästigen aber nicht weiter beeinträchtigenden Anfechtungsklage befreien zu können. Zweifelsohne wird sich die Gesellschaft bei Beschlüssen, die die Möglichkeit eines Freigabeverfahrens vorsehen, vorhalten lassen müssen, dieses zunächst in Anspruch zu nehmen. Der Gesetzgeber hat mit Abschaffung der Beschwerdeinstanz im Freigabeverfahren der Gesellschaft eine zu berücksichtigende Alternative „an die Hand gegeben", um den Drohungen der Opponenten zunächst Stand halten zu können. In diesen Fällen werden künftig höhere Maßstäbe an die individuelle Zwangslage der Gesellschaft zu setzen sein.

Dabei wird aber nicht per se auszuschließen sein, dass die Gesellschaft trotz bestehender Möglichkeit eines Freigabeverfahrens ob der individuell festzustellenden Dringlichkeit der Umsetzung des Hauptversammlungsbeschlusses, der Drohung nicht wird standhalten können. Maßgeblich wird demnach stets die Einschätzung der individuellen Zwangslage sein. Hier ist das Maß an Veränderungen[450] durch verzögerten Beschlussvollzug zu werten, vornehmlich wird dabei der Umfang potentieller ökonomischen Folgen zugrunde zu legen sein. Je höher der prognostizierte Schaden, desto eher auch die Annahme, dass die Gesellschaft der Drohung nicht in besonnener Selbstbehauptung standhalten kann. Hierbei zwingt der Lästigkeitswert solcher Klagen die Unternehmensverwaltung regelmäßig dazu, schnell zu handeln. Insoweit wird es auch stets auf eine Einzelfallprüfung ankommen. Erst recht bleibt dementsprechend das Drohpotential bei Anfechtungsklagen erhalten, für die nicht die alternative Möglichkeit der Inanspruchnahme eines Freigabeverfahrens vorgesehen ist.[451]

Daher ist im Ergebnis aus Sicht der bedrohten Gesellschaft, zum Zeitpunkt des Drohungsmoments auch unerheblich, dass – unterstellt es käme zu einem Endurteil – eine rechtsmissbräuchliche Klage im Ergebnis als unbegründet abgewiesen wird. Denn ihr obliegt insoweit die Darlegungs- und Beweislast, und sie ist damit im Zivilprozess angehalten, aufwendig den Rechtsmissbrauchs des Gegners nachzuweisen. Dass es daher zu einem für die Gesellschaft günstigen Ausgang des Rechtsstreits kommt, ist nicht gewiss, ebenso ist auch ein wünschenswerter Ausgang des Freigabeverfahrens nicht selbstverständlich. Der wirtschaftliche und finanzielle Druck, dem die Gesellschaften ausgesetzt sind, wird hierdurch nicht gemindert.

Ein Zuwarten kann demnach der Unternehmensleitung als Erfordernis einer besonnenen Selbstbehauptung nicht abverlangt werden; die Initiierung bzw. die Annahme von Vergleichsverhandlungen ist somit in vielen Fällen der sinnvollste und auch

---

450 *Diekgräf* in: Sonderzahlungen an opponierende Kleinaktionäre, S. 18 f.; vornehmlich bei Strukturmaßnahmen wie Verschmelzungen oder Unternehmensverträgen, aber auch bei Kapitalmaßnahmen, führt die Erhebung der Anfechtungsklage mitunter zu beträchtlichen Verzögerungen bei der Umsetzung der beschlossenen Maßnahme.

451 Vgl. oben Kapitel 2, S. 62; so muß beispielsweise der Beschluss über die Wahl eines Aufsichtsratsmitglieds nicht in das Handelsregister eingetragen werden.

kostengünstigste Ausweg. Jedenfalls dann, wenn sich der Rechtsmissbrauch der Anfechtungsklage durch den Aktionär auch im Strafverfahren objektiv determiniert und über die bloße subjektive Missbrauchsabsicht nach außen hervortritt; ist dies nicht der Fall, kann ein Rechtsmissbrauch nicht nachgewiesen werden. Unter welchen Umständen rechtsmissbräuchliches Verhalten anzunehmen ist, wurde bereits ausführlich dargestellt.[452] Maßgeblich sind objektive Indizien, die auf die Innentendezen der Berufsopponenten schließen lassen, um somit auch ihr subtileres Vorgehen als rechtsmissbräuchlich bewerten zu können.

Hieran werden sich sodann auch Erwägungen zur besonnenen Selbstbehauptung zu messen haben. So bedarf es zunächst gegenüber der Unternehmensleitung einer in Missbrauchsabsicht postulierten Drohung, die es im Strafprozess von Amts wegen zu beweisen gilt; in welcher Art diese formuliert wird, ist für die Annahme des Übels entsprechend unerheblich. Die Gesellschaft muss sich in Hinblick auf die Umsetzung der Hauptversammlungsbeschlüsse zumindest im wirtschaftlichen Druck befinden, bedingt durch finanzielle und zeitliche Not zwecks Umsetzung der Beschlüsse, so dass ihr aus *ihrer* Sicht jegliche Handlungsoptionen[453] fehlen, dabei ist fraglich, wie diese auszuschauen hätten, denn ein Zuwarten auf den Prozessausgang – die wohl nächstliegende Alternative – scheint für die betroffene Gesellschaft keine erwägenswerte Lösung zu sein. Ob die Unternehmensleitung der Situation

452 Vgl. oben Kapitel 2, S. 75 ff.

453 *Lutter* setzt sich in: FS 40 Jahre Der Betrieb, S. 204 f. mit diversen Handlungsoptionen der Gesellschaft auseinander. Dabei resümiert er zum einen über das angesprochene Abwarten des Verfahrensausgangs, zum anderen aber auch über die Möglichkeit, nach Tätigung der Leistungen an die Presse heranzutreten bzw. gemäß § 826 BGB Schadensersatz in der Hoffnung geltend zu machen, den Aktionär hinreichend unter Druck zu setzen. Gleichwohl stellt er fest, dass es sich hierbei zwar um taugliche Alternativen handelt, die jedoch die Gesellschaft nicht vor erheblichen finanziellen Schaden bewahren und insbesondere kurzfristig keine Ergebnisse liefern können.

in besonnener Selbstbehauptung standhalten kann, bleibt daher meist zu bezweifeln.

bb) Nötigungserfolg

aaa) (Irgendeine) Handlung, Duldung oder Unterlassung

§ 240 StGB sieht die Notwendigkeit eines Taterfolgs vor, wonach das Opfer zu einem bestimmten Verhalten gebracht werden muss. Dabei muss die durch die Drohung mit einem empfindlichen Übel entfaltete Zwangswirkung kausal herbeigeführt sein. Ohne die Androhung des rechtsmissbräuchlichen Umgangs mit einer Anfechtungs- oder Nichtigkeitsklage würde der tatbestandliche Erfolg – hier das Tätigen der begehrten Leistungen – nicht eintreten (conditio sine qua non). Dabei ist das Delikt vollendet, sobald die Unternehmensleitung unter der Einwirkung der Androhung des empfindlichen Übels mit der Ausführung der abgenötigten Handlung begonnen hat; die vollständige Ausführung der abgenötigten Handlung ist zur Vollendung nicht erforderlich[454] – der Nötigungserfolg tritt mithin frühestens mit Aufnahme von Vergleichsverhandlungen[455] zum Zwecke der Umsetzung der Begehr der Aktionäre und spätestens mit der konkreten Tätigung der Leistungen ein.

454 *BGH* in: NStZ 1987, 70 (70).

455 Jedoch unter der Prämisse, dass die Vergleichsverhandlungen auch im Sinne des Aktionärsbegehrens beendet werden; erfolgt hingegen ein Abbruch, bleibt eine mögliche Versuchsstrafbarkeit zu prüfen.

bbb) (Nötigungsbedingte) Vermögensverfügung? – Dreieckserpressung

Zwischen Rechtsprechung und Literatur stets umstritten[456] ist die Frage, inwieweit die Anwendbarkeit des § 253 StGB[457] davon abhängt, dass die durch die Nötigung erzwungene Handlung, Duldung oder Unterlassen eine Vermögensverfügung darzustellen hat. An dieser Stelle ist der Streit allerdings ohne Bedeutung; denn in Fällen, in denen die Unternehmensleitung im Rahmen von außergerichtlichen bzw. gerichtlichen Vergleichen oder ähnlichen Vereinbarungen, Leistungen an die Opponenten tätigen, liegt eine Verfügung im Sinne eines Handelns per se vor. Dass es sich hierbei um die Konstellation einer Dreieckserpressung handelt, ändert hieran nichts. Für die Annahme einer Dreieckserpressung allein maßgeblich ist die Prämisse der Personenidentität von (faktisch) Verfügendem und Nötigungsadressat, dass dabei Nötigungsadressat und Geschädigter auseinanderfallen, spielt keine Rolle.[458] Der BGH hält auch in dieser Konstellation konsequent an seiner Rechtsprechung fest und sieht von dem Erfordernis einer Vermögensverfügung ab, indem er sich am äußeren Erscheinungsbild des Tatablaufs orientiert.[459] Da hier jedoch der Vorstand einer Aktiengesellschaft nicht nur vertretungsberechtigtes Organ ist, das über das Vermögen der Gesellschaft verfügen darf,[460] sondern es sich auch im Sinne des BGH nach dem äußeren Erscheinungsbild bei den Zahlungen an den Aktionär um Akte des „Gebens“ handelt, liegt übereinstimmend nach allen Ansichten eine erhebliche Dreieckserpressung im Sinne des § 253 StGB vor.

456 Umfassende Nachweise bei *Fischer* in: StGB, § 253 Rn. 10.

457 Ebenso betroffen ist die Vorschrift des § 255 StGB, wobei diese für die vorliegende Arbeit unerheblich ist.

458 BGHSt 41, 123 (125).

459 BGHSt 41, 123 (125); *BGH* in: NStZ 1998, 299 (299).

460 Vgl. hierzu ausführlich unten, S. 165 f.

cc) Vermögensnachteil

Als Folge des Erpressungsmittels bedarf es unstreitig des Eintritts eines Vermögensnachteils im Sinne eines Erpressungserfolgs – begrifflich entspricht dieser dem in § 263 StGB normierten Vermögensschaden.[461] Der Vermögensschaden ist dabei anhand eines objektiv individualisierbaren Beurteilungsmaßstabes nach dem Prinzip der Gesamtsaldierung unter Berücksichtigung einer etwaigen Schadenskompensation festzustellen. Dabei ist ein Vergleich der Vermögenslage des Genötigten vor und nach der Tat anzustrengen.[462] Zwecks Berechnung des Schadenspostens der Gesellschaft bedarf es daher zunächst einer Konkretisierung des Vermögensbegriffs.

aaa) Geschütztes Rechtssubjekt

Träger des durch § 253 StGB geschützten Vermögens kann auch eine juristische Person sein. Dass der Aktiengesellschaft als juristischer Person ebenso wie einer natürlichen Person die erforderliche Opferqualität zukommt, entspricht der absolut herrschenden Meinung[463] und ergibt sich schon aus der Tatsache, dass § 1 AktG die Gesellschaft als Vermögensinhaberin qualifiziert und somit das Gesellschaftsvermögen auch den Gesellschaftern grundsätzlich fremdgestellt ist.[464]

---

461 *Fischer* in: StGB, § 253 Rn. 12; *Heinrich* in: Arzt/Weber, Strafrecht BT, § 18 Rn. 8.

462 *Wessels/Hillenkamp* in: Strafrecht BT 2, § 13 Rn. 538; *Eser* in: Schönke/Schröder, § 253 Rn. 9.

463 Ausführliche Nachweise bei *Loeck* in: Strafbarkeit des Vorstands, S. 16 (Fn. 17 u. 18).

464 *Loeck* in: Strafbarkeit des Vorstands, S. 16.

bbb) Geschütztes Vermögen: (Vorherrschender) normativ-wirtschaftlicher Vermögensbegriff

Danach ist Vermögen grundsätzlich die Gesamtheit der geldwerten Güter einer (natürlichen oder) juristischen Person, abzüglich der Verbindlichkeiten.[465] Für die Bestimmung des Vermögens ist dabei nicht dessen juristische Zuordnung, sondern der tatsächliche wirtschaftliche Zufluss eines in Geld messbaren Wertes entscheidend.[466] Diese Überlegung geht auf die Grundsätze des rein wirtschaftlichen Vermögensbegriffs zurück, der von der Rechtsprechung seit der Entscheidung der Vereinten Strafsenate des RG[467] erstmals postuliert und seitdem fortgeführt worden ist.[468] Gleichwohl hat der BGH, trotz seines wirtschaftlichen Ansatzes, unter dem Gesichtspunkt der Gesamtrechtsordnung vereinzelt auf normative Korrekturen hingewiesen und sich somit dem in der Literatur vorherrschenden juristisch-ökonomischen Vermögensbegriff weitestgehend angenähert.[469]

Nach allen Ansichten zweifellos schützenswert ist in den vorliegenden Sachverhaltsvarianten – bei denen es in aller Regel zu einem außergerichtlichen/prozessrechtlichen Vergleich oder sonstiger Vereinbarungen zwischen den Parteien kommt – das Vermögen der Gesellschaft. Die abgenötigten Vermögenswerte, wobei es sich meist um Geldsummen handelt, genießen offenkundig einen wirtschaftlichen Wert und fallen zumindest bis zu ihrer Auskehr auch unter den Schutz der Rechtsordnung. So unterfallen auch Aktien – hierbei ist beispielsweise an Fälle zu denken, in denen dem Opponenten entgegen des § 71 AktG Aktien zurückgewährt

465 *Fischer* in: StGB, § 263 Rn. 91.

466 *Mitsch* in: Strafrecht BT II/1, § 6 Rn. 50.

467 RGSt 44, 230 (235 ff.).

468 BGHSt 2, 364; *KG Berlin* in: NJW 2001, 86f.; *BGH* in: NStZ 2002, 33.

469 In diesem Zusammenhang war bis zum Inkrafttreten des ProstG die nun überholte Streitigkeit zur Schützwürdigkeit von Forderungen aus Prostitution anzusprechen; vgl. BGHSt 4, 373 ff.

werden – die in ihrer Funktion als Anteilseigentum an der Gesellschaft[470] einen Vermögenswert darstellen, dem Vermögensbegriff. Nichts anderes gilt für Bezugsrechte, die gemäß § 186 I AktG nach einer Kapitalerhöhung dem Aktionär zugeteilt werden.

Für die Bestimmung des Vermögensschutzes ist unerheblich, inwieweit die abgenötigten Vereinbarungen gegen die Grundsätze des § 57 AktG verstoßen und damit ein gesetzliches Verbot im Sinne des § 134 BGB darstellen und letzten Endes rechtswidrig sind. Hierbei handelt es sich gerade nicht um solche Fälle, bei denen Vermögenswerte infolge missbilligenswerten Opferverhaltens zu rechtswidrigen Zwecken eingesetzt werden. Eine entsprechende Diskussion käme ausschließlich in Betracht, wenn ein in der Herkunft, Entstehung oder wegen seiner Verwendung schlechthin schutzunwürdiges Vermögen, das Verhältnis von Täter und Opfer belasten würde.[471] Klassischerweise, wenn eine durch Täuschung bewirkte Hingabe von Vermögenswerten zur Realisierung gesetzes- oder sittenwidriger Zwecke die Situation beherrschen würde.[472] Vorliegend wird dem Opfer ein Verhalten abgenötigt, bei dem zunächst schützenswertes Vermögen rechtswidrig zu Lasten der Gesellschaft eingesetzt wird. Entsprechend ist dabei ebenso ohne Belang, inwieweit die Zahlungen offen als Abfindungszahlungen oder verdeckt zwecks Umgehung offenkundigen rechtswidrigen Verhaltens erfolgen; eine Vermögensminderung tritt in jedem Fall bei der Gesellschaft ein.

ccc) Vermögenssaldierung

Nachdem festgestellt worden ist, dass das abgenötigte Vermögen der Gesellschaft den Schutz des § 253 StGB genießt und mit Aus-

470 *Depenheuer* in: v. Mangoldt/Klein/Starck, Art. 14 Rn. 142.

471 Vgl. *Wessels/Hillenkamp* in: Strafrecht BT 2, § 13 Rn. 564.

472 Vgl. *KG Berlin* in: NJW 2001, 86 f.; BGHSt 48, 323 ff.; *BGH* in: NStZ 2002, 33 f.

kehr der Abfindungszahlungen eine Minderung eingetreten ist, ist fraglich, ob nach den Grundsätzen einer Kompensation auch ein Schaden angenommen werden kann.

Wie bereits angedeutet, bedarf es für die Berechnung des Vermögensschadens einer Gesamtsaldierung von positiven und negativen Vermögenswerten vor und nach der Leistung.[473] Erlangt der Betroffene einen Gegenwert, ist von einem Vermögensschaden nur dort zu sprechen, wo die Einbuße größer ist, als der zugeflossene Wert – das Opfer im Ergebnis also ärmer geworden ist.[474] Für die Annahme einer erheblichen Kompensation ist daher maßgeblich, ob das Opfer eine wertgleiche Gegenleistung erlangt.

(1) Schadenskompensation infolge gesetzlicher Ansprüche oder Rechte?

Der Gesellschaft kann zunächst nicht entgegengehalten werden, trotz der getätigten Leistungen eine starke Rechtsposition innezuhaben. Grundsätzlich stehen ihr je nach Ausgestaltung der Leistungsvereinbarungen Herausgabe- oder Rückabwicklungsansprüche zu. Erfolgen die Zahlungen offen, so ist infolge Verstoßes gegen die §§ 134 BGB, 57 AktG sowohl das Verpflichtungs- als auch das Verfügungsgeschäft nichtig. Der Opponent erlangt kein dingliches Vollrecht an den Zuwendungen; doch auch wenn die Leistungen mittels verdeckter Modalitäten erfolgen, so ist nach allgemeiner Ansicht zumindest das Verpflichtungsgeschäft nichtig – der Rückzahlungsanspruch des § 62 AktG greift entsprechend.[475] Da jedoch die Zahlungen als Aufwandsposten in den Büchern der Gesellschaft zunächst ausgewiesen werden, erfährt die Gesellschaft – auch wenn sie einer Rückforderung nach § 62 AktG nachgehen sollte – eine Vermögensminderung. Sie hat dabei auch stets das

473 BGHSt 44, 251 (254).

474 *Lackner/Kühl* in: StGB, § 263 Rn. 36.

475 Vgl. ausführlich hierzu oben Kapitel 2, S. 88 f.

Risiko der vollständigen Rückzahlung zu tragen.[476] Bei einer wirtschaftlichen Saldierung sind die Ansprüche daher in keinem Fall genauso wertvoll wie die tatsächliche Innehabung des Geldes.[477]

Dass der Gesellschaft darüber hinaus aufgrund der abgenötigten Vermögensminderung Anspruchsinhaberin vornehmlich deliktischer Schadensersatzansprüche[478] ist, ist für die Berechnung des Vermögensschadens unerheblich. Denn hierbei handelt es sich um Ansprüche, die der Geschädigten gerade aufgrund der Nötigungshandlung erwachsen; würden diese Ansprüche im Wege der Kompensation berücksichtigt werden, würde konsequenterweise so gut wie nie ein strafrechtlich relevanter Schaden entstehen.[479]

(2) Schadenskompensation mittels Nichterhebung der Klage/Klagerücknahme/Verzicht

Während die Gesellschaft bei Abschluss außergerichtlicher bzw. gerichtlicher Vergleiche oder sonstiger Vereinbarungen sich mittels verdeckter oder offener Abfindungszahlungen einer Vermögensminderung ausgesetzt sieht, erklärt sich der Anfechtungskläger in aller Regel bereit, entweder die Klage nicht zu erheben und den Widerspruch zurückzunehmen; die bereits erhobene Klage zurückzunehmen oder auf deren weitere Aufrechterhaltung zu verzichten. Während auf Seiten der Gesellschaft eine Vermögensminderung eintritt, ist fraglich, welche kompensationsfähigen Auswirkungen

476 *Bison* in: Missbrauch der Anfechtungsklage durch den Aktionär, S. 229 f.

477 *Lüderssen* in: FS Heinsius, S. 485; *ders.* in: Entkriminalisierung des Wirtschaftsrechts, S. 127.

478 Vgl. oben Kapitel 2, S. 82; von daher ist an dieser Stelle für die Prüfung des Schadens der Gesellschaft auch unerheblich, ob die Unternehmensleitung mit oder ohne Rückführungswillen die Leistungen an den opponierenden Aktionär tätigt.

479 *Lackner/Kühl* in: StGB, § 263 Rn. 36 a m.w.N.

die Gegenleistungen durch den Opponenten für die Schadensermittlung haben.

Mit Erhalt der Zuwendungen durch die Aktiengesellschaft entfällt aus Sicht des Opponenten die Grundlage für die weitere Verfolgung der Anfechtungsklage. Entweder wird der Widerspruch zurückgezogen und von dem Erheben einer Klage abgesehen, die Klage wird gemäß § 269 ZPO zurückgenommen, der Verzicht nach § 306 ZPO erklärt oder der Rechtsstreit wird beidseitig übereinstimmend für erledigt erklärt. In jedem Fall erfolgt eine Gegenleistung, die zum Wegfall der (potentiellen) Registersperre führt und damit zur Möglichkeit der zügigen Umsetzung des Hauptversammlungsbeschlusses. Die Gesellschaft gewinnt daher unter Zugrundelegung einer wirtschaftlichen Betrachtungsweise zunächst einmal am Faktor „Zeit".[480] Denn mit Aufrechterhaltung der Registersperre wäre es der Gesellschaft versagt gewesen, ihre gefassten Beschlüsse umzusetzen, die wie beispielsweise in Fällen einer Kapitalerhöhung in einer vermögensrelevanten Erwerbsaussicht[481] bestanden hätten – deren Vereitelung wäre vermögensschädigend. Der Faktor Zeit ist dabei sicherlich vor dem Hintergrund einer Saldierung nicht unerheblich. Entfällt doch so für die Gesellschaft ein Lästigkeitswert, der je nach Einzelfall, unternehmerische und ökonomische teils schwerwiegende Folgen mit sich ziehen kann. Wird beispielsweise eine Kapitalerhöhung zwecks Rettung eines maroden Unternehmens gefasst, kann diese jedoch infolge rechtshängiger Klagen nicht umgesetzt werden und wenden sich deshalb potentielle Investoren von der Gesellschaft ab, droht die Insolvenz.

Legt man den vom BGH präferierten wirtschaftlichen Vermögensbegriff, der in erster Linie nicht auf eine juristische Zuordnung der Vermögenswerte abstellt, der Saldierung zugrunde, so

480 *Lüderssen* in: FS Heinsius, S. 469; *ders.* in: Enkriminalisierung des Wirtschaftsrechts, S. 112.

481 Erwerbsaussichten unterfallen sowohl nach dem juristisch-ökonomischen als auch nach dem wirtschaftlichen Vermögensbegriff dem Vermögen; vgl. *Fischer* in: § 263 Rn. 92.

würde die Rechtsmissbräuchlichkeit der Klage zunächst keine Auswirkungen hierauf haben. Doch ist der Nutzwert eines Zeitgewinns als tauglicher Kompensationsfaktor in diesen Fällen dennoch bedenklich. Entscheidend ist letzten Endes, ob das Opfer nach Tätigung der Zuwendungen ärmer ist als zuvor. So ist bereits fraglich, ob sich die Gesellschaft überhaupt den Faktor Zeitgewinn anrechnen lassen muß, wenn man bedenkt, dass ohne eine rechtsmissbräuchliche Klage ein Zeitverlust niemals eingetreten wäre und damit eine bei der Gesellschaft abgenötigte Handlung notwendig gemacht hätte, um einen Zeitgewinn zu erreichen. Nach *Lüderssen* entspräche dies einer Logik, die *„jedem Genötigten oder Erpreßten, der nachgibt, einen kompensationsfähigen Vorteil verschafft."*[482] So ist der drohende Schaden doch eine Folge davon, dass der Aktionär von seinem gesetzlichen Anfechtungsrecht Gebrauch macht; die sich daraus ergebende Möglichkeit der Schadensverhinderung ist daher nicht mehr als ein bloßer Reflex der Inanspruchnahme seiner Rechte.

Ein objektives Missverhältnis zwischen Zeitgewinn der Gesellschaft und Zahlungsleistung an den Opponenten dürfte regelmäßig bestehen.[483] Die durch den angefochtenen Hauptversammlungsbeschluss erlittenen faktischen und wirtschaftlichen Nachteile der Gesellschaft stehen also in keinem kompensationsfähigen Verhältnis zu einem durch Zahlung der Sonderleistungen hervorgerufenen Zeitgewinn. Ein Beitrag zur Befriedung in Hinblick auf die mit der Klage gerügten Rechtsverletzung erfolgt mittels einer rechtsmissbräuchlichen und damit unbegründeten Klage gerade nicht – der bloße Wegfall der Registersperre kann hierüber

482 *Lüderssen* in: FS Heinsius, S. 470; *ders.* in: Entkriminalisierung des Wirtschaftsrechts, S. 113.

483 Vgl. oben Kapitel 2, S. 80: Für die Ermittlung rechtswidriger Sonderzahlungen nach aktienrechtlichen Maßstäben bedarf es eines objektiven Missverhältnisses zwischen Leistung und Gegenleistung, da die Kapitalerhaltungsvorschriften per se nicht jedes Geschäft mit einem Aktionär oder Dritten untersagen.

nicht vollständig hinweghelfen.[484] Der Klagerücknahme bzw. dem Verzicht oder der Erledigung ist kein wirtschaftlicher Wert beizumessen, denn dem Anfechtungsrecht selbst – das Ausfluß des Mitgliedschaftsrechts des Aktionärs ist und nur zusammen mit der Mitgliedschaft übertragbar ist – kommt ebenfalls kein wirtschaftlicher Wert zu. Klagerücknahme, Verzicht oder Erledigung können dabei nicht aus dem Komplex des Mitgliedschaftsrechts herausgelöst und zum Zwecke der Ermittlung eines kompensationsfähigen Markwertes gesondert betrachtet werden.[485]

(3) Resümee

In Ermangelung einer kompensationsfähigen Gegenleistung entsteht für die Gesellschaft als kausale Folge der Drohung mit einem empfindlichen Übel mittels Auskehr der Leistungen (unabhängig von ihrer Einkleidung als offene oder verdeckte Leistungen) ein Vermögensnachteil. Und dies, obwohl die Zahlung an den „Erpresser" selbstverständlich ungleich „billiger" ist, als andernfalls die Schäden wären. Sollte ein Vermögensnachteil im Einzelfall nicht angenommen werden können, so bleibt indes an eine Strafbarkeitsprüfung aus den §§ 253, 22; 240 StGB zu denken. Treffen vollendete Nötigung und versuchte Erpressung aufeinander, wird die Nötigung nicht verdrängt, sondern Tateinheit angenommen.[486]

484 *Schmidt* in: Großkommentar AktG, § 245 Rn. 57.

485 *Bison* in: Missbrauch der Anfechtungsklage durch den Aktionär, S. 211; siehe hierzu ausführlich: *Diekgräf* in: Sonderzahlungen an opponierende Kleinaktionäre, S. 93 ff.; *Lutter* in ZGR 78, 347 (354); *ders.* in: FS 40 Jahre Der Betrieb, S. 199.

486 *Fischer* in: StGB, § 253 Rn. 25.

b) Subjektiver Tatbestand

Anders als das Delikt der Nötigung erfordert der subjektive Tatbestand der Erpressung neben dem Vorsatz noch das Merkmal der Bereicherungsabsicht.

aa) Vorsatz

In Ermangelung einer gesetzlich vorgesehenen besonderen Vorsatzform genügt dolus eventualis. Dabei muss der Täter den Eintritt des Erfolges zumindest für möglich halten[487] und voluntativ den für möglich gehaltenen Erfolg billigend in Kauf[488] nehmen. Tritt der Aktionär an die Gesellschaftsverwaltung mit der Maßgabe heran, sich seine Anfechtungsrechte abkaufen zu lassen, so kann von einem vorsätzlichen Handeln bzgl. der Verwirklichung der objektiven Tatbestandsmerkmale einer Nötigung bzw. Erpressung ausgegangen werden. Den Taterfolg einer Vermögensverschiebung infolge Drohung mit einem empfindlichen Übel wird er dabei regelmäßig billigend in Kauf nehmen.

Zwecks Nachweisbarkeit des Vorsatzes kann sich der Strafrichter durchaus auf seine Erwägungen zur zivilrechtlichen Rechtsmissbräuchlichkeit – die er gemäß § 262 I StPO als aktienrechtliche Vorfrage befugt und verpflichtet ist zu prüfen – berufen. Denn zur Annahme rechtsmissbräuchlichen Handelns braucht es ebenso die Begründung einer entsprechenden verwerflichen Motivation des Opponenten. Hier kommt es darauf an, objektive Indizien als Beweiszeichen im Wege ihrer Gesamtschau hinreichend zu werten, um Rückschlüsse auf eine rechtsmissbräuchliche Motivation tä-

487 *Fischer* in: StGB, § 15 Rn. 9.

488 *BGH* in: NStZ 1999, 507 (508) = Einwilligungs- bzw. Billigungstheorie, entspricht der ständigen Rechtsprechung des BGH zur Auslegung des voluntativen Elements des Eventualvorsatzes; einer vertiefenden Auseinandersetzung mit den zahlreichen in Literatur vertretenden Theorien bedarf es hier nicht.

tigen zu können.[489] Wird insoweit im Ergebnis rechtsmissbräuchliches Handeln anzunehmen sein, können auch Rückschlüsse für den strafrechtlich relevanten Vorsatz getätigt werden.

bb) Bereicherungsabsicht

aaa) Bereicherungsabsicht – Allgemein

Mit Bejahung des Vermögensschadens für die Gesellschaft aufgrund Auskehr von Zuwendungen an den Opponenten, ist auch die unmittelbar darauf basierende Bereicherungsabsicht gegeben.[490] Hieran ändert sich nichts, wenn der Aktionär erst während eines bereits laufenden Anfechtungsverfahrens mit seinem Begehren an die Gesellschaft herantritt. Auch das Drohen mit einer Aufrechterhaltung der Klage kann ebenso ein taugliches Nötigungsmittel im Sinne der §§ 240, 253 StGB darstellen;[491] so dass der notwendige finale Zusammenhang zwischen Einsatz des Nötigungsmittels und dem erstrebten Vorteil vorliegt.[492] So reicht es sogar aus, wenn die aus anderem Grund begonnene Nötigung bei Hinzutreten der Bereicherungsabsicht aufrechterhalten wird.[493]

bbb) Objektive Rechtswidrigkeit der Bereicherung und entsprechender Vorsatz

Sofern beim Täter nicht die irrige Annahme des Bestehens von Forderungen bzw. einer fälligen und einredefreien Anspruchsinha-

489 Vgl. oben Kapitel 2, S. 75 f.

490 *Lüderssen* in. FS Heinsius, S. 470; *ders.* in: Entkriminalisierung des Wirtschaftsrechts, S. 113.

491 Vgl. a.a.O., S. 112 ff.

492 *Fischer* in: StGB, § 253 Rn. 18.

493 *Fischer* in: StGB, § 253 Rn. 18.

berschaft auf die Sonderleistungen vorliegt, die einen Tatbestandsirrtum nach § 16 StGB begründen könnte (denn insoweit handelt es sich um erhebliche normative Merkmale), ist die vorsätzliche Rechtswidrigkeit der Bereicherungsabsicht gegeben. Diese liegt bezeichnenderweise auch dann vor, wenn sich der Nötigende moralisch[494] als berechtigter Anspruchsinhaber fühlt. Für das Vorliegen eines erheblichen Tatbestandsirrtums ist vielmehr die Vorstellung des Täters entscheidend, sein Anspruch werde von der Rechtsordnung anerkannt.[495] Ist daher ein Anfangsverdacht gegeben, der sich auf § 253 StGB begründet, so hat spätestens an dieser Stelle eine umfassende Prüfung des aktienrechtlichen Sondervorteils und dessen Vereinbarkeit zu gesetzlichen Bestimmungen zu erfolgen. Hierbei wird in aller Regel auf objektive Indizien im Wege der Gesamtbetrachtung abzustellen sein, anhand dieser lässt sich das eigennützig motivierte Handeln des Aktionärs verifizieren.[496]

ccc) Stoffgleichheit

Zwischen Vermögensschaden und Vermögensvorteil hat Stoffgleichheit zu bestehen, der Vorteil stellt demnach die Kehrseite zum Schaden dar.[497] Zweifelsohne stellen (offene/verdeckte) Leistungen der Gesellschaft, die unmittelbar das Vermögen des Aktionärs mehren und damit als Vermögensvorteil zu qualifizieren sind,

494 So ist unerheblich, ob sich der betroffene Aktionär bei seinem Handeln als „Robin Hood" seiner Mitaktionäre empfindet.

495 *Fischer* in: StGB, § 253 Rn. 20; geht der Aktionär irrig davon aus, einen Anspruch auf die Sonderleistung zu haben, kann zwar eine Strafbarkeit aus § 253 StGB entfallen, dies gilt jedoch nicht für die Prüfung des § 240 StGB.

496 Vgl. oben Kapitel 2, S. 75 f.

497 *Mitsch* in: Strafrecht BT II/1, § 6 Rn. 69.

ein „*positives Korrelat*“[498] zum Vermögensschaden der Gesellschaft dar.

c) Resümee: Tatbestandsmäßigkeit

Tritt ein Aktionär an die Unternehmensleitung einer Gesellschaft heran, um unter Androhung der Instrumentalisierung seiner Anfechtungsrechte unberechtigte Leistungen zum Nachteil des Gesellschaftsvermögens zu verlangen, so kann er sowohl den objektiven als auch den subjektiven Tatbestand der §§ 240, 253 StGB erfüllen. Für die Annahme der Tatbestandsmäßigkeit macht es auch keinen Unterschied, ob die Leistungen dabei offen als Abfindungszahlungen deklariert werden oder zwecks Umgehung der Kapitalerhaltungsvorschriften verdeckt erfolgen sollen.

2. Rechtswidrigkeit

a) Allgemeine Rechtfertigungsgründe

Allgemeine Rechtfertigungsgründe, die das Verhalten eines opponierenden Aktionärs rechtfertigen könnten, sind nicht ersichtlich.[499]

---

498 Formulierung stammt von *Geilen* in: Jura 1980, 43 (49).

499 Nach der ganz h.M. sind etwaige allgemeine Rechtfertigungsgründe stets vor der Verwerflichkeitsklausel zu prüfen, denn ein Handeln das bereits hiernach gerechtfertigt ist, kann nicht mehr verwerflich sein. Vgl. *Weber* in: Arzt/Weber, Strafrecht BT, § 9 Rn. 76; *Wessels/Hettinger* in: Strafrecht BT 1, § 8 Rn. 423; a.A.: *Haft* in: Strafrecht BT II, S. 180, der in der Verwerflichkeitsklausel eine Ergänzung des Tatbestands erachtet und damit konsequenterweise die Prüfung der Verwerflichkeit vor den allgemeinen Rechtfertigungsgründen ansetzt.

b) Verwerflichkeit im Sinne der §§ 240 II, 253 II StGB

Nachdem festgestellt worden ist, dass die beschriebene Vorgehensweise der Opponenten die Tatbestände der §§ 240 I, 253 I StGB erfüllen kann, bleibt noch die Verwerflichkeit der Nötigung zu prüfen. Dabei bildet die Unrechtsbewertung das Hauptproblem des § 240 StGB; die Verwerflichkeitsklauseln der § 240 II StGB und § 253 II StGB entsprechen sich inhaltlich.[500]

aa) Dogmatik der Verwerflichkeitsklausel – Ein Überblick

Um die Relevanz der geprüften Tatbestandserfüllung in Relation zum Unrechtsurteil hinreichend erfassen zu können, bedarf es einer kurzen dogmatischen Einordnung der Verwerflichkeitsklausel.

Mit ihr hat der BGH ein zusätzliches Korrektiv geschaffen, um ausschließlich strafwürdiges Nötigungsunrecht als tatbestandsmäßiges rechtswidriges Verhalten zu erfassen.[501] Ursache dessen ist das zu weit gefasste Tatbestandsmerkmal der *Drohung mit einem empfindlichen Übel,*[502] (= offener Tatbestand) welches für sich genommen eine solche Vielzahl nicht strafwürdiger Verhaltensweisen erfasst, dass dessen Erfüllung auch in Hinblick auf die allgemeinen Rechtfertigungsgründe nicht mehr die Annahme der Rechtswidrigkeit hinreichend indiziert.[503]

Nach der modernen Strafrechtslehre begründet der Tatbestand bereits ein vorläufiges Unwerturteil – ging *Beling* noch in seinem Werk „Die Lehre vom Verbrechen" von der Wertfreiheit

500 *Fischer* in: § 253 Rn. 21.

501 *Rengier* in: Strafrecht BT II, § 23 Rn. 57.

502 Dabei gilt die Verwerflichkeitsklausel ebenso für das Nötigungsmittel der Gewalt; vgl. *Träger/Altvater* in: LK, § 240 Rn. 68; BVerfGE 73, 206 (247 ff.). Ob des Schwerpunkts der Arbeit spielt das Nötigungsmittel der Gewalt für die vorliegende Erörterung eine untergeordnete Rolle.

503 *Träger/Altvater* in: LK, § 240 Rn. 75.

des Tatbestandes aus,[504] konnte spätestens mit Entdeckung der normativen Tatbestandsmerkmale durch *Mayer* und der damit einhergehenden Feststellung, dass solchen Merkmalen ob ihrer wertbestimmenden Natur bereits eine die Rechtswidrigkeit teilweise präjudizierende Wirkung zukommt, das Postulat der fehlenden Werthaftigkeit des Tatbestands nicht mehr aufrecht erhalten bleiben.[505] Dem Tatbestand kommt daher nach allgemeiner Ansicht die Aufgabe zu, Merkmale zu beschreiben, die ein bestimmtes, typischerweise sozialunwertes Verhalten betreffen.[506] Sein materieller Gehalt ist vertypter Unwert, die Annahme der Rechtswidrigkeit und damit einhergehendes Unrecht werden hierdurch bereits indiziert.[507] Dieses Indiz kann jedoch mittels Erlaubnisnormen widerlegt werden.

Die materielle Umschreibung der Rechtswidrigkeit in § 240 II StGB ist hingegen notwendig, weil die Verwirklichung des Tatbestandes nicht ohne weiteres unrechtsindizierende Kraft hat, die Rechtswidrigkeit folgt daher nicht schon aus dem Fehlen von Rechtfertigungsgründen, sondern bedarf vielmehr zwingend einer gesonderten Feststellung.[508] *Roxin* fasst die Notwendigkeit dessen damit zusammen, dass es der Gesetzgeber nicht verstanden hat *„das Delikt durch deskriptive, sachlich-gegenständliche Merkmale ausreichend zu beschreiben."*[509]

Folglich ist die Strafbarkeit des Verhaltens über die Festestellung der bloßen Rechtswidrigkeit hinaus darzulegen. So

---

504 *Beling* in: Die Lehre vom Verbrechen, S. 112.

505 *Mayer* in: Der Allgemeine Teil des Deutschen Strafrechts, S. 182 ff.

506 *Sinn* in: Die Nötigung im System des heutigen Strafrechts, S. 312 (Fn. 36).

507 *Sinn* in: Die Nötigung im System des heutigen Strafrechts, S. 312.

508 *Träger/Altvater* in: LK, § 240 Rn. 75.

509 *Roxin* in: Strafrecht AT, § 10 Rn. 44; wobei *Roxin* im selben Kontext die Verwerflichkeitsklausel nicht als Teil der Rechtswidrigkeitsprüfung erachtet, sondern sie wohl eher zwischen Tatbestand und Rechtswidrigkeit ansiedelt.

konkretisiert der BGH: „*Aufgabe des § 240 II StGB ist es somit zu bewirken, dass die Verbindung von Nötigungsmittel und angestrebter Verhaltensweise nur unter der einschränkenden Voraussetzung der Verwerflichkeit strafbar ist, wobei der Begriff „Verwerflich“ zugleich einen Wertungsmaßstab festlegt.*“[510] Damit ordnet der BGH die Verwerflichkeitsklausel – wie bereits im Rahmen der Unterlassungsproblematik angedeutet – konsequenterweise der Rechtswidrigkeit und nicht wie Teile der Literatur, die hierin ein Tatbestandsmerkmal sehen,[511] zu; seine Rechtsprechung hat er in der Folgezeit stets bestätigt.[512]

bb) Verwerflichkeit: Definition?

Im Rahmen der Verwerflichkeitsprüfung des § 240 II StGB muss das konkrete Nötigungsmittel (= Drohung mit einem empfindli-

510 BGHSt 35, 270 (276).

511 *Rönnau* in: LK, vor § 32 Rn. 26; *Eser* in: Schönke/Schröder, § 240 Rn. 16 m.w.N.; *Haft* in: Strafrecht BT II, S. 180.

512 Die Zuordnung der Verwerflichkeitsklausel in den Bereich der Rechtswidrigkeit entspricht insoweit der h.M. in Literatur und Rechtsprechung; vgl. BGHSt 35, 270 (275 f.); *Fischer* in: StGB, § 240 Rn. 40; *Otto* in: NStZ 1992, 568 (571) m.w.N.; a.A.: Teile der Literatur vertreten die Ansicht, dass die Verwerflichkeitsklausel eine Ergänzung des Tatbestandes darstelle; vgl. hierzu vornehmlich: *Eser* in: Schönke/Schröder, § 240 Rn. 16. Hier wird allerdings neben dem Wortlaut der §§ 253, 240 StGB (Rechtswidrig ist die Tat...) übersehen, dass es wohl zu zweifelhaften Ergebnissen kommen würde, wenn tatbestandlich verwerfliches Handeln gerechtfertigt sein könnte. Für eine gesamtbewertende Lösung: *Gropp/Sinn* in: MüKo-StGB, § 240 Rn. 116; *Sinn* in: Die Nötigung im System des heutigen Strafrechts, S. 314 ff.; *Roxin* in: Strafrecht AT I, § 10 Rn. 44 ff. – einer Streitentscheidung bedarf es letzen Endes nicht, denn nicht einmal die Zuordnung von Irrtumsfragen hängt von der Zuordnung der Verwerflichkeitsklausel zu Tatbestand oder Rechtswidrigkeit ab; vgl. *Weber* in: Arzt/Weber, Strafrecht BT, § 9 Rn. 77.

chen Übel) zu dem angestrebten Zweck (= das abgenötigte Handeln, Dulden oder Unterlassen) in Beziehung gesetzt werden. Maßstab für die Bewertung der Mittel-Zweck-Relation ist der Begriff der Verwerflichkeit. Dabei soll die Verwerflichkeitsklausel für jeden Einzelfall die Prüfung ermöglichen, ob und unter welchen Voraussetzungen die individuelle, § 240 I StGB verwirklichende Tat der Zurechtweisung gerade mit den Mitteln des Strafrechts bedarf.

Es geht um die objektive Feststellung, ob die Verhaltensweise im Rahmen einer Gesamtabwägung sozial unerträglich ist und daher strafwürdiges Unrecht darstellt. So hat *Roxin* für ihre Bestimmung objektivierbare und aus der gesamten Rechtsordnung abgeleitete Kriterien entwickelt und vorgeschlagen, die für die Rechtswidrigkeitsformel in ihrer Gesamtabwägung Bedeutung gewinnen (= Rechtswidrigkeit des abgenötigten Verhaltens, Güterabwägung, Geringfügigkeitsprinzip, Vorrang staatlicher Zwangsmittel, Prinzip des mangelnden Zusammenhangs und insbesondere das im speziellen für den Themenkomplex „Drohung mit einem Unterlassen“ entwickelte Autonomieprinzip).[513] Dementsprechend haben Zuwiderhandlungen von einiger Erheblichkeit – von gesteigertem Unrecht zu sein. § 240 II StGB setzt damit einen erhöhten Grad der Verhaltensmissbilligung voraus; dieser kann sittlicher,[514] sozialethischer[515] oder gar rechtlicher Natur[516] sein.

Ob seiner Unbestimmtheit hat sich sowohl im Schrifttum als auch in der Rechtsprechung bislang keine eindeutige Definition des Terminus Verwerflichkeit herausgebildet. Einigkeit herrscht insoweit, als dass moralische Aspekte zur Abwendung eines Abgleitens in das Gesinnungsstrafrecht keine Rolle zu spielen haben.[517]

513 *Roxin* in: JuS 1964, 373 (375 f.).

514 Ständige Rechtsprechung des BGH, vgl.: BGHSt 17, 329 (331); 18, 390 (391); 35, 270 (276).

515 Überwiegende Ansicht in der Literatur, vgl.: *Lackner/Kühl* in: StGB, § 240 Rn. 18 m.w.N.; *Roxin* in: JuS 1964, 373 (375 ff.).

516 *OLG Stuttgart* in: NJW 1991, 994 (994).

517 *Fischer* in: StGB; § 240 Rn. 41; *Roxin* in: JuS 1964, 373 (378).

Zwar ist es durchaus möglich, die Rechts- oder Gesetzeswidrigkeit von Zwecken oder Mitteln zu bestimmen, für die Verwerflichkeitsprüfung des Abs. 2 ist dies jedoch nicht ausreichend, da es entscheidend auf die Verknüpfung von Mittel und Zweck ankommt.[518] Es bedarf daher stets eines sorgfältigen Subsumtionsvorgangs.

cc) Einheit der Rechtsordnung: Zivilrechtlich rechtsmissbräuchliches Verhalten = Strafrechtliche Relevanz?

aaa) Einheit der Rechtsordnung – Problemaufriss

Zunächst ist die Überlegung aufzuwerfen, ob die zivilrechtliche Rechtsmissbräuchlichkeit der Vorgehensweise – die allerspätestens bei Prüfung der Verwerflichkeit zu diskutieren ist – als zwingende Folge die Annahme einer strafrechtlich relevanten Verwerflichkeit auslösen könnte. Denn es stellt sich die Frage, ob ein Handeln, das zivilrechtlich rechtswidrig ist, überhaupt noch rechtmäßig und damit nicht verwerflich im Sinne des § 240 II StGB sein kann? Ist dies vor dem Hintergrund des Grundsatzes der Einheit der Rechtsordnung[519] möglich? Das Postulat einer einheitlichen Rechtsordnung beruht dabei auf dem Gedanken, dass die Rechtsordnung ein geordnetes Normengefüge idealerweise widerspruchsfreier normativer Wertmaßstäbe sein soll. Denn eine in sich widersprüchliche Rechtsordnung würde die Forderung nach einheitlichen Rechtsmaßstäben und damit die Rechtsgleichheit, ein Grundprinzip der

518 *Träger/Altvater* in: LK, § 240 Rn. 87.

519 Zwar gibt es das Konzept von der Einheit der Rechtsordnung bereits seit dem 19. Jahrhundert, vgl. hierzu die rechtshistorische Aufarbeitung durch *Baldus* in: Die Einheit der Rechtsordnung, S. 1 ff. doch die Terminologie und konkrete Ausgestaltung des konzeptionellen Gedankenkonstrukts ist letztlich auf die Schrift von *Engisch* in: Die Einheit der Rechtsordnung, S. 1 ff. zurückzuführen; sie umfasst die erweiterte Fassung seiner Heidelberger Antrittsvorlesung aus dem Jahre 1935.

Gerechtigkeit, verletzen.[520] Erst eine kollisionsfreie Rechtsordnung schafft Frieden und erreicht Vertauensschutz.[521] Das Postulat von der Einheit der Rechtsordnung ist ein Idealzustand, der einen gesuchten, nicht aber real vorhandenen Orientierungsansatz der Interpretation, der Auslegungshilfe schafft. Zusammengefasst heißt das, die Einheit der Rechtsordnung ist nicht ein realer Zustand, sondern ein ideales Ziel der Rechtsanwendung, bei dem mittels Verknüpfung einzelner Rechtsordnungen die Harmonisierung der Gesamtrechtsordnung angestrebt wird.[522]

bbb) Verhältnis des Strafrechts zu der rechtlichen Bewertung anderer Teilrechtsordnungen

Mit dem Bestand einer einheitlichen Rechtsordnung verbunden ist stets auch die Frage nach der Einheitlichkeit der Rechtswidrigkeit (oder Rechtmäßigkeit).[523] Hier beschäftigt der Ansatz, ob die Rechtswidrigkeit (bzw. Rechtmäßigkeit) einer Handlung für die gesamte Rechtsordnung einheitlich bestimmt werden muss, oder ob sie je nach Besonderheiten der einzelnen Rechtsgebieten differenziert beurteilt werden kann.

So ist sich zunächst die (Straf-)Rechtswissenschaft darüber einig, dass der im Zivil- oder Öffentlichen Recht als rechtmäßig eingestufte Eingriff in ein straftatbestandlich geschütztes Rechtsgut auch im strafrechtlichen Sinne gerechtfertig ist[524] – insoweit kann hier von einer Akzessorietät des Strafrechts zu den anderen

520 *Rüthers* n: Rechtstheorie, § 22 Rn. 744.

521 *Kirchhof* in: Unterschiedliche Rechtswidrigkeiten in einer einheitlichen Rechtsordnung, S. 9.

522 *Rüthers* in: Rechtstheorie, § 6 Rn. 271, 279; *Felix* in: Einheit der Rechtsordnung, S. 1.

523 *Röhl/Röhl* in: Allgemeine Rechtslehre, S. 588.

524 *Rönnau* in: LK, vor § 32 Rn. 21 m.w.N.

Rechtsmaterien ausgegangen werden.[525] Gerade weil die Rechtsordnung eine Einheit zu sein hat, ist konsequenterweise in den Teilrechtsordnungen eine begriffliche Kontinuität zu wahren, so dass zur Vermeidung von Kollisionen der Zielsetzungen in den Teilrechtsordnungen, die Rechtmäßigkeit eines Verhaltens nur einheitlich beurteilt werden kann.[526] Folglich wäre es auch höchst widersprüchlich, ein Verhalten, welches von einer Teilrechtsordnung gebilligt wird, gleichzeitig als strafrechtlich erheblich zu bewerten.[527] Daher sind unter Hinweis auf die Einheit der Rechtsordnung die Rechtfertigungsgründe der Gesamtrechtsordnung zu entnehmen.

Hier spiegelt sich vertiefend auch das Verhältnis von Tatbestandsmäßigkeit und Rechtswidrigkeit wieder. Die Tatbestandsmäßigkeit konkretisiert lediglich positive Strafbarkeitsmerkmale, indem sie ihnen einen Namen gibt. Doch ist es die Rechtswidrigkeit, die den Widerspruch des fraglichen Verhaltens zu den Anforderungen der Rechtsordnung im Ganzen deutet und dabei anhand einer Zusammenschau aller in Betracht kommenden Verbots-, Gebots- und Erlaubnisnormen festsgestellt wird.[528]

Zwangsläufig stellt auch nicht jede im Zivil- oder Öffentlichen Recht ausgewiesene Rechtswidrigkeit einer Handlung, eine hinreichende Bedingung für eine straftatbestandliche Verhaltenskriminalisierung dar. Dies sei aber nicht derart missverstanden, dass das Strafrecht von der rechtlichen Bewertung anderer Rechtsordnungen abweicht; sondern das Strafrecht konzentriertaich lediglich und notwendigerweise *„auf den Schutz bestimmter Rechtsgüter vor besonders massiven Angriffen“* konzentriert – hierin zeigt sich der fragmentarische Charakter des Strafrechts.[529]

525 *Günther* in: ZStW 102 (1990), 269 (279).

526 *Felix* in: Einheit der Rechtsordnung, S. 297.

527 *Rönnau* in: LK, vor § 32 Rn. 21.

528 *Perron* in: FS Lenckner, S. 232.

529 *Felix* in: Einheit der Rechtsordnung, S. 297.

Aufgrund der dargestellten spezifischen Eigenschaft des Strafrechts ist nicht alles, was infolge Bewertung anderer Rechtsordnungen als rechtswidrig eingeschätzt wird, auch strafbar. Anders verhält es sich indes in Fällen, in denen – wie vorliegend – der Tatbestand erfüllt ist. Bei konsequenter Anwendung des Einheitspostulats hat eine zivilrechtlich rechtsmissbräuchliche Handlung zwangsläufig auch im strafrechtlichen Sinne rechtswidrig zu sein. Insoweit bilde das Recht eine geschlossene Einheit, in der gespaltene Rechtswidrigkeitsurteile nicht zu akzeptieren sind.[530] Zurückführend auf *Engisch*, dessen Schrift *„Die Einheit der Rechtsordnung"* aus dem Jahr 1935 bis heute als *„Jahrhunderteinfall"* gewertet wird,[531] gelte die (formale) Rechtswidrigkeit eines Verhaltens einheitlich für die gesamte Rechtsordnung, *„unbenommen aber bleibt es stets der Rechtsordnung, an ein konkretes Unrecht (...) nur einzelne mögliche Folgen zu knüpfen, also nur Schadensersatz und keine Strafe oder nur Strafe und keinen Schadensersatz eintreten zu lassen usw."*[532]

ccc) Auswirkungen auf die Verwerflichkeitsklauseln der §§ 240 II, 253 II StGB – Subsumtion

Zur Einschätzung der Problematik gilt es nochmals, die dogmatische Zuordnung der Verwerflichkeitsklauseln der §§ 240 II; 253 II StGB zu vergegenwärtigen. Versteht man diese als Rechtswidrigkeitsregel, ist nachvollziehbar, weshalb bei Ablehnung des Vorliegens eines allgemeinen Rechtfertigungsgrundes noch nicht die Strafwürdigkeit des Verhaltens dargetan ist. Diese ist vielmehr erst innerhalb der Verwerflichkeitsprüfung nachzuweisen, so dass erst

530 *Lackner/Kühl* in: StGB, vor § 32 Rn. 2; *Eser* in: Schönke/Schröder, vor § 32 Rn. 8; *Röhl/Röhl* in: Allgemeine Rechtslehre, S. 588; weitere Nachweise bei *Rönnau* in: LK, vor § 32 Rn. 23.

531 *Felix* in: Einheit der Rechtsordnung, S. 1 m.w.N.

532 *Engisch* in: Die Einheit der Rechtsordnung, S. 58.

der positive Ausschluss der Verwerflichkeit die Strafwürdigkeit des Verhaltens und damit auch die Rechtswidrigkeit im Sinne des § 240 II StGB beseitigt.[533]

Doch kann hier die These aufgestellt werden, dass bei erfülltem Tatbestand und gleichzeitiger zivilrechtlicher Rechtswidrigkeit strafrechtliches Unrecht gegeben ist? Dies erscheint „*weder denknotwendig*“ noch „*kriminalpolitisch angezeigt*“.[534] Eine solche Betrachtungsweise würde das Ultima-Ratio-Prinzip des Strafrechts[535] sowie insbesondere und vornehmlich die spezielle Ausgestaltung der Verwerflichkeitsklausel als Korrektiv zum offenen Tatbestand außer Acht lassen; Widersprüche innerhalb der Rechtsmaterien sind bei einer solch extensiven Anwendung des Tatbestandes immanent. Die Funktion der Verwerflichkeitsklauseln besteht doch gerade darin, strafrechtlich erhebliches Verhalten gegenüber allgemein missbilligtem Verhalten zu differenzieren. So unterscheidet sich das Strafrecht insofern von den Rechtsmaterien, „*als* [es] *in sonstiger Ergänzung der sonstigen Rechtsordnungen nur dann eingesetzt werden darf, wenn andere Mittel der Lösung sozialer Probleme versagen.*“[536] Geht man von der strafrechtlichen Grundüberzeugung der Bestrafung als stärkster Form der Verhaltensmissbilligung aus,[537] so ist auch nicht ersichtlich, weshalb hier eine Gefahr unterschiedlicher Rechtswidrigkeitsurteile im Sinne der Verletzung des Einheitsprinzips befürchtet wird. Denn entspricht es nicht auch dem Postulat der Einheit der Rechtsordnung, das idealerweise Rechtssicherheit begründen will, wenn das Strafrecht nur als Ultima Ratio eingesetzt wird? Dass dies auf Ebene der Rechtfertigung zu geschehen hat, liegt notwendigerweise daran, dass der Tatbestand in letzter Konsequenz bloß einen vertypten Sachverhalt beschreibt. Aber wenn doch die Rechtswidrigkeit in-

533 *Otto* in: Grundkurs Strafrecht, § 27 Rn. 31.

534 *Roxin* in: Strafrecht AT I, § 14 Rn. 33.

535 BVerfGE 39, 1 (47); BVerfGE 88, 203 (258).

536 *Felix* in: Einheit der Rechtsordnung, S. 299.

537 *Felix* in: Einheit der Rechtsordnung, S. 299.

nerhalb einer Teilrechtsordnung für sich genommen noch keine hinreichende Bedingung straftatbestandlicher Verhaltenskriminalisierung darstellt, kann hier doch, actus contrarius, für den strafrechtlichen Unrechtsausschluss nur gelten, dass die zivilrechtliche Rechtswidrigkeit der Tat deren strafrechtliche Rechtfertigung nicht ausschließt.[538]

Während eine Ansicht in der Literatur für die Verwerflichkeitsklausel per se hier kein Problem sieht, da sie diese dem Tatbestand zuordnet,[539] kann aber letzten Endes auch nichts anderes bei Annahme einer Rechtswidrigkeitsregel gelten. So hat das *OLG Köln* bereits im Jahr 1979 festegestellt, dass mit Vorliegen einer in dem Fall verwaltungsrechtlichen Rechtswidrigkeit noch nicht *„allein die (besondere) Rechtswidrigkeit (Verwerflichkeit) i.S. des § 240 II StGB“* dargetan ist. Denn diese benötige erst noch eine einzelfallabhängige Prüfung der sittlichen Missbilligung des Verhaltens zur Erreichung der Strafwürdigkeitsgrenze, bei der die Tat ein als Vergehen strafwürdiges Unrecht darstellt und es somit der Zurechtweisung des Täters mit den Mitteln des Strafrechts bedarf.[540]

In diesem Kontext ist ebenso die maßgebliche *„Kochs-Adler“* Entscheidung des BGH zu lesen, der sich hierin von der bis zu diesem Zeitpunkt herrschenden Rechtsprechung des Reichsgerichts distanzierte, indem er zur Wahrung des Ultima-Ratio-Prinzips die Annahme eines Rechtsmissbrauchs der Strafbarkeitsschwelle enthoben und dem Bereich des Zivilrechts zugeordnet hat.[541]

Es kann demgemäß zusammengefasst festegestellt werden, dass im Rahmen der Mittel-Zweck-Prüfung eine zivilrechtlich begründete Rechtswidrigkeit indiziell sicherlich heranzuziehen ist; eine zwangsläufige Unrechtsbegründung kann hierbei jedoch

538 *Günther* n: ZStW 102 (1990), 269 (279) (Fn. 38).; *Felix* in: Einheit der Rechtsordnung, S. 298.

539 Vgl. a.a.O., S. 132.

540 *OLG Köln* in: NJW 1979, 2056 (2057).

541 Vgl. oben Kapitel 2, S. 74; *Lüderssen* in: FS Heinsius, S. 471; *ders.* in: Entkriminalisierung des Wirtschaftsrechts, S. 114.

nicht angenommen werden – zu diesem Zwecke wurde doch die Verwerflichkeitsklausel geschaffen. *Günther* sieht in ihr sogar einen echten Strafunrechtsausschließungsgrund de lege lata und begründet zur Vermeidung diametraler Ergebnisse eine besondere – ausschließlich für den Binnenbereich des Strafrechts geltende – Strafrechtswidrigkeit.[542] Ein Ansatz, der von vielen in der Literatur als begrüßenswert erachtet wird.[543] Eine endgültige Auseinandersetzung mit der praktischen Umsetzung einer solchen Annahme echter Strafunrechtsausschließungsgründe bedarf es hier nicht, da auch die strafrechtliche Judikatur innerhalb der Verwerflichkeitsprüfung keine Automatismen vor dem Hintergrund eines Einheitspostulats aufstellt.

ddd) Resümee

Die zivilrechtliche Rechtsmissbräuchlichkeit des Handelns von Berufsklägern hat zunächst keine Auswirkungen für die Verwerflichkeitsprüfung. Auch vor dem Hintergrund der Einheit der Rechtsordnung kann hier kein Automatismus aufgestellt werden, da ansonsten eine Umgehung der speziellen Natur der Verwerflichkeitsklausel als Tatbestandskorrektiv zum Nachteil des speziell fragmentarischen und schützenswerten Charakters des Strafrechts zu befürchten wäre. Es hat eine gesonderte Prüfung zu erfolgen.

542 *Günther* in: Strafrechtswidrigkeit und Strafunrechtsausschluss, S. 322.

543 *Roxin* in: Strafrecht AT I, § 14 Rn. 37; *Felix* in: Einheit der Rechtsordnung, S. 298; *Otto* in: Grundkurs Strafrecht, § 27 Rn. 32; *Mitsch* in: Baumann/Weber/Mitsch, Strafrecht AT, § 16 Rn. 39.

dd) Subsumtion: Mittel-Zweck-Prüfung der §§ 240 II, 253 II StGB

Im Anschluss an den dogmatischen und definitorischen Aufriss zu den Anforderungen an die Verwerflichkeitsklausel gilt es nun, die relevanten Sachverhalte hieran zu messen.

aaa) Ansatz § 826 BGB – Verhältnis von Rechtsmissbrauch und Sittenwidrigkeit?

(1) Auszüge aus der Rechtsprechung hierzu

Zum Zwecke einer möglichst umfassenden Verwerflichkeitsprüfung können auch Erwägungen in Hinblick auf das in § 826 BGB angelegte Tatbestandsmerkmal der *Sittenwidrigkeit* eine Rolle spielen. Wenngleich im Stadium eines nicht ergangenen (Zivil-) Endurteils potentielle Regressprozesse faktisch noch nicht geführt werden können, kann der Strafrichter, um seiner Aufgabe aus § 262 I StPO hinreichend gerecht zu werden, auf Grundlage bereits ergangener Urteile Hilfsbegründungen hierüber generieren.

Auch wenn die gerichtliche Praxis im Umgang mit Schadensersatzansprüchen aus § 826 BGB bislang recht zurückhaltend gewesen ist, haben doch die bereits vorgestellten Entscheidungen des BGH („*AMB/BfG*") im Jahre 1992 sowie jüngst des OLG Frankfurt am Main („*Nanoinvests AG*") und des Landgerichts Hamburg („*F-V AG/equitrust*") für Sensibilisierung gesorgt.[544] Die Norm des § 826 BGB ist daher von besonderen Interesse, da sie nebst anderen Tatbestandsmerkmalen „Sittenwidrigkeit" verlangt. Sittenwidrig ist dabei jedes Verhalten, das nach seinem Gesamtcharakter unter zusammenfassender Würdigung von Inhalt, Motiven und Zweck mit grundlegenden Wertungen der Rechts- und Sittenordnung nicht vereinbar ist.[545] Die Verfolgung eigener Interessen ist nicht ausrei-

544 Vgl. hiezu oben Kapitel 2, S. 93 f.

545 *Sprau* in: Palandt, § 826 Rn. 4.

chend, vielmehr muss eine besondere Verwerflichkeit des Verhaltens hinzutreten, die sich aus dem verfolgtem Ziel, den eingesetzten Mitteln, der zutage tretenden Gesinnung oder den eintretenden Folgen ergeben kann.[546]

Auch wenn rechtsmissbräuchliches Verhalten bei einer Anfechtungsklage nicht ohne weiteres als strafrechtlich „verwerflich" eingeschätzt werden kann, ist doch fraglich, wie es um das Verhältnis zivilrechtlicher Sittenwidrigkeit zu strafrechtlicher Verwerflichkeit steht. Eine inhaltliche Akzessorietät der Prüfungsanforderungen ist nicht von der Hand zu weisen. Ist also eine Klage nach § 826 BGB als begründet anzusehen, wird dies die Prüfung der Verwerflichkeitsklausel der §§ 240 II, 253 II StGB beeinflussen dürfen. In jedem Fall können die Erwägungen um die Annahme eines Verstoßes gegen die guten Sitten hilfreiche Ansatzpunkte für eine strafrechtliche Prüfung der Verwerflichkeit geben.

Die Entscheidung des BGH aus dem Jahr 1992 ist im Zusammenhang mit der Entscheidung des OLG Köln aus dem Jahr 1988 – zu diesem Zeitpunkt war *„Kochs-Adler"* vom BGH noch nicht ausgeurteilt worden, so dass die Rechtmissbräuchlichkeit der Vorgehensweise nicht den Schwerpunkt der Entscheidung darstellen konnte – zu sehen. Das OLG Köln hatte dabei im Arrestverfahren über den Rückforderungsanspruch der AMB Gesellschaft zu entscheiden,[547] die im Wege eines außergerichtlichen Vergleichs DM 1,5 Millionen an die klagenden Kleinaktionäre für den Verzicht auf ihre Anfechtungsrechte zahlte. Der BGH entschied sodann über die Schadensersatzpflicht des die Aktionäre beratenden Rechtsanwalts aus §§ 826, 830 II BGB. Zur Darlegung der delikti-

546 *Sprau* in: Palandt, § 826 Rn. 4.

547 Anders als die Vorinstanz (*LG Köln*, Urteil vom 12. Januar 1988 in: ZIP 1988, 649 ff.) begründet das OLG Köln die Rückzahlungsverpflichtung der Aktionäre sowie eines Aktionärvertreters auf Grundlage des § 826 BGB. Während die Vorinstanz den Rückforderungsanspruch aus § 62 AktG ableitete, hatte sich das OLG mit dieser Anspruchsgrundlage nicht auseinandergesetzt; siehe hierzu *OLG Köln* in: ZIP 1988, 967 ff. mit Anm. von *Meyer-Landrut* in: EWiR 1988, 741 (741).

schen Mitverantwortlichkeit des beratenden Rechtsanwalts musste sich der BGH in seinen Gründen mit der Frage der Sittenwidrigkeit des Handelns der Aktionäre auseinandersetzen. Ähnlich wie das OLG Köln im Arrestverfahren, stellt der BGH auf die Relation von Mittel und Zweck zueinander ab. Dabei ergebe sich die Sittenwidrigkeit aus der Relation des verwendeten Mittels (Widerspruch bei gleichzeitiger Ankündigung einer Anfechtungsklage) zu dem angestrebten Zweck unter Missbrauch einer vom Gesetz eingeräumten formalen Rechtsposition.[548] An der Entscheidung war insbesondere interessant gewesen, dass der BGH zu Begründung der sittenwidrigen Mittel-Zweck-Relation vornehmlich auf die aus seiner Sicht unangemessene Höhe der Abfindungssumme abgestellt hat.[549] Gleichzeitig hat er ausdrücklich offengelassen – möglicherweise auch um die Auswirkungen der kurz zuvor ergangenen „*Kochs-Adler*" Entscheidung abzuwarten, – welche bzw. ob jede Formen des Abkaufs von Anfechtungsrechten unzulässig ist, und damit eine Einzelfallentscheidung begründet.[550] Wohl auch aus diesem Grunde mangelte es in den Folgejahren an Entscheidungen im Zusammenhang mit Schadensersatzpflichten aus § 826 BGB.

Zwar signalisierte das Landgericht Frankfurt am Main in einer Entscheidung aus dem Jahr 1998 die Bereitschaft, unter bestimmten Voraussetzungen auch eine Schadensersatzpflicht aus § 826 BGB des Anfechtungsklägers in Betracht zu ziehen.[551] Doch sah das Gericht hier keine solche Veranlassung und argumentierte, dass eine Vielzahl erfolgloser Rechtsbehelfe gegen Maßnahmen allein kein ausreichendes Indiz für einen Rechtsmissbrauch im Sinne des § 826 BGB darstelle. Eher restriktiv äußerte sich die Kammer zum Zusammenhang von Rechtsmissbrauch als Institut der unzu-

548 *BGH* in: NJW 1992, 2821 (2822) mit Verweis auf *BGH* in: WM 1962, 929 (930 f.)

549 *Kort* in: DB 1992, 1765 (1766).

550 *BGH* in: NJW 1992, 2821 (2822).

551 *LG Frankfurt/Main* in: AG 1999, 473 ff. mit Anm. von *Peters* in: NZG 2007, 935 (936).

lässigen Rechtsausübung als Einwand gegen die Anfechtungsklage im Verhältnis zum materiellen Kern der Anspruchsgrundlage aus § 826 BGB. Ein Schadensersatzanspruch sei nur begründbar, falls darin eine grobe Missachtung der das Sittenwidrigkeitsurteil tragenden sozialen Verhaltensanforderungen zum Tragen komme – dies war in dem zu entscheidenden Sachverhalt nicht der Fall.[552] Auch wenn das Landgericht Frankfurt am Main letzen Endes einen Anspruch auf Schadensersatz aus Gründen des mangelden Nachweises eines Rechtsmissbrauchs ablehnte, hatte es sich aber nicht eines möglichen Zusammenhangs von Rechtsmissbrauch zum möglichen Regress aus § 826 BGB und damit zur Annahme einer verwerflichen Mittel-Zweck-Relation per se verschlossen.

Konsequenter urteilten indes das OLG Frankfurt am Main bzw. in Vorinstanz, das Landgericht Frankfurt am Main in der Sache „*Nanoinvests AG*". In tatsächlicher Hinsicht handelt es sich um den Hauptanwendungsfall des Abkaufs von Anfechtungsrechten,[553] so dass auf Grundlage der „*Kochs-Adler*" Rechtsprechung die Klage des Kleinaktionärs wegen Rechtsmissbrauchs abgewiesen werden konnte.

Zur Begründung der Sittenwidrigkeit des im Wege der Widerklage geltend gemachten Schadensersatzanspruches aus § 826 BGB stellte das Landgericht – wie bereits der BGH in der Sache AMB/BfG – auf das Verhältnis von Mittel und Zweck unter gleichzeitigem Missbrauch einer dem Kläger vom Gesetz eingeräumten formalen Rechtsposition ab. So erachtete das Landgericht Frankfurt am Main die Sittenwidrigkeit im Angebot des Klägers, seine Anfechtungsklage zurückzunehmen, wenn ihm und andere Aktionäre durch die Großaktionärin Bezugsrechte über eine bestimm-

552 *LG Frankfurt/Main* in: AG 1999, 473 (475).

553 Am Sachverhalt einzig ungewöhnlich war der Umstand, dass anstatt wie üblich Leistungen von der Gesellschaft zu begehren, hier durch die Großaktionärin Bezugsrechte eingeräumt werden sollten; vgl. *OLG Frankfurt/Main* in: NZG 2009, 222 ff.

te Anzahl von Aktien gewahrt würden.[554] Das Oberlandesgericht bestätigte die Rechtsprechung der Vorinstanz und setzte dabei sogar erstmals – zumindest für diese Sachverhaltsvariante – den Rechtsmissbrauch der Sittenwidrigkeit gleich. In den Gründen heißt es: „*Sittenwidrig ist in diesem Sinn ein Verhalten, das entweder seinem Inhalt, das kommt hier nicht zum Tragen, oder nach seinem Gesamtcharakter mit grundlegenden Wertungen der Rechts- oder Sittenordnung nicht vereinbar ist. Das war der Fall, weil die Klage von dem Kläger missbräuchlich erhoben wurde.*“[555] Also scheint die Überleitung aus dem Rechtsmissbrauch – zumindest sofern er auf Grundlage der „klassischen“ Variante mit dem ungerechtfertigten Erstreben eines Sondervorteils begründet wird, durchaus naheliegend zu sein.[556] Ähnliche inhaltliche Erwägungen veranlasste ebenso das Landgericht Hamburg zur Verurteilung zu Schadensersatz, wobei hier die Besonderheit vornehmlich darin zu sehen ist, dass erstmals im Zusammenhang mit der Verurteilung von Berufsklägern ein Mitaktionär einen Schadensersatzanspruch geltend gemacht und zugebilligt bekommen hat.

(2) Resümee – Überleitung auf die §§ 240 II, 253 II StGB

Vornehmlich die Entscheidung des OLG Frankfurt am Main hat ein großes Echo gefunden, denn mit ihr wurde erstmals ein in rechtsmissbräuchlicher Absicht handelnder Anfechtungskläger, parallel zur Klageabweisung in der Hauptsache, zur Leistung von Schadensersatz infolge Verstoßes gegen die guten Sitten nach § 826 BGB verurteilt – auf dessen Begründung konnte sich daher auch das

---

554 *LG Frankfurt/Main* in: ZIP 2007, 2034 (2036).

555 *OLG Frankfurt/Main* in: NZG 2009, 222 (223); *LG Hamburg* in: WM 2009, 1330 ff.

556 *v. Falkenhausen/Baus* in: NZG 2007, 2037 (2038).

Landgericht Hamburg berufen.[557] Ob sich allerdings das Postulat des Rechtsmissbrauchs ist gleich Sittenwidrigkeit durchsetzt, bleibt in der Zukunft abzuwarten. Für den Hauptanwendungsfall des Abkaufs von Anfechtungsrechten scheint es – noch im Gegensatz zu den Entscheidungen des OLG Köln und des BGH knapp 20 Jahre zuvor – nunmehr zuzutreffen. Doch bleibt zu bedenken – trotz des Idealdogmas einer einheitlichen Rechtsordnung – dass nicht jedes rechtmissbräuchliche Handeln zugleich sittenwidrig und daher strafrechtlich verwerflich zu sein hat. Der Ultima-Ratio-Charakter der Strafrechts erfordert auch hier eine Einzelfallprüfung.

In der Vergangenheit hat sich jedoch gezeigt, dass es eher selten zu Schadensersatzprozessen gekommen ist, wohl aus Furcht vor der medialen Präsenz sowie ob der Priorisierung des Handlungsbedarfes in Hinblick auf die Umsetzung der Hauptversammlungsbeschlüsse. Denn um überhaupt Schadensersatz geltend machen zu können, muss ersteinmal der Rechtsmissbrauch nachgewiesen werden.

Und hierin spiegelt sich auch zugleich das Grundproblem der Praxis im Umgang mit rechtsmissbräuchlichen Handeln wider. Die „*Kochs-Adler*“ Entscheidung beschäftigte sich mit offen rechtswidrigen Sonderleistungen an den Aktionär. Probleme der Nachweisbarkeit konnten hier noch in den Griff bekommen werden. Auch wenn die Rechtsprechung den Missbrauchseinwand in der Folgezeit weiter konturiert hatte, indem sie Indizien formulierte, die auf einen Missbrauch hindeuten könnten, hat sie den Rechtsmissbrauch in der Realität doch nur bejaht, wenn es der Gesellschaft gelungen war, konkrete Umstände vorzutragen, die belegten, dass der Aktionär als Gegenleistung einen rechtswidrigen Sondervorteil verlangte.[558] Insbesondere die Weiterentwicklung der Methoden hin zu subtileren Ansätzen, bei denen das Begehren von offen gelegten Sonderleistungen nur noch selten formuliert worden ist, führ-

557 *FAZ* vom 19. Januar 2009: „Unternehmen können sich gegen Berufskläger wehren“; *Martens/Martens* in: AG 2009, 173 ff.

558 *v. Falkenhausen/Baus* in: NZG 2007, 2037 (2037).

te zwangsläufig zu höheren Anforderungen an den Nachweis der rechtsmissbräuchlichen Motivation. Auf eine gefestigte Kasuistik kann nicht zurückgegriffen werden, in allen Fällen ist der Zivilrichter (und damit auch der Strafrichter) zu einer Gesamtbetrachtung der Umstände des Einzelfalls gezwungen.

Aus diesem Grunde kann im Folgenden auch nicht die Prüfung der Verwerflichkeitsklausel der §§ 240 II, 253 II StGB auf Grundlage einer bestimmenden Kasuistik erfolgen. Denn für den Einwand des individuellen Rechtsmissbrauchs ist gerade nicht erforderlich, dass der Aktionär seine ungerechtfertigte Forderung in strafrechtlich erheblicher Weise, also im Wege der Nötigung oder Erpressung, geltend macht. Insoweit resümierte *Lüderssen* bereits im Jahre 1991, dass das sur-plus an strafrechtlich relevanten Missbrauch gesondert festgestellt werden muß.[559] Maßstab für die Prüfung wird auch hier der Hauptanwendungsfall des offenen Abkaufs von Anfechtungsrechten sein sowie die Grundannahme, dass in den anderen Fällen dem Strafrichter der Nachweis der Rechtsmissbräuchlichkeit gelingt.

Eine gesonderte strafrechtliche Kasuistik wird aufgrund der Unbestimmtheit und Indifferenz der vorgebenden aktienrechtlichen Parameter kaum möglich sein. Doch können die gefundenen Ergebnisse dem strafrechtlichen Prüfungsmodus unterliegen und hieran abgearbeitet werden. Dabei sind die Erwägungen um § 826 BGB durchaus hilfreich.

bbb) Nötigungsmittel: Widerspruch und Anfechtungsklage

In den vorliegenden Fällen ist *Nötigungsmittel* die aktienrechtliche Anfechtungsklage oder Nichtigkeitsklage nach vorausgegangenem Widerspruch auf einer Hauptversammlung. Doch die Ankündigung der Erhebung bzw. Aufrechterhaltung einer Anfechtungskla-

559 *Lüderssen* in: FS Heinsius, S. 472 f.; *ders.* in: Entkriminalisierung des Wirtschaftsrechts, S. 115.

ge stellt als solche noch kein Nötigungsmittel dar, das rechtlich zu missbilligen wäre. Die auch als Individualrecht ausgestaltete Anfechtungsklage ist Reflex eines nach Art. 14 GG verfassungsrechtlich garantierten Schutzes von Anteilseigentum eines Aktionärs, der ihm mit Innehabung bereits einer einzelnen Aktie und der daraus erwachsenen Mitgliedschafts- und Vermögensrechte gewährt wird.[560]

Vor diesem Hintergrund ist auch die Tatsache, dass jemand mittels Einlegung des Widerspruchs und per Inaussichtstellen bzw. Erheben einer Anfechtungsklage mit darauffolgender gesetzlicher oder faktischer Registersperre das Eintragungsverfahren in dessen Verlauf hindert, unerheblich und daher auch nicht verwerflich. So resümierte der BGH in der Sache „*AMB/BfG*" innerhalb der Sittenwidrigkeitsprüfung des § 826 BGB: „*Das Gesetz gewährt einem Aktionär das Recht, gegen gesetz- und satzungswidrige Beschlüsse der Hauptversammlung vorzugehen (§ 243 I AktG). Es verfolgt damit das Ziel, die Rechtmäßigkeitskontrolle von Hauptversammlungsbeschlüssen zu gewährleisten. Nachteile, die der Gesellschaft insbesondere dadurch entstehen können, dass angefochtene Beschlüsse entweder kraft gesetzlicher Anordnung von rechtskräftiger Abweisung der Klage grundsätzlich nicht in das Handelsregister eingetragen werden dürfen (...) oder ihre Eintragung bis zur rechtskräftigen Entscheidung des Rechtsstreits ausgesetzt werden kann (§ 127 FGG), nimmt das Gesetz in Kauf.*"[561]

Demgemäß bewegt sich der Aktionär im gesetzlich vorgegebenen Handlungsspielraum, der ihm weder in zivilrechtlicher noch in strafrechtlicher Hinsicht zum Nachteil gereichen kann und darf. Dies entspricht auch der gesetzlichen Wertung; so hält doch der Gesetzgeber auch nach Inkrafttreten des ARUG weiterhin an einem umfassenden Schutz der Aktionärsrechte fest, indem er den

560 *BVerfG* in: NJW 1962, 1667 (1667); *Depenheuer* in: v. Mangoldt/Klein/Starck, Art. 14 Rn. 142; *Obst* in: Der Schutz des Kleinaktionärs im börsennotierten Aktienkonzern, S. 230.

561 *BGH* in: NJW 1992, 2821 (2822).

Fokus zur Modernisierung des Beschlussmängelrechts anstatt auf die gesetzlichen Paradigmen der Klagebefugnis auf das Freigabeverfahren gerichtet hat.

ccc) Nötigungszweck: Erwerb von rechtswidrigen Sonderleistungen

Nötigungszweck ist die Beeinträchtigung der Willensfreiheit des Opfers in eine bestimmte Richtung (= sog. Nahziel[562]).[563] Nötigungszweck und dementsprechend Nahziel ist die vom Aktionär erstrebte rechtswidrige Bereicherung. Dass der Aktionär mit Instrumentalisierung seiner Klagerechte parallel noch andere Ziele, womöglich auch lautere Ziele verfolgt, ist unerheblich, sofern als Nahziel eine rechtswidrige Bereicherung nachgewiesen werden kann.[564] Im vorstehenden Kapitel wurden ausführlich die Möglichkeiten und die sich daraus ergebenden Rechtsfolgen an Bereicherungsmodalitäten vorgestellt. Zusammengefasst können diese – in aller Regel als außergerichtliche oder gerichtliche Vergleichsklausel formuliert – entweder offen als Abfindungszahlungen oder in verdeckter Form beispielsweise als Beraterhonorar etc.[565] erfolgen. In aller Regel handelt es sich hierbei um rechtswidrige Sonderleistungen, auf die der Aktionär keinen Anspruch hat und deren Auskehr gegen aktienrechtliche Bestimmungen verstößt.[566]

562 Etwaige Fernziele des Berufsklägers sind für die vorliegende Bearbeitung belanglos; grundsätzlich wären diese lediglich für die Frage der Strafzumessung von Bedeutung; vgl. zum (streitigen) Umgang mit Fernzielen: *Wessels/Hettinger* in: Strafrecht BT 1, § 8 Rn. 423 m.w.N.

563 *Wessels/Hettinger* in: Strafrecht BT 1, § 8 Rn. 423.

564 Vgl. zur (entsprechenden) aktienrechtlichen Sichtweise, *Feltkamp* in: Anfechtungsklage und Vergleich im Aktienrecht, S. 122 ff.

565 Vgl. zu den mannigfaltigen Möglichkeiten von Bereicherungsmodalitäten (z.B.: überhöhter Rückkauf an Aktien, Verschaffung gesellschaftsexterner Kredite usw.), *Kiethe* in: NZG 2004, 489 (491).

566 Siehe hierzu nochmals, oben S. 77.

Infolge Anpassung der Methoden an Rechtsprechung und Gesetzesnovellierungen bleibt es in der Praxis weiterhin schwierig, den Nachweis zu führen, dass Sondervorteile auch verfolgt werden. Im Strafverfahren gilt zwar der Amtsermittlungsgrundsatz, doch werden parallel vor den gemäß §§ 246 III AktG n.F., 95 II GVG für aktienrechtliche Angelegenheiten zuständigen Kammern für Handelssachen[567] der Landgerichte rechtshängige Anfechtungsklagen dazu führen, dass der Strafrichter die Akten meist anfordern wird. Folglich wird die Gesellschaft auch vor dem Hintergrund von Regressforderungen ein Interesse daran haben, erfolgreich den Nachweis führen zu können. Zur Begründung des Begehrens von Sondervorteilen, die infolge eigennütziger Motive ausgekehrt werden sollen, sind daher objektive Indizien im Wege der Gesamtbetrachtung heranzuziehen. Zu der Bestimmung bedarf es jedoch auch im strafrechtlichen Prüfungsmodus eines Rückgriffs auf aktienrechtliche Bestimmungen; es ist nicht Aufgabe des Strafrechts, hierbei eine separate Kasuistik aufzustellen. Die verifizierte Annahme der Verfolgung von rechtswidrigen Sondervorteilen begründet den Nötigungszweck im Sinne der §§ 253 II, 240 II StGB. Dieser ist auch für sich genommen verwerflich. Denn Leistungen, deren Erhalt rechtswidrig ist und gegen die Bestimmungen des Aktienrechts verstoßen, müssen sozialwidrig sein. Angesichts des rechtswidrigen Zwecks, den die Bereicherungsabsicht der Erpressung tatbestandlich voraussetzt, wird die Prüfung der Verwerflichkeitsklausel des § 253 II StGB zumindest in diesem Punkt stets vorgeprägt sein.[568]

567 Sofern Kammern für Handelsachen an den Landgerichten gebildet sind; im Übrigen entscheiden gemäß § 246 III 2 AktG die allgemeinen Zivilkammern.

568 *Rengier* in: Strafrecht BT I, § 11 Rn. 66.

ddd) Mittel-Zweck-Relation

Grundsätzlich leitet sich aus Vorstehendem nicht zwangsläufig die Verwerflichkeit von Mitel und Zweck in ihrer Relation zueinander ab. Die Verwerflichkeit kann sich aus der rechtlichen Missbilligung entweder des Nötigungsmittels oder des Nötigungszwecks ergeben, wobei es hierbei auf die Verquickung ankommt; eine isolierte Betrachtung ist nicht ausreichend.[569] Daher kann auch die Verfolgung eines verbotenen Zwecks mit an sich zulässigen Mitteln rechtswidrig sein.[570] Die Bejahung eines strafwürdigen Missverhältnisses liegt umso näher, je intensiver das Nötigungsmittel ist und je stärker das abgenötigte Verhalten in die Freiheit des Opfers eingreift, Entsprechendes gilt vice versa für den umgekehrten Fall.[571] Die Relation von Mittel und Zweck ist insbesondere auch dann verwerflich, wenn die vom Täter angestrebte Beugung des Opferwillens in keinem inneren Zusammenhang (= Konnexität) zum Nötigungsmittel steht. Dabei indiziert der mangelnde Konnex zwischen Mittel und Zweck die Verwerflichkeit; je massiver der Druck, desto mehr spricht für die Bejahung der Verwerflichkeit der Mittel-Zweck-Relation.[572]

(1) Androhung der Erhebung einer (rechtsmissbräuchlichen) Anfechtungsklage

Die Verwerflichkeit der Androhung, Anfechtungsklage bei Ausbleiben von rechtswidrigen Leistungen zu erheben, ergibt sich aus diversen Argumentationsansätzen: Zum einen stehen hier Mittel und Zweck nicht in Konnex zueinander. Der Androhung der Erhebung einer Anfechtungsklage zu dem angestrebten Zweck der persön-

569 *Lackner/Kühl* in: StGB, § 240 Rn. 18.

570 *Weber* in: Strafrecht BT, § 9 Rn. 79.

571 *OLG Stuttgart* in: NJW 1991, 994 (994).

572 *Weber* in: Strafrecht BT, § 9 Rn. 81.

lichen Bereicherung fehlt gänzlich der innere Zusammenhang.[573] Anders als beispielsweise in Fällen, in denen ein Gläubiger gegenüber einem Schuldner bei begründeter Forderung zu deren Durchsetzung dieser mit zulässigen gesetzlichen Maßnahmen droht und sich daher im sozialadäquaten, straffreien Bereich bewegt,[574] wird hier das Recht zur Klage zweckentfremdet. Dabei rückt der institutionelle Zweck einer Anfechtungsklage – die Überprüfung der Rechtmäßigkeit von Hauptversammlungsbeschlüssen – in den Hintergrund, die Klage wird für individuell-rechtswidrige Zwecke missbraucht. Hier wird bewusst eine formale Position ausgenutzt, um sich persönlich zu bereichern. Die Verwerflichkeit von Mittel und Zweck ergibt sich dabei aus der Tatsache, dass der Aktionär das an sich legitime Mittel der Anfechtungsklage instrumentalisiert, um mit ihr Sondervorteile zu erlangen, auf die er keinen Anspruch hat. Gesetzeswidrig benutzt der Aktionär ein ihm zustehendes Kontrollrecht, um die Gesellschaft zu veranlassen, ihm das Anfechtungsrecht abkaufen zu lassen.[575] Die Zweckentfremdung der Anfechtungsklage begründet dabei ein Verhalten, das im strafrechtlichen Sinne inadäquat ist, denn hierdurch wird mittels Ausnutzung der akuten Lage der Gesellschaft diese in eine Zwangslage versetzt, deren Fortentwicklung in der Hand des Aktionärs liegt und geeignet ist, das Opfer zur begehrten Handlung zu veranlassen. Unter Abwägung sämtlicher Argumentationsansätzen erscheint ein solches Verhalten in seiner Zusammenschau als verwerflich.

Vergleichbar ist der Sachverhalt mit Konstellationen, in denen beispielsweise ein Betriebsratsvorsitzender der Geschäftsleitung gegenüber damit droht, bei Nichtleistung von Abfindungszahlungen einen Bummelstreik anzuzetteln. Hier ist bereits das

573 Entsprechendes gilt auch in – den eher seltenen – Fällen, in denen der Aktionär die Gesellschaft anstatt zu einer Bereicherung, zu einem anderweitig gelagerten Nötigungserfolg – der tatbestandlich in den Anwendungsbereich des § 240 StGB fällt, nötigt. Auch hier ist Verwerflichkeit gegeben.

574 *Träger/Altvater* in: LK, § 240 Rn. 92.

575 *BGH* in: NJW 1992, 2821 (2822).

Nötigungsmittel rechtswidrig, da der Bummelstreik gemäß § 74 II 1 BetrVG eine unzulässige Arbeitskampfmaßnahme darstellt.[576] Wird er zum Zwecke der persönlichen ungerechtfertigten Bereicherung eingesetzt, so ist ebenso Verwerflichkeit anzunehmen. Auch hier wird die formale Position des Betriebsratsvorsitzenden, der als Betriebsratsmitglied wie jedes Mitglied nach höchstrichterlicher Rechtsprechung[577] zu vertrauensvoller Zusammenarbeit verpflichtet ist, ausgenutzt, um rechtsmissbräuchlich Ziele zu erlangen, die in keinerlei Zusammenhang zueinander stehen.

(2) Drohung mit Nichtrücknahme/Aufrechterhaltung der (rechtsmissbräuchlichen) Anfechtungsklage

Während die „Unterlassungsfälle" in den angesprochenen Sachverhaltsvarianten ein *empfindliches Übel* im Sinne des Tatbestandes darstellen, ist nun zu prüfen, wie im Rahmen der Verwerflichkeitsprüfung mit dieser besonderen Konstellation umzugehen ist.

Denn stets bleibt zu bedenken, dass bei diesen Varianten das Opfer bereits mit dem Übel konfrontiert worden (rechtsmissbräuchlich motivierte Anfechtungsklage bzw. Widerspruch sind bereits erhoben worden) und damit einem bereits laufenden Kausalprozess ausgesetzt ist, dessen Fortbestand der Täter zu seinen Zwecken zu instrumentalisieren versucht. Der Täter gibt dabei vor, Herr des Geschehens zu sein, welches er mittels Androhung seiner Passivität entscheidend beeinflussen könne. Entsprechendes gilt in Fällen, in denen der Aktionär seine unlauteren Motive erst nach Erhebung der Anfechtungsklage entwickelt.[578]

Fraglich ist daher, ob in den vorgenannten Konstellationen bloß der Handlungsspielraum des Gesellschaft erweitert wird, in-

576 Vgl. zur strafrechtlichen Rechtswidrigkeit des Bummelstreiks: *Träger/ Altvater* in: LK, § 240 Rn. 108.

577 BAGE 20, 56 (63).

578 Vgl. ausführlich hierzu a.a.O., S. 115 f.

dem ihr mittels Formulierung des Leistungsbegehrens eine weitere Option zur Abwehr des Übels angetragen wird, bei der die Autonomie ihrer Entschlüsse nicht in strafwürdiger Weise angetastet wird – oder aber ob die Verquickung von Mittel und Zweck nach allen bei der Wertung zu berücksichtigenden Umständen als verwerflich einzuschätzen ist.[579] Auch für die Auslese der „Unterlassungsfälle" kommt es wiederum entscheidend auf das Verhältnis von Mittel und Zweck zueinander an. Denn nicht jede Drohung mit einem Unterlassen ist verwerflich. Ein Problemaufriss zu dieser Thematik erfolgte bereits im Prüfungskomplex des *empfindlichen Übels.*[580] Hervorzuheben ist, dass in Fällen, in denen keine Rechtspflicht zum Handeln besteht, ist der Täter regelmäßig in dessen Entscheidung frei – d.h. ebenso wie dieser die Handlung ganz unterlassen kann, kann dieser für die Vornahme der Handlung grundsätzlich eine Gegenleistung fordern (Autonomieprinzip).[581] Hierbei handelt es sich allerdings um ein Drohungsmoment, bei dem das Opfer lediglich vor die Wahl gestellt wird, sich eine erwünschte Situation „erkaufen" oder es beim alten Status Quo zu belassen.[582] Anders ist hingegen die Lage zu beurteilen, wenn Mittel und Zweck auch bei an sich fehlender Rechtspflicht in keinerlei Konnex zueinander stehen. Entscheidend kommt es vorliegend wiederum auf die Rechtswidrigkeit des Zwecks an – dieser im Zusammenhang zum Nötigungsmittel der Nichtrücknahme der Anfechtungsklage, ist als verwerflich zu erachten. Denn hier wird der bedrohten Gesellschaft für den Fall, dass sie dem Ansinnen des Aktionärs nicht nachkommt, nicht nur deren Fortdauer des Status Quo angedroht, sondern auch eine empfindliche Verschlechterung der Lage dargelegt, so dass Mittel und Zweck in einen inadäquaten Zusammenhang gebracht werden.[583] Freilich handelt es sich hierbei um eine

579 Vgl. BGHSt 31, 195 (201).

580 Vgl. a.a.O., S. 103 ff.

581 *Weber* in: Strafrecht BT, § 9 Rn. 51.

582 *Herdegen* in: LK, § 253 Rn. 6.

583 Vgl. *Herdegen* in: LK, § 253 Rn. 6.

Einzelfallerwägung. Denn obwohl es sich um eine aktienrechtlich rechtsmissbräuchliche Anfechtungsklage handelt, begründet ihre Erhebung keine Rechtspflicht zur Rücknahme. Doch es kommt entscheidend darauf an, dass auch hier die Anfechtungsklage in ihre institutionellen Funktion der Beschlussmängelkontrolle zweckentfremdet und zu eigennützigen Zwecken missbraucht wird.

Zur Wahrung des Bestimmtheitsgrundsatzes ist jedoch die Drohung mit einem Unterlassen stets restriktiven Prüfungsanforderungen ausgesetzt, denn ansonsten droht eine unnötige Extensivierung des Anwendungsbereiches der terminologisch unbestimmten Verwerflichkeitsklausel, die zwar mit dem Bestimmtheitsgebot des Grundgesetzes vereinbar ist, aber gerade deshalb sich am Einzelfall zu orientieren hat. Die Androhung der Nichtrücknahme bei ausbleibenden Leistungen ist daher dann als verwerflich zu erachten, wenn sich das Opfer in einer die Entscheidungsfreiheit faktisch ausschließenden Drucksituation befindet und damit die Autonomie seiner Beschlussfreiheit vergleichbar zu einer Ermessenreduktion auf Null quasi non-existent ist. Dies wird stets der Fall sein, sofern die Umsetzung des Hauptversammlungsbeschlusses finanziell im Sinne eines individuell zu bestimmenden außerordentlich hohen Schadens und zeitlich an strikte Vorgaben gebunden ist, so dass hier die Drucksituation die Gesellschaft in eine Zwangslage versetzt, bei der sie nicht mehr die Möglichkeit hat, eine alternative Entscheidung zu treffen. Hier wird es aber im Einzelfall stets auf die konkrete Ausgestaltung des Leistungsbegehrens ankommen, bzw. darauf wie dieses im Verhältnis zur Umsetzung des Hauptversammlungsbeschlusses steht. Dabei ist maßgeblich hervorzuheben, dass es der rechtmissbräuchlich handelnde Aktionär ist, der die Gesellschaft bewusst in diese Lage versetzt; dabei werden der Gesellschaft nicht Optionen für einen Status Quo unterbreitet, der sie ohnehin betreffen würde, sondern der Status Quo wurde aktiv durch den Aktionär geschaffen, um ihn sodann für eigene Zwecke missbrauchen zu können. Indem der Aktionär die Gesellschaft durch die inadäquate Androhung einer Unterlassung in eine (neue) Pression versetzt, steht das Autonomieprinzip einer strafbaren Nötigung gerade nicht entgegen, da er mit der angekündigten Unterlassung ein auf die bedrohte Person (bzw. in diesen Fällen die juristische Person) bereits zukommendes Übel, das abzuwenden er in der Lage wäre – auch wenn er hierzu nicht verpflichtet ist, sich zunutze macht.[584]

Vergleichbar ist die Situation mit dem vom BGH zu beurteilenden Sachverhalt der Ladendiebin,[585] welcher durch den Kaufhausdetektiv die Möglichkeit aufgezeigt wurde, gegen sexuelle Handlungen könne sie die Strafanzeige vermeiden. Das legitime Mittel der Strafanzeige wurde auch hier zweckentfremdet und instrumentalisiert, um Leistungen zu erlangen, auf die der Täter keinen Anspruch hatte. Es mangelte an der Relation einer legitimierenden inneren Beziehung, die einen Konnex begründet hätte. Vielmehr manövrierte der Kaufhausdetektiv das Mädchen in eine Drucksituation, bei der das „Angebot" des Täters als die einzige Möglichkeit erschien, eine weitere Verschlechterung des Status Quo abzuwenden.

„Analog" sind die Fälle zu behandeln, in denen der Aktionär anstatt mit der Nichtrücknahme mit Aufrechterhaltung der Klage droht. Bei dieser „spiegelbildlichen Variante" der Drohung mit Nichtrücknahme der Klage instrumentalisiert der Aktionär in gleichem Maße die Anfechtungsklage zu eigennützigen Zielen und zweckentfremdet sie. Ebenso wie die Androhung der Nichtrücknahme als Aufrechterhaltung des Status Quo ausgelegt werden kann, gilt im umgekehrten Fall Entsprechendes. Für die Begründung der Verwerflichkeit der Relation von Mittel und Zweck kann daher auf Dargestelltes verwiesen werden.

---

584 *Fischer* in: StGB, § 240 Rn. 34.

585 BGHSt 31, 195 ff.

ee) Resümee

Missbraucht ein Aktionär sein gesetzlich legitimiertes Anfechtungsrecht, um sich zu bereichern, kann dies im Sinne der §§ 253 II, 240 II StGB verwerflich und damit rechtwidrig sein. Hier wird eine ihm zustehende formale Rechtsposition instrumentalisiert und zweckentfremdet, um eine rechtswidrige Bereicherung zu erlangen. Es mangelt am inhaltlichen Konnex zwischen dem an sich legitimen Mittel der Anfechtungsklage zum rechtswidrigen Zweck. Im Falle einer Erpressungshandlung indiziert die Rechtswidrigkeit der Bereicherung ihre Verwerflichkeit. Eine inhaltliche Beziehung zum Einsatz der Anfechtungsklage lässt sich dabei nicht ableiten. Auch in Fällen, in denen nach erhobener Anfechtungsklage mit einem Unterlassen gedroht wird, kann nichts anderes gelten. Es wird nicht bloß der Handlungsspielraum des Opfers erweitert, sondern eine seitens des Aktionärs geschaffene Situation ausgenutzt und zu eigennützigen Motiven thematisiert.

Hervorzuheben ist, dass hieraus kein generelles Postulat abgeleitet werden kann, wonach aktienrechtlich rechtsmissbräuchliches Handeln im strafrechtlichen Sinne verwerflich wäre. Dies würde gerade dem Ultima-Ratio-Charakter des Strafrechts widersprechen und diametral zur entgegengesetzten *„Kochs Adler"* Rechtsprechung stehen, mit der der BGH die Voraussetzungen zur Annahme eines Rechtsmissbrauchs erstmals der Strafbarkeitsschwelle enthoben hat. Von daher bedarf es stets einer begründet-individuellen Verwerflichkeitsprüfung, die jedoch stark vom Sachverhalt abhängen wird. Ob der Mannigfaltigkeit an Varianten können hier nur grundlegende Erwägungen erfolgen. Um eine Ausuferung der Verwerflichkeitsklausel auf pauschale Sachverhalte zu vermeiden, ist bereits innerhalb der Prüfung des *empfindlichen Übels* stets zu erörtern, ob die Gesellschaft sich gegenüber dem Aktionärsbegehren behaupten kann. Hier kommt es entscheidend auf die Zwangslage der Gesellschaft an, die sich stark am finanziellen und zeitlichen Faktor der Situation orientieren wird. Befindet sich eine Gesellschaft beispielsweise kurz vor der drohenden Insolvenz und beschließt eine „lebensnotwendige" Kapitalerhöhung, so wird sie auch bei besonnener Selbstbehauptung der Drohung kaum Stand halten können. An diesem Punkt wird eine erste Auslese der strafbar relevanten Fälle anzusetzen haben.

Für die Verwerflichkeit ist maßgeblich, dass der Rechtsmissbrauch in Hinblick auf dessen Anforderungen einer Missbrauchsabsicht, rechtswidrige Sondervorteile erlangen zu wollen, nach strafrechtlichen Maßstäben nachgewiesen worden ist. Die Nachweisbarkeit dessen stellt innerhalb der gesamten Strafbarkeitsprüfung das grundlegende Problem in der Praxis dar. Fälle in denen offen an die Gesellschaftsverwaltung mit der Maßgabe herangetreten wird, bei ausbleibender Abfindungszahlung werde Klage erhoben werden, können nach den vorangestellten Erwägungen durchaus eine strafbare Erpressung begründen. Bei dem Begehren von verdeckten Leistungen muss deren Rechtswidrigkeit hinreichend bewiesen werden. Auch in Fällen, in denen der Aktionär erst nach Klageerhebung an die Gesellschaft mit seinem Leistungsbegehren herantritt bzw. auf Initiativhandlungen dieser wartet, kann eine rechtswidrige Erpressung gegeben sein. Die Drohung mit einem Unterlassen ändert zumindest bei dieser Konstellation nichts an dem gefundenen Ergebnis, denn mit der Aussicht, weiterhin dem Klageverfahren ausgesetzt zu sein, auf das der Kläger prozessual stets Einfluss ausüben kann, wird die Gesellschaft in eine Zwangslage versetzt, die ihr nach finanziellem und zeitlichem Druck – dies wäre sodann am Einzelfall zu prüfen – keine Handlungsalternativen[586] aufzeigt.

Das sur-plus an Prüfungsanforderungen der strafrechtlichen Verwerflichkeit im Verhältnis zum aktienrechtlichen Rechtsmissbrauch ergibt sich dabei letzen Endes aus der Gesamtschau der tatbestandlichen Empfindlichkeit des Übels zu den verwerflichkeitsbegründenden objektivierbaren Einzelkomponenten des rechtswidrigen Zwecks – wobei es im Einzelfall insbesondere auch auf dessen konkrete Ausgestaltung ankommen wird. Nach

586 Vgl. hierzu a.a.O., S. 122 (Fn. 453).

der Rechtsprechung des BGH in der Sache AMB/BfG lässt sicher das Postulat aufstellen; je höher das Leistungsbegehren, desto eher kann strafrechtlich relevante Verwerflichkeit angenommen werden, denn hier wird es stets am Konnex zum Nötigungsmittel fehlen.

c) Resümee: Rechtswidrigkeit

Unter Zugrundelegung der dargestellten Sachverhaltskomponenten und rechtlichen Erörterungen, kann Rechtswidrigkeit gegeben sein.

3. Schuld

Im Einzelfall könnte bei schlichter Unkenntnis der Rechtswidrigkeit der begehrten Leistungen, also im Falle eines mangelnden Unrechtsbewusstsein, ein direkter Verbotsirrtum gemäß § 17 StGB erörtert werden. Hier wird es dann in einem weiteren Schritt darauf ankommen, ob dieser vermeidbar gewesen wäre. Bei Unvermeidbarkeit tritt anstatt eines Schuldausschließungsgrundes Strafmilderung gemäß § 17, 2 StGB ein.

4. Zwischenergebnis

Wendet sich ein Aktionär an die Gesellschaft mit der Maßgabe, gegen Sonderleistungen von der Erhebung einer Anfechtungsklage abzusehen, kann dieser sich im Einzelfall wegen Erpressung strafbar machen; sieht er von dem Erstreben eines Vermögensvorteils ab, so kann eine Nötigung verwirklicht sein.

5. Besonders schwerer Fall: § 253 IV StGB

Die Annahme eines Regelbeispiels führt in aller Regel zur Strafrahmenverschiebung; dabei ist das in § 46 III StGB kodifizierte Verbot der Doppelverwertung zu beachten.[587] Da es sich bei § 253 IV StGB trotz der Tatbestandsähnlichkeit systematisch um eine Strafzumessungsregel handelt,[588] ist die Erpressung ungeachtet der verschärften Strafdrohung des § 253 IV 1 StGB gemäß § 12 III StGB als Vergehen einzustufen. Die jeweilige Deliktseinteilung der Tat als Vergehen oder Verbrechen gewinnt dabei insbesondere im Zusammenhang mit Fragen des Versuchs (§ 23 I StGB) sowie der Verfahrenseinstellung gemäß den §§ 153 ff. StPO, die nur bei Vergehen möglich ist, ihre praktische Bedeutung.

Als Regelbeispiele benennt § 253 IV 2 StGB die Alternativen der *Gewerbsmäßigkeit* oder *bandenmäßige Begehung*. Ist ein gewerbs- oder bandenmäßiges Vergehen nicht gegeben, besteht noch die Möglichkeit der Verwirklichung eines sog. unbenannten schweren Falls.[589]

---

587 *Fischer* in: StGB, § 46 Rn. 82; § 243 Rn. 2.

588 *Heinrich* in: Arzt/Weber, Strafrecht BT, § 14 Rn. 16 m.w.N.

589 Die Regelbeispiele wurden mit dem Verbrechensbekämpfungsgesetz (VerbBekG) vom 28. Oktober 1994 (BGBl. I 3186) in das StGB aufgenommen; vorwiegend sollte hierdurch kriminalistisch-typischen Erscheinungsformen der Organisierten Kriminalität, namentlich der Schutzgelderpressung, die sich in aller Regel durch gewerbs- oder bandenmäßiges Handeln auszeichnet, entgegengetreten werden. Aus diesem Grunde verweist auch § 256 II StGB auf die Gewinnabschöpfungsmöglichkeit des erweiterten Verfalls gemäß § 73d StGB. Vgl. hierzu: Gesetzesentwurf zum VerbBekG vom 18. Februar 1994, BT-Drs. 12/6853.

a) Benanntes Regelbeispiel: Gewerbsmäßigkeit gemäß § 253 IV 2, 1. Alt. StGB?

Überlegenswert ist, ob und unter welchen Umständen das Regelbeispiel der *Gewerbsmäßigkeit* einschlägig sein könnte. Gewerbsmäßig handelt, wer sich aus wiederholter Tatbegehung eine nicht nur vorübergehende Einnahmequelle von einigem Umfang verschaffen möchte.[590] Gewerbsmäßigkeit ist daher nicht gleichbedeutend mit dem Terminus des Gewerbes im Sinne der Gewerbeordnung, die Selbstständigkeit voraussetzt oder mit dem Begriff des kriminellen Gewerbes.[591] Dabei muss es sich nicht um die Haupt- oder gar alleinige Einnahmequelle des Täters handeln. Maßgeblich ist allein, dass es sich überhaupt um eine Einnahmequelle des Täters handelt. Kennzeichen der Gewerbsmäßigkeit ist jedoch nicht schon allein die Absicht, durch Verwertung eines durch die Tat erlangten Gegenstands einen Gewinn zu erzielen, sondern das Bestreben, sich durch wiederholte Begehung entsprechender Taten einen Einnahmequelle zu erschließen.[592] Demnach ist unerheblich, ob der Täter das Erlangte weiterveräußern will, es genügt, wenn er es im eigenen Bereich verwenden will. Dabei ist Gewerbsmäßigkeit nicht gleichbedeutend mit Gewinnsucht; ein Erwerbsinn in einem ungewöhnlichen und sittlich anstößigen Maß ist für sie gerade nicht Voraussetzung. Erstrebte Einnahmen müssen aber ins Gewicht fallen; geringfügige Beträge reichen nicht.[593]

Da es für die Verwirklichung des Regelbeispiels allein auf die Vorstellung des Täters und damit auf ein subjektives Moment ankommt, erfüllt schon die erste erfasste Tat die Voraussetzungen der Gewerbsmäßigkeit.[594] In praktischer Hinsicht wird hier regelmäßig die Indizwirkung für einen besonders schweren Fall nicht gegeben

590 *Fischer* in: StGB, vor § 52 Rn. 62.

591 *Sree/Sternberg-Lieben* in: Schönke/Schröder, vor § 52 Rn. 95.

592 *Fischer* in: StGB, vor § 52 Rn. 62 a.

593 *Fischer* in: StGB, vor § 52 Rn. 62.

594 *Schmitz* in: MüKo-StGB, § 243 Rn. 39.

sein; auch wenn theoretisch schon die erste Erpressung unter § 253 IV, 2, 1. Alt. StGB fallen könnte, wird man dieses Merkmal jedoch erst beweisen können, wenn der Täter aus der Erpressung ein Gewerbe gemacht hat.[595]

In Hinblick auf das strafrechtlich relevante Verhalten von Berufsklägern ergibt sich Folgendes: Die Probleme werden hier eher praktischer Natur, innerhalb der Nachweisbarkeit anzusiedeln sein. Wird ein Aktionär erstmalig aus § 253 StGB verurteilt, wird in diesem Fall mangels Beweisbarkeit einer Gesinnung des Täters, gewerbsmäßig handeln zu wollen, wohl eher selten das Regelbeispiel der Gewerbsmäßigkeit verwirklicht sein.

Können indes einem Aktionär mehrere Fälle der Erpressung nachgewiesen werden, so kann durchaus auf Grundlage einer umfassenden Gesamtbetrachtrung objektiver Merkmale, ein gewerbsmäßiges Handeln[596] angenommen werden: So zum einen durch die in aller Regel erhebliche „Abfindungssumme" – Summen wie seinerseits im Jahre 1987, als die Aktionäre Karl-Walter Freitag und Karin Deger sich mit der AMB auf die Zahlung von DM 1,5 Millionen einigten, sind nicht mehr en vogue – doch sind Beträge von mehreren tausend Euro weiterhin nicht selten.[597] Zum anderen können hier Erwägungen im Zusammenhang mit einem

595 *Schmitz* in: MüKo-StGB, § 243 Rn. 40; *Heinrich* in: Arzt/Weber, Strafrecht BT, § 14 Rn. 50.

596 *Korte* spricht in desseb Dissertation von der „.. [strafrechtlichen] *Verwerflichkeit der gewerbsmäßigen Ankündigung einer Anfechtungsklage...*"; wegen der Verwendung des Terminus „gewerbsmäßig" in diesem Zusammenhang kann davon ausgegangen werden, dass der Autor hier auf die Schaffung einer stetigen Einnahmequelle anspielt; vgl. *Korte* in: Zur missbräuchlichen Wahrnehmung der aktienrechtlichen Anfechtungsbefugnis, S. 109, ebenso *Diekgräf*, der das Geschäft um den Abkauf von Abkaufsrechten als „*Gewerbliche Opposition*" bezeichnet; vgl. *Diekgräf* in: Sonderzahlungen an opponierende Kleinaktionäre, S. 1 ff.

597 Vgl. nicht zuletzt in der Sache FORTKNOX-VENTURE AG, bei der der klagende Aktionär anbot, gegen Zahlung von (zunächst) EUR 50 000 die Anfechtungsklage zurückzunehmen.

im Vorfeld belegten Rechtsmissbrauch herangezogen werden. Häufig spricht in der Gesamtabwägung der Umstände für einen Rechtsmissbrauch – zwar nicht alleinausschlaggebend, doch aber indiziell – die Anzahl der in der Vergangenheit getätigten Klageerhebungen eines Aktionärs. Manche Aktionäre sind bereits seit Jahren bekannt, sich in der „Aktionärsrechteabkaufbranche" zu bewegen. Hier kann bei verständiger Würdigung durchaus auf das planvolle und auf Dauer angelegte Verfolgen einer lukrativen Einnahmequelle geschlossen werden. Dass der Aktionär in aller Regel eigennützig vorgeht, ist für die Annahme der Gewerbsmäßigkeit unerheblich. Ebenso, dass es sich wohl in keinem dieser Fälle um eine Haupteinnahmequelle handeln wird. Ob der Tatbestandsähnlichkeit des Regelbeispiels muss der Täter in Hinblick auf dessen Verwirklichung (quasi-)vorsätzlich handeln.[598] Doch um eine entsprechende Motivation nachweisen zu können, wird es in der Praxis wesentlich darauf ankommen, einem Aktionär mehrere Fälle der Erpressung vorhalten zu können. Jeder im Sachverhaltskontext hinzukommende Fall, kann eine zunehmende Beweiswirkung begründen.

Exkurs: Täterschaft und Teilnahme

Hier ist noch auf mögliche Beteiligungsformen und ihre Auswirkungen insbesondere auch in Hinblick auf deren Behandlung im Zusammenhang mit der Erfüllung von Regelbeispielen, einzugehen. Es soll nur ein Überblick gegeben werden, denn auch hier können ob der Mannigfaltigkeit der Sachverhaltsvarianten nur allgemeine Erwägungen getätigt werden.

598 *Heinrich* in: Arzt/Weber, Strafecht BT, § 14 Rn. 32.

1. Mittäterschaft gemäß § 25 II StGB – Ein Überblick

Stets möglich sind Konstellationen, in denen mittäterschaftlich vorgegangen wird. In Fällen, in denen sich mehr als ein Aktionär an die Gesellschaft wendet, um sich nach der beschriebenen Vorgehensweise seine Anfechtungsrechte abkaufen zu lassen, ist an ein strafrechtlich-kollusives Zusammenwirken zu denken.

Agieren mehrere Beteiligte in einem strafrechtlich relevanten Sachverhalt zusammen, bedarf es stets der Abgrenzung von Täterschaft und Teilnahme zueinander, die sich aus dem Prüfungszusammenhang ergibt. Nach der vom BGH vertretenen *subjektiven Theorie* ist dabei an die Willensrichtung und an die innere Einstellung des Täters anzuknüpfen. Es gilt die Faustformel: Täter ist, wer mit *animus auctorius* und Teilnehmer wer mit *animus socii* handelt.[599] Um eine beweiserschwerende drohende Subjektivierung der Abgrenzungsproblematiken zu vermeiden, nimmt die Rechtsprechung daher mittlerweile die subjektive Theorie als Ausgangspunkt, zieht aber zudem objektive Kriterien heran, indem sie verstärkt auf die Art des Tatbeitrags und damit auf die Tatherrschaft abstellt.[600]

Mittäterschaft ist dabei die gemeinschaftliche Begehung einer Straftat durch bewusstes und gewolltes Zusammenwirken. In objektiver Hinsicht setzt man bei Mittäterschaft – auch zwecks effektiver Abgrenzung zur Teilnahme – voraus, dass jeder Beteiligte aufgrund und im Rahmen eines gemeinsamen Tatentschlusses einen für die Deliktsbegehung förderlichen Beitrag leistet (*funktionale Tatherrschaft*).[601] Da die Mittäterschaft ihren Unrechtsgehalt in sich selbst trägt und ihn gerade nicht von einer fremden Tat her ableitet, gilt der Grundsatz der unmittelbaren wechselseitigen Zurechnung

599 *Wessels/Beulke* in: Strafrecht AT, § 13 Rn. 515.

600 Siehe insgesamt zur Entwicklung in der Rechtsprechung (und Schrifttum): *Fischer* in: StGB, vor § 25 Rn. 3 ff.; *Roxin* in:Täterschaft und Tatherrschaft, S. 558 ff.

601 *Wessels/Beulke* in: Strafrecht AT, § 13 Rn. 528 m.w.N.

von Tatbeiträgen.[602] Diese Grundsätze zugrundegelegt, kann Mittäterschaft in Fällen angedacht werden, in denen die Tatbeiträge der Aktionäre ein „gleichberechtigtes“ Bild abgeben.[603] Um den Anforderungen einer funktionalen Tatherrschaft zu entsprechen, wird es dabei unter anderem darauf ankommen, den Nachweis zu führen, dass die „Beute“ der Abfindungszahlungen untereinander aufgeteilt werden soll. Eine gerechte Beuteverteilung stellt stets ein gewichtiges Indiz für mittäterschaftliches Handeln dar.

Neben den allgemeinem Deliktsvorsatz hat zudem der gemeinsame Tatentschluss hinzuzutreten, wobei auch sukzessive Mittäterschaft bis zur Beendigung der Tat möglich ist.[604] Legen beispielsweise mindestens zwei Aktionäre auf der Hauptversammlung Widerspruch ein und wenden sich in erpresserischer Absicht an die Gesellschaft, um sich ihre Rechte abkaufen zu lassen, dann kann hierin ein kollusives Zusammenwirken gegeben sein. Wendet sich dabei beispielsweise bloß ein Aktionär an die Gesellschaft in Vertretung für seinen Mitaktionär, so kann letzterem der Tatbeitrag des anderen zugerechnet werden, so dass er im Gesamtgefüge des Tatbildes als Gleichberechtiger zu behandeln ist. Falls es in diesem Zusammenhang zu Schwierigkeiten in der Zuordnung der Funktionalität des Handelns kommt, ist stets auch Beihilfe gemäß § 27 StGB zu berücksichtigen.

Im Rahmen mittäterschaftlichen Handelns bleibt noch zu bedenken, dass die überschießende Innentendenz der Bereicherungsabsicht nicht wechselseitig zuzurechnen, sondern individuell zu bestimmen ist. Mittels des Merkmals Drittbereicherungsabsicht ist hier der Anwendungsbereich der Mittäterschaft erweitert worden.

602 *Wessels/Beulke* in: Strafrecht AT, § 13 Rn. 531.

603 So stellt BGHSt 34, 124 ff. für die Annahme einer Täterschaft darauf ab, welcher Art der Tatbeitrag war und ob der Beteiligte in der Rolle eines *„gleichberechtigten Partners“* mitgewirkt hat oder nicht.

604 *Fischer* in: StGB, § 25 Rn. 21.

[605] Eine mögliche Abgrenzung zur bloßen Beihilfe ist wiederum am Maßstab des subjektiven Willens unter Zugrundelegung des objektiv feststellbaren Tatbeitrages zu tätigen. So ist Mittäterschaft durchaus auch in der Weise möglich, dass ein Mittäter nur eine Nötigung begeht, wenn ihm die Bereicherungsabsicht fehlt und er von dem Vorhandensein dieser Absicht beim anderen Täter nichts weiß, während Letzterer sich allerdings parallel wegen Erpressung strafbar macht.[606] Andererseits muss jemand, der Drittbereicherungsabsicht hat, nicht notwendigerweise Mittäter sein. Fehlt es insoweit am tatherrschaftsbegründenden Umfang der Tatbeteiligung sowie am eigenen Tatinteresse, kann trotz entsprechender Absicht Beihilfe gemäß § 27 I StGB vorliegen.[607] Bei unlösbaren Abgrenzungsschwierigkeiten gilt in Hinblick auf das Verhältnis Täterschaft oder Teilnahme grundsätzlich die Entscheidungsregel *in dubio pro reo* (analog), so dass gemäß dem maßgeblichen Stufenverhältnis stets die „schwächere" Beihilfe anzunehmen ist.[608] Hier wird es wiederum auf den Einzelfall ankommen.

2. Teilnahme: Ein Überblick

Wie bereits an anderer Stelle dargestellt, entschied der BGH schon im Jahre 1992, dass ein Rechtsanwalt, der an den Verhandlungen zu unzulässigen Abfindungsverträgen mitwirkt, deliktisch in Mitverantwortung genommen werden kann.[609] So formulierte der BGH, seinerseits der Vorinstanz zustimmend, dass der Rechtsanwalt, der mittels Beratung und Unterstützung der durch ihn vertretenen Aktionäre bei der Umsetzung des rechtswidrigen Abkaufs

605 Vgl. in Hinblick auf die parallele Argumentation zur Zueignungsabsicht im Rahmen des § 242 StGB: *Fischer* in: StGB, § 242 Rn. 46.

606 RG 54, 153.

607 *BGH* in: StV 1998, 540 (540).

608 *Fischer* in: StGB, § 1 Rn. 22.

609 *BGH* in: NJW 1992, 2821 ff.; Vgl. oben Kapitel 2, S. 93 f.

ihrer Anfechtungsrechte hilft, eine deliktisch vorwerfbare Beihilfehandlung im Sinne des § 830 II BGB begeht. Letztlich erkannte der BGH den Rechtsanwalt gemäß den §§ 826, 830 II BGB; §§ 823 BGB i.V.m. 253, 25, 27 StGB als schadensersatzpflichtig an. Hier zeigt sich, dass der den Berufskläger beratende Rechtsanwalt, je nach seinem Wissenstand bzw. bei verständiger Würdigung der Umstände des sich aufdrängenden Wissenstands, durchaus auch Delinquent einer Beihilfe zur Erpressung sein kann.

Freilich hat für die Annahme einer strafrechtlich relevanten Beihilfe zunächst einmal eine teilnahmefähige, rechtswidrige Haupttat vorzuliegen. Ist dies der Fall, besteht für einen Rechtsanwalt stets die Gefahr, mittels Beratung und Vertretung eines eine Straftat begehenden Mandanten diesem zunächst einmal objektiv gemäß § 27 I StGB „Hilfe" zu leisten. Diese kann bereits mittels psychischer Beihilfe in der Erteilung einer Rechtsauskunft gegeben sein[610] – wobei in der Praxis zunächst einmal bewiesen werden muss, dass diese sich auf die Psyche des Täters und damit bestärkend auch auf dessen Tatplan bzw. Tatausführung ausgewirkt hat[611]. Überdies ist ebenso die physische Beihilfe möglich, beispielsweise mittels Leitung der Vergleichsverhandlungen, bei denen entsprechende „Abfindungsregelungen" ausgearbeitet werden sollen.

Da nach der Rechtsprechung der Gehilfenbeitrag für den Erfolg der Haupttat nicht ursächlich, dh. nicht kausal zu sein braucht, sondern ausreichend ist, wenn die Haupttat durch den Teilnehmer irgendwie gefördert worden ist (sog. Förderungstheorie),[612] kann hier die anwaltliche Tätigkeit daher – bei entsprechendem Vorsatz bzgl. der Beihilfehandlung und bzgl. der Haupttat – im strafbarrelevanten Bereich liegen. Die Beratungs- und Verhandlungstätigkeiten eines Rechtsanwalts im Verhältnis zu seinem Mandanten sind in aller Regel aufgrund ihres innewohnenden berufstypisch

610 *Fischer* in: StGB, § 27 Rn. 11.

611 *Kühl* in: Strafrecht AT, § 20 Rn. 225.

612 *Wessels/Beulke* in : Strafrecht AT, § 13 Rn. 582 m.w.N.

Alltagcharakters *sog. neutrale Handlungen.*[613] Der Umgang der strafbaren Beihilfe in Abgrenzung zur straflosen Mitwirkung mittels solcher Handlungen ist weiterhin umstritten. Eine vertiefenden Auseinandersetzung mit der äußerst differierenden Ansichten in der Literatur[614] ist hier nicht von Nöten. So haben die Strafsenate des BGH in der Vergangenheit Grundsätze zur Behandlung des Problemfeldes zumindest hinsichtlich der Beihilfe zum Betrug sowie zur Steuerhinterziehung konkretisiert, die insoweit auch auf die Beihilfe zur Erpressung übertragen werden können. Danach hat die Auseinandersetzung im Rahmen des subjektiven Tatbestandes zu erfolgen, da es nach Ansicht des BGH wesentlich auf den Wissenstand des Rechtsanwaltes anzukommen hat.

So heißt es: „*Zielt das Handeln des Haupttäters ausschließlich darauf ab, eine strafbare Handlung zu begehen, und weiß dies der Hilfeleistende, so ist sein Tatbeitrag als Beihilfehandlung zu werten. In diesem Fall verliert sein Tun den „Alltagscharakter“; es ist als Solidarisierung mit dem Täter zu deuten und dann auch nicht mehr als sozialädaquat anzusehen. Weiß der Hilfeleistende dagegen nicht, wie der von ihm geleistete Beitrag vom Haupttäter verwendet wird, hält es lediglich für möglich, dass sein Tun zur Begehung einer Straftat genutzt wird, so ist sein Handeln regelmäßig noch nicht als strafbare Beihilfehandlung zu beurteilen, es sei denn, das von ihm erkannte Risiko strafbaren Verhaltens des von ihm Unterstützten war derart hoch, dass er sich mit seiner Hilfeleistung „die Förderung eines erkennbar tatgeneigten Täters angelegen sein“ ließ.*“[615]

Demnach kommt es wesentlich auf die positive Kenntnis des Rechtsanwalts von der erpresserischen Vorgehensweise des Klägers an. Ob und wieweit sich die Kenntnis dem Anwalt hätte

613 Ähnlich: OLG München, Urteil vom 6. Februar 2007, Az.: 13 U 4645/06.

614 Umfassender Überblick zum Meinungsstand findet sich bei: BGHSt 46, 107 (110 ff.); *Frisch* in: FS Lüderssen, S. 539 ff. – Autor stellt auf Notstandsprinzipien ab und verlangt deshalb eine „*sehr naheliegende Möglichkeit*“ einer Tatbegehung und „*wesentliche Tatbeiträge*“, S. 550 ff.

615 BGHSt 46, 107 (112); OLG München, Urteil vom 6. Februar 2007, Az.: 13 U 4645/06.

aufdrängen können, wird dabei einzelfallabhängig von seiner Eingebundenheit in das Geschehen abhängen sowie von der konkreten Ausgestaltung beispielsweise von Vertragsklauseln, die evident Sonderzahlungen gegen Klagerücknahme vorsehen. Hier gilt es, am Maßstab des vom BGH aufgestellten Postulats differenzierend zu subsumieren, um nicht Gefahr zu laufen, fälschlicherweise stigmatisierende, pauschale Beihilfehandlungen anzunehmen.

Auch der Nebenintervenient kann durchaus tauglicher Beteiligter in einem Verfahren wegen des Verdachts der Erpressung sein. Wenngleich er als Streithelfer des Klägers nicht Partei eines Verfahrens und daher auch nicht befugt ist, die Klage zurückzunehmen, sie für erledigt oder den Verzicht zu erklären,[616] so kann er bei (unterstellter) gemeinsamer Absprache beispielsweise mittels provozierter Verfahrensverzögerungen den Prozess unter Umständen erheblich verlängern. So ist auch der Nebenintervenient in der Lage, subtil Druck auf die Gesellschaft auszuüben und diese eventuell zu einem schnelleren Abschluss des Verfahrens zu bewegen. Ist insofern ein vorsätzlich kollusives Zusammenwirken nachweisbar, kommt es wiederum auf Beteiligtenwillen und Tatbeitrag an, Teilnahme oder Täterschaft zu überprüfen. Wobei die Annahme einer Täterschaft seit Beschluss des BGH vom 18. Juni 2007, wonach der Nebenintervenient nur bei ausdrücklichem Wunsch der Parteien mit in die Kostenregelung eines Prozessvergleichs aufzunehmen ist, kaum möglich sein wird.[617] Ob hier im Anschluss die „Beute" geteilt werden soll, wird in der Praxis kaum nachweisbar sein. Daher wird der Tatbeitrag (wenn überhaupt) stets eher in einem Gehilfenbeitrag zur Unterstützung der Haupttat liegen, da es gerade nicht auf dessen Ursächlichkeit ankommt, sondern es ausreichen kann, wenn der Nebenintervenient – selbstverständlich bei entsprechenden doppelten Gehilfenvorsatz – im Sinne des Haupttäters versucht, den Prozess unnötig in die Länge zu ziehen.

616 *Vollkommer* in: Zöllner, § 67 Rn. 9 a.; siehe ausführlich zu den Rechten des Nebenintervenienten, oben Kapitel 2, S. 49 ff.

617 Vgl. oben Kapitel 2, S. 55.

3. Verhältnis von Regelbeispiel und Beteiligung

Ob ihrer Tatbestandsähnlichkeit wird den Regelbeispielen im Verhältnis zur Haupttat eine quasiakzessorische Haftung des Teilnehmers sowie deren Durchbrechung nach § 28 StGB zugesprochen. So führt auch die Annahme des Vorsatzes eines Beteiligten hinsichtlich des von einem anderen verwirklichen Regelbeispiels nicht ohne weiteres zur Bejahung eines besonders schweren Falls für seine Person.[618] Insoweit gilt es für jeden Beteiligten, auch für Mittäter, unter Abwägung aller Zumessungstatsachen eine Gesamtbewertung der wesentlichen tat- und täterbezogenen Umstände vorzunehmen.[619]

Während somit der Beteiligte für tatbezogene Regelbeispiele quasiakzessorisch einzustehen hat, gilt für täterbezogene Regelbeispiele, wie es in § 253 IV StGB für beide Alternativen der Fall ist, § 28 II StGB entsprechend.[620]

Verwirklicht ein Aktionär eine Erpressung in einem besonders schweren Fall infolge gewerbsmäßigen Handelns und hat beispielsweise ein Nebenintervenient oder ein Rechtsanwalt hierzu nachweislich vorsätzlich Hilfe geleistet, so ist an eine „Quasitatbestandsverschiebung" zu denken, wonach der Teilnehmer nur dann ebenso aus einem besonderes schweren Fall verurteilt werden kann, sofern er individuell dieses Merkmal verwirklicht hat – ein akzessorischer Vorwurf ist nicht möglich. Hierin spiegelt sich der Sinngehalt des § 28 II StGB wieder, wonach täterbezogene Erschwerungsgründe nur dem Tatbeteiligten anzulasten sind, der dieses Merkmal auch selbst aufweist.

Soweit zum Exkurs Täterschaft und Teilnahme im Überblick.

618 *Heinrich* in: Arzt/Weber, Strafrecht BT, § 14 Rn. 34.

619 *Heinrich* n: Arzt/Weber, Strafrecht BT, § 14 Rn. 34.

620 *Eser* in: Schönke/Schröder, § 243 Rn. 47.

b) Benanntes Regelbeispiel: Bandenmäßige Begehung gemäß § 253 IV 2, 2. Alt. StGB?

Überlegenswert sind auch Ausführungen zur Bande. Möglich Konstellationen können sich – zumindest in theoretischer Hinsicht – aus der Verbindung von mindestens drei[621] klagenden Aktionären oder gar aus Aktionär(en) mit Nebenintervenienten und/oder Rechtsanwälten ergeben. Eine Bande ist im Sinne des § 253 IV 2, 2. Alt. StGB demnach eine Gruppe von Personen, die sich ausdrücklich oder stillschweigend zur Verübung fortgesetzter, im Einzelnen noch ungewisser Erpressungstaten verbunden hat.[622] Dabei treffen mindestens drei Personen aufeinander, die in einem wie Art auch immer definierten Beteiligungsmodus zueinander stehen (Mittäterschaft/Täter und Teilnehmer, so kann beispielsweise eine Bande aus einem Täter und zwei Gehilfen bestehen[623]) bei dem noch das strafschärfende Moment der Bandenmitgliedschaft nachgewiesen werden muss.

Anders als in § 244 I Nr. 2 StGB verlangt § 253 IV, 2, 2. Alt. StGB gerade nicht das Erfordernis des Mitwirkens eines anderen

621 Seit der auf Vorlagebeschluss des vierten Strafsenats ergangenen Entscheidung des Großen Senats für Strafsachen vom 22. März 2001 setzt der Begriff der Bande den Zusammenschluss mindestens dreier Personen voraus. Damit hat der BGH seine frühere und in der Literatur (einen Überblick hierzu verschafft *Fischer* in: StGB, § 244 Rn. 35 m.w.N.) ebenfalls stets umstrittene Rechtsprechung aufgegeben, wonach eine Bande schon beim Zusammenschluss von zwei Personen vorliegen könne. Diese Auffassung erschwere zum einen nicht nur eine saubere Abgrenzung zur Mittäterschaft, zum anderen entspreche sie gerade nicht dem typischen Wortsinn des aus dem Französischen abgeleiteten Begriffs der Bande (franz.: *„bande"*), wonach diese sich in aller Regel aus mehreren Personen zusammensetze; vgl. BGHSt 46, 321 ff. weiterhin a.A. *Wessels/Hillenkamp* in: Strafrecht BT 2, § 4 Rn. 271 a; *Eser* in: Schönke/Schröder, § 244 Rn. 24.

622 *Fischer* in: StGB, § 244 Rn. 34; *Sander* in: MüKo-StGB, § 253 Rn. 46.

623 *Fischer* in: StGB, § 244 Rn. 39; BGHSt 47, 214 (216) – zur Bandenmitgliedschaft von Gehilfen.

Bandenmitglieds, so dass es hier auch nicht auf die Streitentscheidung des Große Senats in Strafsachen[624] in Hinblick auf dessen Auslegungsparameter hierzu ankommt. Insoweit reicht es, wenn ein Mitglied der Bande die Erpressung allein oder gemeinsam mit Außenstehenden begeht, sofern dies als Bandenmitglied geschieht; also entweder im Rahmen der Bandenabrede bzw. im mutmaßlichen Einverständnis der anderen Mitglieder.[625] So stünde es der Annahme einer Bandenqualität grundsätzlich nicht entgegen, wenn beispielsweise ein Aktionär sich mit seinem erpresserischen Begehren allein an die Gesellschaft wendet – maßgeblich ist lediglich, dass er sich im Gefüge der Bande befindet. In jedem Fall muss ein Aktionär stets beteiligt sein, da ausschließlich er als Partei befugt ist, eine endgültige Entscheidung im Umgang mit der Anfechtungsklage zu tätigen und damit als Täter einer Erpressung auf die Aktiengesellschaft entsprechenden Druck auszuüben.

Dabei ist zu beachten, dass die Bandenmitgliedschaft ebenso ein täterbezogenes besonderes persönliches Merkmal gemäß § 28 II StGB darstellt, so dass Nichtmitglieder ausschließlich nach § 253 I StGB zu bestrafen sind – die Bandenmitgliedschaft kann den übrigen Beteiligten nicht quasiakzessorisch zugerechnet werden, diese sind daher je nach ihrem Beteiligungsverhältnis als Mittäter oder Gehilfen zu bestrafen.[626]

Mit dem Erfordernis der fortgesetzten Begehung ist nicht eine fortgesetzte Tat im früheren Sinne – wonach alle in ihren Zusammenhang fallenden Einzeltaten als unselbständige Teilakte einer einzigen Handlung behandelt werden sollten[627] – gemeint,

624 BGHSt 46, 321 (332 ff.).

625 *Fischer* in: § 260 Rn. 3 a; *BGH* in: NJW 2000, 2034 (2035); zu beachten ist, dass hier der BGH noch eine Mindestanzahl von zwei Personen für die Bandenqualität als ausreichend erachete.

626 BGHSt 46, 120 (128 ff.).

627 Der Große Senat in Strafsachen markierte mit seinem Beschluss vom 3. Mai 1994 die Kehrtwendung im Umgang mit dem Institut der fortgesetzten Handlung und beschloss, dass zur sachgerechten Erfassung des Gesamtunwerts von Serientaten, die gesetzlichen Regeln über die

sondern die Begehung mehrerer selbständiger, durchaus auch im Einzelnen noch ungewisser Taten.[628] Das Erfordernis der wiederholten Tatbegehung stellt dabei auf die Vorstellung einer Gesamt-Bande, nicht des einzelnen Mitglieds ab.[629]

Ob im Zusammenhang mit dem Handeln räubersicher Kleinaktionäre der Nachweis einer Bande gelingen wird, ist fraglich. Hier müsste zunächst substantiiert nachgewiesen werden, dass sich bestimmte Beteiligte mittels Bandenabrede zusammengeschlossen haben, um über einen undefiniert-künftigen Zeitraum, Aktiengesellschaften im strafrechtlich erpresserischen Sinne auszunutzen. Zwar haben insoweit die *Baums*-Studien[630] nachgewiesen, dass bestimmte Kläger (strafrechtlich von Interesse sind hierbei nur natürliche Personen) besonders häufig an zivilrechtlich-rechtsmissbräuchlich motivierten Verfahren beteiligt sind, doch kann hieraus sicherlich nicht auf eine bandenmotivierte Begehung geschlossen werden. Denn für eine Bandenabrede erforderlich ist der in einer ausdrücklichen oder konkludenten Vereinbarung manifestierte Wille, sich mit (mindestens zwei) anderen zusammenzutun, um künftig für eine gewisse Dauer eine Mehrzahl von Straftaten zu begehen.[631] Voraussetzung ist also ein zwischen mindestens drei Personen übereinstimmender Wille zur Bindung für die Zukunft und für eine gewisse Dauer.[632] Hier können sicherlich wiederum vorausgegangene Klagen, bei denen eine bestimmte Personengruppe häufig in Verbindung auftrat und bei denen Rechtsmissbrauch nachgewiesen wurde, gesamtbetrachtend für ein möglich künftiges

Strafenbildung bei Tatmehrheit und die dazu in der Rechtsprechung entwickelten Strafzumessungskriterien hinreichend effektiv seien; vgl hierzu BGHSt 40, 138 ff.; *Fischer* in: StGB, vor § 52 Rn. 47 ff.

628 *Fischer* in: StGB, § 244 Rn. 40.

629 *Fischer* in: StGB, § 244 Rn. 40.

630 *Baums/Vogel/Tacheva* in: ZIP 2000, 1649 ff.; *Baums/Keinath/Gajek* in: ZIP 2007, 1629 ff.

631 *Fischer* in: § 244 Rn. 36.

632 *Fischer* in: § 244 Rn. 36.

Verhalten indiziell wirken. Doch handelt es sich dabei nicht um eine strafrechtliche Würdigung der Umstände – strafrechtliche Konsequenzen können hieraus auch nicht ohne weiteres gefolgert werden. Neben dem Erfordernis des Nachweises strafrechtlich tatbestandlich-rechtswidrigen Verhaltens, das auch im Falle der Annahme von Rechtsmissbrauch in Ermangelung einer gefestigten Kasuistik stets individuell am Einzelfall zu prüfen ist, werden Ausführungen zur Bandenqualität wohl insbesondere vor dem Hintergrund der praktischen Nachweisbarkeit eher fern liegen.

So schadet zwar für die Annahme einer Bande ein Wechsel an Mitgliedern nicht, doch muss erst einmal nachgewiesen werden, dass jedes Mitglied den Willen hatte, sich mit anderen zur künftigen Begehung von Taten zu verbinden. Dabei genügt es auch nicht, wenn sich die Beteiligen von vornherein nur zu einer einzigen Tat verbunden haben und in der Folgezeit jeweils aus neuem Entschluss wieder derartige Taten begehen.[633]

c) Unbenanntes Regelbeispiel: Vermögensverlust großen Ausmaßes?

Nicht selten knüpfen Berufskläger an das Angebot des Abkaufs ihrer Anfechtungsrechte Forderungen erheblichen Ausmaßes. Spektakulärste und zugleich in ihrer Höhe auch einmalig bleibt dabei die Zahlungsforderung in Höhe von DM 1, 5 Millionen der Aktionäre Karl-Walter Freitag und Karin Deger in der Sache AMB/BfG. Wenngleich offene Zahlungsbegehren in Millionenhöhe seitdem nicht mehr vorgekommen sind, so sind Forderungen zwischen EUR 10 000 bis 100 000 nicht selten. So forderten Aktionäre in der Sache Utimaco Safeware/Investcorp „Beraterkosten" in Höhe von EUR 50 000; ähnlich auch in der Sache FORTKNOX-VENTURE AG/equitrust AG – hier beliefen sich die Forderungen ebenso auf EUR 50 000 bis 60 000. Unterstellt man – hypothetisch – die Annahme eines Betrugsdelikts, so würde gemäß § 263 III Nr. 2, 1. Alt.

633 *Fischer* in: StGB, § 244 Rn. 36 m.w.N.

StGB ein Vermögensverlust ab EUR 50 000[634] die Erfüllung eines Regelbeispiels indizieren. Der Regelbeispielkatalog des § 253 StGB sieht diese Variante indes nicht vor. Doch hat dies nicht automatisch dessen Nichtannahme zufolge.

So hat der BGH für den Deliktstypus des Diebstahls entschieden, dass der Diebstahl einer Sache mit hohem Wert einen unbenannten besonders schweren Fall begründen kann.[635] Dass anstatt für den Diebstahl, für den besonders schweren Fall des Betrugs entsprechende Regelbeispiele aufgeführt sind, steht nach der Rechtsprechung des BGH der Annahme eines unbenannten Regelbeispiels beim Diebstahl nicht entgegen.[636]

Dogmatisch sind Regelbeispielkataloge nicht abschließend formuliert und können daher – auch wenn das Nichtvorliegen eines Regelbeispiels durchaus Indizwirkung für die Nichtannahme eines besonders schweren Falls haben kann – die Verwirklichung eines besonderes schweren Falls unter bestimmten Voraussetzungen erfordern. Dass auch zu Ungunsten des Täters ihm ein unbenanntes Regelbeispiel zu Last gelegt werden kann, widerspricht nicht der Gesetzesdogmatik, denn insoweit ist der Regelbeispielkatalog auch nur ein Konglomerat an beispielhaften Strafzumessungsregeln, die zu Gunsten aber auch zu Ungunsten des Täters ausgelegt werden können.[637] Dabei hat nach h.M. die Prüfung eines unbenannten besonders schweren Falls – und dies gilt insoweit unabhängig des jeweiligen Deliktstypus – *„unter Abwägung aller Zumessungstatsachen auf Grund einer Gesamtabwägung der wesentlichen tat- und täterbezogenen Umstände“* zu erfolgen“.[638] Maßgeblich ist eine quan-

634 In BGHSt 48, 360 ff. hat der BGH entschieden, dass die Regelgrenze für einen Vermögensverlust großen Ausmaßes jedenfalls nicht bei EUR 50 000 anzusetzen sei.

635 BGHSt 29, 319 (322).

636 *Heinrich* in: Arzt/Weber, Strafrecht BT, § 14 Rn. 24 (Fn. 44).

637 *Wessels/Hillenkamp* in: Strafrecht BT 2, § 3 Rn. 195.

638 BGHSt 23, 254 (257); BGHSt 28, 318 (319) BGHSt 29, 319 (322) mit Anm. von *Bruns* in: JR 1981, 335 ff.; ebenso h.L.: *Fischer* in: StGB, § 243

titative Steigerung von Unrecht und Schuld, es kommt also darauf an, „*ob das gesamte Tatbild einschließlich aller subjektiven Momente und der Täterpersönlichkeit vom Durchschnitt der erfahrungsgemäß gewöhnlich vorkommenden Fälle in einem Maße abweicht, dass die Anwendung des Ausnahmestrafrahmens geboten ist.*“[639]

Wann letzten Endes die Annahme eines unbenannten besonders schweren Falls aufgrund unsachgemäßer Höhe der Vermögensbeeinträchtigung gelingen wird, bleibt jedoch einzelfallgebunden. Der BGH hat insoweit lediglich festgestellt, dass es sich hierbei um eine mögliche Variante handeln kann. Doch bleibt stets die Frage im Raum, was taugliche Grenze für die Erörterung eines „besonders hohen Werts“ darstellen kann, deren Überschreitung im Ergebnis eine erhebliche Strafrahmenverschiebung begründet.[640] Im Falle des vom BGH entschiedenen Sachverhalts (vereinfacht

---

Rn. 23; *Wessels* in: FS Maurach, S. 302 ff.; *Eser* in: Schönke/Schröder, § 243 Rn. 42; *Heinrich* in: Arzt/Weber, Strafrecht BT, § 14 Rn. 22ff.; a.A. *Schmitz* in: MüKo-StGB, § 243 Rn. 6, 58 der sich ausdrücklich gegen die Annahme eines besonders schweren Falls infolge der höchstrichterlich postulierten Gesamtabwägung von tat- und täterbezogenen Umständen richtet, sondern darauf abstellt, ob Umstände festgestellt werden können, die der gesetzlichen in § 243 I StGB niedergelegten Wertung entsprechen. Damit scheiden seiner Ansicht nach Umstände aus, die an anderer Stelle (z.B. § 263 III Nr. 2 StGB), jedoch nicht für das betroffenen Delikt als Erschwernisgründe genannt sind; ähnlich: *Hoyer* in: SK, § 243 Rn. 10 f.; *Otto* in: JZ 1985, 21 (24), der von der Preisgabe des wünschenswerten Gewinns an Rechtssicherheit infolge der grundsätzlichen Zulässigkeit von unbenannten Regelbeispielen spricht.
Nach Ansicht der Mindermeinung wäre daher im vorliegenden Fall kein Raum für die Erörterung eines unbenannten schweren Falls auf Grundlage eines Vermögensverlustes besonders hohen Ausmaßes, da dieser Erschwernisgrund anstatt in § 253 IV StGB durch den Gesetzgeber bloß in den Katalog des § 263 III StGB aufgenommen worden ist.

639 BGHSt 29, 319 (322).

640 *Wessels* resümierte bereits im Jahr 1972, dass eine quantitative Festlegung einer Schadenshöhe für die Verwirklichung eines unbenannten schweren Falls nicht gelingen kann, insbesondere auch da dies von der jewei-

dargestellt) entwendeten die Angeklagten (Beamte der Deutschen Bundesbank) zerstörte Banknoten in Höhe von DM 2 200 000; ein Beutebetrag, der geeignet ist, das strafschärfende Moment zu begründen. Der Senat stellte dabei in seiner Begründung nicht auf den hier nicht vorliegenden wirtschaftlichen Schaden, sondern ob der Opferperspektive auf den hohen ideellen Schaden sowie auf die Tatsache ab, dass das Vertrauen der Allgemeinheit in die Integrität des Opfers (Deutsche Bundesbank) verletzt worden sei.

Anders als beim Diebstahl erfordert das Delikt der Erpressung einen Vermögensschaden, so dass hier vornehmlich der wirtschaftliche Schadensfaktor strafschärfend zu berücksichtigen ist. Die „Erbeutung" von EUR 50 000 durch Berufskläger steht hierzu jedoch in keinem Verhältnis und kann daher auch m.E. nicht als quantitative Grenze für die Annahme eines unbenannten schweren Falles zugrundegelegt werden. Es erscheint fernliegend – wobei es auch hier auf eine detaillierte Prüfung im konkreten Fall ankommen wird – Argumente dafür zu finden, dass der Unrechts- und Schuldgehalt der Tat so sehr steigert, dass die Anwendung des normalen Strafrahmens unangebracht wäre. Zumal sich in aller Regel die „Erbeutungssummen" von Aktionären im Rahmen halten, so dass ohnehin kein Anlass für eine überdurchschnittliche Strafwürdigkeit gegeben ist. Darüber hinaus soll auch insoweit die Gesetzesdogmatik berücksichtigt werden, wonach eine unsachgemäße Entkoppelung der Bestimmung des § 263 III Nr. 2, 1. Alt. StGB zu befürchten wäre, wenn dessen relevante Untergrenze bereits für die Erörterung eines unbenannten Regelbeispieles im Zusammenhang mit dem Delikt einer Erpressung ausreichen würde. Auch wenn die Erwähnung des Erschwernisgrundes in § 263 III Nr. 2 StGB (bzw. in anderen Parallelbestimmungen) der Annahme eines unbenannten besonders schweren Falles in § 253 StGB nicht entgegensteht, käme es in der Folge doch zu einer unzulässigen Indizwirkung für die Verwirklichung eines Regelbeispiels, die der Gesetzgeber mit

---

ligen Opferperspektive im Umgang mit den Schadensfolgen abhängt. Vgl. *Wessels* in: FS Maurach, S. 304.

Nichtaufführung einer entsprechenden Formulierung gerade nicht implizierte.

Hier würde den restriktiven Anforderungen eines Ausnahmecharakters, der sich aus den erheblichen Auswirkungen von tat- und täterbezogenen Umständen ergibt und im Ergebnis zu einer Strafrahmenverschiebung beachtlichen Ausmaßes führt, nicht Genüge getan. Überlegungen dieser Art machen daher im Ergebnis erst für Konstellationen Sinn, bei denen ein Vermögensverlust vorliegt, der weit über die Untergrenze des § 263 hinausgeht. Die quantitative Bestimmung dessen bleibt allerdings der individuellen Prüfung vorbehalten, wobei beispielsweise wenn überhaupt der Sachverhalt von AMB/BfG sich hierfür hätte eignen können.

Ist kein unbenannter schwerer Fall anzunehmen, bleibt stets zu beachten, dass die Höhe des Vermögensschadens als unmittelbare Auswirkung der Tat (§ 46 II StGB) im Rahmen der Strafzumessung am Maßstab des in § 46 I StGB kodifizierten Schuldprinzips eine Rolle zu spielen hat.[641]

d) Resümee zu den Regelbeispielen

Im Ergebnis kann festgehalten werden, dass die Verwirklichung der benannten Regelbeispiele des § 253 IV StGB in aller Regel wohl Probleme der Nachweisbarkeit mit sich bringen würden. Insbesondere die Annahme einer Bande erscheint doch fernliegend. Die Höhe des Schadens wird – sofern sie nicht exzeptionell hoch ist – stets innerhalb der Strafzumessung nach § 46 StGB zu berücksichtigen sein. Mögliche Beteiligungsformen innerhalb des Grunddelikts sind auch quasiakzessorisch bei Prüfung etwaiger Regelbeispiele zu beachten.

641 *Stree* in: Schönke/Schröder, § 46 Rn. 19; *BGH* in: NStZ-RR 2003, 72 (73).

6. Gesamtergebnis und Konkurrenzen

In Situationen, in denen ein Aktionär an die Gesellschaft unmittelbar vor oder nach Rechtshängigkeit eines aktienrechtlichen Anfechtungsverfahrens mit dem Vorschlag herantritt, sich seine Anfechtungsrechte abkaufen zu lassen, kann eine strafrechtlich relevante Erpressung vorliegen. Es gilt dabei, stets die jeweilige Sachverhaltskonstellation zu beachten, da ob ihrer Mannigfaltigkeit kein pauschaler Untersuchungsmodus vorgeben werden kann. Hierbei ist unerheblich, ob die Sonderleistungen in offener oder verdeckter Form erfolgen sollen, sofern deren Rechtswidrigkeit nachgewiesen werden kann. Ebenso kann sich ein Aktionär wegen Erpressung strafbar machen, wenn er sich erst nach Klageerhebung mit seinem Begehren an die Gesellschaft wendet und droht, bei Nichtzahlung die Klage aufrechtzuerhalten, bzw. anbietet, diese bei Zahlung zurückzunehmen. Dabei macht es keinen Unterschied, ob der Kläger auf Initiativhandlungen der Gesellschaft wartet; seine Drohung bloß konkludent äußert, indem er der Gesellschaft bloß einen Vergleichsvorschlag unterbreitet, wobei es aber einer genauen Auslegung des Sachverhaltes, bedarf oder aber seine unlautere Motivation erst nach Klageerhebung entwickelt. Eine aktienrechtliche Subsumtion der Materie wird dabei im strafrechtlichen Verfahren unabdingbar sein. Auch wenn hier kein dogmatischer Raum für einen Rechtssatz, Rechtsmissbrauch sei mit einer strafrechtlichen Verwerflichkeit gleichzusetzen, gegeben ist, stellt doch der aktienrechtliche Rechtsmissbrauch zumindest einen Minimalkonsens dar, dessen Ausführlichkeit sodann am Maßstab der Verwerflichkeit zu prüfen ist.

In Hinblick auf die Konkurrenzen gilt, dass im Falle des Begehrens von Vermögensvorteilen aufgrund der Gesetzeskonkurrenz zu § 240 StGB stets das speziellere Delikt der Erpressung anzuprüfen ist. Wird kein vermögenswerter Vorteil begehrt, so ist ausschließlich § 240 SGB zu thematisieren. Sollten mehrere Fälle der gewerbsmäßigen Erpressung nachgewiesen werden können, so sind die jeweiligen Einzelhandlungen nicht als einheitliche Sammelstraftat zu erachten, sondern als gewerbsmäßige Einzeltaten, die dementsprechend als selbständige Taten zu werten sind.[642]

II. § 266 StGB (z.N. der Gesellschaft)

Zu prüfen ist, ob sich der Aktionär durch den Abkauf seiner Anfechtungsrechte gemäß § 266 I StGB wegen Untreue zum Nachteil der Aktiengesellschaft strafbar machen könnte.

1. Tatbestandsmäßigkeit

a) Objektiver Tatbestand

aa) Missbrauchs- oder Treubruchsalternative

Indem die Tatbestandsgruppen der Untreue – der Missbrauchs- und Treubruchstatbestand nach ganz h.M. einander nicht selbständig gegenüberstehen, sondern ersterer ein Unterfall des Treubruchstatbestandes und damit lex specialis ist,[643] ist die Missbrauchsalternative stets vordergründig zu prüfen.

Sie setzt als Tathandlung den Missbrauch einer Vertretungsmacht in Bezug auf fremdes (im bürgerlichrechtlichen Sinne verstandenes) Vermögen voraus.[644] Für die hier relevanten Konstellationen kommt jedoch allenfalls die Treubruchsalternative in Betracht, denn dem Aktionär obliegt keinerlei Befugnis über fremdes Vermögen zu verfügen bzw. einen anderen zu verpflichten, diese trifft gemäß § 78 AktG ausschließlich den Vorstand als Vertretungsorgan der Gesellschaft.

642 *Fischer* in: StGB, vor § 52 Rn. 61.

643 *Wessels/Hillenkamp* in: Strafrecht BT 2, § 18 Rn. 749; *Fischer* in: StGB, § 266 Rn. 2 m.w.N.

644 *Otto* in: Aktienstrafrecht, vor § 399 Rn. 22.

Zu prüfen ist daher die Treubruchsalternative gemäß § 266 I 2. Alt StGB. Hiernach macht sich strafbar, wer die ihm kraft Gesetzes, behördlichen Auftrags, Rechtsgeschäfts oder eines Treueverhältnisses obliegende (Treue-)Pflicht, fremde Vermögensinteressen zu wahren, verletzt hat. Anders als die Missbrauchsalternative knüpft der Treubruchstatbestand nicht an eine formale Stellung an, sondern an die tatsächliche Verfügungsmacht über ein bestimmtes Vermögen, wenn damit ein schützenswertes Vertrauen in eine pflichtgemäße Wahrnehmung der Vermögensinteressen verbunden ist.[645]

bb) Vermögensbetreuungspflicht

So gilt es zu erörtern, ob den Kleinaktionär eine Vermögensbetreuungspflicht trifft. Dabei hat die Rechtsprechung anhand wechselnder Kriterien für die Annahme einer Vermögensbetreuungspflicht Merkmale entwickelt, um eine Ausuferung des § 266 StGB zu vermeiden und einer restriktiven Auslegung gerecht zu werden. Erforderlich ist eine nicht ganz untergeordnete oder rein mechanische Tätigkeit, eine Fürsorgepflicht von einiger Bedeutung, wobei Anhaltspunkte dabei der Grad der Selbständigkeit und der wirtschaftlichen Bewegungsfreiheit in der Verantwortlichkeit des Verpflichteten, die Dauer, der Umfang und die Art der Tätigkeit des Täters sein können. Zudem muss die Vermögensbetreuungspflicht eine wesentlichen, nicht nur beiläufige Vertragspflicht, eine Hauptpflicht sein.[646]

Wenngleich nach ganz h.M. eine strafbarkeitsbegründende Vermögensbetreuungspflicht und damit eine Täterschaft des Aktionärs abgelehnt wird,[647] sollten doch kurz die Hintergründe hierzu

---

645 *BGH* in: GmbHR 1996, 925 (926).

646 *Dierlamm* in: MüKo-StGB, § 266 Rn. 36 ff. sowie Rn. 53 ff. m.w.N.

647 *Dierlamm* in: MüKo-StGB; § 266 Rn. 58; *Schünemann* in: LK, § 266 Rn. 107; *Fischer* in: StGB; § 266 Rn. 105; *Birkholz* in: Untreuestrafbarkeit,

beleuchtet werden. Denn durchaus erwägenswert ist, eine Pflicht, fremde Vermögensinteressen zu betreuen, aus der Mitgliedschaft bzw. aus dem Treueverhältnis des Aktionärs zur Gesellschaft abzuleiten.

aaa) Mitgliedschaft

Bereits im Jahr 1988 entschied die Wirtschaftsstrafkammer des Landgerichts Köln in einer Beschwerdesache der Staatsanwaltschaft im Ermittlungsverfahren „*AMB/BfG*“ zur Frage ihrer sachlichen Zuständigkeit im Sinne des § 74c I Nr. 6 GVG, dass den Aktionär keine Vermögensbetreuungspflicht treffe. Denn für ihn stehe das eigene wirtschaftliche Interesse und nicht die Wahrnehmung fremder Interessen im Vordergrund. Die restriktiven Anforderungen an die Vermögensbetreuungspflicht entsprechen nicht der eher losen Verbindung des Aktionärs zur Gesellschaft – es fehle an einer besonderen persönlichen Bindung. Dabei betonte das Gericht ausdrücklich, dass auch der rechtsmissbräuchliche Einsatz von Anfechtungsrechten an der Wertung nichts ändere und etwa eine qualifizierte Vermögensbetreuungspflicht begründe. Insoweit könne es keinen Unterschied machen, ob es sich um einen passiven oder aktiven Aktionär handelt, der versucht, auf die Geschicke der Gesellschaft Einfluss zu nehmen. Der strafrechtliche Pflichtenkreis des Aktionärs werde hierdurch nicht erweitert, denn gerade auch in dieser Konstellation stehe das wirtschaftliche Eigeninteresse über der Wahrnehmung von Fremdinteressen.[648]

Die Entscheidung spiegelt die strukturelle Rolle des Aktionärs im System der Aktiengesellschaft wider. Die Organisationsver-

S. 256; *Busch* in: Konzernuntreue, S. 60; *Schneider* in: Die Untreue nach dem neuen Aktienrecht, S. 67; *Otto* in: Aktienstrafrecht, vor § 399 Rn. 35; *Bison* in: Missbrauch der Anfechtungsklage durch den Aktionär, S. 227; *Schmidt* in: Großkommentar AktG, § 245 Rn. 91.

648 *LG Köln* in: wistra 1988, 279 (280).

fassung der Aktiengesellschaft vermittelt dem Aktionär weder eine rechtliche Vertretungsmacht (weshalb im vorhinein auch schon die Prüfung des Missbrauchstatbestands auszuscheiden hat) noch eine besondere im Tatsächlichen begründete Zugriffsmöglichkeit und Machtstellung gegenüber dem Gesellschaftsvermögen.[649] Mit dem Erwerb von Anteilsrechten oder Aktien entsteht für den einzelnen Aktionär ein Mitgliedschaftsverhältnis, das auch Rechte und Pflichten begründet.[650] Doch kann hieraus nicht die Befugnis abgleitet werden, sich an der Geschäftsführung oder an der Vertretung der Gesellschaft beteiligen zu dürfen.

Das vordergründige Interesse des Aktionärs und insbesondere des Kleinaktionärs ist rein wirtschaftlicher Art und daher aus strafrechtlicher Sicht eigennützig auf Gewinnerzielung gerichtet.[651] Ein etwaiges Fremdinteresse am schützenswerten indisponiblen Gesellschaftsvermögen (im Sinne der Kapitalerhaltungsvorschrift des § 57 AktG) – dem Grundkapital, hat wenn überhaupt eine untergeordnete Rolle zu spielen und reicht folglich für sich genommen nicht aus, um eine mitgliedschaftlich fundierte Vermögensbetreuungspflicht zu begründen.[652] Es muß im Schwerpunkt auf die

649 *Birkholz* in: Untreuestrafbarkeit, S. 255.

650 Siehe hierzu ausführlich *Schneider* in: Untreue nach dem neuen Aktienrecht, S. 64.

651 Siehe hierzu ausführlich *Flum* in: Der strafrechtliche Schutz, S. 230 f., 240; *Busch* in: Konzernuntreue, S. 58.

652 Hauptsächlich *Radtke* vertritt die Überlegung (wobei hier der Schwerpunkt im GmbH-Recht liegt), eine allgemeine Vermögensbetreuungspflicht auf Grundlage des die Gesellschaftergesamtheit treffenden Schutzes des Stammkapitals herzuleiten. Indem es sich hierbei um indisponibles Fremdvermögen handelt, ist es etwaigen eigennützigen Motiven entzogen und begründe unabhängig von der Frage tatsächlicher Herrschaftsmacht eine Vermögensbetreuungspflicht, die ihren Ursprung in der Mitgliedschaft findet; vgl. *Radtke* in: GmbHR 1998, 361 (367). Kritisch hierzu: *Busch* in: Konzernuntreue, S. 58 ff., der Autor weist zutreffend darauf hin, dass auch bei Zugrundelegung eines indisponiblen Fremdvermögens, welches dem Wirkungsbereich der Gesellschafter entzogen ist, noch keine generelle Vermögensbetreuungspflicht am

berechtigte Eigennützigkeit des Aktionärs abgestellt werden, um das Postulat der Vermögensbetreuungspflicht, die sich am Grad der Selbständigkeit, Verantwortung und Bewegungsfreiheit des Aktionärs im Verhältnis zur Gesellschaft misst, gerecht beurteilen zu können. Anders als im GmbH-Recht, in dem ebenfalls die Annahme einer generellen Vermögensbetreuungspflicht des Gesellschafters überwiegend abgelehnt wird (zumindest sofern sie sich aus der Mitgliedschaft generieren soll),[653] mangelt es im Aktienrecht hingegen an einer Weisungsbefugnis des Aktionärs (bzw. der Hauptversammlung) und damit einhergehend an der Möglichkeit der direkten Einflussnahme auf die Geschäfte des Vertretungsorgans. Denn der Vorstand unterliegt gemäß § 76 I AktG keiner Weisungskompetenz, der GmbH-Geschäftsführer hingegen ist an die Weisungen der Gesellschafterversammlung (§§ 45, 37 GmbHG) weitestgehend gebunden. So können die gesellschaftsrechtlichen Weisungsstränge durchaus anstatt beim GmbH-Geschäftsführer bei den Gesellschaftern mit der Folge enden, dass die Mehrheitsherrschaft in der GmbH mühelos in eine Leitungsmacht überführt wird, die ihrerseits wiederum die Dispositionsmacht über das eigentlich (unangreifbare) Gesellschaftsvermögen vermittelt und somit eine über die faktische Geschäftsführung hinausgehende

Maßstab der Mitgliedschaft hergeleitet werden kann. Wenn überhaupt wird nur ein Teilaspekt der Gesellschafterstellung beleuchtet, dem in Hinblick auf eine noch zu beurteilende Pflichtwidrigkeit mittels einer hierfür geltenden Vermögensbetreuungspflicht, eine Grenze gezogen werden kann.

653 *Dierlmann* in: MüKo-StGB, § 266 Rn. 84; *Birkholz* in: Untreuestrafbarkeit, S. 256; *Busch* in: Konzernuntreue, S. 60; *Flum* in: Der strafrechtliche Schutz, S. 228 ff.; *Lenckner/Perron* in: Schönke/Schröder, § 266 Rn. 26; a.A.: *Ransiek* in: FS Kohlmann, S. 223; *Radtke* in: GmbHR 1998, 361 (367).; *Mihm* in: Strafrechtliche Konsequenzen verdeckter Gewinnausschüttungen, S. 111; *Beckemper* in: GmbHR 2005, 592 (594 f.). Unstreitig anerkannt ist hingegen eine Vermögensbetreuungspflicht des bestellten oder faktischen Geschäftsführers, vgl. *Schünemann* in: LK, § 266 Rn. 125 m.w.N.; *Saliger* in: SSW-StGB, § 266 Rn. 87.

Vermögensbetreuungspflicht des Gesellschafters diskutabel machen könnte.[654]

Diametral entgegengesetzt hierzu ist jedoch die Stellung des Kleinaktionärs, dessen Forum zwar die Hauptversammlung darstellt, wo er jedoch sein Stimmrecht bloß innerhalb der Grenzen seiner Beteiligung gemäß den §§ 12 I; 134 AktG ausüben kann[655] – abgestimmt wird sodann über die vom Vorstand festgesetzten und mit dem Aufsichtsrat ausgearbeiteten als Beschlussanträge formulierten Tagesordnungspunkte. Dass also hierbei fremdnützig motivierte Weisungsstränge beim Kleinaktionär enden, die zudem eine Leitungsmacht begründen, ist von daher abwegig und würde zu einer unsachgemäßen Erweiterung des restriktiven Anwendungsbereiches der Vermögensbetreuungspflicht führen.[656]

---

654 *Ransiek* in: FS Kohlmann, S. 221; *Beckemper* in: GmbHR 2005, 592 (594). Ob nun hieraus eine generelle Vermögensbetreuungspflicht des GmbH-Gesellschafters abzuleiten ist, ist bislang höchstrichterlich nicht entschieden. Der BGH hat in der Vergangenheit lediglich dazu Stellung genommen, inwieweit im Konzerngefüge statt einer natürlichen Person eine andere GmbH oder eine AG (die Mehrheits- oder Alleingesellschafterin der beherrschten Gesellschaft ist) eine Vermögensbetreuungspflicht treffe und entsprechend ihren Organen zuzurechnen ist. Der Schwerpunkt der Ausführungen lag hierbei vornehmlich auf Fragen der Pflichtwidrigkeit, die zwar eine Vermögensbetreuungspflicht voraussetzt, aber vom BGH nicht generell bejaht wird. Pflichtwidrig ist hierbei ein Handeln allerdings nur unter den restriktiven Voraussetzungen einer existenzvernichtenden Maßnahme bei der der Bestand des Stammkapitals gefährdet wird; BGHSt („Bremer Vulkan") 49, 147 ff.; fortführend: BGH, Beschluss vom 31. Juli 2009 (Az.: 2 StR 95/09).

655 Vgl. oben Kapitel 2, S. 37.

656 An dieser Stelle ist anzumerken, dass in diesem Zusammenhang über eine Vermögensbetreuungspflicht des Mehrheitsaktionärs diskutiert werden könnte, der direkt über die Hauptversammlung bzw. indirekt über den Aufsichtsrat auf den Vorstand ganz erheblichen Einfluss ausüben kann und daher infolge seiner tatsächlichen Herrschaftsmacht die Annahme eines faktischen oder tatsächlichen Treueverhältnisses begründen könnte. Zu beachten ist dabei jedoch, dass eine mögliche

So wird doch gerade bei Publikums(aktien)gesellschaften das Auseinanderfallen von (Anteils)Eigentum und Kontrolle hierüber besonders deutlich.[657] Selbst wenn in den vorliegenden Konstellationen auf die Entscheidungsfreiheit des Vorstands im Wege der Erpressung Einfluss genommen wird, ist dies innerhalb der Prüfung des § 266 StGB unerheblich und begründet im Einklang mit der Entscheidung des Landgerichts Köln keine Vermögensbetreuungspflicht.

bbb) (Gesellschaftsrechtliche) Treuepflicht

Auch die gesellschaftsrechtliche Treuepflicht des Aktionärs gegenüber der Gesellschaft ist für sich genommen nicht geeignet, eine generelle Vermögensbetreuungspflicht des Kleinaktionärs zu begründen. Wie bereits an anderer Stelle dargestellt,[658] ist die gesellschaftsrechtlich fundierte Treuepflicht allgemein anerkannt und bedarf daher im Rahmen strafrechtlicher Erwägungen keine näheren dogmatischen Auseinandersetzung mehr.

Wenngleich diese dem Aktionär abverlangt, sich gegenüber der Gesellschaft loyal zu verhalten, ihre Zwecke zu fördern und Schaden von ihr abzuhalten,[659] ist sie kein Instrumentarium, um eine strafrechtlich relevante Vermögensbetreuungspflicht herzuleiten. Eine Gleichsetzung beider Pflichten[660] würde ihrem jeweiligen Sinngehalt nicht entsprechen. So erkannte *Schneider* bereits im Jahre 1972, dass eine nähere Auseinandersetzung mit der damals

Vermögensbetreuungspflicht nicht generell aus der Treuepflicht herzuleiten wäre, sondern ihre Grundlage in der konkreten Einflussposition findet; vgl. *Otto* in: Aktienstrafrecht, vor § 399 Rn. 35; *Schneider* in: Die Untreue nach dem neuen Aktienrecht, S. 67.

657 *Birkholz* in: Untreuestrafbarkeit, S. 254.

658 Vgl. oben Kapitel 2, S. 40.

659 *Raiser/Veil* in: Recht der Kapitalgesellschaften, § 11 Rn. 61.

660 Nachweise bei *Busch* in: Konzernuntreue, S. 61.

noch strittigen Frage einer Treuepflicht des Aktionärs gegenüber der Gesellschaft unerheblich sei, „*da ohnehin der dem § 242 BGB entspringende zivilrechtliche Treuebegriff wesentlich weiter zu fassen ist als die dem Treubruchstatbestand des § 266 StGB immanente Treuepflicht, an deren Annahme erheblich höhere Anforderungen zu stellen sind.*[661]" Ihm ist insofern beizupflichten, als dass doch gerade die strafrechtliche Treuepflicht das einzig zweckmäßige Regularium darstellt, um den extensiven Anwendungsbereicht der 2. Alternative des § 266 StGB einzugrenzen.[662] Dementsprechend hat sich die Vermögensbetreuung auch als eine Hauptpflicht, dh. als eine zumindest mitbestimmende und nicht nur „beiläufige" Pflicht zu offenbaren.[663] Doch dem Verhältnis des Aktionärs zur Aktiengesellschaft mangelt es an hinreichender Intensität, um seine gesellschaftsrechtliche Treuepflicht zu einer strafrechtlichen werden zu lassen.

So bündelt die gesellschaftsrechtliche Treuepflicht ein Konglomerat aus verschiedenen Pflichten, zu denen auch die Förderung des Gesellschaftszwecks bei gleichzeitiger Unterlassung zuwiderlaufender Maßnahmen gehört.[664] Wenngleich hierin eine vermögensrechtliche Sorge gegeben ist, ist sie doch nicht als Alleinpflicht und schon gar nicht als Hauptpflicht zu qualifizieren – die Pflicht zur Förderung des Gesellschaftszwecks hat mannigfaltige Auswirkungen. Die zentrale Pflicht des Aktionärs beschränkt sich nicht darauf, das Vermögen der Gesellschaft erhalten oder vermehren zu müssen.[665] Obschon ein gewerblich-rechtmissbräuchliches Anfechtungsverhalten nach der vorherrschenden Ansicht im Schrift-

661 *Schneider* in: Untreue nach dem neuen Aktienrecht, S. 65.

662 *Otto* in: Aktienstrafrecht, vor § 399 Rn. 35; *Wessels/Hillenkamp* in: Strafrecht BT 2, § 18 Rn. 750; *Schneider* in: Die Untreue nach dem neuen Aktienrecht, S. 65.

663 *Fischer* in: StGB, § 266 Rn. 36.

664 *Hüffer* in: AktG, § 53a Rn. 16.

665 *Bison* in: Missbrauch der Anfechtungsklage durch den Aktionär, S. 228.

tum[666] und spätestens seit Urteil des OLG Frankfurt am Main in der Sache „*Nanoinvests AG*“[667] gemäß der Rechtsprechung durchaus eine Treupflichtverletzung des Kleinaktionärs[668] darstellen kann, gilt diese doch ausschließlich im Verhältnis der Mitaktionäre zueinander – welches insoweit jedoch gemessen an § 266 StGB und insbesondere in Hinblick auf die Voraussetzung der Verletzung fremder Vermögensinteressen zum Nachteil der Gesellschaft unerheblich ist.[669]

Hinzu kommt, dass die Intensität der Treuepflicht jeweils von der Beteiligungsstellung und dem damit einhergehenden Einflusspotential des Aktionärs im Gesamtgefüge abhängt.[670] Diese spielt bei einem Kleinaktionär jedoch offenkundig eine untergeordnete Rolle; *Bison* merkt hierzu an, dass *„in den typischen Publikumsaktiengesellschaften das einzelne Mitglied der realen Zweckerreichung rechtlich und faktisch so fern (steht), dass aktive Förderungspflichten grundsätzlich nicht in Betracht kommen.“*[671] Die Beteiligung von Kleinaktionären ist schlicht zu gering, um nennenswerte Einflussmöglichkeiten ausnutzen zu können; *„der normale Aktionär hat das „Recht zum Desinteresse“.*[672] Eine Vermögensbetreuungspflicht leitet sich hieraus nicht ab.

666 *Schmidt* in: Großkommentar AktG, § 245 Rn. 52; *Hüffer* in: MüKo-AktG, § 245 Rn. 52.

667 Vgl. oben Kapitel 2, S. 93.

668 Dass dem Kleinaktionär gegenüber seinen Mitaktionären, insbesondere auch dem Mehrheitsaktionär Treuepflichten obliegen, ist seit „*Girmes*“ anerkannt; vgl. oben Kapitel 2, S. 36.

669 *Bison* In: Missbrauch Anfechtungsklage durch den Aktionär, S. 229.

670 *Lutter* in: ZHR 153 (1989), 446 (452 f.).

671 *Bison* in: Missbrauch der Anfechtungsklage durch den Aktionär, S. 228.

672 *Lutter* in: ZHR 153 (1989), 446 (452).

b) Zwischenergebnis: Objektiver Tatbestand

In Ermangelung der Annahme einer strafbarkeitsbegründenden Vermögensbetreuungspflicht, die der Kleinaktionär mittels seines Verhaltens verletzen könnte, ist der Treubruchstatbestand und damit der objektive Tatbestand der Untreue nicht erfüllt. Der Aktionär kann damit nicht tauglicher Täter einer Untreue sein.

2. Gesamtergebnis

Eine Strafbarkeit des Aktionärs wegen Untreue gemäß § 266 I 2. Alt. StGB zum Nachteil der Gesellschaft ist demnach abzulehnen.

III. §§ 266, 26 StGB

Daher ist zu prüfen, ob sich der Kleinaktionär durch sein Verhalten wegen einer Anstiftung zur Untreue gemäß den §§ 266 I, 26 StGB strafbar machen könnte.

1. Tatbestandsmäßigkeit

a) Objektiver Tatbestand

Grundsätzlich verlangt der objektive Tatbestand einer Anstiftung gemäß § 26 StGB, neben der Erfüllung des Tatbestandsmerkmals des *„Bestimmens"* des Täters durch den Teilnehmer, das Vorliegen einer *„vorsätzlichen, rechtswidrigen Haupttat."* Leistet die Unternehmensverwaltung, namentlich als Vertretungsorgan der Gesellschaft der Vorstand, vom Aktiengesetz nicht legitimierte Sonderzahlungen an einen Aktionär, ist fraglich, ob sich dieser wegen Untreue zum Nachteil der Gesellschaft strafbar gemacht haben könnte.

aa) Vorsätzliche, rechtswidrige Haupttat – § 266 StGB z. N. der Gesellschaft?

aaa) Prolog: Zur Tätertauglichkeit des Vorstandsmitglieds

(1) Historische Bezüge

Die Frage nach einer möglichen strafbarkeitsbegründenden Vermögensbetreuungspflicht und einer damit einhergehenden Täterschaft des Kleinaktionärs hat bereits strukturell aufgezeigt, dass die Untreue den Status eines echten Sonderdelikts einnimmt. Täter ist demnach, wer vermögensbetreuungspflichtig ist.

Bis zur Aktienrechtsreform im Jahre 1965 war der Täterkreis der aktienrechtlichen Untreue noch genau umschrieben und in § 294 AktG 1937 kodifiziert. Die Vorschrift bedrohte die Mitglieder des Vorstands, des Aufsichtsrats und die Abwickler einer Aktiengesellschaft mit Strafe, wenn sie vorsätzlich zum Nachteil der Gesellschaft handelten.[673] § 294 AktG 1937 war demnach lex specialis zur allgemeinen in § 266 StGB geregelten Untreue; anders als das heutzutage anerkannte echte Sonderdelikt der Untreue erhöhten die in § 294 AktG 1937 kodifizierten besonderen persönlichen Tätereigenschaften die Strafbarkeit des Täters auf Basis der Untreue, so dass diese damals bloß ein unechtes Sonderdelikt war.[674] So konnten sich Beteiligte, die nicht dem umschriebenen Täterkreis angehörten, zwar einer Teilnahme, nicht aber wegen der täterschaftlichen aktienrechtlichen Untreue nach § 294 AktG 1937 strafbar machen. Für sie galt der Grundtatbestand der Untreue.[675] Mit Abschaffung der Vorschrift § 294 AktG 1937 verlagerte sich der im Nebenstrafrecht geregelte Anwendungsbereich der aktienrechtlichen Untreue letztlich in den des Kernstrafrechts.

673 *Schneider* in: Die Untreue nach dem neuen Aktienrecht, S. 19.

674 *Schneider* in: Die Untreue nach dem neuen Aktienrecht, S. 19.

675 *Schneider* in: Die Untreue nach dem neuen Aktienrecht, S. 20.

Für die Aufrechterhaltung der Vorschrift gab es keine wirkliche Notwendigkeit, da der gesamte Anwendungsbereich des § 294 AktG 1937 bereits durch die Bestimmungen des allgemeinen § 266 StGB erfasst waren, der eine entsprechende Bestrafung ermöglichte und damit § 294 AktG 1937 praktisch überflüssig machte.[676] Im Ergebnis führte die Streichung der speziell geregelten Organstrafbarkeit zu einer durchaus begrüßenswerten präziseren Prüfungsnotwendigkeit der möglichen Untreuestrafbarkeit der Unternehmensveraltung. So gilt es nun nicht nur zwischen Missbrauchs- und Treubruchstatbestand zu unterscheiden, sondern auch zu fragen, ob der Vorstand für die konkrete Fallgestaltung überhaupt zum Täterkreis des Sonderdelikts gehört.[677]

(2) Individualverantwortung/Verantwortungszurechnung im Kollegialorgan

Gegenstand der im Detail komplexen Materie ist zunächst die Feststellung, dass hier die Strafbarkeit eines Individuums zu ermitteln ist, welches in eine übergeordnete Organisationsstruktur integriert ist. Plakativ formuliert, kollidieren dabei Grunddogmen zweier Rechtsgebiete miteinander, deren strafrechtliche und gesellschaftsrechtliche Schnittstellen-Problematik es je nach Sachverhaltsvariante aufzulösen gilt. An dieser Stelle sei bereits angemerkt, dass eine vertiefende Auseinandersetzung mit dieser Problematik ob ihrer Komplexität nicht gelingen kann. Dies würde auch nicht dem Schwerpunkt der Arbeit gerecht werden. Da jedoch im Rahmen einer Anstifterprüfung eine Auseinandersetzung mit dem strafrechtlich relevanten Verhalten des Haupttäters unausweichlich ist, soll hier der Vollständigkeit halber eine – der eigentlichen Deliktsprüfung vorangestellte – zusammenfassende Einführung in die Problematik gegeben werden.

676 *Loeck* in: Strafbarkeit des Vorstands, S. 11.

677 i.E. ebenso *Loeck* in: Strafbarkeit des Vorstands, S. 11.

Entscheidet der Vorstand, rechtswidrige Sonderleistungen an einen Aktionär auszukehren, sind in diesem Zusammenhang mehrere Fragen aufzuwerfen. Handelt es sich hierbei um eine Gremiumsentscheidung? Falls ja, welche Auswirkungen hat das Verhalten der einzelnen Mitglieder auf ihre strafrechtliche Verantwortung; welche Stimmen sind letztlich ursächlich für den Deliktserfolg bzw. kann die Verantwortlichkeit individuell zugerechnet werden; können den Mitgliedern bestimmte Verhaltensanforderungen auferlegt werden bzw. ab welchem Zeitpunkt kann überhaupt von einem strafrechtlich relevanten Tatentschluss ausgegangen werden? Ändert sich an den gefundenen Ergebnissen etwas, wenn die Entscheidung nicht im Gremium, sondern, wie es in der Praxis größerer Aktiengesellschaften häufig vorkommt, individuell im zuständigen Ressort getroffen wird; wie haben sich die übrigen Vorstandsmitglieder zu verhalten?

Der Auflösung dieser Fragen liegt eine komplexe Verflechtung von strafrechtlichen Zurechnungsmaterien von Kausalität, objektiver Zurechnung bzw. mittäterschaftlichen Handelns zugrunde; wobei je nach Sachverhaltsvariante zwischen einem positiven Tun oder einem Begehen durch ein Unterlassen – beispielsweise im Wege des Unterlassens eines Rückrufs gefährlicher

Waren[678] zu differenzieren ist.[679] Im Folgenden beziehen sich die Ausführungen vorwiegend auf Sachverhaltskonstellationen eines positiven Tuns, da dies der Konstellation eines Vorstandsbeschlusses zur Leistung von (rechtswidrigen) Sonderleistungen entspricht. Der Blick auf das Gesellschaftsrecht ist dabei immanent, aber nicht zwingend im Sinne einer Akzessorietät.

Ausgangspunkt der Auseinandersetzung ist die gesellschaftsrechtliche Einordnung des betreffenden Kollegialorgans Vorstand. Dabei kann der Vorstand aus einer oder mehreren Personen bestehen. Nach § 76 II AktG sieht das Gesetz bei Gesellschaften mit einem Grundkapital von mehr als EUR 3 000 000 grundsätzlich ein Kollegialorgan vor, lässt jedoch Ausnahmen zu. Entsprechend dem Grundsatz der gesellschaftsrechtlichen Gesamtverantwortung führt (nach innen) und vertritt (nach außen) der Vorstand gemäß den §§ 77 I, 78 II AktG – sofern Satzung bzw. Geschäftsordnung nichts anderes vorsehen – die Gesellschaft gemeinschaftlich. Beschlüsse werden gemeinsam gefasst, wobei sich deren stimmnotwendige Mehrheitsstruktur aus der Satzung bzw. Geschäftsordnung ergeben.[680] Dementsprechend hat jedes einzelne Vorstandsmitglied für die Erfüllung der gesamten Vorstandspflichten nach zivilrecht-

678 Grundlegend hierzu die „*Lederspray*" Entscheidung des BGH vom 6. Juli 1990 (BGHSt 37, 106 ff.), der sich in der Entscheidung erstmals ausführlich mit Fragen des Unternehmens- und Produktionshaftungsstrafrechts auseinandersetzte. Hier ging es neben Fragen des aktivens Tun auch um das Unterlassen eines Rückrufs gefährlicher Waren (eines Ledersprays, das schlimmstenfalls Lungenödeme beim Verbraucher verursachte). Unter anderem bestärkte der BGH in seiner Entscheidung die Konstellation der Mittäterschaft durch Unterlassen, wonach sich aus der gemeinschaftlichen Garantenstellung der betroffenen Geschäftsführer die Verpflichtung zu einem Rückruf ergeben hätte. So begründete der BGH (unter anderem) in 28 Schadensfällen eine mittäterschaftliche gefährliche Körperverletzung der Geschäftsleitung durch Unterlassen, da diese es unterlassen habe, nach einer Sondersitzung der Geschäftsleitung die noch im Handel befindlichen Sprays zurückzurufen.

679 *Cramer/Heine* in: Schönke-Schröder, § 25 Rn. 76.

680 *Spindler* in: MüKo-AktG, § 77 Rn. 12 ff.; § 78 Rn. 27 ff.

lichen Maßstäben einzustehen;[681] so haftet beispielsweise jedes (sorgfalts)pflichtverletzende Vorstandsmitglied der Gesellschaft gegenüber für den entstandenen Schaden gemäß § 93 II, III AktG.

Doch können die vorangestellten zivilrechtlichen Grundsätze in Hinblick auf eine Kollektivverantwortung nicht ohne weiteres auf das Strafrecht übertragen werden; zwar wird sicherlich jedes Vorstandsmitglied – und insoweit ist der Grundsatz der Gesamtverantwortung mit seinen daraus resultierenden Pflichten und Verhaltensgeboten auf das Strafrecht übertragbar – im gleichen Umfang von der Verhaltensnorm des § 266 StGB angesprochen, aber hieraus kann nicht ohne weiteres eine pauschalübergreifende strafrechtliche Verantwortlichkeit im Sinne einer Kollektivschuld hergeleitet werden.[682] So muss für jedes Vorstandsmitglied über die Feststellung der Eigenschaft als tauglicher Täter hinaus in jedem Fall die individuelle Verantwortung des Gremiumsmitglieds geprüft werden.[683] Dies ist dann als unproblematisch zu erachten, wenn sämtliche Vorstandsmitglieder an einer nach § 266 StGB strafbaren Handlung beteiligt gewesen sind; dh. auf die vorliegenden Fälle übertragen, sich übereinstimmend für rechtswidrige Zahlungen an den erpresserischen Aktionär – falls dies als strafbar zu qualifizieren ist – ausgesprochen haben.

Zurechenbarkeitsprobleme in Kollegialorganen können hingegen bei Konstellationen im Zusammenhang mit Unstimmigkeiten auftreten. Beschlüsse unterliegen einer festgelegten Mehrheitsregelung. Bei einer Abstimmung sind Enthaltung und oder Ja- bzw. Neinstimme möglich. Letztere wird aber keine Strafbarkeit begründen; denn das Stimmverhalten der übrigen Teilnehmer kann dem

681 *Windbichler* in: Gesellschaftsrecht, § 27 Rn. 35.

682 *Loeck* in: Strafbarkeit des Vorstands, S. 241.

683 *Loeck* in: Strafbarkeit des Vorstands, S. 241; *Schneider* in: Die Untreue nach dem neuen Aktienrecht, S. 41; der zwar mit Hinweis auf § 50 StGB a. F. (§ 29 StGB n. F.) ausführt, dass individuell die Strafbarkeit jedes Vorstandsmitglieds geprüft werden muss, sich dabei aber nicht mit den bestehenden (strafrechtlichen) Problematiken bzgl. Entscheidungen eines Kollegialorgans auseinandersetzt.

Neinstimmenden kaum als positives Tun mittäterschaftlich zugerechnet werden, die bloße Teilnahme an einem solchen Gremium verletzt keine Verhaltensnorm.[684] Aber wie verhält es sich mit der mittäterschaftlichen Zurechnung von Voten der Mitglieder eines Gremiums? Hierbei sind auch individuelle Entscheidungsprobleme wie Unsicherheiten, Resignation, Widerwillen oder Zweifel des Einzelnen zu berücksichtigen – können Bedenken als strafrechtlich entlastend vorgetragen werden?[685]

Gegen die generelle Möglichkeit einer mittäterschaftlichen Zurechenbarkeit erfolgt häufig der Einwand, dass es bereits an einem gemeinsamen Tatentschluss zur Tatbegehung mangele, weil es an einer notwendigen Abstimmung und damit an einem für Mittäterschaftsfälle typischen Anhaltspunkt für das künftige Verhalten der anderen fehle. Denn hier koinzidieren Tatplan und – beitrag miteinander.[686] Dagegen wird jedoch zu Recht vorgetragen, dass sich zur Beschlussabstimmung Gleichberechtigte treffen, die zumindest bei einer voll informierten (rechtswidrigen) Stimmabgabe eine hinreichende Bedingung für die gegenseitige mittäterschaftliche Zurechnung setzen – darauf, dass Tatentschluss und -bei-

684 *Loeck* in: Strafbarkeit des Vorstands, S. 284; *Neudecker* in: Strafrechtliche Verantwortlichkeit, S. 203; *Cramer/Heine* in: Schönke-Schröder, § 25 Rn. 76 b; *Joecks* in: MüKo-StGB, § 25 Rn. 218; danach kann eine Strafbarkeit des Ablehnenden nur in Betracht kommen, sofern dieser nachträglich an der Umsetzung des Beschlusses mitwirkt oder ihn ausnahmsweise eine besondere Garantenpflicht trifft.

685 Vgl. insoweit *Cramer/Heine* in Schönke-Schröder, § 25 Rn. 75 b, die sich gegen die Relevanz sochler Motive aussprechen; ebenso: *Joecks* in: MüKo-StGB, § 25 Rn. 217; *Neudecker* in: Strafrechtliche Verantwortlichkeit, S. 206, Autorin weist zu Recht darauf hin, dass es weder ein Begehungsdelikt des Wortführers durch Verbreitung von Resignation noch einen Tatbestandsausschluss zugunsten des Täters aus entsprechenden Gründen gibt; a.A.: *Samson* in: StV 1991, 182 (185), der zwischen Uneinsichtigen und Resignierenden differenziert, letztere sollen von der Haftung ausgeschlossen sein, sofern sie gegen die Entscheidung infolge Resignation entscheiden.

686 Vgl. Verweise bei *Joecks* in: MüKo-StGB, § 25 Rn. 216 (Fn. 537).

trag zusammenfallen, komme es nicht an und lässt nach moderner herrschender Auffassung, die Annahme einer Mittäterschaft nicht entfallen.[687] Dieses Ergebnis hat insbesondere unter Zugrundelegung der Prämisse der Rechtsprechung zu gelten, wonach für die Annahme eines gemeinsamen Tatplans auch ein erst während der Tat aufkommendes Einverständnis ausreiche – einer vorherigen Verabredung bedarf es gerade nicht.[688]

Die wechselseitige Zurechnung enthebelt dementsprechend auch den Einwand des Täters, sich entlastend auf eine bestehende Mehrheit berufen zu wollen, indem er geltend macht, die Entscheidung wäre auch unabhängig seines Abstimmungsverhaltens mit der gesellschaftsrechtlich notwendigen Mehrheit zustande gekommen.[689] Zu Recht wird darauf hingewiesen, dass unabhängig von bestehenden Mehrheiten der einzelne sich für den gemeinsamen Tatplan entschieden hat, die Motive für eine gemeinschaftliche Rechtsgutverletzung – wie auch schon bei dem zweifelnden oder resignierenden Mittäter argumentiert wird – sind dabei unerheblich.[690]

687 Ausführlich *Neudecker* in: Strafrechtliche Verantwortlichkeit, S. 211 ff.; *Loeck* in: Strafbarkeit des Vorstands, S. 277; *Cramer/Heine* in: Schönke-Schröder, § 25 Rn. 76 b m.w.N.; *Murmann* in: SSW-StGB, § 25 Rn. 37; i.E. ebenso BGHSt 37, 106 (129); Zweifel an einem gemeinsamen Tatplan sind sicherlich in Fällen anzumelden, in denen die Abstimmung geheim und ohne vorherige Absprache erfolgt; vgl. *Joecks* in: MüKo-StGB, § 25 Rn. 216.

688 *Joecks* in: MüKo-StGB, § 25 Rn. 199 m.w.N.

689 *Samson* in: StV 1991, 182 (185).

690 *Joecks* in: MüKo-StGB, § 25 Rn. 217; *Cramer/Heine* in: Schönke-Schröder, § 25 Rn. 76 b; Grundlage der Erörterung ist dabei die Frage, inwiefern für die Annahme einer Mittäterschaft der Tatbeitrag des einzelnen mitursächlich geworden ist. Diese Frage drängt sich auf, wenn der einzelne Abstimmende geltend zu machen versucht, dass der Beschluss ob der Mehrheiten auch ohne ihn zustande gekommen wäre. Da die klassische Äquivalenztheorie in diesen Fällen an ihre Grenzen stößt, orientiert sich die h.A. in der Literatur (der BGH hat sich in der Lederspray Entscheidung mit diesem Problem, zumindest für Fälle des aktiven Tuns

Schwierig ist hingegen die Einordnung von Stimmenthaltungen als Ja- oder Neinstimmen und die Frage nach einer etwaigen Garantenpflicht des sich enthaltenden Vorstandsmitglieds zur Erfolgsabwendung, etwa zum Schutze des Gesellschaftsvermögens. Eine mittäterschaftliche Zurechenbarkeit wird zumindest in den Fällen abzulehnen sein, in denen die Enthaltung nicht mitgezählt wird und trotzdem das nötige Ja-Quorum zustande kommt.[691]

Praktisch sei darauf hingewiesen, dass Beweisprobleme stets auftreten können, sofern keine hinreichenden Aufzeichnungen über das Abstimmungsverhalten existieren,[692] hier wird stets der Grundsatz in dubio pro reo zu berücksichtigen sein.

Anders gelagert sind Fälle, in denen zwecks effizienter Organisationsstruktur der Vorstand in Ressorts aufgeteilt ist. Die interne Aufgabenverteilung richtet sich nach der Satzung bzw. nach der Geschäftsordnung des Vorstands, vgl. § 77 II AktG. Dabei ist das jeweilige Ressortmitglied nach gesellschaftsrechtlichen Maßstäben für den Inhalt seiner Ressortentscheidungen im Grundsatz allein verantwortlich.[693] Das heißt wiederum auch, das bei dieser Art der Geschäftsverteilung kein permanentes Engagement der übrigen Vorstandsmitglieder für die fremden Entscheidungsprozesse notwendig ist, sondern – um den in § 93 I AktG postulierten Grundsatz der Sorgfalt eines ordentlichen und gewissenhaften Geschäftsleiters zu wahren – die Überwachung des Geschehens in den fremden Ressorts insgesamt ausreicht.[694] Die Pflicht einer ressortübergreifenden Überwachung trifft dabei alle Vorstandsmitglieder

nicht wirklich auseinandergesetzt) an der Lehre von der *gesetzmäßigen Bedingung*; vgl. *Neudecker* in: Strafrechtliche Verantwortung, S. 215 ff.; *Loeck* in: Strafbarkeit des Vorstands, S. 277 ff.; ausführlich *Schaal* in: Strafrechtliche Verantwortlichkeit bei Gremienentscheidungen, S. 22 ff.

691 *Joecks* in: MüKo-StGB, § 25 Rn. 217.

692 *Joecks* in: MüKo-StGB, § 25 Rn. 218.

693 *Spindler* in: MüKo-AktG, § 93 Rn. 131.

694 *Loeck* in: Strafbarkeit des Vorstands, S. 245.

gleichermaßen, ein Unterlassen führt wiederum zu einer Haftung nach § 93 II, III AktG.

Im strafrechtlichten Sinne, sind daher auch nur Fragen in Hinblick auf eine mögliche Strafbarkeit des ressortfremden Vorstandsmitglieds als möglicher Unterlassungstäter von Interesse. Hier gilt es zu erörtern, ob ihm eine erhebliche Garantenpflicht in Hinblick auf den Schutz des Gesellschaftsvermögens vor strafrechtlich-relevanten Eingriffen trifft, so dass er sich bei entsprechender Verletzung wegen Untreue durch Unterlassen strafbar machen könnte. Dabei kommt es im Ergebnis darauf an, welchen inhaltlichen Anforderungen die Garantenpflicht zu entsprechen hat, um eine entsprechende Verantwortlichkeit auszulösen. Hier stellen sich Fragen nach Verhaltenspflichten bei positiver Kenntnis eines Fehlverhaltens sowie nach Überwachungspflichten gegenüber dem ressortleitenden Kollegen.[695] Letztlich werden jedem Vorstandsmitglied auf Grundlage der Vermögensbetreuungspflicht Pflichten zu Wahrung der gesellschaftlichen Vermögensinteressen auferlegt. Im Einzelfall wird es auf deren genauen Umfang ankommen, um eine Strafbarkeit des ressortfremdem Vorstandsmitglieds wegen Untreue durch Unterlassen begründen zu können.

(3) Resümee

Mit Streichung der noch in § 294 AktG 1937 geregelten aktienrechtlichen Untreue verlagerte sich die Organuntreue in den Bereich des allgemein gefassten Delikts des § 266 StGB. Dessen Status als echtes Sonderdelikt verlangt dabei stets die individuelle Festellung der Tätertauglichkeit des betroffenen Delinquenten.

Die Erörterungen haben dabei aufgezeigt, dass bei Straftaten in Verbindung mit Vorstandsmitgliedern neben Erörterungen zu deren Tätertauglichkeit vornehmlich deren übergeordnete Rolle im Kollegialorgan zu beachten ist. Auf Grundlage des strafrechtli-

695 vgl. hierzu ausführlich, *Loeck* in: Strafbarkeit des Vorstands, S. 260 ff.

chen Postulats der Festellung von Individualverantwortlichkeiten sind hier die jeweiligen Zurechnungsmodalitäten zu beachten, um letzen Endes überhaupt eine Strafbarkeit begründen zu können. Je nach Sachverhaltsvariante sind eventuelle Ressortzuständigkeiten zu beachten. Zusammenfasst zeigt sich bereits hieran die Komplexität von Untreueprüfungen bei beteiligten Vorstandsmitgliedern.

bbb) Tatbestandsmäßigkeit

(1) Objektiver Tatbestand

(1.1.) Fremdes Vermögen

Ob ihrer Eigenschaft als Vermögensinhaberin gemäß § 1 II AktG kann die Gesellschaft taugliches Opfer einer Untreue sein. Das Vermögen hat für den Täter *„fremd"* zu sein, wobei sich dessen Einschätzung nach einschlägigen zivilrechtlichen Regeln beurteilt.[696] Fremd ist danach ein Vermögen, wenn es nicht im Alleineigentum bzw. in der Alleininhaberschaft des Täters steht, was im Verhältnis Vorstand zur Gesellschaft der Fall ist.[697]

(1.2.) Vermögensbetreuungspflicht als Anknüpfungspunkt von Missbrauchs- und Treubruchstatbestand

Die gemeinsame Voraussetzung von Missbrauchs- und Treubruchstatbestand, die Vermögensbetreuungspflicht, kann *„für kaum einen Personenkreis so eindeutig angenommen werden (...), wie für die Mitglieder des AG-Leitungsorgans Vorstand"*.[698]

---

696 *Saliger* in: SSW-StGB; § 266 Rn. 19.

697 BGHSt 47, 187 (192).

698 *Loeck* in: Strafbarkeit des Vorstands, S. 3.

Dabei werden dem jeweiligen Vorstandsmitglied durch Rechtsgeschäft gemäß § 84 I AktG mittels Bestellung durch den Aufsichtsrat zum Organ der juristischen Person „Aktiengesellschaft" gesetzlich bestimmte Verfügungs- und Verpflichtungsbefugnisse eingeräumt - also die Befugnis, über das fremde Gesellschaftsvermögen zu verfügen (§§ 76, 78 AktG).[699] Dem Vorstand obliegt als Hauptpflicht die Aufgabe der Betreuung fremder Vermögensinteressen mit entsprechender Vermögensfürsorgepflicht im Sinne des Treubruchstatbestandes.[700]

So unterscheiden sich die Tatbestände bloß dadurch, dass beim Missbrauchstatbestand der Täter aufgrund einer nach außen wirkenden Verfügungs- und Verpflichtungsbefugnis handelt, dabei aber eine im Innenverhältnis bestehende Vermögensbetreuungspflicht verletzt, während für den Treubruchstatbestand die bloße Verletzung einer nur im Innenverhältnis bestehenden Vermögensfürsorgepflicht ausreicht[701] und damit die im Anwendungsbereich extensivere Tatbestandsalternative darstellt.

(1.3.) Missbrauchstatbestand

(1.3.1.) Tathandlung

Ein Vorstandsmitglied, das Sonderleistungen an einen Berufskläger tätigt, kann nicht die Missbrauchsalternative des § 266 I, 1. Alt. verletzen. Denn insoweit ist bereits der tatbestandliche Anwendungsbereich nicht eröffnet. Ein Missbrauch der Vertretungsmacht, bei der nach gängiger Definition der Täter missbräuchlich das rechtliche Dürfen (Innenverhältnis, § 77 AktG) im Rahmen des rechtlichen Könnens (Außenverhältnis, § 78 AktG) überschreitet,

699 *Schünemann* in: LK, § 266 Rn. 49; *Saliger* in: SSW-StGB, § 266 Rn. 13.

700 *Schünemann* in: LK, § 266 Rn. 126; *Otto* in: Aktienstrafrecht, § 266 Rn. 23.

701 *BGH* in: NJW 1984, 2539 (2540).

liegt nicht vor.[702] Die Auskehr von Sonderleistungen ist eine Handlung die gänzlich außerhalb der gesetzlichen Befugnisse des Vorstands liegt. Grundsätzlich können Handlungen, welche von der Vertretungsbefugnis gar nicht erst umfasst sind, dem Missbrauchstatbestand nicht unterfallen, denn bei dieser Sachverhaltsvariante kann der Täter de facto gerade nicht die Differenz zwischen rechtlichen Können und rechtlichen Dürfen in einer zu Lasten des Opfers wirksamen Weise ausnutzen.[703] Schädigende Handlungen, die außerhalb des rechtlichen Könnens liegen und deshalb gegenüber dem Vermögensinhaber unwirksam sind, können daher per se nicht von der ersten Alternative erfasst sein.[704]

Der Vorstand bzw. dessen Mitglieder sind zwar gemäß § 82 I AktG in ihrer Vertretungsbefugnis unbeschränkt, doch stellen Sonderleistungen (von denen auch die Sachverhaltsvariante des Rückerwerbs von Aktien im Zusammenhang mit Berufsklägern gehört), ob sie nun offen oder verdeckt erfolgen, aus den im zweiten Kapitel dargestellten Gründen einen Verstoß gegen die als Verbotsgesetze im Sinne des § 134 BGB zu qualifizierenden aktienrechtlichen Kapitalerhaltungsvorschriften der §§ 57 I; 58 V AktG dar.[705] In diesen Fällen handelt es sich gerade nicht um eine Beschränkung der Vertretungsmacht, sondern um ein generelles Verbot solcher Geschäfte. Diese Rechtsgeschäfte dürfen nach gesetzlichen Maßstäben überhaupt nicht erst geschlossen werden; der Vorstand soll bei ihnen nicht nur von der Vertretung ausgeschlossen sein.[706] Eine Beschränkung der Vertretungsmacht liegt nur vor, wenn das Geschäft als solches erlaubt ist, es jedoch gerade dem Vorstand verwehrt,

702 *Otto* in: Aktienstrafrecht, § 266 Rn. 22.

703 *Fischer* in: StGB, § 266 Rn. 25 m.w.N.; *Schneider* in: Untreue nach dem neuen Aktienrecht, S. 24.

704 *Fischer* in: StGB, § 266 Rn. 25.

705 Vgl. oben Kapitel 2, S. 89 ff.

706 *Spndler* in: MüKo-AktG, § 82 Rn. 9; so auch i.E.: *Lüderssen* in: FS Heinsius, S. 463; *ders.* in: Entkriminalisierung des Wirtschaftsrechts, S. 107.

das Geschäft für die Gesellschaft wirksam abzuschließen[707] – hiervon ist jedoch beim Abkauf von Anfechtungsrechten gerade nicht auszugehen.

(1.3.2.) Resümee

Der Anwendungsbereich des Missbrauchstatbestands ist für Konstellationen rechtswidriger Sonderleistungen nicht eröffnet. Es kann ausschließlich die Treubruchsalternative gemäß § 266 I, 2. Alt StGB in Betracht kommen.

(1.4.) Treubruchstatbestand

(1.4.1.) Tathandlung

Die Tathandlung der Treubruchsalternative besteht in einer beliebigen vermögensrelevanten Handlung, durch die der Täter die ihm obliegende Vermögensbetreuungspflicht verletzt.[708] Dabei kommen sowohl die bereits von der Missbrauchsalternative erfassten Verfügungshandlungen als auch alle sonstigen Handlungen rechtsgeschäftlicher oder tatsächlicher Natur in Betracht.[709]

(1.4.1.1.) Umfang der Vermögensbetreuungspflicht

Der Umfang der Vermögensbetreuungspflicht des Vorstandmitglieds ergibt sich notwendigerweise aus dessen internen gesellschaftsrechtlichen Pflichten zur Aktiengesellschaf gemäß den §§ 76, 93 AktG.

---

707 *Spindler* in: MüKo-AktG, § 82 Rn. 9.

708 *Saliger* in: SSW-StGB, § 266 Rn. 24.

709 *Fischer* in: StGB, § 266 Rn. 51.

Nach § 76 AktG hat der Vorstand die Gesellschaft unter eigener Verantwortung zu leiten und dabei gemäß § 93 AktG die Sorgfalt eines ordentlichen gewissenhaften Geschäftsleiters anzuwenden und demnach entsprechende Gebote und Verbote, die den Eintritt eines sicheren Vermögensschadens bei der Gesellschaft zu Folge haben, zu beachten.[710] Die Pflicht zur Wahrnehmung fremder Vermögensinteressen erfasst damit immanent das Verbot der Vermögensrückgewähr (zu dem auch je nach Sachverhaltsvariante der Rückerwerb von Aktien gehören kann), so dass in den vorliegend zu untersuchenden Sachverhaltskonstellationen des Abkaufs von Anfechtungsrechten der Anwendungsbereich des Treubruchstatbestands eröffnet ist; fraglich bleibt indes die Pflichtwidrigkeit der Sonderzahlungen.

(1.4.1.2.) Pflichtwidrigkeit

Grundsätzlich sind die Merkmale der Vermögensbetreuungspflicht und (konkreten) Pflichtverletzung (Pflichtwidrigkeit) systematisch zwei voneinander zu unterscheidende Prüfungspunkte.[711] Da jedoch die Vermögensbetrauungspflicht in außerstrafrechtlichen, hier aktienrechtlichen Normen begründet wird, misst sich zwangsläufig auch die Pflichtverletzung nach diesen Normen, so dass sich Umfang und Grenzen der Pflichten des Täters, nach dem zugrunde liegenden Rechtsverhältnis richten.[712]

Verfahrensrechtlich hat auch hier der Strafrichter gemäß § 262 StPO in Hinblick auf die aktienrechtlichen Zusammenhänge selbständig über die Annahme der Pflichtwidrigkeit zu entschei-

710 BGHSt 47, 187 (200); BGHSt 50, 331 (336); in der Sache befasst sich der BGH zwar mit der Prüfung einer Vermögensbetreuungspflicht von Aufsichtsratsmitgliedern, aber für ein Vorstandsmitglied hat erst recht Entsprechendes zu gelten, vgl. § 116 Satz 1 AktG.

711 *Saliger* in: SSW-StGB, § 266 Rn. 30.

712 *Weber* in: Arzt/Weber, Strafrecht BT, § 22 Rn. 69 a; *Fischer* in: § 266 Rn. 58.

den und zwar nach den für den Beweis in Strafsachen geltenden Vorschriften, dh. ohne Rücksicht auf die zivilrechtlichen Beweislastregeln sowie unter Berücksichtigung des in dubio pro reo Grundsatzes.[713]

(a) Aktienrechtliche Maßstäbe

Dass nach aktienrechtlichen Maßstäben die Auskehr von Sonderleistungen an einen Aktionär gegen die Grundsätze der §§ 57, 53a AktG verstößt, ist an dieser Stelle nicht mehr zu problematisieren, sondern bloß festzustellen. Verlangt der Vorstand die Sonderleistungen nicht gemäß § 62 AktG (bzw. §§ 823, 826 BGB) zurück, macht er sich gemäß § 93 III Nr. 1, 2, 5 AktG schadensersatzpflichtig und haftet gesamtschuldnerisch und damit persönlich.[714] Eine bewusste Nichtgeltendmachung des fälligen Rückforderungsanspruchs würde sich auf den Schuldner wie ein Erlassvertrag auswirken; *„der Vorstand würde gröblich seine Pflichten verletzen, würde er dem Aktionär auf diese Weise einen verbotenen Schuldenerlaß verschaffen.“*[715]

Das augenscheinlich „unfaire“ Ergebnis, nach dem der Vorstand zum Wohle der Gesellschaft und ihrer Aktionäre sich infolge einer Erpressungssituation für den Abkauf der Anfechtungsrechte entscheidet und auf die Forderungen des Berufsklägers eingeht, sich aber gleichzeitig schadensersatzpflichtig und womöglich strafbar macht, hat bereits vor zwanzig Jahren die aktienrechtliche

---

713 *Weber* in: Arzt/Weber, Strafrecht BT, § 22 Rn. 69 b.

714 *Raiser/Veil* in: Recht der Kapitalgesellschaften, § 14 Rn. 78 f.; *Lutter* in: FS 40 Jahre Der Betrieb, S. 201; *Hirte* in: BB 1988, 1469 (1474); *Martens* in: AG 1988, 118 (121), wobei er der Pflicht aus § 62 AktG einen, wenn auch geringen Ermessenspielraum für Fälle, in denen eine Rückforderung ausgeschlossen sein soll einräumt, so dass im Ergebnis die Schadenserzatzpflicht des Vorstands entfallen würde.

715 *Lutter* in: FS 40 Jahre Der Betrieb, S. 201.

Literatur vor dem Hintergrund möglicher Ausnahmen hiervon beschäftigt.[716]

Bevor hier Ausführungen zu der Frage folgen, inwieweit solche Zahlungen im Einzelfall nach aktienrechtlichen Maßstäben eventuell doch zulässig sein könnten, ist zunächst der strafrechtliche Bezug herzustellen, denn an diesem zeigt, sich weshalb die aktienrechtlichen Zusammenhänge von Bedeutung sind.

(β) Strafrechtliche Maßstäbe

Wesentlich für das Verständnis des Treubruchstatbestands und des Merkmals der Pflichtwidrigkeit ist die Akzessorietät des Strafrechts zu den Bezugnormen des Zivilrechts. Dabei handelt es sich im Kern um die nach wie vor nicht abschließend geklärte Frage bzgl. der begrifflichen Auslegung der Pflichtwidrigkeit im rein zivilrechtlichen, strafrechtlichen bzw. vermittelnden Sinne.[717] Einigkeit herrscht insoweit, als dass nicht jede (Sorgfalts-) Pflichtverletzung eines vermögensbetreuungspflichtigen Täters als Verletzung seiner Vermögensbetreuungspflicht und damit als untreuetaugliche Pflichtverletzung gewertet werden kann.[718] § 266 StGB ist nur anwendbar, wenn die in Frage stehende Maßnahme bei sorgfältiger Prüfung die Pflicht zur Wahrnehmung der Interessen des Vermögensinhabers verletzt.[719] Somit setzt die Annahme einer nach § 266 StGB relevanten Pflichtverletzung die Feststellung eines Rechtsverstoßes auf (zivilrechtlicher) Primärebene voraus; denn auch an dieser Stelle gilt natürlich: was zivilrechtlich nicht

716 Vgl. umfassende Nachweise bei *Raiser/Veil* in: Recht der Kapitalgesellschaften, § 14 Rn. 79 (Fn. 133).

717 Überblick zu den aktuellen Ansichten von Literatur und Rechtsprechung findet sich bei *Saliger* in: SSW-StGB, § 266 Rn. 34 ff.

718 BGHSt 50, 331 (344); *Saliger* in: SSW-StGB, § 266 Rn. 35.

719 BGHSt 50, 331 (334).

rechtwidrig ist, kann erst recht nicht strafbar sein.[720] Inwieweit es nun, neben den zivilrechtsakzessorisch aufgestellten Postulaten, auf gesteigerte strafbegründende Begriffsbildungen ankommt, ist unerheblich - denn zunächst kommt es in jedem Fall auf eine gesellschaftsrechtliche Pflichtverletzung und die etwaigen (aktienrechtlichen) Ausnahmen hierzu an.

(γ) Legitimationsversuche des Abkaufverbots von Anfechtungsklagen? – (zusammenfassende) Darstellung der Ansichten und Stellungnahme

Mithin ist fraglich, ob Situationen denkbar sind, in denen Ausnahmen vom strengen Grundsatz des gesetzlichen Verbots der Einlagenrückgewähr zugelassen werden können. Im Kern geht es dabei um das herausgearbeitete Dilemma eines Verstoßes gegen das gesetzliche Verbot der Einlagenrückgewähr (sowie des Verstoßes gegen den Gleichbehandlungsgrundsatz) auf der einen Seite im Verhältnis zum nachvollziehbaren Interesse des Vorstands, die Gesellschaft vor Schaden zu bewahren, auf der anderen Seite. Ob der Verbotsnormen findet sich die Unternehmensverwaltung vor die Wahl gestellt, entweder einen schweren Nachteil für die Gesellschaft hinzunehmen oder eine Pflichtverletzung zu begehen und sich damit Regressansprüchen sowie einem möglichen Strafverfahren wegen Untreue auszusetzen.[721]

Bei *Bison* findet sich eine umfassende Übersicht der hierzu zusammengetragenen Argumente, die mit unterschiedlichem

720 *Dierlmann* in: MüKo-StGB, § 266 Rn. 152; *Lüderssen* in: FS Eser, S. 170; *ders.* in: FS Lampe, S. 729; der den Terminus der *„aymmetrischen Akzessorietät"* prägte. Hiernach kann ein Verhalten, das im Zivilrecht erlaubt ist, nicht zu einer strafrechtlichen Sanktion führen, während das, was im Zivilrecht verboten ist, nicht zwingend zu einem strafrechtlichen Verbot führen muß.

721 *Schlaus* in: AG 1988, 113 (115).

Begründungsaufwand das Handeln des Vorstands und damit ein „*Schütt-aus-hol-zurück-Verfahrens*"[722] zu legitimieren versuchen.[723]

Ende der 80er Jahre hob *Martens* bereits den Zwiespalt der Unternehmensverwaltung hervor und stellte dabei fest, dass „*es ... in der Tat schlecht um das Aktienrecht bestellt [wäre], wenn die §§ 57, 58 AktG ohne Rücksicht auf Verluste, nämlich solche der Gesellschaft, dem Vorstand derartige Zahlungen verbieten wollten, obwohl doch diese Zahlungen gerade dazu dienen, das Vermögen der Gesellschaft zu wahren.*[724]" *Martens* beansprucht dabei einen recht großzügigen Argumentationsspielraum und erachtet ein Handlungsermessen des Vorstands bereits durch § 76 AktG gedeckt. In Ausübung seiner in § 76 AktG angelegten Pflicht, generell Schäden von der Gesellschaft abzuwenden, sei der Vorstand legitimiert, entsprechende Abfindungszahlungen vorzunehmen.[725] Einen Rückgriff auf etwaige Rechtfertigungsargumentationen, sei es über § 71 AktG, bedürfe es daher nicht.[726]

Schlaus hingegen knüpfte an § 93 AktG an, wonach der Vorstand im Rahmen seiner allgemeinen Sorgfaltspflicht je nach Einzelfall zu entscheiden habe, ob er sich auf Abfindungstransaktionen einzulassen habe.[727] Um eine etwaige Ausuferung im Sinne eines Freibriefs zum Auskauf zu vermeiden, bildet *Schlaus* Fallgruppen, in denen Abfindungszahlungen zulässig sein sollen. So insbesondere, wenn Klagen nach redlicher Überzeugung des Vorstands unzulässig bzw. unbegründet sind.[728]

Oechsler und *Rößler-Tolger* argumentieren anhand der in § 71 I Nr. 1 AktG zum Ausdruck kommenden allgemeinen Schadensver-

722 Formulierung geht auf *Schlaus* zurück, in: AG 1988, 113 (117).

723 *Bison* in: Missbrauch der Anfechtungsklage durch den Aktionär, S. 234 ff.

724 *Martens* in: AG 1988, 118 (120).

725 *Martens* in: AG 1988, 118 (120); so auch *Lüderssen* in: FS Heinsius, S. 484; *ders.* in: Entkriminalisierung des Wirtschaftsrechts, S. 126 f.

726 *Martens* in: AG 1988, 118 (120).

727 *Schlaus* in: AG 1988, 113 (116).

728 *Schlaus* in: AG 1988, 113 (116).

hinderungspflicht, wonach in „*Extremfällen*" die Kapitalerhaltung zugunsten der Schadensverhinderung zurückzutreten hat.[729] Eine Rechtfertigung sei jedoch nur anzunehmen, wenn dem Vorstand keine andere Handlungsalternative zur Verfügung stehe, etwa die aussichtsreiche Durchführung eines Freigabeverfahrens.[730]

Lutter ist in seinem Argumentationsverhalten hingegen am restriktivsten; er möchte das generelle Verbot der Einlagenrückgewähr nicht durch Normen des Aktiengesetzes selber einschränken, sondern hat sich der Rechtsgedanken des rechtfertigenden Notstands gemäß § 34 StGB, § 904 BGB bzw. der §§ 823 ff. BGB bedient.[731] Eine Bezugnahme auf das Straf- bzw. Deliktsrecht sei deshalb von Nöten, weil von Seiten des Gesetzgebers die Rechtsordnung der Aktiengesellschaft nicht zur Disposition ihrer Verwaltung stehe. So habe der Gesetzgeber bewusst, trotz der Möglichkeit einer von der Höhe des Aktienbesitzes unabhängigen Klagebefugnis, nicht etwa die gesetzlich fixierte Möglichkeit einer Abfindung des widersprechenden oder klagenden Aktionärs gestattet.[732] Denn auf diese Weise wären die vielen Regelungen des Gesetzes zum Vermögensschutz „*vor den Wünschen ihrer Aktionäre nicht das Papier wert, auf dem sie stehen.*"[733] So könne das zu schützende Vermögen der Gesellschaft, dessen Bestand der Gefahr eines ungewöhnlich hohen Schadens ausgesetzt ist, nach Abwägung sämtlicher Handlungsalternativen bloß durch Verletzung des selben Rechtsguts der Gesellschaft gewahrt werden.[734] Dabei orientiert sich *Lutter* auch

729 *Oechsler* in: MüKo-AktG, § 71 Rn. 132; *Rößler-Tolger* in: Der räuberische Aktionär – eine schwindende Bedrohung?, S. 110.

730 *Rößler-Tolger* in: Der räuberische Aktionär – eine schwindende Bedrohung?, S. 110.

731 *Lutter* in: FS 40 Jahre Der Betrieb, S. 206.

732 *Lutter* in: FS 40 Jahre Der Betrieb, S. 200.

733 *Lutter* in: FS 40 Jahre Der Betrieb, S. 200.

734 *Lutter* in: FS 40 Jahre Der Betrieb, S. 203 ff.; *Lutter* setzt sich hierbei ausführlich mit möglichen Handlungsalternativen auseinander, lehnt sie aber im Ergebnis ab.

an den Wertungen des § 71 AktG, der nach desen Ansicht grundsätzlich bei einem schweren, unmittelbar bevorstehenden Schaden ebenfalls unter bestimmten Umständen den Rückerwerb von Aktien zulässt.[735]

Der Ansicht *Lutters* schloss sich weitestgehend auch *Feltkamp* an, wobei er über *Lutter* noch hinaus herausarbeitet, dass insbesondere im Wege einer Analogie der strafrechtliche Notstand ausreichende Wertungskriterien für die Beurteilung der Verhaltenspflichten des Vorstands habe.[736] Er betont aber, dass es kein festes Schema für die Beurteilung eines legitimierenden Vorstandsverhaltens gebe. Es sind stets die Umstände des Einzelfalls zu beurteilen.[737] Doch auch *Feltkamp* resümiert, dass im Sinne der Annahme eines rechtfertigenden Notstands die überwiegenden Interessen der Gesellschaft an der Beendigung missbräuchlich geführter Anfechtungsklagen nur vorliegen können, wenn überhaupt eine erhebliche Beeinträchtigung drohe.[738] Dies soll sich seiner Ansicht nach beispielsweise aus Vermögensschäden ergeben, die jedoch *„frühestens bei fünf, wenn nicht gar erst bei sechsstelligen Summen anzunehmen“* seien.[739]

Überzeugend erscheinen Einwände, die Ansichten, welche die Pflichtwidrigkeit des Vorstandshandelns bereits anhand allgemeiner aktienrechtlicher Schadensverhinderungs- bzw. Sorgfaltspflichten legitimieren wollen, ablehnen.[740] Dass eine solche Wertung nicht im Sinne des Gesetzgebers gelegen haben kann, dokumentieren gerade die Kapitalerhaltungsvorschriften deren Verletzung auch zu einer persönlichen Haftung gemäß § 93 II, III

735 *Lutter* in: FS 40 Jahre Der Betrieb, S. 206.

736 *Feltkamp* in: Anfechtungsklage und Vergleich im Aktienrecht, S. 175.

737 *Feltkamp* in: Anfechtungsklage und Vergleich im Aktienrecht, S. 175.

738 *Feltkamp* in: Anfechtungsklage und Vergleich im Aktienrecht, S. 175.

739 *Feltkamp* in: Anfechtungsklage und Vergleich im Aktienrecht, S. 176.

740 *Lutter* in: FS 40 Jahre Der Betrieb, S. 200; *Feltkamp* in: Anfechtungsklage und Vergleich im Aktienrecht, S. 171; *Bison* in: Missbrauch der Anfechtungsklage durch den Aktionär, S. 239.

AktG führt.[741] Damit wird der Pflicht zum rechtmäßigen Verhalten im Verhältnis zur Pflicht der Schadensabwendung Priorität eingeräumt.[742] Ein zu breit angelegtes aktienrechtliches Handlungsermessen des Vorstands würde diesem doch die Möglichkeit einräumen, unter dem Deckmantel des Wohles der Gesellschaft Handlungen vorzunehmen bzw. Entscheidungen zu treffen, die noch nicht einmal von seiner Geschäftsführungs- bzw. Vertretungsbefugnis gedeckt sind und damit mittelbar die indisponiblen Wertungen der Kapitalerhaltungsvorschriften enthebeln. Eine derartige Gestattung des Abkaufs von Anfechtungsrechten würde damit die vom Gesetzgeber gewollte Rechtskontrolle von Hauptversammlungsbeschlüssen mit Zuhilfenahme des Gesellschaftsvermögens aus den Angeln hebeln.[743]

Der dogmatische Ansatzpunkt einer Begründung über Rechtfertigungsgrundsätze berücksichtigt hingegen die Wertungen des Gesetzgebers im hinreichenden Maße und lässt dennoch zu, dass das Dilemma des Vorstands aufgelöst werden kann. Insbesondere

741 *Lutter* in: FS 40 Jahre Der Betrieb, S. 200.

742 *Feltkamp* in: Anfechtungsklage und Vergleich im Aktienrecht, S. 171.

743 *Raiser/Veil* in: Recht der Kapitalgesellschaften, § 14 Rn. 79.

wird die Formulierung einer notstandsrechtfertigenden Lösung[744] den mannigfaltigen Sachverhaltskonstellationen besser gerecht.[745]

Einzelfallbezogen bleibt indes die Frage nach der gegenwärtigen Gefahrenlage eines mittels der Drohung angekündigten erheblichen Schadens der Gesellschaft, die ein sofortiges Handeln begründet. Dabei ist die Gefahr auch schon gegenwärtig, wenn der Schadenseintritt zwar noch nicht unmittelbar bevorsteht, eine Abwehr aber später nicht mehr oder nur noch unter sehr viel größeren Risiken möglich wäre.[746] Zu Einschätzung der Gefahrenlage ist auf den Standpunkt eines nachträglichen Beobachters, dem die im kritischen Augenblick wesentlichen Umstände bekannt sind, abzustellen.[747]

Dem Vorstand im Sinne von *Schlaus* aufzuerlegen, er solle abschätzen, wann eine Anfechtungsklage nun unzulässig bzw. un-

744 Aus strafrechtlicher Sicht ist zunächst der Rechtfertigungsgrund der Notwehr gemäß § 32 StGB in Betracht zu ziehen. Denn auch die Dauergefahr einer Drohung kann einen gegenwärtigen Angriff auf ein Rechtsgut des Opfers darstellen. Hiervon ist aber schon die Variante der Drohung einer in Aussicht gestellten Klageerhebung wegen ihres zukünftigen Charakters ausgeschlossen, so dass diese Sachverhaltsvariante per se nur unter den Anwendungsbereich des § 34 StGB fällt; vgl. *Lenckner/Perron* in: Schönke/Schröder, § 32 Rn. 18. Grundsätzlich ermöglicht § 32 StGB jedoch nur einen Eingriff in die Rechte des angreifenden Opponenten. Durch einen Verstoß gegen § 57 AktG werden aber nicht nur die Rechte des Opponenten, sondern insbesondere auch die seiner Mitaktionäre beeinträchtigt. § 34 StGB bringt hingegen zum Ausdruck, dass der Verstoß gegen eine Verbotsnorm von der Rechtsordnung nicht missbilligt wird, wenn er zur Abwehr eines Schadens erforderlich ist und dieser Schaden das mittels der Verbotsnorm geschützte Interesse – damit ist auch das Interesse Dritter betroffen – wesentlich überwiegt; vgl. *Feltkamp* in: Anfechtungsklage und Vergleich im Aktienrecht, S. 174.

745 *Bison* in: Missbrauch der Anfechtungsklage durch den Aktionär, S. 240.

746 *Fischer* in: StGB, § 34 Rn. 4; siehe hierzu entsprechend zur Dauergefahr, bei der die Gefahr nicht in einen gegenwärtigen und einen zukünftigen Teil zerlegt werden kann.

747 *Fischer* in: StGB, § 34 Rn. 3.

begründet ist, erscheint eher nur in der Theorie vorstellbar. Schwer umsetzbar erscheint auch der Vorschlag *Feltkamps*, erst ab drohenden Vermögensschäden im fünf- bis sechsstelligen Bereich bei Nichtzahlung von einem erheblichen Schaden auszugehen. Hier ist zu bedenken, dass sehr häufig auch kleinere Gesellschaften mit weniger Gesellschaftsvermögen und entsprechend geringeren Bereicherungsbegehren betroffen sind, und dass eine massive Gefährdung der Gesellschaft bereits viel früher einsetzen kann.

In Einzelfällen eine aktienrechtliche Pflichtwidrigkeit des Vorstandshandelns zum Wohle der Gesellschaft unter Heranziehung von Gesichtspunkten des rechtfertigenden Notstands zu verneinen, überzeugt. Entsprechend wird es stets auf die Einschätzung der Schadensfolgen für die Gesellschaft ankommen. Zur Bestimmung der Gefahrenlage maßgeblich, wird dabei das Verhältnis des angegriffenen Beschlusses in Relation zum (drohenden) Vermögensschaden bzw. der Größe der Gesellschaft unter dem Faktor Zeit sein. Um dem Erfordernis einer geeigneten und erforderlichen Abwehrmaßnahme[748] entsprechen zu können, sollte die Unternehmensverwaltung bevor potentieller Abkaufzahlungen stets – sofern möglich – die Alternative der Inanspruchnahme eines Freigabeverfahrens in Betracht ziehen.

Von den vorgenannten Erwägungen miterfasst ist zwangsläufig auch die Verletzung des Gleichbehandlungsgrundsatzes aus § 53a AktG. Denn wenn unter bestimmten Gesichtspunkten die Verletzung des Verbots der Kapitalerhaltungsvorschriften legitimiert sein kann, scheint dies doch für den Gleichbehandlungssatz erst recht zu gelten.[749]

Daher kann zusammengefasst festgehalten werden, dass ein etwaiges breites Handlungsermessen sich für den Vorstand in Hin-

748 *Fischer* in: StGB, § 34 Rn. 3.

749 Die Frage einer möglichen Legitimierung bzw. Rechtfertigung der Verletzung der Kapitalerhaltungsvorschriften im Zusammenhang mit der Auskehr von Sonderleistungen wird stets im Zusammenhang mit der Verletzung des Gleichbehandlungsgrundsatzes beurteilt; vgl. *Schlaus* in: AG 1988, 113 (116); *Lutter* in: FS 40 Jahre Der Betrieb, S. 19.

blick auf die Wertungen des Aktiengesetzes auf Grundlage seiner allgemeinen Schadensverhinderungs- bzw. Sorgfaltspflichten nicht begründen lässt. Doch in Fällen nicht anders abwendbaren Interessenskollisionen, kann die aktienrechtliche Pflichtwidrigkeit in Anlehnung an notstandsrechtliche Erwägungen eine Legitimierung erfahren, deren durch einen drohenden Schaden verursachte entsprechende Gefahrenlage der Strafrichter ex-ante zu beurteilen hat.

(δ) Übertragen der Ergebnisse auf die Pflichtwidrigkeit im Sinne des § 266 StGB und zur Rolle der Rückgewährpflicht

Hat die aktienrechtliche Prüfung der Pflichtwidrigkeit des Handelns im Einzelfall eine Rechtfertigung der Auskehr von Sonderleistungen ergeben, ist dieses Ergebnis innerhalb der Prüfung der Pflichtwidrigkeit des § 266 StGB zu berücksichtigen. Sind die Handlungen nach außerstrafrechtlichen Maßstäben gerechtfertigt, können sie konsequenterweise nicht als strafrechtlich relevant erachtet werden.

Maßgeblich ist dabei jedoch, dass in den vorgenannten Fällen der Vorstand seinen Rückforderungspflichten nachkommt, im Speziellen gemäß § 62 AktG, der sowohl im Falle einer offenen als auch einer verdeckten Abfindungszahlung greift.[750] Denn insoweit sind sich die diversen Ansichten in der Literatur einig – auch wenn der Abkauf von Anfechtungsrechten im Einzelfall gerechtfertigt sein kann, so hat der Vorstand die Sonderleistungen stets zurückzufordern.[751]

750 Vgl. oben Kapitel 2, S. 88 ff.

751 Zwar differieren die Ansichten ein wenig inhaltlich, doch sind sie sich im Kern einig, dass eine Rückforderung stattzufinden hat. So erörtert *Schlaus* in: AG 1988, 113 (117) konsequenterweise eine analoge Anwendung des § 62 AktG, da er § 57 AktG in seiner Anwendung versucht einzuschränken; *Oechsler* in: MüKo-AktG, § 71 Rn. 131; *Lutter* in: FS 40 Jahre Der Betrieb, S. 207 f. und *Feltkamp* in: Anfechtungsklage und Vergleich im Aktienrecht, S. 176 hingegen weisen auf die beste-

Sieht der Vorstand demnach von der Geltendmachung von Rückforderungs- und, falls gegeben, Schadensersatzansprüchen ab, macht er sich demnach in jedem Fall gemäß § 93 III AktG schadenersatzpflichtig. Wenngleich dem Vorstandshandeln im Einzelfall eine Legitimierung zugebilligt wird, verstößt dennoch die Abfindungsvereinbarung weiterhin gegen § 57 AktG. Die Rückforderung bezweckt dabei zum einen, dass die Gesellschaft von ihren Verlusten befreit wird, und zum anderen, dass der Aktionär nicht dauerhaft aus seinem missbräuchlichen Verhalten Vorteile zieht.[752]

So handelt der Vorstand im Ergebnis aktienrechtlich pflichtwidrig, falls er seinen Rückforderungspflichten nicht nachkommt. Dies nun unabhängig davon, ob die Abfindungszahlungen legitimiert sind oder nicht. Eine Verneinung der Strafbarkeit kann daher nur in Betracht kommen, wenn zum einen die Zahlungen aktienrechtlich gerechtfertigt sind und sie zum anderen durch den Vorstand im Wege eines *„Schütt-aus-und-hol-zurück-Verfahrens"* für die Gesellschaft wieder eingetrieben werden.

Ist dies nicht der Fall, handelt der Vorstand pflichtwidrig, auch im Sinne des § 266 StGB, und verletzt damit seine Vermögensbetreuungspflicht. In diesen Fällen – zusammengefasst sind das solche, in denen die Abfindungszahlungen ob der Umstände keine Legitimation erfahren, sei es etwa weil im Einzelfall der prognostizierte Schaden der Gesellschaft nicht im Verhältnis zum

---

hende Rückforderungspflicht auch in Fällen der Legitimierung des Vorstandshandelns hin; einzig *Martens* in: AG 1988, 118 (121) möchte dem Vorstand auch in Hinblick auf die Anwendung des § 62 AktG einen *„geringen Ermessensspielraum"* zugestehen. *„Dabei ist abzuwägen zwischen der Höhe der gezahlten Geldbeträge, den Erfolgsaussichten des Prozesses und der nachfolgenden Vollstreckung sowie der öffentlichen Publizität einer solchen Auseinandersetzung."* Doch dem ist entgegenzuhalten, dass wenn bereits § 57 AktG nicht in die Disposition des Vorstands gestellt werden kann, so kann dies erst recht nicht für den Rückforderungsanspruch aus § 62 AktG gelten, folglich ist dem Vorstand kein Ermessensspielraum zuzubilligen. Einschränkend neuerdings auch *Lutter/Drygala* in: Kölner-Kommentar, 3. Aufl., § 71 Rn. 59.

752 *Feltkamp* in: Anfechtungsklage und Vergleich im Aktienrecht, S. 176.

Begehren des Aktionärs steht, oder aber weil der Vorstand von seinen Rückforderungspflichten absieht – bezieht sich die Pflichtwidrigkeit der Handlung gerade auf die Pflichtenstellung und damit zwangsläufig auf die Vermögensbetreuungspflicht des Vorstands.[753] Und dies unabhängig von der Frage, ob das Merkmal der Pflichtwidrigkeit der strafrechtlichen Untreue rein zivilrechtsakzessorisch[754] oder gänzlich strafrechtsautonom[755] ausgelegt werden soll.

Anders bei unternehmerischen Entscheidungen mit weitem Ermessensspielraum, bei denen die Bestimmung der untreuerelevanten Pflichtwidrigkeit häufig nicht ohne weiteres möglich ist, zeigt hier das Aktiengesetz dem Vorstand klare Handlungsgrenzen auf. So dass er gerade in den Fällen des Anfechtungsrechteabkaufs

753 *Fischer* in: StGB, § 266 Rn. 59 f.; BGHSt 50, 331 (334).

754 So wohl die Rechtsprechung des 3. Strafsenats des BGH in der Sache „*Mannesmann*"; hier korrigierte der Senat die Rechtsprechung des 1. Strafsenats (BGHSt in: 47, 148 ff.; 187 ff.) der für die Annahme der strafrechtlichen Pflichtwidrigkeit nur „*gravierende*" Verstöße anerkannte, und relativierte sie dahingehend, dass dies nur auf bestimmte Handlungsfelder zutreffe, so insbesondere für Sponsoring oder Kreditvergabe als stark risikobehaftete unternehmerische Entscheidungsfelder. Damit schlug der 3. Strafsenat einen eher zivilrechtsakzessorischen Weg ein. Vgl. BGHSt 50, 331 (344).

755 Eine tendenziell strafrechtsautonome Auslegung des Merkmals der Pflichtwidrigkeit verfolgte dementsprechend der 1. Strafsenat in seinen Entscheidungen zum Sponsoring (= Unternehmensspenden) und der Bankenuntreue (BGHSt 47, 148 ff.; 187 ff.). Denn mit dem Erfordernis einer gravierenden gesellschaftsrechtlichen Pflichtverletzung formulierte er erstmals höchstrichterlich ein strafbegründendes Merkmal. Für eine gemischt bzw. gänzlich strafrechtsautonome Auslegung des Merkmals der Pflichtwidrigkeit sprechen sich auch viele Ansichten in der Literatur aus (vgl. hierzu ausführlich: *Saliger* in: SSW-StGB, § 266 Rn. 40 ff. m.w.N.). Doch wird auch hierbei nicht außer Acht bleiben dürfen, dass originär strafrechtliche Gesichtpunkte im außerstrafrechtlichen Bestimmungsbereich der Pflichtwidrigkeit schwer aufzustellen sein werden, insoweit wird die gesellschaftsrechtliche Pflichtwidrigkeit die strafrechtliche stets präjudizieren; *Saliger* in: SSW-StGB, § 266 Rn. 42.

mit Blick auf den Schutzzweck der Untreue seine Machtstellung gegenüber dem zu betreuenden Vermögen der Gesellschaft missbraucht und somit das in § 266 StGB angelegte Handlungsunrecht verwirklicht.[756]

(1.4.2.) Resümee

Ist das Handeln des Vorstands im Einzelfall (im aktienrechtlichen Sinne) gerechtfertigt und damit nicht pflichtwidrig und fordert er die getätigten Leistungen zurück, kann von einer Vermögensfürsorgepflichtverletzung und damit mangels Verwirklichung des objektiven Tatbestands eine Strafbarkeit verneint werden.

Sieht der Vorstand hingegen von seiner Pflicht der Rückforderung getätigter Sonderleistungen und etwaigen Schadensersatzansprüchen ab, macht er sich nicht nur aktienrechtlich persönlich und gesamtschuldnerisch gemäß § 93 III Nr. 1, 2 und 5 AktG[757] schadensersatzpflichtig, sondern verletzt auch seine Vermögensfürsorgepflicht im Sinne des § 266 I 2. Alt StGB. In Anbetracht dessen, dass sein Handeln aktienrechtlich gemäß §§ 57, 58 AktG pflichtwidrig ist, kann er sich auch nicht etwa auf eine Befreiung von dieser Pflicht berufen.

(1.5.) Vermögensschaden

Zum Vermögensschaden der Gesellschaft gelten die Ausführungen, die bereits im Rahmen der Prüfung des Erpressungsschadens getätigt worden sind.[758] Anders als im Falle der Erpressung ist zwar in

756 *Saliger* in: SSW-StGB, § 266 Rn. 35.

757 Dabei hängt es selbstverständlich von der jeweils zugrundeliegenden Sachverhaltsvariante ab, welche der im (nicht abschließenden) Katalog des § 93 III AktG aufgeführten Varianten letzten Endes einschlägig sind.

758 Vgl. a.a.O., S. 124 ff.

Hinblick auf die Haupttat nicht der Aktionär, sondern das jeweilige Vorstandsmitglied Täter. Jedoch tritt der Schaden in beiden Fällen bei der Gesellschaft ein, die als juristische Person Vermögensinhaberin ist und durch ihr vertretungsberechtigtes Organ handelt. Ebenso ist sie in beiden Fällen Anspruchsinhaberin etwaiger Rückforderungs- Schadensersatzansprüche.

Anders als in den Dreieckskonstellationen der Erpressung kommt es innerhalb der Untreue als Fremdschädigungsdelikt ausschließlich darauf an, dass durch die Pflichtverletzung der Treunehmer dem Vermögensinhaber einen Vermögensnachteil als Taterfolg zufügt.[759] Mangels kompensationsfähiger Gegenleistungen durch den Empfänger (dem Aktionär), kann im Einzelfall ein Vermögensnachteil der Gesellschaft angenommen werden.

(2) Subjektiver Tatbestand

Bedingter Vorsatz genügt; dabei muss der Vorsatz die Pflichtenstellung des Täters, das Bestehen einer Vermögensbetreuungspflicht sowie die Kenntnis und das Bewusstsein sämtlicher die Pflichtwidrigkeit begründender Tatsachen und Umstände umfassen.[760] Dabei sind nach ständiger Rechtsprechung des BGH vornehmlich in Fällen, in denen der Täter nicht eigennützig gehandelt hat, an den Nachweis des subjektiven Tatbestands in Hinblick auf die Weite des objektiven Tatbestands strenge Anforderungen zu stellen.[761]

759 *Saliger* in: § 266 Rn. 50.

760 *Fischer* in: StGB, § 266 Rn. 171.

761 *Wessels/Hillenkamp* in: Strafrecht BT 2, § 18 Rn. 779; *Fischer* in: StGB, § 266 Rn. 176 m.w.N.; diese Formel wird von der Literatur weitestgehend kritisch betrachtet, da im Kern nicht verständlich ist, wie über Beweisregelungen im subjektiven Tatbestand der Weite des objektiven Tatbestands entgegengetreten werden kann. Denn eine rechtliche Einschränkung objektiver Tatbestandsmerkmale könne hierüber gerade nicht erreicht werden, insoweit handelt es sich um eine Rechtsfrage und nicht um eine Tatfrage.

ccc) Rechtswidrigkeit und Schuld

Wird nicht bereits im Rahmen der aktienrechtlichen Bestimmung der Pflichtwidrigkeit das Handeln des Vorstands auf dessen mögliche Rechtfertigung im Sinne der dargestellten Erörterungen eines übergesetzlichen Notstands bzw. einer Analogie zum strafrechtlichen rechtfertigenden Notstand, wie es *Feltkamp* vorschlägt erörtert, so sollten entsprechenden Erwägungen innerhalb der Rechtswidrigkeitsprüfung erfolgen. Denn nach den hier zugrundegelegten Maßstäben läge somit ein pflichtwidriges und damit tatbestandserfüllendes Handeln im Sinne des § 266 StGB vor. Zur inhaltlichen Prüfung des rechtfertigenden Notstands, des hier in Frage kommenden Rechtfertigungsgrundes, kann weitestgehend auf die hierzu bereits vorgetragenen Erörterungen[762] verwiesen werden.

In Fällen, in denen der Vorstand sich des Unrechts nicht bewusst ist, etwa weil er sich im Ausmaß des Schadens für die Gesellschaft bei Nichtzahlung irrt und sich daher nicht hinreichend mit milderen Handlungsalternativen auseinandergesetzt hat, können auch Irrtumsproblematiken diskutiert werden. Fehlt dem Vorstand bei Begehen der Tat die Einsicht Unrecht zu tun, weil er trotz Kenntnis aller die Pflichtwidrigkeit begründender Tatsachen irrtümlicherweise an das Eingreifen eines nicht bestehenden Rechtfertigungsgrundes glaubt oder die Grenzen eines bestehenden Rechtfertigungsgrundes zu weit zieht, kann er einem (indirekten) Verbotsirrtum gemäß § 17 StGB unterliegen.[763] Dieser würde allerdings nicht die Rechtswidrigkeit der Tat entfallen lassen, sondern wäre im Rahmen der Vorsatzschuld zu prüfen. Hier käme es auf die Vermeidbarkeit des Irrtums an, wobei sich der Vorstand

762 Vgl. a.a.O., S. 187 f..

763 *Wessels/Beulke* in: Strafrecht AT, § 11 Rn. 482.

sicherlich vorhalten lassen müsste – sofern der Sachverhalt dies hergibt – keine rechtliche Beratung eingeholt zu haben.[764]

ddd) Gesamtergebnis zur Untreue als Haupttat z. N. der Gesellschaft

Das Vorstandsmitglied, das Sonderleistungen an einen Aktionär tätigt, kann sich wegen Untreue zum Nachteil der Gesellschaft strafbar machen. Im Rahmen der Bestimmung der strafrechtlichen Verantwortlichkeit ist stets die jeweilige Entscheidungsmodalität zum Abkauf der Anfechtungsrechte näher zu beleuchten, vornehmlich inwieweit diese als Gremiums- oder als Ressortentscheidung unter Berücksichtigung des individuellen Stimmverhaltens getätigt worden ist. Dabei macht es für die Pflichtwidrigkeit der Sonderleistung keinen Unterschied, ob diese nun offen oder verschleiert erfolgt ist. In aller Regel wird sie in einer „vorgerichtlichen" Vereinbarung oder in einem außergerichtlichen Vergleich erfolgen.

Je nach Sachverhaltsvariante können aber Erwägungen in Hinblick auf eine Legitimation des Handelns getätigt werden, wobei auch hier maßgeblich ist, dass die Rückforderungs- und Schadensersatzpflichten vornehmlich des § 62 AktG beachtet werden. Ist dies nicht der Fall, ist eine Vermögensbetreuungspflichtverletzung gegeben. In der Praxis sieht sich der Vorstand, der an sich zum Wohle der Gesellschaft und der Aktionäre zu handeln motiviert ist, bei aktienrechtlichen Abkaufsklagen stets dem Problem komplexer Einschätzungsprärogativen ausgesetzt. Eine fundierte Schadensentwicklung für die Gesellschaft im Falle der Nichtzahlung kann sich kaum prognostizieren lassen. Insbesondere da es

764 Vgl. *BGH* in: NJW 2006, 520 (529); dass in diesem Fall die Verwirklichung des Verbotsirrtums auf der irrigen Annahme der Angeklagten beruhte, ihr Handeln trotz Kenntnis aller die Pflichtwidrigkeit begründenden Tatsachen generell für erlaubt zu halten, ist unerheblich. Denn auch hier kommt es sodann auf die Frage der Vermeidbarkeit an. Zudem stellen sich Abgrenzungsfragen in Hinblick auf die Einordnung der rechtlichen Materie in einen Tatbestands- oder Verbotsirrtum.

häufig am Faktor Zeit hängen kann, beispielsweise der Dauer von Gerichtsverfahren, aber auch am Verhalten Dritter, wie Investoren, bei denen nicht abgeschätzt werden kann, ob sie von etwaigen Investitionsversprechen absehen. Darüber hinaus ist zu beachten, dass bei Abfindungszahlungen über EUR 50 000 der Regelbeispielkatalog des §§ 266 II, 263 III StGB eröffnet ist, der eine ausschließliche Sanktionierung im Wege der Freiheitsstrafe vorschreibt.

Eine gesetzliche Legitimierung solcher Abfindungszahlungen kann jedoch schon allein deshalb nicht erfolgen, weil der Vorstand dann eine Möglichkeit an die Hand bekommen würde, das Instrumentarium der Rechtskontrolle von Hauptversammlungsbeschlüssen mittels finanzieller Mittel zu beeinflussen.

Dem Gesetzgeber ist der inflationäre Missbrauch von Anfechtungsklagen nun seit geraumer Zeit bekannt, und er bemüht sich diesen einzudämmen, so jüngst mittels UMAG und ARUG. Doch kann der Ansatzpunkt dabei nicht sein, aktienrechtliche Grundpostulate wie den Kapitalerhaltungsschutz einzudämmen; dessen hat sich der Vorstand stets bewusst zu sein. Daher ist dem Vorstand anzuraten, grundsätzlich seinen Rückforderungs- bzw. Schadensersatzpflichten nachzukommen, um sich zumindest in dieser Hinsicht nicht belastbar zu machen.

bb) „Bestimmen" des Täters durch den Teilnehmer

Zu einer teilnahmefähigen rechtswidrigen[765] Haupttat, hat der Aktionär den Vorstand im Sinne der objektiven Tatbestandsverwirklichung des § 26 StGB zu bestimmen. Bestimmen des Täters zur Tat bedeutet, in ihm den Entschluss zur Tat durch irgendeine

765 Sollte im Einzelfall ein indirekter Verbotsirrtum angenommen werden können, lässt dieser nicht das Merkmal einer teilnahmefähigen Haupttat entfallen, denn für diese kommt es nicht auf das Vorliegen der Schuld des Täters an.

dafür ursächliche Anstiftungshandlung hervorzurufen.[766] Dabei ist nach ständiger Rechtsprechung des BGH unerheblich, in welcher Form und mit welchen Mitteln die Einflussnahme erfolgt.[767] So kann auch in der ausdrücklichen oder konkludenten Formulierung einer Drohung[768] (einer Klageerhebung bzw. Aufrechterhaltung/Nichtrücknahme der Klage bei Nichtleistung) des Aktionärs gegenüber dem Vorstand, ein geeignetes Anstiftungsmittel erachtet werden. Durch die Drohung wird eine Ursache für die Auskehr der Sonderleistungen und damit für die Untreue des Vorstands gesetzt. Der Aktionär formuliert mit der *Drohung mit einem empfindlichen Übel* einen Verhaltensvorschlag, mit dem, wenn auch konkludent, zur Tat – der Auskehr von Sonderleistungen aufgefordert wird.[769] Die Eingrenzung dieser recht extensiven Auslegung des Merkmals des Bestimmens hat sodann im subjektiven Tatbestand zu erfolgen.

b) Subjektiver Tatbestand

Vorsatz hat in doppelter Hinsicht vorzuliegen; er muss zum einen auf das Hervorrufen des Tatentschlusses sowie zum anderen auf die Ausführung und Vollendung einer bestimmten, in ihren wesentlichen Grundzügen konkretisierten Tat durch einen bestimmten Täter gerichtet sein.[770] Dabei ist in Hinblick auf die Hervorrufung des Tatentschlusses beim Täters stets entscheidend, ob der Anstifter mit seiner Handlungsweise auf den Willen des Täters im Sinne einer Bestimmung zur Tat einwirken will oder wenigstens diese Wirkung seiner Aufforderung für möglich hält; ein bedingter Anstiftervorsatz reicht demnach völlig aus.[771]

766 *Fischer* in: StGB, § 26 Rn. 3.

767 *BGH* in: NStZ 2000, 421 (421); *BGH* in: GA 1980, 183 (184).

768 *Wessels/Beulke* in: Strafrecht AT, § 13 Rn. 568.

769 *Jakobs* in: MüKo-StGB; § 26 Rn.15.

770 *Wessels/Beulke* in: Strafrecht AT; § 13 Rn. 572.

771 *BGH* in: GA 1980, 183 (184).

Mit Formulierung der Drohung kommt es dem Täter gerade darauf an, die Unternehmensverwaltung zu einer vermögensschädigenden Handlung zu bewegen. Hier können jedoch Irrtumsproblematiken im Wege des vorsatzausschließenden Tatbestandsirrtums gemäß § 16 I StGB wiederum eine Rolle spielen, sofern der Aktionär von der Rechtmäßigkeit entsprechender Sonderleistungen und damit nicht von einer Vermögensbetreuungspflichtverletzung ausgeht.

2. Rechtswidrigkeit und Schuld

Auch der Teilnehmer muss rechtswidrig und schuldhaft gehandelt haben.

3. Zwischenergebnis

Tritt der Aktionär an die Unternehmensverwaltung mit der Maßgabe heran, sich rechtswidrige Sonderleistungen auskehren zu lassen, kann dieser sich wegen Anstiftung zur Untreue gemäß §§ 266 I, 26 StGB strafbar machen.

4. Strafmilderung

Indem Täter einer Untreue nur der Vermögensbetreuungspflichtige sein kann, stellt das Treueverhältnis ein besonderes persönliches Merkmal im Sinne des § 28 I StGB dar, so dass für den Teilnehmer gemäß § 49 I StGB die Strafe zu mildern ist.[772]

772 *Saliger* in: SSW-StGB, § 266 Rn. 107.

5. Gesamtergebnis und Konkurrenzen

Leistet die Unternehmensverwaltung Sonderleistungen, ohne sie zurückzufordern, kann sie eine Untreue zum Nachteil der Gesellschaft begehen, zu der sie der Aktionär angestiftet haben kann. Dabei ist zu beachten: in Fällen, in denen eine vorsätzliche rechtswidrige Haupttat durch den Vorstand nicht gegeben ist, weil diese gerechtfertigt ist, kann auch im Wege der Akzessorietät der Anstiftung zur Haupttat keine Anstiftung zur Untreue vorliegen.

Im Übrigen werden Erpressung und Anstiftung zur Untreue in Tateinheit vorliegen, da der Aktionär mit einer Handlung – der Drohung mit einem empfindlichen Übel die Unternehmensveraltung zu einer vermögensschädigenden Handlung veranlassen möchte.

IV. § 263 StGB (z. N. der Gesellschaft) // § 253 StGB (z. N. der Gesellschaft)

Um einen möglichst umfassenden Überblick an Sachverhaltsvarianten zu gewährleisten, soll noch kurz auf Handlungsalternativen im Zusammenhang mit einer Täuschung eingegangen werden. Dabei können grundsätzlich die dargestellten Drohungsformulierungen auch stets bloß vorgetäuscht werden. Entsprechend ist zu prüfen, ob eine Strafbarkeit des Aktionärs gemäß § 263 I StGB zum Nachteil der Gesellschaft in Betracht kommen könnte. Wegem der verwirklichten Erpressung muss zunächst auf das Verhältnis von „Drohung“ und „Täuschung“ näher eingegangen werden.

1. Tatbestandsmäßigkeit

a) Objektiver Tatbestand

aa) Täuschung

Das Tatbestandsmerkmal der *Drohung mit einem empfindlichen Übel* im Sinne der §§ 240, 253 StGB kann der Aktionär durchaus auch vortäuschen: entweder im Falle ausbleibender Sonderzahlungen Klage zu erheben, obwohl er von einer Klageerhebung in Wahrheit gar keinen Gebrauch machen möchte; oder aber, im Falle der Zahlung, die bereits erhobene Klage zurückzunehmen bzw. nicht aufrechtzuerhalten, wovon er jedoch nach Erhalt der Zahlungen entsprechend seiner vorgefassten Absicht absieht.

Beim Aufzeigen der Sachverhaltsvarianten wird deutlich, dass sich hier zwei Handlungspositionen diametral gegenüberstehen. Denn im einen Fall kommt es dem Aktionär überhaupt nicht darauf an, das angedrohte Übel einer eigennützigen Anfechtungsklage zu realisieren; im anderen hingegen täuscht er vor, das angedrohte (fortbestehende) Übel abzuwenden, der Gesellschaft quasi „zu helfen", obwohl dies nicht seinen wahren Absichten entspricht. Fraglich ist, ob bzw. nach welchen Maßstäben hierbei strafrechtliche Konsequenzen gesehen werden können.

Dabei handelt es sich zunächst bei jeder der Sachverhaltsvarianten um eine *Täuschung* im Sinne des § 263 StGB. Die Betrugshandlung besteht in einer Täuschung über Tatsachen mittels einer wahrheitswidrigen Behauptung.[773] Es täuscht der Aktionär entweder über seine Absicht einer Klageerhebung oder aber der Rücknahme der Klage bzw. der Aufgabe ihrer weiteren Verfolgung. Diese inneren Tatsachen unterfallen ob ihrer *„intersubjektiven Nachprüfbarkeit"* ebenso dem für § 263 StGB relevanten Tatsachen-

773 *Wessels/Hillenkamp* in: Strafrecht BT 2, § 13 Rn. 493.

begriff, der innere und äußere Tatsachen umfasst, sofern sie dem Beweise zugänglich sind.[774]

aaa) Täuschung über die „Klageerhebungsabsicht"

Täuscht der Aktionär dementsprechend über seine Bereitschaft, Klage zu erheben, sofern Zahlungen ausbleiben, prognostiziert er ein empfindliches Übel, das auf die Gesellschaft zukommen könnte, welches er allerdings überhaupt nicht realisieren möchte. In diesen Fällen kommt es dem Aktionär bloß auf den Erwerb der Sonderleistungen an, den er meint, ausschließlich im Zusammenhang mit einer im Sinne der §§ 240, 253 StGB erheblichen Drohung erreichen zu können. Die Tatbestandsmerkmale der Täuschung und der Drohung sind dabei konnex miteinander verbunden. Die Täuschung dient in dieser Sachverhaltskonstellation lediglich dem Zweck, die Ausführbarkeit der Drohung vorzuspiegeln, und bildet damit zwangsläufig einen Bestandteil der Drohung und geht in dieser mit der Folge auf, dass der Aktionär nur wegen Erpressung zu bestrafen ist.[775]

Dieses Ergebnis ist in Literatur und Rechtsprechung allgemein anerkannt. Streit herrscht indes innerhalb der Begründungsmodalitäten. Dabei handelt es sich letztlich um eine rein dogmatische Auseinandersetzung, für die Praxis bleibt dabei maßgeblich, dass im Ergebnis nach allen Ansichten der Betrug durch die Erpressung verdrängt wird. Ob dies nun bereits auf Tatbestandsebene zu geschehen hat, wie es der BGH formuliert, da nach dessen Ansicht die Irrtumserregung wesentlicher Bestandteil der Drohung sei und damit der Täuschung keine selbständige tatbestandliche Bedeutung zukomme,[776] oder ob der Betrug erst auf Konkurren-

774 *Maurach/Schroeder/Maiwald* in: Strafrecht BT 1, § 41 Rn. 27.

775 BGHSt 23, 294 (296).

776 Sog. Tatbestandslösung: BGHSt 23, 294 ff.; die h.M. in der Literatur hingegen erachtet das Tatbestandsmerkmal der Täuschung für gege-

zebene konsumiert[777] wird, ist aus rein praktischer Sicht an dieser Stelle unerheblich. Im Ergebnis kommt es ausschließlich darauf an, dass nach einhelliger Ansicht es für die Verwirklichung der Drohung mit einem empfindlichen Übel gemäß den §§ 240, 253 StGB unwesentlich ist, wenn deren Verwirklichung bloß vorgetäuscht wird. Schließt man sich somit der Ansicht des BGH an, entfällt bereits das Tatbestandsmerkmal der Täuschung und damit mangels Tatbestandsverwirklichung auch eine Strafbarkeit wegen Betrugs gemäß § 263 StGB zum Nachteil der Gesellschaft.

---

ben und argumentiert wiederum auf Ebene des Tatbestandsmerkmals der Vermögensverfügung. An dieser fehle es, da das Opfer in den beschriebenen Situationen gerade nicht *„freiwillig"* bzw. im Sinne einer *„unbewussten Selbstschädigung"* handeln würde. Denn die bedrohte Gesellschaft wisse doch, dass sie mit Zahlung der Sonderleistungen ihr Vermögen schädige; damit zahle sie aufgrund der Drohung, nicht aber infolge eines freien Entschlusses; vgl. *Küper* in NJW 1970, 2253 (2254); *Mitsch* in: Strafrecht BT II/1, § 7 Rn. 444f.; *Fischer* in: StGB, § 253 Rn. 25; für eine differenziertere Betrachtung, siehe *Günther* in: ZStW 88 (1976), 960 (976), der ebenso den objektiven Tatbestand des Betrugs als nicht erfüllt erachtet, allerdings am Vorliegen einer inneren Verknüpfung und damit des Motivationszusammenhangs zwischen täuschungsbedingtem Irrtum und Vermögensverfügung zweifelt.

777 Sog. Konkurrenzlösung: Vertreter der Konkurrenzlösung halten der h.M. in der Literatur, die an einer unbewussten Selbstschädigung zweifelt, die Lehre der sozialen Zweckverfehlung entgegen. Auf die vorliegenden Konstellationen bezogen, würde nach dieser Ansicht, das Opfer (die Gesellschaft) unbewusst selbstschädigend agieren, da es sich bei den Sonderzahlungen im Ergebnis um eine sinnlose Ausgabe im Sinne einer sozialen Zweckverfehlung handele, denn zu einer Klageerhebung sollte es von Anfang an nicht kommen, dieser Umstand könne von daher auch nicht von den Zahlungen aufgefangen werden. Indem auch Kausalität zwischen den jeweiligen Tatbestandsmerkmalen vorliegt, wäre nach dieser Ansicht der Betrug – zumindest tatbestandsmäßig – gegeben, allerdings würde er auf Konkurrenzebene verdrängt werden, da dieser aufgrund einer Bestrafung aus § 253 StGB hinreichend abgegolten wäre; vgl. *Krey/Hellmann* in: Strafrecht BT 2, § 9 Rn. 313; im Ergebnis übereinstimmend, jedoch mit anderen Begründungsmodalitäten, *Eser* in: Schönke/Schröder, § 253 Rn. 37; *Herzberg* in: JuS 1972, 570ff.

bbb) Täuschung über die „Rücknahmeabsicht"

Mögliche Sachverhaltsvariationen sind ferner solche, bei denen der Aktionär die Absicht, die Klage gegen Sonderzahlung zurückzunehmen, nur vortäuscht. Anders als in den vorerwähnten Fällen wird hier gerade nicht über die Verwirklichung der Drohung getäuscht, sondern darüber, das empfindliche Übel abzuwenden. Auch hier stehen die Merkmale der Drohung und der Täuschung in einem Konnex zueinander. Denn in der Aussage, gegen Zahlungen die Anfechtungsklage zurückzunehmen, ist wiederum konkludent die Drohung enthalten, bei Nichtzahlung diese Aufrechtzuerhalten bzw. nicht zurückzunehmen. Dass in diesen jeweiligen Sachverhaltsvarianten der Aufrechterhaltung bzw. Nichtrücknahme der Klage die Drohung mit einem empfindlichen Übels gegeben sein kann, wurde bereits ausführlich dargestellt.[778] Doch hier zahlt die Gesellschaft, vertreten durch den Vorstand, im Vertrauen darauf, dass der Aktionär sich entsprechend seines „Versprechens" verhält und die Klage zurücknimmt.

Dass diese Fallgruppe in der Praxis wohl nicht so häufig in Erscheinung treten wird, mag vor allen Dingen daran liegen, dass es aus Sicht des eigennützig handelnden Aktionärs wenig effizient in Hinblick auf zukünftiges Wiederholungspläne wirken mag, wenn er über die Abwehr eines empfindlichen Übels bloß täuscht. Unter dem Gesichtspunkt einer möglichen gewerblichen Vorgehensweise wird sich der Täter künftig wohl kaum nochmals an diese Gesellschaft wenden können. Doch der Vollständigkeit halber soll auch diese Möglichkeit kurz beleuchtet werden.

Denn anders zu der Situation, in der der Aktionär vorgibt, bei ausbleibenden Zahlungen, Klage zu erheben, steht in Fällen des Vortäuschens der Rücknahmeabsicht nicht das Drohungsmoment, sondern das Täuschungsmoment im Vordergrund. Unabhängig von der dogmatischen Frage, wie das Zusammentreffen von Täuschung und Drohung bzw. Drohung und Täuschung aufzulösen ist,

778 Vgl. a.a.O., S. 107 ff.

bleibt die Feststellung, dass hier die Drohung als Bestandteil einer Täuschung fungiert.[779] Hier steht die Täuschung über die Rücknahmeabsicht im Vordergrund, die konkludente Drohung über die Aufrechterhaltung bzw. Nichtrücknahme der Klage verstärkt dabei die Täuschung, denn letzten Endes zahlt die Gesellschaft sodann ob des Täuschungsmoments. Insofern ist anerkannt, dass in diesem umgekehrten Falle die Erpressung hinter dem Betrug zurückzutreten hat.[780]

Dogmatisch werden sich auch hier wiederum ähnliche Fragen stellen, inwieweit der Konflikt der kollidierenden Tatbestandsmerkmale aufzulösen ist. Dabei wird dieser Fallgruppe auch im Schrifttum nur geringe Beachtung zuteil, da es für sie kaum Anschauungsmaterial gibt.[781] *Günther* orientiert sich in seiner Argumentation am Motivationsmoment, Betrug sei anzunehmen, soweit der Motivationszusammenhang zwischen Drohung und Vermögensverfügung fehle, sondern stattdessen vornehmlich in der Täuschung aufgehe.[782]

779 Nach *Otto* in: ZStW 79 (1967), 59 (99) würde hingegen eine solche Sachverhaltskonstellation hier nicht vorliegen, da nach seiner Ansicht, die Drohung nur dann als Bestandteil der Täuschung fungiere und damit eine Strafbarkeit wegen Betrugs in Betracht zu kommen habe, wenn sich das Opfer des Vorliegens einer Drohung gar nicht bewusst sei. Insoweit weist *Günther* zu Recht auf die missverständliche Formulierung *Otto's* hin, denn bei wörtlicher Auslegung würde in einem solchen Fall doch eine Drohung und damit einhergehend das Problem des Verhältnisses von Drohung und Täuschung zueinander gar nicht vorliegen, denn für den Drohungsbegriff ist gerade die psychische Druckwirkung konstitutiv; vgl. *Günther* in: ZStW 88 (1976), 960 (967).

780 *Günther* in: ZStW 88 (1976), 960 (968); *Kindhäuser* in: Strafrecht BT II, § 17 Rn. 66 (Fn. 107); *Maurach/Schroeder/Maiwald* in: Strafrecht BT 1, § 42 Rn. 50; *Fischer* in: StGB, § 253 Rn. 25 mit Verweis auf 2 StR 88/64 = BGH Urteil vom 22. April 1964.

781 Vgl. *Günther* in: ZStW 88 (1979), 960 (967).

782 *Günther* in: ZStW 88 (1979), 960 (968).

In Anlehnung an die Rechtsprechung des BGH zum Verhältnis einer Drohung, die durch die Täuschung verstärkt wird, wäre wohl auch hier konsequenterweise das Tatbestandsmerkmal der *Drohung mit einem empfindlichen Übel* innerhalb der §§ 240, 253 StGB nicht erfüllt. Denn insoweit stellt die Drohung Mittel zum Zweck der Täuschung über die Rücknahmeabsicht dar und erschöpft sich somit zweckmäßigerweise in der Ermöglichung des Irrtums – also in der Annahme, der Aktionär werde bei Zahlung, die Klage zurücknehmen; die Täuschung soll dementsprechend vermittels der Drohung an Intensität erfahren, um somit die Gesellschaft zum Handeln zu bewegen. Damit geht die Drohung in der Täuschung auf, so dass – sofern die übrigen Voraussetzungen vorliegen – ausschließlich aus Betrug zu bestrafen wäre. Auch wenn dem BGH vorgeworfen wird, wenig dogmatisch zu argumentieren,[783] indem er sich jeweils darauf beruft, Täuschung bzw. Drohung würden in dem jeweils anderen Tatbestandsmerkmal „aufgehen", ist vor dem Hintergrund der in Rechtsprechung und Literatur übereinstimmenden Annahme, dass das „nachrangige" Delikt in jedem Fall zurückzutreten hat, eine umfassende Auseinandersetzung in Hinblick auf praktische Erwägungen nicht weiter von Nöten.

ccc) Resümee

Es wurden zwei sich diametral zueinander verhaltene Sachverhaltskonstellationen vorgestellt, deren Überschneidungspunkt in dem Zusammenspiel der Merkmale *Täuschung* im Sinne des § 263 StGB und *Drohung* im Sinne der §§ 240, 253 StGB gegeben ist. Je nach Sachverhaltskonstellation hat ein Delikt zurückzutreten.

In Fällen, in denen der Aktionär vorgibt, bei Nichtzahlung Klage erheben zu wollen, besteht der Schwerpunkt des Opferverhaltens im Drohungsmoment, welches durch die Täuschung über

783 *Mitsch* in: Strafrecht BT II/1, § 7 Rn. 44.

die „Klageerhebungsabsicht" bloß verstärkt wird. Umgekehrt steht es im Falle der von Anfang vorgefassten Täuschung über die Rücknahmeabsicht – hierin soll die konkludente Drohung über die Aufrechterhaltung bzw. Nichtrücknahme der Klage das Opfer zur täuschungsbedingten Verfügung animieren.

bb) Übrige Tatbestandsmerkmale des objektiven Tatbestands sowie subjektiver Tatbestand

In Fällen, in denen die Täuschung durch die Drohung verstärkt werden soll, haben selbstverständlich noch die übrigen Tatbestandsmerkmale zur Erfüllung des Tatbestands vorzuliegen. Täuscht also der Aktionär bloß über seine Rücknahmeabsicht, erregt er beim Vorstand als Vertretungsorgan der Gesellschaft, die Empfängerin der Täuschungshandlung ist, einen Irrtum – d.h. einen Widerspruch zwischen der Vorstellung einer Klagerücknahme und der in Wirklichkeit fortbestehenden Aufrechterhaltung.[784] Wobei auch hier darauf zu achten ist, dass juristische Personen anders als ihre Vertretungsorgane nicht Subjekt eines Irrtums sein können. Sofern jedoch Irrender und Vermögensverfügender identisch sind, kommt es im strafrechtlichen Sinne auf dessen Wissen an, das der Gesellschaft zuzurechnen ist.[785]

Aufgrund des täuschungsbedingten Irrtums werden sodann Sonderzahlungen an den Aktionär getätigt. Entsprechend dem ungeschriebenen Tatbestandsmerkmal der für § 263 StGB anerkannten Vermögensverfügung hat diese auf Seiten des Getäuschten freiwillig und unmittelbar erfolgt zu sein.[786] Indem auch hier Verfügender und Geschädigter nicht identisch sind, handelt es sich um einen Fall des Dreiecksbetrugs. Verfügungen die insoweit seitens der Unternehmensverwaltung vorgenommen werden, sind daher

784 *Fischer* in: StGB, § 263 Rn. 54.

785 *Tiedemann* in: LK, § 263 Rn. 82.

786 *Fischer* in: StGB, § 263 Rn. 70 ff.

nach allgemeinen Grundsätzen wiederum als solche der Gesellschaft zuzurechnen.[787] Zudem muss bei der Gesellschaft ein kompensationsloser Vermögensschaden eingetreten sein.[788]

Der Täter muss (bedingt) vorsätzlich und mit (rechtswidriger) Bereicherungsabsicht handeln. Er darf keinem Tatbestandsirrtum unterliegen. Dabei hat der Täuschungsvorsatz von Anfang an beim Aktionär vorzuliegen, wenn er sich mit seinem Begehren an die Gesellschaft wendet. Entscheidet er sich erst nach Erhalt der Zahlungen, die Klage nicht zurückzunehmen, liegt Erpressung vor – eine Täuschungs-Drohungs-Konstellation scheidet damit aus.

2. Rechtswidrigkeit und Schuld

Der Täter muss rechtswidrig und schuldhaft gehandelt haben.

3. Gesamtergebnis zu § 263 StGB und Konkurrenzen

Täuscht ein Aktionär die Absicht, bei Zahlung von Sonderleistungen die erhobene Anfechtungsklage zurückzunehmen, bloß vor, so kann er sich gemäß § 263 I StGB wegen Betrugs zum Nachteil der Gesellschaft strafbar machen. Die Erpressung ist bereits tatbestandlich nicht gegeben, so dass eine Strafbarkeit hieraus entfällt. In Hinblick auf die mögliche Erfüllung von Regelbeispielen, vor-

787 *Tiedemann* in: LK, § 263 Rn. 113; dass im Falle eines Dreiecksbetrugs der Verfügende im Lager bzw. in einem Näheverhältnis zum Geschädigten zu stehen hat (vgl. *Fischer* in: § 263 Rn. 79), ist beim Vorstand, der Vertretungsorgan einer AG ist, offenkundig und von daher auch nicht näher auszuführen.

788 Täuscht der Aktionär seine Rücknahmeabsichten bloß vor, entfällt mangels Klagerücknahme sogar weitestgehend eine mögliche kompensationsfähige Gegenleistung. Denn in diesem Fall bleibt die Klage bestehen, und somit erfolgt auch nicht der automatische Wegfall der Registersperre.

nehmlich der § 263 III, 2 Nr. 1 und 2 StGB kann auf die getätigten Ausführungen zur Erpressung verwiesen werden.[789]

Analog zum Verhältnis von Erpressung und Anstiftung zur Untreue würde auch in diesem Fall Tateinheit zwischen Betrug und der Teilnahmehandlung zur Untreue vorliegen, da hier der Aktionär mittels der Täuschung die Unternehmensverwaltung zu einer vermögensschädigenden Handlung veranlasst.

V. Bestechungsdelikte im Sinne der §§ 299 f. StGB

Etwaige Bestechungsdelikte im Sinne des § 299 II StGB bzw. der §§ 299 I, 26 StGB kommen nicht in Betracht, da es sich bei den Sachverhaltskonstellationen nicht um solche handelt, bei denen ein Eingriff in den zu schützenden freien Wettbewerb – die Freiheit der Marktkonkurrenz[790] – vorliegen könnte.

VI. Gesamtergebnis zur Sachverhaltskonstellation: (aktienrechtliches) Endurteil bleibt aus/Einigung erfolgt anderweitig

Wendet sich ein opponierender Aktionär an eine Gesellschaft mit dem Ziel, sich seine Klagerechte gegen Leistung von Zahlungen abkaufen zu lassen, kann er sich wegen Erpressung strafbar machen. Dabei macht es keinen Unterschied, ob sich der Aktionär ausdrücklich oder konkludent mit seiner Drohungshandlung an die Unternehmensleitung wendet oder aber auf Initiativverhandlungen ihrerseits spekuliert. Ebenso ist unerheblich, ob das Leistungsbegehen offen oder verdeckt erfolgt, maßgeblich ist allein der Empfängerhorizont des Drohungsadressaten im Verhältnis zur genötigten Gesellschaft.

789 Vgl. a.a.O., S. 152 ff.

790 *Fischer* in: StGB vor § 298 Rn. 6.

Um dem Postulat des Ultima-Ratio-Charakters des Strafrechts gerecht zu werden, kommt es zur Bestimmung der Strafbarkeit zunächst auf eine umfassende Würdigung des Selbstbehauptungsprinzips der Gesellschaft im Verhältnis zur Drohung an, um diese auch als empfindliches Übel qualifizieren zu können. Dies wird stets eine Einzelfallentscheidung darstellen; je nach Sachverhaltsvariante und Einschätzungsprärogative der Unternehmensleitung ist der potentielle Schaden der Gesellschaft, der mittels der Anfechtungsklage droht, abzuschätzen. Dabei wird es darauf ankommen, ob die Gesellschaft sich tatsächlich in einer wirtschaftlich und auch zeitlich bedingten Zwangslage befindet, so dass das angedrohte Übel sie zu einer „Ermessensreduktion auf Null" im Sinne des täterschaftlichen Begehrens zwingt.

Bei der Verwerflichkeitsprüfung ist zu vermeiden, auf Grundlage eines nachgewiesenen aktienrechtlichen Rechtsmissbrauchs einen strafrechtlich relevanten Automatismus einer etwaigen Verwerflichkeit anzunehmen. Zwar wird ein Rechtsmissbrauch infolge ähnlicher Prüfungsmodalitäten die Verwerflichkeit präjudizieren, eine ausführliche Mittel-Zweck-Relationsprüfung hat aber dennoch zu erfolgen.

Handeln mehrere Aktionäre, etwa als Streitgenossen oder Nebenintervenienten, zusammen oder werden sie fachkundig unterstützt, sind Beteiligungsvarianten zu erwägen.

Je nach Verhalten des Vorstands, insbesondere in Hinblick auf die gesetzlich verpflichtende Rückforderung nach § 62 AktG, kann sich dieser mit Auszahlung wegen Untreue gemäß § 266 I StGB und damit der teilnehmende Aktionär einer Anstiftung hieraus strafbar machen. Sind Täuschungshandlungen involviert, ist wiederum eine Strafbarkeit gemäß § 263 StGB bzw. § 253 StGB möglich.

B. Sachverhaltskonstellation: (aktienrechtliches) Endurteil erfolgt/Unbegründetheit der Klage/Gesellschaft lässt sich nicht auf die Forderungen der Opponenten ein

In Erweiterung der Möglichkeit, die begehrten Sonderzahlungen an den opponierenden Aktionär auszuzahlen, kann die Gesellschaft bzw. die Unternehmensverwaltung auch hiervon aus diversen Motiven[791] absehen und es letztlich auf den aktienrechtlichen Prozess ankommen lassen, um dessen Ausgang abzuwarten bei dem bestenfalls ein wegen Rechtsmissbrauchs und damit infolge Unbegründetheit klageabweisendes Endurteil ergeht. Wird dennoch Strafanzeige erstattet, so sind unter Zugrundelegung der inhaltlichen Erwägungen aus den vorhergehend geprüften Sachverhaltskonstellationen, die strafrechtlich relevanten Unterschiede abstrakt darzulegen.

Geht die Gesellschaft auf das Begehren nicht ein und kehrt keine Sonderleistungen aus, so dass es nicht zu einem Vermögensschaden kommt, liegt grundsätzlich Nichtvollendung vor, und es ist eine Versuchsstrafbarkeit[792] von Nötigung oder Erpressung in Betracht zu ziehen. Im subjektiven Tatbestand wäre der Tatentschluss inklusive der etwaigen überschießenden Innentendenzen (Bereicherungsabsicht) zu prüfen. Zudem hat der Aktionär zur Tatbestandsverwirklichung im Sinne des § 22 StGB unmittelbar angesetzt zu haben, wobei das unmittelbare Ansetzen spätestens ab ausdrücklicher oder konkludenter Androhung des missbilligten Verhaltens gegeben sein wird. So kann sich ein opponierender Aktionär wegen versuchter Erpressung (Nötigung) strafbar machen.

791 Mögliche Szenarien des Scheiterns gibt es viele: das Scheitern von Vergleichsverhandlungen; die Unternehmensleitung geht von vornherein nicht auf die auf die Androhungen des Aktionärs ein; möglich ist auch, dass sich der Aktionär erst während des laufenden Klageverfahrens als Berufsopponent zu erkennen gibt – die Gesellschaftsverwaltung jedoch hierauf nicht mehr eingeht.

792 Die Versuchsstrafbarkeit der jeweils in Betracht kommenden Delikte ergibt sich aus den §§ 253 III; 240 III; 263 II; 23 I; 12 II StGB.

Eine mögliche Strafbarkeit wegen einer etwaigen versuchten Anstiftung zur Untreue entfällt nach § 30 II StGB, der eine Verbrechensqualität des betreffenden Delikts voraussetzt.

Täuscht der Aktionär über seine „Klageerhebungabsicht", ist nach den vorgenannten Erwägungen eine versuchte Erpressung wiederum zu thematisieren; wenn er über seine Rücknahmeabsicht täuscht, hier ist ein versuchter Betrug in Erwägung zu ziehen.

Dabei ist in praktischer Hinsicht anzumerken, dass ein aktienrechtliches Endurteil (oder gar darüberhinausgehende bestätigte Regressansprüche, vornehmlich gemäß § 826 BGB) für die Prüfung der Strafbarkeit eine präjudizierende Wirkung haben wird. Zwar ist der Strafrichter an Entscheidungen des Zivilgerichts - auch wenn er das Strafverfahren in Hinblick auf das zivilgerichtliche Verfahren nach § 262 II StPO ausgesetzt hat - nicht gebunden,[793] doch werden, in Hinblick auf inhaltliche Überschneidungen, Vorprägungen schlichtweg gegeben sein. Diese entbinden den Strafrichter selbstverständlich nicht von einer eigenständigen Prüfung, denn insbesondere innerhalb des § 253 StGB fungieren die Anforderungen der Empfindlichkeit des Übels sowie der Verwerflichkeit des Handelns als Korrektive, damit dem Postulat des Ultima-Ratio-Charakters des Strafrechts Genüge getan ist.

Sollte der Sachverhalt hinreichend Anhaltspunkte für die Annahme eines besonders schweren Falls zulassen, beispielsweise gemäß § 253 IV 2, Alt. 1 StGB, so ist nach Rechtsprechung des BGH auch der Versuch des Grunddelikts in einem besonders schweren Fall möglich, sofern zu dem Regelbeispiel ebenfalls im Sinne des § 22 StGB unmittelbar angesetzt worden ist.[794]

---

793 *Weber* in: Arzt/Weber, Strafrecht BT, § 22 Rn. 69 b.

794 Vgl. *Fischer* in: StGB, § 243 Rn. 28 m.w.N.; vgl. zur a.A. ebenfalls *Fischer* in: StGB, § 243 Rn. 28; Kritiker sehen hierin einen Verstoß gegen das Analogieverbot.

C. Sachverhaltskonstellation: Einschaltung Dritter

Zu prüfen ist, ob sich für die Strafbarkeitsrelevanz Unterschiede bei Einschaltung Dritter ergeben, wenn entweder sich das Leistungsbegehren anstatt gegen die Gesellschaft gegen einen Dritten richtet oder aber anstatt des bzw. parallel zum Opponenten ein anderer von den Leistungen profitieren soll.

I. Leistungen sollen durch einen Dritten erfolgen

Zu prüfen sind die häufig anzutreffenden Konstellationen, in denen sich das Leistungsbegehren anstatt gegen die Gesellschaft gegen einen Dritten, in aller Regel die Mehrheitsaktionärin richtet. Hintergrund dieser Vorgehensweise wird sicherlich sein, dass zumindest aus zivilrechtlicher Sicht Zuwendungen eines Dritten – außer in den eher seltenen Fällen der mittelbaren Stellvertretung – nicht ohne weiteres gegen das Kapitalerhaltungspostulat der §§ 57, 58 V AktG verstoßen und somit zunächst keinen Rückgewähranspruch des Dritten gegenüber dem Aktionär nach § 62 AktG (sondern §§ 812 ff. BGB) auslösen.

Zudem werden ob der noch recht übersichtlichen Kasuistik bei Einschaltung von Dritten die Anforderungen an den Nachweis eines aktienrechtlich rechtsmissbräuchlichen Handelns für die Gesellschaften nicht erleichtert.

1. §§ 240, 253 StGB (z. N. des Dritten – Drohungsadressat: Dritter)

a) Tatbestandsmäßigkeit

aa) Objektiver Tatbestand: Nötigungsmittel – Drohung mit einem empfindlichen Übel?

Im Zusammenhang mit der Prüfung des Vorliegens einer *Drohung mit einem empfindlichen Übel* ist einzig fraglich, wie es sich mit dessen Verwirklichung verhält, wenn Berufsopponenten sich mit ihren Forderungen anstatt an die Unternehmensleitung an einen Dritten wenden. Beispielhaft könnte von einem Szenario ausgegangen werden, bei dem der Berufskläger bereits in der Hauptversammlung androht, bei Ausbleiben von Leistungen (z.B. der Zusicherung von Bezugsrechten) durch die Mehrheitsaktionärin Klage zu erheben. Drohungsadressatin wird dabei zumindest auch die anwesende Mehrheitsaktionärin sein, denn an sie richtet sich das Begehren des Opponenten auf Leistung.

Dass indes das Übel einer erhobenen Anfechtungs- und/oder Nichtigkeitsklage vornehmlich die Gesellschaft trifft, da sich die Klage gemäß §§ 249 I; 246 II 1 AktG gegen sie zu richten hat, ist zunächst unerheblich. Denn insoweit ist, wie bereits an anderer Stelle ausgeführt,[795] anerkannt, dass im Wege der sog. Dreiecksdrohung, Drohungsopfer und Drohungsadressat, gegen den sich das Übel richtet, nicht personenidentisch zu sein brauchen. Stets entscheidend ist, dass auch der Drohungsadressat, mithin die Mehrheitsgesellschafterin sich durch die Zufügung des Übels empfindlich beeinträchtigt fühlen würde.[796] Inwieweit nun die Mehrheitsgesellschafterin die Drittbedrohung selbst jedoch tatsächlich als empfindliches Übel empfindet, ist fraglich.

795 Vgl. a.a.O., S. 107.

796 Die h.M. erachtet eine Nähebeziehung von Drohungsopfer- und Adressat nicht als zwingend notwendig für die Annahme einer Dreiecksdrohung; vgl. BGHSt 16, 316 (318); *Mitsch* in: BT II/1, § 6 Rn. 23.

Dafür spricht sicherlich die Nähebeziehung von Mehrheitsaktionärin und Gesellschaft,[797] da aus dem Mehrheitsbesitz entsprechende Rechte und Pflichten abzuleiten sind. Doch deshalb muss die Drohung gegenüber der Gesellschafterin nicht notwendigerweise als empfindliches Übel erscheinen. Klagegegnerin kann ausschließlich die Gesellschaft sein, Aktionäre untereinander sind keine tauglichen Klagegegner. Für die Mehrheitsaktionärin kann sich daher rein faktisch nicht die Situation einer Verklagung ergeben. Jegliche Folgen treffen unmittelbar die Gesellschaft, die als Klagegegnerin sich im Hauptsacheverfahren zu wehren hat; einzig sie kann wirksam Antrag auf Freigabe gemäß den §§ 246a I AktG; 16 III 1 UmwG n.F. stellen.

Anfechtungs- und Nichtigkeitsklage sind aber institutionelle Mittel zur Beschlussmängelkontrolle sowie individuelle Verwaltungsrechte, um effektiv an der Willensbildung der Gesellschaft teilnehmen zu können.[798] Ihre rechtmissbräuchliche Instrumentalisierung trifft in mittelbarer Folge daher auch stets den Mitaktionär, der die Konsequenzen einer gescheiterten Umsetzung des vielleicht ebenso von seiner Stimme mitgetragenen Hauptversammlungsbeschlusses auszustehen hat. Doch ist diese Gefahr dem System immanent. Systemfremd ist sicherlich dabei der Rechtsmissbrauch der Aktionärsrechte, doch besteht diese Missbrauchsgefahr im Verhältnis der Gesellschaft zum Gesellschafter.

Von daher kann auch konsequenterweise ein Gesellschafter solchen Forderungen eher in besonnener Selbstbehauptung gegenübertreten als die Gesellschaft. Bei einer Dreiecksdrohung gilt es, das Nötigungsmittel und seine Wirkung stets aus der Sicht des Genötigten (Drohungsadressat) zu bestimmen.[799] Die Mehrheitsgesellschafterin hat in der konkreten Situation einen anderen Entscheidungsspielraum als die vom Übel unmittelbar betroffene

797 *Träger/Altvater* in: LK, § 240 Rn. 60.

798 Vgl. oben Kapitel 2, S. 30 ff.

799 *Träger/Altvater* in: LK, § 240 Rn. 60.

Gesellschaft. Durchaus erscheint es möglich, einer solchen Forderung in besonnener Selbstbehauptung standzuhalten.

Auch können Treuepflichten der Gesellschafter gegenüber der Gesellschaft eine etwaige Reduktion des Entscheidungsspielraums nicht begründen. Die aus dem Organisationsvertrag der Gründer sich ableitende Treuepflicht, die ausschließlich dem Schutz der Mitgliedschaft des Aktionärs vor dem Hintergrund eines umfassenden Minderheitenschutzes sowohl im Verhältnis der Aktionäre zur Aktiengesellschaft als auch im Verhältnis der Aktionäre zueineinder dient, kann eine etwaige Leistungsverpflichtung zum Wohle der Gesellschaft nicht eröffnen.[800] Denn Treuepflichtverletzungen (und damit im Umkehrschluss Treuepflichtbegründungen des Aktionärs gegenüber der Gesellschaft) sind in erster Linie als nachteilige Einwirkung auf das Gesellschaftsvermögen denkbar.[801] Es käme einer unsachgemäßen Anwendung des Postulats von Treuebindungen gleich, wenn aus diesen eine Ermessensreduktion im Sinne einer Pflicht zur Erfüllung der seitens der Opponenten gegenüber der Gesellschaft gestellten Forderungen hergeleitet werden würde. Dies stünde diametral gegen den Systemgedanken des Treuepostulats eines Gesellschafters im Verhältnis zur Gesellschaft.

Nach alldem ist eine Drohung mit einem empfindlichen Übel – zumindest in Situationen, in denen sich der Opponent mit seinen Forderungen an einen Mitaktionär richtet – nicht gegeben. Dass trotz dessen eine eventuell erhobene Anfechtungs- und/oder Nichtigkeitsklage im Prozess wegen Rechtsmissbräuchlichkeit abgewiesen werden könnte, ändert an dem gefundenen Ergebnis nichts.

800 *Hüffer* in: AktG, § 53a Rn. 15, 17; *Bungeroth* in: MüKo-AktG, vor § 53a Rn. 18 ff.

801 *Hüffer* in: AktG, § 53a Rn. 19.

bb) Zwischenergebnis: Objektiver Tatbestand

Der objektive Tatbestand ist nicht erfüllt. Eine Drohung mit einem empfindlichen Übel liegt für die Mehrheitsaktionärin nicht vor.

b) Gesamtergebnis

Mangels Erfüllung des objektiven Tatbestands scheidet in dieser Sachverhaltskonstellation eine Strafbarkeit des opponierenden Aktionärs nach den §§ 240, 253 StGB zum Nachteil des Dritten (z.B. der Mehrheitsaktionärin) aus.

2. Gedanken zur Versuchsstrafbarkeit

Anzudenken bleibt indes eine Versuchsstrafbarkeit gemäß den §§ 240 III, 253 III, 22, 23 I StGB. Mangels Vorliegens einer *Drohung mit einem empfindlichen Übel* ist Nichtvollendung gegeben. Zahlt die Mehrheitsaktionärin trotzdessen, womöglich um der Gesellschaft zu helfen, kann ebenfalls ein Versuch in Betracht kommen, denn in diesen Fällen mangelt es am Taterfolg infolge fehlender Kausalität zwischen Handlung und Nötigung.[802]

Die Versuchsstrafbarkeit von Nötigung bzw. Erpressung ergibt sich aus den §§ 240 III; 253 III; 12 II StGB. Hierfür müssten sowohl Tatenschluss (subjektiver Tatbestand) bzgl. aller objektiven Tatbestandsmerkmale als auch gemäß § 22 StGB ein unmittelbares Ansetzen zur Tatbestandsverwirklichung vorliegen. Letzteres ist zumindest in dieser angedachten Sachverhaltskonstellation bei Ausspruch der Drohung auf der Hauptversammlung anzunehmen; denn ab diesem Moment – dem Einsatz des Nötigungsmittels[803] – bedarf es zur Tatbestandsverwirklichung keiner weiteren wesent-

802 *Fischer* in: StGB, § 240 Rn. 56 m.w.N.

803 *Eser* in: Schönke/Schröder, § 240 Rn. 37.

lichen Zwischenakte mehr. Mit Anwesenheit aller Beteiligten auf der Hauptversammlung ist sowohl die Sphäre zum Übertritt in den Opferkreis gegeben, als auch die Überschreitung der Jetzt-geht's-los-Schwelle.[804]

In Hinblick auf die Verwerflichkeitsklausel, die auch im Rahmen einer Versuchsstrafbarkeit zu prüfen ist, kann auf bereits Dargestelltes verwiesen werden.[805] Demnach hat eine ausführliche Mittel-Zweck-Relationsprüfung zu erfolgen. Insbesondere ist zu beachten, dass es für die Prüfung des in diesem Zusammenhang auch relevanten Rechtsmissbrauchs keinen Unterschied macht, wenn sich das wirtschaftliche Verlangen des Opponenten gegen den Drohungsadressaten und damit gegen einen Dritten richtet; dies schließt zumindest per se die Annahme von Rechtsmissbräuchlichkeit nicht aus.[806]

Rücktrittserwägungen nach § 24 StGB sind nicht außer Acht zu lassen. Wird beispielsweise keine Klage erhoben, da sich die Mehrheitsaktionärin weigert zu zahlen, liegt ein fehlgeschlagener Versuch vor. Der Taterfolg kann aus Sicht des Opponenten mit den eingesetzten Mitteln vorerst nicht mehr erreicht werden. Für einen Taterfolg müsste der Aktionär an einen neuen Drohungsadressaten herantreten und damit eine neue Handlungs- und Kausalkette in Gang setzen.[807] Ein strafbefreiender Rücktritt wäre mithin ausgeschlossen.

804 *Fischer* in: StGB, § 22 Rn. 10.

805 Vgl. a.a.O., S. 142 ff.

806 Vgl. oben Kapitel 1 und 2; S. 22, 86 f.; Argumentation des *OLG Frankfurt/Main* in: NZG 2009, 222 (223).

807 *Fischer* in: StGB, § 24 Rn. 7.

3. §§ 240, 253 StGB (z.N. Dritter – Drohungsadressat: Unternehmensleitung i.V. der Aktiengesellschaft)

a) Tatbestandsmäßigkeit

aa) Objektiver Tatbestand

aaa) Nötigungsmittel: Drohung mit einem empfindlichen Übel

Anders als im eben beschriebenen Fall besteht durchaus auch die Möglichkeit, dass Drohungsadressat anstatt der Mehrheitsaktionärin ausschließlich die Unternehmensleitung in Vertretung für die Gesellschaft ist. Wendet sich beispielsweise ein Opponent an die Unternehmensleitung mit einem Vergleichsvorschlag für einen Vergleich nach Klageerhebung, der eine Klagerücknahme gegen Leistungen durch die Mehrheitsaktionärin vorsieht, ist diese zwar Geschädigte, aber nicht Drohungsadressatin. Hier liegt wiederum eine unproblematisch anzunehmende Dreiecksnötigung zwischen Unternehmensleitung als Adressatin und Gesellschaft als Drohungsopfer vor.[808]

Fraglich ist indes, ob es sich bei solch einer Konstellation überhaupt um eine *Drohung mit einem empfindlichen Übel* für die Gesellschaft handelt, denn wirtschaftliche Einbußen sollen von einem Dritten getragen werden. Dies wird wohl zu bejahen sein, denn das empfindliche Übel liegt im systemfremden Gebrauch von Anfechtungsrechten, was zu verzögerten Registereintragungen bzw. zur verzögerten Umsetzung der Hauptversammlungsbeschlüsse führen und damit zu Verhinderungs- und/oder Verzögerungsschäden führen kann. Dass das wirtschaftliche Risiko von einem anderen getragen werden soll, ändert zunächst einmal nichts daran, dass die Gesellschaft als Klagegegnerin unmittelbare Leidtragende des Übels ist.

808 Vgl. a.a.O., S. 107.

bbb) Dreieckserpressung?

In Fällen der Drittbeteiligung ist nicht nur die Gesellschaft, sondern auch der Dritte Geschädigter, da gegen ihn sich das wirtschaftliche Begehren der Opponenten richtet. Daher ist fraglich, ob es sich bei solch einer Konstellation um eine Dreieckerpressung zum Nachteil eines anderen im Sinne des § 253 I 2. Alt. StGB handeln könnte.

Wie bereits dargestellt, hält der BGH auch im Rahmen einer Dreieckserpressung an seiner Rechtsprechung fest und sieht von dem Erfordernis einer Vermögensverfügung ab.[809] Da nach dessen Ansicht die durch Erpressung erzwungene Preisgabe von eigenen oder fremden Vermögenswerten, deren Schutz der Genötigte wahrnehmen kann und will, nicht in der Form einer Vermögensverfügung zu geschehen hat, setzt eine Dreieckserpressung weder eine rechtliche Verfügungsmacht noch eine tatsächliche Herrschaftsgewalt des Genötigten über die fremden Vermögensgegenstände im Sinne einer Gewahrsamdienerschaft voraus.[810]

Gleichwohl kann jedoch nicht jedes einem Dritten abgenötigte vermögensschädigende Verhalten eine Strafbarkeit wegen Erpressung begründen; nach der h.M. hat daher zwischen dem Genötigten und dem in seinem Vermögen Geschädigten ein Näheverhältnis derart zu bestehen, dass das Nötigungsopfer spätestens im Zeitpunkt der Tatbegehung auf der Seite des Vermögensinhabers steht und dessen Vermögensinteressen ihm nicht gleichgültig sind.[811] So haben, um dem Wesensbild einer Dreieckserpressung zu entsprechen, bei der es zu einer Preisgabe von Vermögenswerten durch eine vermögensschädigende Handlung durch den Genötigten kommt, der Genötigte sowie der Verfügende – der Terminus ist dabei nicht im Sinne einer rechtlichen Verfügungsmacht misszuverstehen – personengleich zu sein, während Genötigter und

809 Vgl. a.a.O., S. 123 f.; BGHSt 41, 123 (125); *BGH* in: NStZ 1998, 299 (299).

810 BGHSt 41, 123 (125); *Fischer* in: StGB, § 253 Rn. 10.

811 BGHSt 41, 123 (125 f.); *Fischer* in: StGB, § 253 Rn. 11.

Geschädigter nicht identisch zu sein brauchen.[812] Unstreitig ist in solchen Fällen die Mehrheitsaktionärin die Geschädigte – zumindest in Hinblick auf den pekuniär messbaren Erpressungsschaden. Doch ist sie auch „Verfügende"; denn in der hier zu prüfenden Sachverhaltsvariante obliegt es ihr, die Leistungen an den klagenden Opponenten zu entrichten.

Verlangt beispielsweise der Opponent Bezugsrechte, die nicht ihm, sondern der Mehrheitsaktionärin zustehen, kann nur diese per Verzichtserklärung von ihrem Anspruch zu Gunsten des Opponenten absehen. Denn gemäß § 186 I AktG hat jeder Aktionär bei einer Kapitalerhöhung nur einen Anspruch auf Zuteilung von neuen Aktien durch die Gesellschaft, der seinem Anteil an dem bisherigen Grundkapital entspricht. Mithin ist der Aktionär – als Ausdruck des Gleichbehandlungsgebots des § 53a AktG – mit dem Prozentsatz am Erhöhungsbetrag zu beteiligen, mit dem er am bisherigen Grundkapital beteiligt ist.[813] Einen darüber hinaus gehenden Anspruch auf Bezugsrechte hat der Aktionär nicht; begehrt er trotz dessen welche, muss die Mehrheitsaktionärin, die naturgemäß über das höchste Port Folio an Bezugsrechten verfügen wird, diese ihm gewähren. Folglich ist sie aber auch im Sinne des § 253 StGB unabhängig der Notwendigkeit einer Vermögensverfügung, tatsächlich Verfügende und Geschädigte zugleich, so dass eine Dreieckserpressung in Konstellation denen sie Verfügende ist, ausscheidet.

bb) Zwischenergebnis: Objektiver Tabestand

Soll anstatt der bedrohten Gesellschaft ein Dritter Leistungen an den Opponenten tätigen, so liegt zu dessen Nachteil keine vollen-

812 BGHSt 41; 123 (125); *Wessels/Hillenkamp* in: Strafrecht BT 2; § 17 Rn. 714.

813 Vgl. *LG Frankfurt/Main* in: ZIP 2007, 2034 (2035 f.).

dete Erpressung gemäß § 253 StGB vor; der objektive Tatbestand ist nicht erfüllt.

b) Gesamtergebnis

In Fällen, in denen anstatt der bedrohten Gesellschaft ein Dritter Leistungen an den Opponenten tätigen soll, scheidet eine Strafbarkeit wegen vollendeter Erpressung gemäß § 253 StGB aus. Es ist jedoch wiederum eine mögliche Versuchsstrafbarkeit des opponierenden Aktionärs zum Nachteil des Dritten zu berücksichtigen.

II. Einschaltung eines Dritten auf Opponentenseite: Leistungen sollen (auch) an Dritten erfolgen

Wird ein Dritter auf Opponentenseite eingeschaltet, können verschiedene Szenarien auftreten; einige wurden bereits im Zusammenhang möglicher Beteiligungsformen innerhalb der Erpressungsprüfung vorgestellt. Unterstützt beispielsweise ein Rechtsanwalt – Vorsatz unterstellend – Vergleichsverhandlungen eines erpresserisch motivierten Aktionärs, kann dieser sich durchaus wegen Beihilfe hierzu strafbar machen.

Die Rolle des Rechtsberaters kann zudem auch in einem anderen Zusammenhang von Interesse ein. Das Handeln von Berufsklägern wurde in den letzten Jahren subtiler. Dabei entwickelte sich mitunter die bereits im vorangegangenen Kapitel beschriebene Konstellation, bei der ein Prozessvergleich Regelungen einer Klagerücknahme gegen Übernahme der vollständigen Kosten des Rechtsstreits durch die Gesellschaft vorsieht. Aus Sicht des Berufsklägers sind hierbei vornehmlich die meist über die Bestimmungen des RVG hinausgehenden anfallenden Rechtsanwaltsgebühren lukrativ, die entsprechend individuell festgesetzter Vergleichsmehrwerte zustande kommen. Dabei wäre jedoch zu unterstellen, dass es zu einer Aufteilung der erstatteten Gebühren zwischen Mandant und Anwalt kommt.[814]

Doch in dieser Konstellation eine strafbare Erpressung festzumachen, wird in der Praxis nicht ohne weiteres möglich sein. Zum einen müsste in der Unterbreitung eines Vergleichsvorschlags, der eine entsprechende Vergleichsmehrwertregelung vorsieht, der sich die Gesellschaft anschließt, eine Drohung gegeben sein. Hier gelten wiederum die vorangestellten Ausführungen zur *Drohung mit einem empfindlichen Übel,* bei der wiederum ein besonderes Augenmerk auf das Selbstbehauptungsprinzip zu richten ist. Inwieweit Vorsatz und Bereicherungsabsicht hinreichend nachgewiesen werden können, so dass keine Zweifel bestehen bleiben, ist Frage des Einzelfalls. Nach rein wirtschaftlicher Betrachtung wäre hier durchaus ein Schaden für der Gesellschaft gegeben.

Problematisch wird aber, neben der Frage, ob und inwieweit Aktionär und Rechtsbeistand mittäterschaftlich vorsätzlich und bereichernd handeln, die Prüfung der Verwerflichkeitsklausel sein. Denn grundsätzlich ist die Festlegung überhöhter Vergleichswerte und damit einhergehenden Rechtsanwaltsgebühren nicht als rechtswidrig zu qualifizieren. Anders, wenn hier eine aktienrechtlich rechtsmissbräuchliche Vorgehensweise gegeben ist.[815] Entscheidend würde es daher wiederum auf das Verhältnis von Mittel und Zweck ankommen; wonach festzustellen ist, ob eigennützig Anfechtungsklage erhoben worden ist, um sich einvernehmlich zu bereichern, und ob deshalb eine Verschleierung über erhöhte Rechtsanwaltsgebühren gewählt worden ist. Doch hierfür müsste auch der Beweis einer entsprechenden gemeinschaftlichen Motivation von Aktionär und Rechtsbeistand gelingen und insbesondere, dass die eingenommene „Beute“ im Nachgang nicht an den Rechtsanwalt im Zuge der Erfüllung des anwaltlichen Geschäftsbesorgungsvertrags ausgezahlt, sondern vielmehr im Sinne verschleierten Abfindungssumme zwecks Abkauf der Anfech-

814 Vgl. oben Kapitel 2, S. 26, 82 ff.

815 Vgl. oben Kapitel 2, S. 82 ff.

tungsrechte aufgeteilt wird. Dass hier die gerichtliche Praxis an ihre Grenzen stößt, zeigt sicherlich auch die Tatsche noch recht übersichtlicher aktienrechtlicher Kasuistik zur Problematik des Rechtsmissbrauchs in diesem Zusammenhang.[816]

816 Einzig das *LG Frankfurt/Main* in der Sache Peaches AG hat sich dieser Frage bislang hinreichend angenommen; vgl. oben Kapitel 1, S. 23 f.

Kapitel 4: Ergebnis

Die vorangestellten Ausführungen haben aufgezeigt, dass sich ein opponierender Aktionär je nach Sachverhaltsvariante und Einzelfallprüfung zum Nachteil der Gesellschaft vornehmlich wegen Erpressung, aber auch wegen Anstiftung zur Untreue sowie wegen Betrugs strafbar machen kann. In Hinblick auf eine potentielle Versuchsstrafbarkeit ist hingegen entscheidend, ob es zu einer Auskehr der begehrten Leistungen kommt oder aber die Gesellschaft sich der Drohung des Aktionärs nicht beugt und es auf ein Endurteil ankommen lässt. Sind Dritte eingeschaltet, insbesondere eine Mehrheitsaktionärin, die für die Forderungen einstehen soll, kann ausschließlich eine Versuchsstrafbarkeit in Betracht kommen, da in diesen Dreieckskonstellationen die Zurechnungsmodalitäten zur Gesellschaft nicht hinreichend strafbegründend sind. Ist hingegen auf Seiten des Berufsklägers ein Dritter beteiligt, sind Teilnahmeformen anzudenken.

Damit hat die Untersuchung auch deutlich gemacht, dass de lege feranda keine Notwendigkeit für die Schaffung eines eigenen Straftbestands besteht. Das Kernstrafracht bietet insoweit einen hinreichenden Rechtsgüterschutz, der insbesondere die in diesem Zusammenhang in einem besonders sozial unterträglichen Sinne beeinträchtigten Rechtsgüter der freien Willensetnschließung sowie des Vermögens umfassend berücksichtigt.

Gleichwohl besteht stets das Problem der Nachweisbarkeit eines (erpresserisch motivierten) Vorsatzes bzw. der entsprechenden überschießenden Innentendenzen. Der Strafrichter hat dabei eine umfassende Abwägung vorzunehmen, denn ein opponierender Aktionär wird seine wahren Bestrebungen sicherlich nicht offen legen und sich stets darauf berufen, bloß in Wahrnehmung seiner Aktionärsrechte die Überprüfung der Rechtmäßigkeit des Hauptversammlungsbeschlusses gewährleisten zu wollen. Dabei hat das Gericht über die Annahme bloßer Indizien hinaus anhand objektiver Kriterien und Beweismittel zu der Überzeugung zu gelangen, dass dem Täter der strafrechtliche Vorwurf sowohl im objektiven als auch im subjektiven Tatbestand hinreichend nachgewiesen werden kann.

So kann strafrechtlich festgehalten werden, dass das Phänomen des Berufsklägers – welcher bei strafrechtlicher Relevanz durchaus als „räuberischer Kleinaktionär" bezeichnet werden kann – weiterhin von Bestand ist und wohl auch bleiben wird. Denn das Postulat umfassender aktienrechtlicher Anfechtungsrechte ist gleichzeitig ein Ausdruck des Minderheitenschutzes zu Gunsten des Kleinaktionärs. Die Gesetzesinitiativen des UMAG und auch jüngst des ARUG sind Beiträge, um die Anforderungen an die „opponierenden Verhaltensweisen" zu erhöhen, doch werden sie das Handeln der räuberischen Kleinaktionäre nicht vollends unterbinden können. Hierbei handelt es sich aber letztlich um eine immanente Folge eines auf demokratischen Grundsätzen basierenden umfassenden Minderheitenschutzes. Folglich wird wohl weiterhin der Appell an den Gesetzgeber zu richten sein, unter umfassender Berücksichtigung der Minderheitenrechte, aktienrechtliche Vorgaben zu schaffen, die einen Missbrauch des Anfechtungsrechts weitestmöglich eindämmen.

Denn grundsätzlich sollte es nicht die Aufgabe des Strafrechts sein, die Schwächen des Zivilrechts aufzufangen.[817] Räuberi-

817 Vgl. *Lüderssen* in: FS Heinsius, S. 496; *ders.* in: Entkriminalisierung des Wirtschaftsrechts, S. 140.

sche Kleinaktionäre sind ein originär aktienrechtliches Phänomen, das auch mittels des Aktienrechts in den Griff zu bekommen ist. Abweichungen vom Idealbild des „guten" Aktionärs sind Unvermeidlichkeiten, denen ein ausreichender Minderheitenschutz sich zu stellen hat. Anders jedoch, und dies hat die Untersuchung aufgezeigt, wenn die Abweichungen dermaßen gravierend sind, dass diese straftatbestandlich erheblich sind – in diesen Fällen hat sodann das Strafrecht zwingend die Lücke des sozial Unerträglichen zu schließen.

Literaturverzeichnis

Aha, Christof
BB-Kommentar, Anmerkung zu OLG Köln v. 6.10.2003 = BB 2003, 2307ff., in: BB 2003, 2310–2311
zit: Aha in: BB 2003, S.

Amelung, Knut
Über Freiheit und Freiwilligkeit auf der Opferseite der Strafnorm, in: GA 1999, 182–206
zit: Amelung in: GA 1999, S.

Arzt, Gunther
Zwischen Nötigung und Wucher in: Festschrift für Karl Lackner zum 70. Geburtstag am 18. Februar 1987, Berlin, New York, 1987
zit: Arzt in: FS Lackner, S.

Arzt, Gunther / Weber, Ulrich / Heinrich, Bernd / Hilgendorf, Eric
Strafrecht, Besonderer Teil, 2. Auflage, Bielefeld, 2009
zit: Bearbeiter in: Arzt/Weber, Strafrecht BT, § Rn.

Assmann, Heinz-Dieter
Trojaner (*vulgo*: Räuberische Aktionäre) ohne Ende? – Ein Plädoyer für ein neuartiges Antivirenprogramm im Kampf gegen missbräuchliche Anfechtungsklagen
in: AG 2008, 208–212

zit: Assmann in: AG 2008, S.

Baldus, Manfred
Die Einheit der Rechtsordnung, Bedeutungen einer juristischen Formel in Rechtstheorie, Zivil- und Staatsrechtswissenschaft des 19. und 20. Jahrhunderts, Berlin, 1995

zit: Baldus in: Die Einheit der Rechtsordnung

Baumann, Jürgen / Weber, Ulrich / Mitsch, Wolfgang
Strafrecht Allgemeiner Teil – Lehrbuch, 11. Auflage, Bielefeld, 2003

zit: Bearbeiter in: Baumann/Weber/Mitsch, Strafrecht AT, § Rn.

Baums, Theodor
Verhandlungen des Dreiundsechzigsten Deutschen Juristentages, Band I, Leipzig, 2000

zit: Baums in: Gutachten für den 63. DJT, F.

Baums, Theodor / Vogel, Hans-Gert / Tacheva, Maja
Rechtstatsachen zur Beschlusskontrolle im Aktienrecht
in: ZIP 2000, 1649–1655

zit: Baums/Vogel/Tacheva in: ZIP 2000, S.

Baums, Theodor / Keinath, Astrid / Gajek, Daniel
Fortschritte bei Klagen gegen Hauptversammlungsbeschlüsse
in: ZIP 2007, 1629–1649

zit: Baums/Keinath/Gajek in: ZIP 2007, S.

Beckemper, Katharina
Untreuestrafbarkeit des GmbH-Gesellschafters bei einverständlicher Vermögensverschiebung
in: GmbHR 2005, 592–596

zit: Beckemper in: GmbHR 2005, S.

Beling, Ernst	Die Lehre vom Verbrechen, Tübingen, 1906, (Neudruck der unveränderten Ausgabe, 1964) zit: Beling in: Die Lehre vom Verbrechen, S.
Birkholz, Matthias	Untreuestrafbarkeit als strafrechtlicher „Preis" der beschränkten Haftung, Berlin, 1996 zit: Birkholz in: Untreuestrafbarkeit, S.
Bison, Hildegard	Missbrauch der Anfechtungsklage durch den Aktionär: Eine rechtsvergleichende Analyse des US-amerikanischen und des Deutschen Rechts, Frankfurt am Main, 1997 zit: Bison in: Missbrauch der Anfechtungsklage durch den Aktionär, S.
Bockelmann	Rechtsmissbrauch des Anfechtungsrechts durch den Aktionär? in: BB 1972, 733–737 zit: Bockelmann in: BB 1972, S.
Boujong, Karlheinz	Rechtsmissbräuchliche Aktionärsklagen vor dem Bundesgerichtshof in: Festschrift für Alfred Kellermann zum 70. Geburtstag am 29. November 1990 - ZGR, Sonderheft 10, Berlin, New York, 1991 zit: Boujong in: FS Kellermann, S.
Bruns, Hans-Jürgen	Anmerkung zu BGHSt 29, 319ff. = JR 1981, 334–335 in: JR 1981, 335–337 zit: Bruns in: JR 1981, S.
Busch, Dirk	Konzernuntreue, Marburg, 2004 zit: Busch in: Konzernuntreue, S.

Diekgräf, Robert	Sonderzahlungen an opponierende Kleinaktionäre im Rahmen von Anfechtungs- und Spruchstellenverfahren – Unter besonderer Berücksichtigung der Frage einer Zahlungsbefugnis der betroffenen AG, Heidelberg, 1990 zit: Diekgräf in: Sonderzahlungen an opponierende Kleinaktionäre, S.
Ders.	Neue Dimensionen des Rechtmissbrauchs bei aktienrechtlichen Anfechtungsklagen – Anmerkungen zu OLG Frankfurt a.M. = WM 1990, 2116–2121 in: WM 1991, 613 -622 zit: Diekgräf in: WM 1991, S.
Ehrmann, Erik	Sanktionen gegen missbräuchliche Anfechtungsklagen „räuberische Aktionäre": Rückforderung der Rechtsanwaltsgebühren in: ZIP 2008, 584–589 zit: Ehrmann in: ZIP 2008, S.
Eisenhardt, Ulrich	Gesellschaftsrecht, 14. Auflage, München, 2009 zit: Eisenhardt in: Gesellschaftsrecht, § Rn.
Engisch, Karl	Die Einheit der Rechtsordnung, Heidelberg, 1935 zit: Engisch in: Die Einheit der Rechtsordnung, S.
Felix, Dagmar	Einheit der Rechtsordnung, Tübingen, 1998 zit: Felix in: Einheit der Rechtsordnung, S.
Feltkamp, Harald	Anfechtungsklage und Vergleich im Aktienrecht, Berlin, 1991 zit: Feltkamp in: Anfechtungsklage und Vergleich im Aktienrecht, S.

Fischer, Thomas	Strafgesetzbuch (Kurzkommentar), 57. Auflage, München, 2010 zit: Fischer in: StGB, § Rn.
Fischer, Maximilian / Herold, Manuel	"Berufsopponenten" – Eine bekannte Spezies wird erstmals untersucht, Einführung des UMAG bringt Licht ins Dunkel in: Going Public Magazin 2007, 50–54 zit: Fischer/Herold in: Going Public 2007, S.
Flechtheim, Julius	Das Urteil auf Ungültigkeitserklärung eines Generalversammlungsbeschlusses in: Festschrift für Ernst Zitelmann zu seinem 60. Geburtstage überreicht von Verehrern und Schülern, München und Leipzig, 1913 zit: Flechtheim in: FS Zitelmann, S.
Florstedt, Tim	Die Reform des Beschlussmängelrechts durch das ARUG in: AG 2009, 465–473 zit: Florstedt in: AG 2009, S.
Flum, Joachim	Der strafrechtliche Schutz der GmbH gegen Schädigungen mit Zustimmung der Gesellschafter, Konstanz, 1990 zit: Flum in: Der strafrechtliche Schutz
Flume, Werner	Allgemeiner Teil des Bürgerlichen Rechts – Zweiter Teil: Die juristische Person, Berlin, 1983 zit: Flume in: Die juristische Person, S.
Frh. von Falkenhausen, Joachim/ Baus, Christoph A.	Anmerkung zu LG Ffm v. 2.10.2007 = ZIP 2007, 2034ff. in: ZIP 2007, 2037–2040 zit: Falkenhausen/Baus in: ZIP 2007, S.

Frisch, Wolfgang	Beihilfe durch neutrale Handlungen – Bemerkungen zum Strafgrund (der Unrechtskonstitution) der Beihilfe – in: Festschrift für Klaus Lüderssen zum 70. Geburtstag am 2. Mai 2002, Baden-Baden, 2002 zit: Frisch in: FS Lüderssen, S.
Gadow, Wilhelm (Begr.)/ Hopt, Klaus J. / Wiedemann, Herbert (Hrsg.)	Großkommentar: Aktiengesetz, §§ 241–255, 4. Auflage, Berlin, New York, 1995 zit: Bearbeiter in: Großkommentar AktG, § Rn.
Gärtner, Olaf / Thiel, Sophie	Zurückweisung der Nebenintervention unter Berücksichtigung der „räuberischen Aktionärs-Nebenintervention" mit Ausblick auf das ARUG in: BB 2008, 2089–2093 zit: Gärtner/Thiel in: BB 2008, S.
Gehlert, Stephan	Rechtsmissbräuchliche Anfechtungsklagen im Aktienrecht, Zwischen Interessenkollisionen und Lösungsansätzen, Würzburg, 2001 zit: Gehlert in: Rechtsmissbräuchliche Anfechtungsklagen im Aktienecht
Geilen, Gerd	Strafecht: Raub und Erpressung in: Jura 1988, 43–52 zit: Geilen in: Jura 1988, S.
Geiler, Karl	Die wirtschaftlichen Strukturwandlungen und die Reform des Aktienrechts, Berlin, 1927 zit: Geiler in: Die wirtschaftlichen Strukturwandlungen und die Reform des Aktienrechts, S.
Göhmann, Sophia / von Oppen, Andreas	Das Leica-Urteil, die Nachfolgeentscheidungen und ihre Auswirkungen auf die Praxis in: BB 2009, 513–517 zit: Göhmann/v. Oppen in: BB 2009, S.

Gössel, Karl Heinz / Dölling, Dieter
Strafrecht, Besonderer Teil 1, Straftaten gegen Persönlichkeits- und Gemeinschaftswerte, 2. Auflage, Heidelberg, 2004
zit: Gössel/Dölling in: Strafrecht BT 1, § Rn.

Goll, Ulrich/ Schwörer, Frank
Eindämmung des Klagegewerbes durch Instanzenzugverkürzung
in: ZRP 2008, 77–80
zit: Goll/Schwörer in: ZRP 2008, S.

Grunewald, Barbara
Gesellschaftsrecht, 7. Auflage, Tübingen, 2008
zit: Grunewald in: Gesellschaftsrecht, Kapitel Rn.

Dies.
Satzungsfreiheit für das Beschlussmängelrecht
in: NZG 2009, S. 967–970
zit: Grunewald in: NZG 2009, S.

Günther, Hans-Ludwig
Zur Kombination von Täuschung und Drohung bei Betrug und Erpressung
in: ZStW 88 (1976), S. 960–977
zit: Günther in: ZStW 88 (1976), S.

Ders.
Strafrechtswidrigkeit und Strafunrechtsausschluss: Studien zur Rechtswidrigkeit als Straftatmerkmal und zur Funktion der Rechtfertigungsgründe im Strafrecht, Köln, Berlin, Bonn, München, 1983
zit: Günther in: Strafrechtswidrigkeit und Strafunrechtsausschluss, S.

Ders.
Strafrecht und Humangenetik, Unter besonderer Berücksichtigung des genetischen Humanexperiments
in: ZStW 102 (1990), S. 269–291
zit: Günther in: ZStW 102 (1990), S.

Haft, Fritjof

Strafrecht, Besonderer Teil II, Delikte gegen die Person und die Allgemeinheit, 8. Auflage, München, 2005

zit: Haft in: Strafrecht BT II, S.

Helm, Thorsten / Manthey, Nikolaus

Missbräuchliche Anfechtungsklagen im Aktienrecht – Rechtsvergleich und Lösungsansätze
in: NZG 2010, S. 415–418

zit: Helm/Manthey in: NZG 2010, S.

Herzberg, Dietrich

Konkurrenzverhältnisse zwischen Betrug und Erpressung – BGHSt 23, 294
in: NJW 1970, 570–573

zit: Herzberg in: NJW 1970, S.

Hillenkamp, Thomas

Der praktische Fall – Strafrecht: Dresdner Rotlichtmilieu
in: JuS 1994, 769–774

zit: Hillenkamp in: JuS 1994, S.

Hirschberger, Max / Weiler, Lothar

Das Freigabeverfahren für Hauptversammlungsbeschlüsse nach dem UMG-Entwurf (§ 246a AktG-E) – Ein Aus für „räuberische" Aktionäre?
in: DB 2004, 1137–1139

zit: Hirschberger/Weiler in: DB 2004, S.

Hirte, Heribert

Missbrauch aktienrechtlicher Anfechtungsklagen – Vom Querulieren und seine Grenzen
in: BB 1988, 1469–1476

zit: Hirte in: BB 1988, S.

Ders.

Anmerkungen zu BGHZ 107, 296 = WM 1989, 1128–1139
in: EWiR 1989, 843f.

zit: Hirte in: EWiR 1989, S.

Hommelhoff, Peter / Timm, Wolfram	Aufwandspauschalen für Anfechtungskläger? in: AG 1989, 168–170 zit: Hommelhoff/Timm in: AG 1989, S.
Horn, Eckhard	Die Drohung mit einem erlaubten Übel: Nötigung? in: NStZ 1983, 497–500 zit: Horn in: NStZ 1983, S.
Hüffer, Uwe	Beweislast bei der Anfechtungsklage in: Festschrift für Hans-Joachim Fleck zum 70. Geburtstag am 30. Januar 1988 - ZGR, Sonderheft 7, Berlin, New York, 1988 zit: Hüffer in: FS Fleck, S.
Ders.	Die Ausgleichsklausel des § 243 Abs. 2 S. 2 AktG – misslungene Privilegierung der Mehrheitsmacht oder Grundlage für bloßen Vermögensschutz des Kapitalanlegers? in: Festschrift für Bruno Kropff – Aktien – und Bilanzrecht, Düsseldorf, 1997 zit: Hüffer in: FS Kropff, S.
Ders.	Aktiengesetz (Kurzkommentar), 8. Auflage München, 2008 zit: Hüffer in: AktG, § Rn.
Jähnke, Burkhard / Laufhütte, Heinrich Wilhelm / Odersky, Walter (Hrsg.)	Strafgesetzbuch, Leipziger Kommentar, Band 6, §§ 223 bis 263a, 11. Auflage, Berlin, 2005 zit: Bearbeiter in: LK, § Rn.
Jähnke, Burkhard / Laufhütte, Heinrich Wilhelm / Odersky, Walter (Hrsg.)	Strafgesetzbuch, Leipziger Kommentar, Band 7, §§ 264 bis 302, 11. Auflage, Berlin 2005 zit: Bearbeiter in: LK, § Rn.

Jahn, Joachim
UMAG: Das Aus für „räuberische Aktionäre" oder neues Erpressungspotential?
in: BB 2005, 5–13
zit: Jahn in: BB 2005, S.

Joecks, Wolfgang / Miebach, Klaus (Hrsg.)
Münchener Kommentar zum Strafgesetzbuch, Band 1, §§ 1- 51 StGB, München, 2003
zit: Bearbeiter in: MüKo-StGB, § Rn.

Joecks, Wolfgang / Miebach, Klaus (Hrsg.)
Münchener Kommentar zum Strafgesetzbuch, Band 3, §§ 185–262 StGB,
München, 2003
zit: Bearbeiter in: MüKo-StGB, § Rn.

Joecks, Wolfgang / Miebach, Klaus (Hrsg.)
Münchener Kommentar zum Strafgesetzbuch, Band 4, §§ 263–358 StGB, §§ 1–8, 105, 106 JGG, München, 2006
zit: Bearbeiter in MüKo-StGB, § Rn.

Joussen, Peter
Der Auskunftsanspruch des Aktionärs
in: AG 2000, 241–257
zit: Joussen in: AG 2000, S.

Keidel, Theodor / Kuntze, Joachim / Winkler, Karl (Hrsg.)
Kommentar zum Gesetz über die Angelegenheiten der freiwilligen Gerichtsbarkeit, 15. Auflage, München, 2003
zit: Bearbeiter in: Keidel/Kuntze/Winkler, § Rn.

Kersting, Christian
Eine Niederlage für Berufskläger? – Zur Zulässigkeit inhaltlicher Beschränkungen des Frage- und Rederechts der Aktionäre gem. § 131 II 2 AktG
in: NZG 2010, S. 446–449
zit: Kersting in: NZG 2010, S.

Kiethe, Kurt	Abkauf von Anfechtungsrechte – neuere Tendenzen rechtsmissbräuchlichen Verhaltens räuberischer Aktionäre in: NZG 2004, 489–494 zit: Kiehte in: NZG 2004, S.
Kindhäuser, Urs	Strafgesetzbuch, Lehr- und Praxiskommentar, 4. Auflage, München, 2010 zit: Kindhäuser in: LPK-StGB, § Rn.
Ders.	Strafrecht Besonderer Teil I, Straftaten gegen Persönlichkeitsrechte, Staat und Gesellschaft, 4. Auflage, München, 2009 zit: Kindhäuser in: Strafrecht BT I, § Rn.
Ders.	Strafrecht Besonderer Teil II, Straftaten gegen Vermögenswerte, 5. Auflage, München, 2008 zit: Kindhäuser in: Strafrecht BT II, § Rn.
Kirchhof, Paul	Unterschiedliche Rechtswidrigkeiten in einer einheitlichen Rechtsordnung, Heidelberg, Karlsruhe, 1978 zit: Kirchhof in: Unterschiedliche Rechtswidrigkeiten in einer einheitlichen Rechtsordnung, S.
Klein, Agnes	Zum Nötigungstatbestand – Strafbarkeit der Drohung mit einem Unterlassen, Gelsenkirchen, 1988 zit: Klein in: Zum Nötigungstatbestand, S.
Koch, Raphael / Wackerbeck, Matthias	Der Schutz vor räuberischen Aktionären durch die Neuregelungen des ARUG in: ZIP 2009, 1603–1608 zit: Koch/Wackerbeck in: ZIP 2009, S.

Kort, Michael	Abkauf von Anfechtungsrechten und Anwaltshaftung = Besprechung des BGH-Urteils vom 14.5.1992 – II ZR 299/90 in: DB 1992, 1765–1768 zit: Kort in: DB 1992, S.
Korte, Otto	Zur missbräuchlichen Wahrnehmung der aktienrechtlichen Anfechtungsbefugnis, Frankfurt am Main, 2002 zit: Korte in: Zur missbräuchlichen Wahrnehmung der aktienrechtlichen Anfechtungsbefugnis, S.
Krey, Volker / Hellmann, Uwe	Strafrecht Besonderer Teil – Band 2, Vermögensdelikte, 15. Auflage, Stuttgart, 2008 zit: Krey/Hellmann in: Strafrecht BT 2, § Rn.
Krieger, Gerd	Aktionärsklage zur Kontrolle des Vorstands- und Aufsichtsratshandelns in: ZHR 163 (1999), S. 343–363 zit: Krieger in: ZHR 163 (1999), S.
Kropff, Bruno	Aktiengesetz 1965, Düsseldorf, 1965 zit: Kropff in: Aktiengesetz 1965, S.
Kropff, Bruno / Semler, Johannes (Hrsg.)	Münchener Kommentar zum Aktiengesetz, Band 1, §§ 1–75 AktG, 3. Auflage, München, 2008 zit: Bearbeiter in: MüKo-AktG, § Rn.
Dies.	Münchener Kommentar zum Aktiengesetz, Band 2, §§ 76–117 AktG – MitbestG – DrittelbG, 3. Auflage, München, 2008 zit: Bearbeiter in: MüKo-AktG, § Rn.

Dies. Münchener Kommentar zum Aktiengesetz, Band 4, §§ 118–147 AktG, 2. Auflage, München, 2004

zit: Bearbeiter in: MüKo-AktG, § Rn.

Dies. Münchener Kommentar zum Aktiengesetz, Band 7, §§ 222–277 AktG, 2. Auflage, München, 2001

zit: Bearbeiter in: MüKo-AktG, § Rn.

Kühl, Kristian Strafecht, Allgemeiner Teil, 6. Auflage, München 2008

zit: Kühl in: Strafrecht AT, § Rn.

Küper, Wilfried Anmerkung zu BGH, Urt. v. 30.6.1970–1 StR 127/70 in: NJW 1970, 2253–2254

zit: Küper in: NJW 1970, S.

Lackner, Karl / Kühl, Kristian Lackner/Kühl, Strafgesetzbuch Kommentar, 26. Auflage, München 2007

zit: Lackner/Kühl in: StGB, § Rn.

Laufhütte, Heinrich Wilhelm / Rissing-van Saan, Ruth / Tiedemann, Klaus (Hrsg.) Leipziger Kommentar, Band 2, §§ 32 bis 55, 12. Auflage, Berlin, 2006

zit: Bearbeiter in: LK, § Rn.

Loeck, Henning Strafbarkeit des Vorstands der Aktiengesellschaft wegen Untreue, Frankfurt am Main, 2006

zit: Loeck in: Strafbarkeit des Vorstands, S.

Lüderssen, Klaus	Missbräuchliche aktienrechtliche Anfechtungsklagen und Strafrecht – Vorüberlegungen und Materialien in: Festschrift für Theodor Heinsius zum 65. Geburtstag am 25. September 1991, Berlin, New York, 1991 zit: Lüderssen in: FS Heinsius, S.
Ders.	Missbräuchliche aktienrechtliche Anfechtungsklagen und Strafrecht in: Entkriminalisierung des Wirtschaftsrechts, Baden-Baden, 1998 zit: Lüderssen in: Entkriminalisierung des Wirtschaftsrechts, S.
Ders.	Gesellschaftsrechtliche Grenzen der strafrechtlichen Haftung des Aufsichtsrats in: Jus humanum – Grundlagen des Rechts und Strafrecht, Festschrift für Ernst-Joachim Lampe zum 70. Geburtstag, Berlin, 2003 zit: Lüderssen in: FS Lampe, S.
Ders.	Primäre oder sekundäre Zuständigkeit des Strafrechts? in: Menschengerechtes Strafrecht – Festschrift für Albin Eser zum 70. Geburtstag, München, 2005 zit: Lüderssen in: FS Eser, S.
Lutter, Marcus / Winter, Martin (Hrsg.)	Kommentar zum Umwandlungsgesetz, Band I, §§ 1–134, 4. Auflage, Köln, 2009 zit: Bearbeiter in: Lutter, UmwG, § Rn.
Lutter, Marcus	Die entgeltliche Ablösung von Anfechtungsrechten – Gedanken zur aktiven Gleichbehandlung im Aktienrecht – in: ZGR 1987, 347–372 zit: Lutter in: ZGR 1987, S.

Ders. | Interview: „Ich nenne diese Aktionäre schlicht und einfach Räuber"
in: WP 1988, 292–294

zit: Lutter in: WP 1998, S.

Ders. | Zur Abwehr räuberischer Aktionäre
in: Festschrift 40 Jahre Der Betrieb, Stuttgart, 1988

zit: Lutter in: FS 40 Jahre Der Betrieb, S.

Ders. | Anmerkungen zu LG Köln = ZIP 1988, 758–761
in: WuB II A § 62 AktG 1988, 1131–1136

zit: Lutter in: WuB II A § 62 AktG 1988, S.

Ders. | Die Treupflicht des Aktionärs – Bemerkungen zur Linotype-Entscheidung des BGH
in: ZHR 153 (1989), S. 446–471

zit: Lutter in: ZHR 153 (1989), S.

Martens, Klaus-Peter | Die Vergleichs- und Abfindungsbefugnis des Vorstands gegenüber opponierenden Aktionären
in: AG 1988, 118 –126

zit: Martens in: AG 1988, S.

Ders. | Leitfaden für die Leitung einer Hauptversammlung einer Aktiengesellschaft, 3. Auflage, Köln, 2003

zit: Martens in: Leitfaden für die Leitung einer Hauptversammlung, S.

Martens, Klaus-Peter / Martens, Sebastian | Rechtsprechung und Gesetzgebung im Kampf gegen missbräuchliche Aktionärsklagen
in: AG 2009, 173–178

zit: Martens/Martens in: AG 2009, S.

Maurach, Reinhart / Schroeder, Friedrich-Christian / Maiwald, Manfred
Strafrecht Besonderer Teil, Teilband 1, Straftaten gegen Persönlichkeits- und Vermögenswerte, 10. Auflage, Heidelberg, 2009

zit: Maurach/Schroeder/Maiwald in: Strafrecht BT 1, § Rn.

Mayer, Max Ernst
Der Allgemeine Teil des Deutschen Strafrechts, 2. Auflage, Heidelberg, 1923

zit: Mayer in: Der Allgemeine Teil des Deutschen Strafrechts, S.

Meilicke, Wienand / Heidel, Thomas
UMAG: „Modernisierung" des Aktienrechts durch Beschränkung des Eigentumsschutzes der Aktionäre
in: Der Betrieb 2004, 1479–1487

zit: Meilicke/Heidel in: DB 2004, S.

Mestmäcker, Ernst-Joachim
Zur aktienrechtlichen Stellung der Verwaltung bei Kapitalerhöhungen
in: BB 1961, 945–952

zit: Mestmäcker in: BB 1961, S.

Meyer-Landrut, Joachim
Anmerkungen zu OLG Köln = ZIP 1988, 967–970
in: EWiR 1988, 741

zit: Meyer-Landrut in: EWiR 1988, S.

Mihm, Asmus
Strafrechtliche Konsequenzen verdeckter Gewinnausschüttungen, Berlin, 1997

zit: Mihm in: Strafrechtliche Konsequenzen verdeckter Gewinnausschüttungen, S.

Mitsch, Wolfgang
Strafrecht Besonderer Teil 2, Vermögensdelikte (Kernbereich)/Teilband 1, 2. Auflage, Heidelberg, 2003

zit: Mitsch in: Strafrecht BT II/1, § Rn.

Neudecker, Gabriele	Die strafrechtliche Verantwortlichkeit der Mitglieder von Kollegialorganen, Frankfurt, 1995 zit: Neudecker in: Strafrechtliche Verantwortlichkeit, S.
Obst, Jean-Stephan	Der Schutz des Kleinaktionärs im börsennotierten Aktienkonzern, Saarbrücken, 2004 zit: Obst in: Der Schutz des Kleinaktionärs im börsennotierten Aktienkonzern, S.
Oppenhoff, Walter	Die Anfechtung von Beschlüssen der Hauptversammlung in: Beiträge zur Aktienrechtsreform, Heidelberg, 1959 zit: Oppenhoff in: Beiträge zur Aktienrechtsreform, S.
Otto, Harro	Zur Abgrenzung von Diebstahl, Betrug und Erpressung bei der deliktischen Verschaffung fremder Sachen In: ZStW 79 (1967), 59–102 zit: Otto in: ZStW 79 (1967), S.
Ders.	Die neuere Rechtsprechung zu den Vermögensdelikten – Teil 1 in: JZ 1985, 21–28 zit: Otto in: JZ 1985, S.
Ders.	Strafbare Nötigung durch Sitzblockaden in der höchstrichterlichen Rechtsprechung und die Thesen der Gewaltkommission in: NStZ 1992, 568–573 zit: Otto in: NStZ 1992, S.
Ders.	Aktienstrafrecht, Erläuterungen zu den §§ 399–410 AktG, 4. Auflage, Berlin, New York, 1997 zit: Otto in: Aktienstrafrecht, § Rn.

Ders.
Grundkurs Strafrecht – Die einzelnen Delikte, 7. Auflage, Berlin, 2005

zit: Otto in: Grundkurs Strafrecht, § Rn.

Palandt, Otto
Bürgerliches Gesetzbuch mit Nebengesetzen,

69. Auflage, München 2010

zit: Bearbeiter in: Palandt, § Rn.

Paschos, Nikolaos / Goslar, Sebastian
Der Regierungsentwurf des Gesetzes zur Umsetzung der Aktionärsrechterichtlinie (ARUG)
in: AG 2009, 14–21

zit: Paschos/Goslar in: AG 2009, S.

Pelke, Bernhard
Die strafrechtliche Bedeutung der Merkmale „Übel" und „Vorteil", Zur Abgrenzung der Nötigungsdelikte von den Bestechungsdelikten und dem Wucher, Münster, 1989

zit: Pelke in: Die strafrechtliche Bedeutung der Merkmale „Übel" und „Vorteil", S.

Perron, Walter
Hat die deutsche Straftatsystematik eine europäische Zukunft?
in: Festschrift für Theodor Lenckner zum 70. Geburtstag, München, 1998

zit: Perron in: FS Leckner, S.

Peters, Carsten
Berufskläger schadensersatzpflichtig – Anmerkung zum Urteil des LG Frankfurt a.M., = NZG 2007, 949ff.
in: NZG 2007, 935–938

zit: Peters in: NZG 2007, S. 27

Pluskat, Sorika
Auswirkungen der Aktionärsrichtlinie auf das deutsche Aktienrecht
in: WM 2007, 2135–2142

zit: Pluskat in: WM 2007, S.

Poelzig, Dörte / Meixner, Philipp — Die Bekämpfung missbräuchlicher Anfechtungsklagen gegen börsennotierte Gesellschaften – Anregungen zu einem UMAG II
in: AG 2008, 196–208

zit: Poelzig/Meixner in: AG 2008, S.

Radtke, Henning — Einwilligung und Enverständnis der Gesellschafter bei der sog. GmbH-rechtlichen Untreue (I) und (II)
in: GmbHR 1998, 311–317; 361–369

zit: Radtke in: GmbHR 1998, S.

Radu, Magnus — Der Missbrauch der Anfechtungsklage durch den Aktionär
in: ZIP 1992, 303–314

zit: Radu in: ZIP 1992, S.

Raiser, Thomas/ Veil, Rüdiger — Recht der Kapitalgesellschaften, 5. Auflage, München, 2010,

zit: Raiser/Veil in: Recht der Kapitalgesellschaften, § Rn.

Ransiek, Andreas — Untreue im GmbH-Konzern
in: Festschrift für Günter Kohlmann zum 70. Geburtstag am 4. Oktober 203, Köln, 2003

zit: Ransiek in: FS Kohlmann, S.

Ratschow, Eckart — Die Aktionärsrechte-Richtlinie – neue Regeln für börsennotierte Gesellschaften
in: DStR 2007, 1402–1408

zit: Ratschow in: DStR 2007, S.

Rengier, Rudolf — Strafrecht Besonderer Teil I, Vermögensdelikte, 11. Auflage, München 2009

zit: Rengier in: Strafrecht BT I, § Rn.

Ders. Strafrecht Besonderer Teil II, Delikte gegen die Person und die Allgemeinheit, 10. Auflage, München, 2009

zit: Rengier in: Strafrecht BT II, § Rn.

Röhl, Klaus / Röhl, Hans-Christian Allgemeine Rechtslehre – Ein Lehrbuch, 3. Auflage, Köln, München, 2008

zit: Röhl/Röhl in: Allgemeine Rechtslehre, S.

Rößler-Tolger, Sabine Der räuberische Aktionär – eine schwindende Bedrohung?, Rechtsprobleme und Lösungsmöglichkeiten bei der Bekämpfung missbräuchlicher Aktivitäten von Aktionären unter Berücksichtigung der Regelungen durch das Gesetz zur Unternehmensintegrität und Modernisierung des Anfechtungsrechts (UMAG) vom 22. September 2005, Karlsruhe, 2007

zit: Rößler-Tolger in: Der räuberische Aktionär – eine schwindende Bedrohung?, S.

Roxin, Claus Verwerflichkeit und Sittenwidrigkeit als unrechtsbegründende Merkmale im Strafrecht in: JuS 1964, 373–381

zit: Roxin in: JuS 1964, S.

Ders. Anmerkung zu BGHSt 31, 195ff. = JR 1983, 331ff.
in: JR 1983, S. 333–337

zit: Roxin in: JR 1983, S.

Ders. Täterschaft und Tatherrschaft, 8. Auflage, Berlin, 2006

zit: Roxin in: Täterschaft und Tatherrschaft, S.

Ders. Strafrecht Allgemeiner Teil, Band I, Grundlagen – Der Aufbau der Verbrechenslehre, 4. Auflage, München, 2006

zit: Roxin in: Strafrecht AT I, § Rn.

Rudolphi, Hans-Joachim / Horn, Eckhard / Günther, Hans-Ludwig / Samson, Erich (Hrsg.)	Systematischer Kommentar zum Strafgesetzbuch, Bd. 4, §§201–260b , Stand: 59. Lieferung, Frankfurt, 1976 – zit: Bearbeiter in: SK, § Rn.
Rüthers, Bernd	Rechtstheorie, Begriff, Geltung und Anwendung des Rechts, 4. Auflage, München, 2008 zit: Rüthers in: Rechtstheorie, § Rn.
Saenger, Ingo	Aktienrechtliche Anfechtungsklagen: Verfahrenseffizienz und Kosten in: AG 2002, 536–543 zit: Saenger in: AG 2002, S.
Samson, Erich	Probleme strafrechtlicher Produkthaftung in: StV 1991, 182–186 zit: Samson in: StV 1991, S.
Satzger, Helmut / Schmitt, Bertram / Widmaier, Gunter (Hrsg.)	Strafgesetzbuch Kommentar, Köln, 2009 zit: Bearbeiter in: SSW-StGB, § Rn.
Schaal, Alexander	Strafrechtliche Verantwortlichkeit bei Gremienentscheidungen in Unternehmen, Berlin, 2001 zit: Schaal in: Strafrechtliche Verantwortlichkeit bei Gremienentscheidungen, S.
Schlaus, Wilhelm	Auskauf opponierender Aktionäre in: AG 1988, 113–117 zit: Schlaus in: AG 1988, S.
Schmidt, Karsten	Gesellschaftsrecht, 4. Auflage, Köln, Berlin, Bonn, München, 2002 zit: Schmidt in: Gesellschaftsrecht, §

Schmidt, Karsten / Lutter, Marcus (Hrsg.)	Aktiengesetz Kommentar, Band I, §§ 1–149, Köln, 2008 zit: Bearbeiter in: Schmidt/Lutter, § Rn.
Dies.	Aktiengesetz Kommentar, Band II, §§ 150–410, Köln, 2008 zit: Bearbeiter in: Schmidt/Lutter, § Rn.
Schneider, Eberhard	Die Untreue nach dem neunen Aktienrecht, München, 1972 zit: Schneider in: Die Untreue nach dem neuen Aktienrecht, S.
Schönke, Adolf / Schröder, Horst (Hrsg.)	Strafgesetzbuch Kommentar, 27. Auflage, München, 2006 zit: Beabreiter in: Schönke/Schröder, § Rn.
Schroeder, Friedrich-Christian	Nötigung und Erpressung durch Forderung von Gegenleistungen? in: JZ 1983, 284–288 zit: Schroeder in: JZ 1983, S.
Schubarth, Martin	Anmerkung zu BGHSt 31, 195ff. = NStZ 1983, 311 in: NStZ 1983, 312–313 zit: Schubarth in: NStZ 1983, S.
Schubert, Werner / Hommelhoff, Peter (Hrsg.)	Hundert Jahre modernes Aktienrecht: Eine Sammlung von Texten und Quellen zur Aktienrechtsreform 1884 mit zwei Einführungen in: ZGR Sonderheft 4, 1985 zit: Bearbeiter in: ZGR Sonderheft 4 1985, S.
Seibert, Ulrich	Der Referentenentwurf eines Gesetzes zur Umsetzung des Aktionärsrechterichtlinie (ARUG) in: ZIP 2008, 906–910 zit: Seibert in: ZIP 2008, S.

Sinn, Arndt Die Nötigung im System des heutigen Strafrechts, Baden-Baden, 2000

zit: Sinn in: Die Nötigung im System des heutigen Strafrechts, S.

Spindler, Gerald / Stilz, Eberhard (Hrsg.) Kommentar zum Aktiengesetz, Band 1, §§ 1–178, München, 2007

zit: Bearbeiter in: Spindler/Stilz, § Rn.

Dies. Kommentar zum Aktiengesetz, Band 2, §§ 179–410, München, 2007

zit: Bearbeiter in: Spindler/Stilz, § Rn.

Stohlmeier, Thomas / Mock, Arnold Kommentar zu LG Frankfurt, Urteil v. 26.8.2008: „Der Auftakt zu einer aktienrechtlichen Klagewelle?" in: BB 2008, 2142–2143

zit: Stohlmeier/Mock in: BB 2008, S.

Teichmann, Arndt Anmerkungen zu OLG Hamm = ZIP 1988, 1051–1057 in: WuB II A § 245 AktG 1988, 1357–1359

zit: Teichmann in: WuB II A § 245 AktG 1988, S.

Ders. Rechtsmissbrauch durch eine Klage – OLG Hamm WM 1988, 1164; BGH WM 1989, 2689 in: JuS 1990, 269–273

zit: Teichmann in: JuS 1990, S.

Thomas, Heinz / Putzo, Hans Zivilprozessordnung – Kommentar, 30. Auflage, München, 2009

zit: Bearbeiter in: Thomas/Putzo, § Rn.

Timm, Wolfram (Hrsg.) Missbräuchliches Aktionärsverhalten, Köln, 1990

zit: Bearbeiter in: Missbräuchliches Aktionärsverhalten, S.

Timpe, Gerhard	Die Nötigung, Berlin, 1989 zit: Timpe in: Die Nötigung, S.
Verse, Dirk	Das Beschlussmängelrecht nach dem ARUG in: NZG 2009, 1127–1132 zit: Verse in: NZG 2009, S.
Vetter, Jochen	Modifikation der aktienrechtlichen Anfechtungsklage in: AG 2008, 177–195 zit: Vetter in: AG 2008, S.
Volk, Klaus	Nötigung durch Drohung mit Unterlassen in: JR 1981, 274–277 zit: Volk in: JR 1981, S.
Vollmann, Marion	Minderheitenschutz im aktienrechtlichen Beschlussmängelrecht, Frankfurt am Main, 1997 zit: Vollmann in: Minderheitenschutz im aktienrechtlichen Beschlussmängelrecht, S.
von Dalwigk, Reinhard	Der Kampf gegen „räuberische" Aktionäre – eine Zwischenbilanz in: Von der Sache zum Recht – Festschrift für Volker Beuthien zum 75. Geburtstag, München, 2009 zit: von Dalwigk in: FS Beuthien, S.
von Mangoldt, Hermann / Klein, Friedrich / Starck, Christian (Hrsg.)	Kommentar zum Grundgesetz, Band 1: Präambel, Artikel 1 bis 19, 5. Auflage, 2005 zit: Bearbeiter in: v. Mangolt/Klein/Starck, Art. Rn.
Waclawik, Erich	Hilfe zur Selbsthilfe? – Der Beitritt von Aktionären als Nebenintervenienten im aktienrechtlichen Anfechtungsprozess in: WM 2004, 1361–1412 zit: Waclawik in: WM 2004, S.

Ders.
Zur Fortsetzung der Reform des aktienrechtlichen Anfechtungsprozesses
in: DStR 2006, 2177–2185

zit: Waclawik in: DStR 2006, S.

Ders.
Die höchstrichterliche Geometrie des Kostenrechts bei der streitgenössischen Nebenintervention
in: DStR 2007, 1257–1260

zit: Waclawik in: DStR 2007, S.

Wagner, Franz
Anmerkungen zu BGHZ 160, 385 = ZIP 2004, 2428–2431
in: EWiR 2005, 241–242

zit: Wagner in: EWiR 2005, S.

Wallenhorst, Marcus
Schranken der Anfechtungsbefugnis von Aktionären, Frankfurt am Main, 1995

zit: Wallenhorst in: Schranken der Anfechtungsbefugnis, S.

Wardenbach, Frank
Missbrauch des Anfechtungsrechts und „nachträglicher" Aktienerwerb - Zu den Grenzen der Anfechtungsrechte des Aktionärs bei Rechtsmissbrauch und bei der Erwerb der Aktien nach Ankündigung der Hauptversammlung
in: ZGR 1992, 563–586

zit: Wardenbach in: ZGR 1992, S.

Werner, Winfried
Anmerkungen zu BGHZ 107, 296 = WM 1989, 1128–1137
in: WuB II A § 340a AktG 1989, 1299–1306

zit: Werner in: WuB II A § 340a AktG 1989, S.

Wessels, Johannes	Zur Problematik der Regelbeispiele für „schwere" und „besonders schwere Fälle" in: Festschrift für Reinhart Maurach zum 70. Geburtstag, Karlsruhe, 1972 zit: Wessels in: FS Maurach, S.
Wessels, Johannes / Beulke, Werner	Strafrecht Allgemeiner Teil, Die Straftat und ihr Aufbau, 39. Auflage, Heidelberg, 2009 zit: Wessels/Beulke in: Strafrecht AT, § Rn.
Wessels, Johannes / Hettinger, Michael	Strafrecht Besonderer Teil 1, Straftaten gegen Persönlichkeits- und Gemeinschaftswerte, 33. Auflage, Heidelberg, 2009 zit: Wessels/Hettinger in: Strafrecht BT 1, § Rn.
Wessels, Johannes / Hillenkamp, Thomas	Strafrecht Besonderer Teil 2, Straftaten gegen Vermögenswerte, 231. Auflage, Heidelberg, 2009 zit: Wessels/Hillenkamp in: Strafrecht BT 2, § Rn.
Wilsing, Hans-Ulrich / Siebamnn, Silja	Anmerkung zu BGH, Beschluss v. 18.6.2007 = DB 2007, 1516f. in: DB 2007, 1517–1518 zit: Wilsing/Siebmann in: DB 2007, S.
Windbichler, Christine	Gesellschaftsrecht, 22. Auflage, München, 2009 zit: Windbichler in: Gesellschaftsrecht, § Rn.
Zetzsche, Dirk	Die neue Aktionärsrechte-Richtlinie: Auf dem Weg zur Virtuellen Hauptversammlung in: NZG 2007, 686–692 zit: Zetzsche in: NZG 2007, S.
Zöller, Richard (Hrsg.)	Zivilprozessordnung, 28. Auflage, Köln, 2010 zit: Bearbeiter in: Zöller, § Rn.

Zöllner, Wolfgang (Hrsg.) Kölner Kommentar zum Aktiengesetz, Band 1, §§ 1–75 AktG, 2. Auflage, Köln, 1988

zit: Bearbeiter in: Kölner Kommentar, § Rn.

Ders. Kölner Kommentar zum Aktiengesetz, Band 2, §§ 148–290 AktG, Köln, 1985

zit: Bearbeiter in: Kölner Kommentar, § Rn.

Ders. Zur Problematik der aktienrechtlichen Anfechtungsklage in: AG 2000, 145–157

zit: Zöllner in: AG 2000, S.

Zöllner, Wolfgang / Noack, Ulrich (Hrsg.) Kölner Kommentar zum Aktiengesetz, Band 1, 1. Teillieferung, §§ 67–75 AktG, 3. Auflage, München, 2009

zit: Bearbeiter in: Kölner Kommentar, 3. Aufl., § Rn.

Zopfs, Jan Drohen mit einem Unterlassen? in: JA 1998, 813–820

zit: Zopfs in: JA 1998, S.

FSC
www.fsc.org
MIX
Papier | Fördert gute Waldnutzung
FSC® C083411

Kolibri 360 GmbH
Ferdinand-Jühlke-Straße 7
99095 Erfurt, Deutschland
produktsicherheit@kolibri360.de